Francisco Muñoz Conde / Thomas Vormbaum (Hrsg.)
Transformation von Diktaturen in Demokratien und Aufarbeitung der Vergangenheit

Juristische Zeitgeschichte
Abteilung 2, Band 19

Juristische Zeitgeschichte
Hrsg. von Prof. Dr. Dr. Thomas Vormbaum
(FernUniversität in Hagen)

Abteilung 2:
Forum Juristische Zeitgeschichte

Band 19

Redaktion: Martin Asholt, Moritz Vormbaum

De Gruyter

Francisco Muñoz Conde /
Thomas Vormbaum (Hrsg.)

Transformation von Diktaturen in Demokratien und Aufarbeitung der Vergangenheit

Humboldt-Kolleg
an der Universidad Pablo de Olavide Sevilla,
7.–9. Februar 2008

De Gruyter

Gedruckt mit finanzieller Unterstützung der Alexander von Humboldt Stiftung.

ISBN 978-3-11-024796-1
e-ISBN 978-3-11-024797-8

Bibliografische Information der Deutschen Nationalbibliothek

Die Deutsche Nationalbibliothek verzeichnet diese Publikation in der Deutschen Nationalbibliografie; detaillierte bibliografische Daten sind im Internet über http://dnb.d-nb.de abrufbar.

Druck: Hubert & Co. GmbH & Co. KG, Göttingen
∞ Gedruckt auf säurefreiem Papier

Printed in Germany

www.degruyter.com

Geleitwort

Die politischen Ideale Alexander von Humboldts (1769–1859) waren von Jugend an geprägt von den Ideen der Aufklärung und den Postulaten der Französischen Revolution. Sie bestimmten sein ganzes Leben und wissenschaftliches Schaffen. Seine fünfjährige Forschungsreise in Amerika wurde ihm und seinem französischen Begleiter und Botaniker Aimé Bonpland durch die großzügige Genehmigung des spanischen Königs zur wissenschaftlichen Erforschung der Kolonialreiche ermöglicht. Doch lag Humboldts Augenmerk nicht nur auf naturwissenschaftlicher Forschung, vielmehr erwies er sich stets als besonders sensibler Beobachter der Menschenrechte. Sein ganzes Leben setzte er sich für die rechtliche Gleichstellung der Indianer ein und unterstützte Thomas Jefferson in dessen Anstrengungen für die Beendigung der Sklaverei.

„Das Glück der Weißen ist aufs innigste mit der kupferfarbenen Rasse verbunden. Es wird in beiden Amerikas überhaupt kein dauerhaftes Glück geben, als bis diese, durch lange Unterdrückung zwar gedemütigte, aber nicht erniedrigte Rasse alle Vorteile teilt, welche aus den Fortschritten der Zivilisation und der Vervollkommnung der gesellschaftlichen Ordnung hervorgehen." Mit dieser programmatischen und antikolonialen Forderung endet der zweite 1811 ausgelieferte Band des Mexiko-Essays „Versuch über den politischen Zustand des Königreichs Neu-Spanien" Alexander von Humboldts (zitiert nach Frank Holl aus der deutschen Ausgabe Tübingen 1809–1814).

Vor 150 Jahren wurde die „Alexander von Humboldt-Stiftung für Naturforschung und Reisen" – bereits ein halbes Jahr nach Alexander von Humboldts Tod – auf Initiative und mit Spenden von Freunden, wissenschaftlichen Akademien und Großindustriellen gegründet. Diese Stiftung hatte zum Ziel, jungen Forschern Reisen auf den Spuren Alexander von Humboldts zu ermöglichen und so das Andenken an diesen letzten Universalgelehrten zu ehren. Humboldt selbst hatte sein eigenes Vermögen in seine persönliche Forschungsfreiheit und die zu seiner Zeit kostspielige Publikation eigener Forschungsergebnisse investiert und finanzierte zahlreiche junge Forschertalente als großzügiger Mäzen.

Nach wechselvoller Geschichte wurde 1953 die heutige Alexander von Humboldt-Stiftung als Mittlerorganisation des Auswärtigen Amtes errichtet. Sie hat die Aufgabe, die auswärtige Kulturpolitik durch internationale Forschungsförderung zu stärken. In über fünf Dekaden wurde seither fast 24.000 hoch qualifizierten Wissenschaftlerinnen und Wissenschaftlern aus 136 Ländern die

Möglichkeit gegeben, „ohne Ansehen des Geschlechts, der ethnischen Herkunft und nationaler Zugehörigkeit, Religion oder Weltanschauung durch die Gewährung von Forschungsstipendien und Forschungspreisen ein Forschungsvorhaben in der Bundesrepublik Deutschland durchzuführen [...] und die sich ergebenden Verbindungen zu erhalten und zu fördern" (§ 2 des Stiftungszwecks). Ganz im Sinne des Namenspatrons der Stiftung werden die Forschungsstipendien und Forschungspreise, allein nach individueller Exzellenz und ohne Quoten – weder für Fachgebiete noch für Länder – vergeben. So ausgewählte Wissenschaftlerinnen und Wissenschaftler aus dem Ausland erhalten die Möglichkeit, selbst konzipierte Forschungsvorhaben mit selbst gewählten wissenschaftlichen Gastgeberinnen und Gastgebern in Deutschland zu realisieren. Nachwuchswissenschaftlerinnen und -wissenschaftler aus Deutschland können ihrerseits bei „Humboldtianern" im Ausland selbst gewählten Forschungsideen nachgehen. Das weltweite „Humboldt-Netzwerk" besteht aus Geistes-, Rechts- und Sozialwissenschaftlern (25%) aus Natur- und Lebenswissenschaftlern (65%), und aus Ingenieurwissenschaftlern (10%) Juristen, Philosophen und Germanisten sind die am stärksten vertretenen Disziplinen in der erstgenannten Gruppe. 85 der insgesamt 521 Forschungsstipendiaten aus Spanien sind Rechtswissenschaftler. Auch aus den Ländern Mittel- und Südamerikas sind die Juristen unter den Geistes- und Sozialwissenschaftlern am stärksten vertreten.

Das Humboldt-Kolleg mit dem Thema „Die juristische Transformation von Diktaturen in Demokratien und die juristische Vergangenheitsbewältigung" wurde organisiert von Professor Francisco Muñoz Conde (Humboldt-Stipendiat [1971] und Humboldt-Forschungspreisträger [2000]) und von Professor Thomas Vormbaum (FernUniversität in Hagen). Es fand im Februar 2008 auf Einladung des Rektors der Universität Pablo de Olavide in Sevilla statt und ist eine beispielhafte Initiative der Außenwissenschaftspolitik Deutschlands. Das Ziel der Alexander von Humboldt-Stiftung, den überregionalen und fachübergreifenden wissenschaftlichen Dialog im Rahmen ihrer internationalen Netzwerkbildung zwischen Humboldtianerinnen und Humboldtianern verschiedener Länder und Fachgebiete mit Nachwuchswissenschaftlern und Fachkollegen aus Deutschland zu fördern, fand in den drei Tagen intensiver Diskussionen eine besonders lebhafte Verwirklichung. Teilnehmer aus sieben Ländern, die alle in ihrer jüngeren Vergangenheit Diktaturen erlitten haben, konnten sich nicht nur über juristische und strafrechtliche Fragen, sondern auch zeithistorische Probleme der Vergangenheitsaufarbeitung in offener und vertrauensvoller Atmosphäre auf hohem wissenschaftlichen Niveau austauschen. Die inzwischen öffentlichen Diskussionen um Federico Lorcas Grab, Themen wie „Holocaustos para todos" (El

País Babelia 10.7.2010) oder der Film von Germán Berger-Hertz („El pasado no se supera echando tierra encima", El País 9.7.2010) sind nur einige Indizien für die hohe Aktualität der Fragestellungen und den dringenden Bedarf an der Fortsetzung der wissenschaftlichen Auseinandersetzung.

Die Alexander von Humboldt-Stiftung dankt allen Teilnehmern für die lebhaften Diskussionen und den Autoren für ihre Beiträge. Besonderer Dank gebührt den Initiatoren und wissenschaftlichen Organisatoren des Humboldt-Kollegs, ihren Mitarbeitern, Doktoranden und Postdoktoranden. Dass die wissenschaftlichen Beiträge nach der Veröffentlichung 2009 in Valencia (tirant lo blanch) durch Professor Muñoz Conde in dem vorliegenden Sammelband nun auch in deutscher Sprache erscheinen kann, verdanken wir der Herausgabe durch Professor Thomas Vormbaum.

Im Juli 2010

Gisela Janetzke
Vizepräsidentin der
Alexander von Humboldt-Stiftung

Inhalt

Einführung 1

Francisco Muñoz Conde
Einführung: Juristische Transformation von Diktaturen in Demokratien und juristische Aufarbeitung der Vergangenheit 3

Gerhard Werle
Die juristische Aufarbeitung der Vergangenheit: Strafe, Amnestie oder Wahrheitskommission? 15

Spanien 27

Francisco Muñoz Conde
Abrechnen, aber wie? – Die rechtliche Transformation europäischer Diktaturen nach 1945: Der Fall Spanien. 29

Juan M. Terradillos Basoco
Aufarbeitung der Vergangenheit in Spanien und das Gesetz zur geschichtlichen Erinnerung 49

Manuel Cancio Meliá
Strafrecht und Terrorismus in Spanien. Anmerkungen zur Entwicklung der Terrorismusgesetzgebung nach der Diktatur 83

Italien 97

Massimo Donini
Die strafrechtliche Behandlung des Übergangs vom Faschismus zur Demokratie in Italien 99

Luigi Foffani
Der Kampf gegen den Terrorismus im demokratischen Staat: Der Fall Italien 143

Deutschland 165

Winfried Hassemer
Das Strafrecht nach einem politischen Systemwechsel. Am Beispiel der Bundesrepublik 167

Thomas Vormbaum
Die rechtliche Transformation Deutschlands nach dem Zweiten Weltkrieg 183

Lateinamerika 199

Jaime Couso
Übergang zur Demokratie und Post-Transitionsjustiz in Chile 201

Roberto Bergalli
Der Übergang vom Unrechtsregime zum Rechtsstaat: Vergessen oder Erinnerung? – Ein Vierteljahrhundert nach dem Ende der argentinischen Militärdiktatur 235

Jaime Malamud Goti
Schuldzuweisung und Viktimisierung 255

Schlussberichte 279

Alfonso Galán Muñoz
Der Fall Spanien 281

Emanuela Fronza
Der Fall Italien 287

Moritz Vormbaum
Der Fall Deutschland 293

Juana del Carpio Delgado
Der Fall Lateinamerika 299

EINFÜHRUNG

Francisco Muñoz Conde

Einführung: Juristische Transformation von Diktaturen in Demokratien und juristische Aufarbeitung der Vergangenheit*

I.

Vom 7.–9. Februar 2008 fand mit Unterstützung der Alexander von Humboldt-Stiftung an der Universidad Pablo de Olavide, Sevilla, eine internationale Tagung „La transformación jurídica de las dictaduras en democracias y la elaboración jurídica del pasado" statt, die sich mit den Übergangs- und Aufarbeitungsproblemen in Deutschland, Italien, Spanien, Argentinien und Chile sowie mit allgemeinen Fragen der Aufarbeitung befasste. Veranstalter der Tagung war *Prof. Dr. Dr. h.c. mult. Francisco Muñoz Conde* von der dortigen Universität. Alle genannten Länder haben den im Tagungsthema benannten Übergang erlebt und sich mit den Fragen der Aufarbeitung der Vergangenheit auseinandersetzen müssen. Erweitert wurde der Themenkreis um die benachbarte Problematik der Aufarbeitung der terroristischen Vergangenheit in Italien (Brigate rosse; neofaschistischer Terrorismus), Deutschland (RAF) und Spanien (Eta). Leider mußte insoweit der Beitrag des vorgesehenen deutschen Referenten Prof. *Florian Jeßberger* krankheitsbedingt ausfallen.

Den Einleitungsvortrag hielt Vizepräsident des BVfG a.D. Prof. *Winfried Hassemer* über das Thema „Das Strafrecht vor dem Problem des Systemwechsels. Das Beispiel der Bundesrepublik Deutschland", der das Kernproblem als einer Unangepasstheit des Strafrechts an Makro- bzw. Systemkriminalität schilderte.

In der ersten Abteilung berichteten Vertreter aus Spanien, Italien und Deutschland über die Transformationsprobleme in ihren Ländern. Prof. *Ignacio Berdugo Gomez de la Torre* (Salamanca) berichtete über die rechtliche Transformation in Spanien nach der Franco-Diktatur, Prof. *Massimo Donini* (Modena) über diejenige in Italien nach dem Zweiten Weltkrieg, Prof. *Thomas Vormbaum* (Hagen) über diejenige in Deutschland nach dem Zweiten Weltkrieg.

---

* Übersetzung aus dem Spanischen von *Moritz Vormbaum*.

Die Referate der zweiten Abteilung befassten sich mit Spanien. Prof. *Luis Arroyo Zapatero* (Cuidad Real) berichtete über die Transformation in Spanien nach dem Bürgerkrieg, Prof. *Juan Terradillos Basoco* (Cádiz) über Revision der Vergangenheit und das zur Zeit in Spanien heftig umstrittene Gesetz über das historische Gedenken *(Ley de Memoria Histórica).*

Gegenstand der dritten Abteilung waren die Transformationen in Chile nach der Pinochet-Diktatur (Prof. *Jaime Couso Salas*, Santiago) und in Argentinien nach der Diktatur (Prof. *Roberto Bergalli*, Barcelona).

Die vierte Abteilung befaßte sich mit dem Kampf gegen den Terrorismus in demokratischen Staaten, nämlich in Spanien (Prof. *Manuel Cancio Melía,* Madrid) und in Italien (Prof. *Luigi Foffani*, Modena).

Die fünfte und letzte Abteilung bestand aus einem Vortrag von Prof. *Gerhard Werle* (Humboldt-Universität Berlin) zum Thema „Aufarbeitung der Vergangenheit. Strafe oder Amnestie? Versöhnungskommission oder Wahrheitskommission?“

Auf diese Vortrags-Abteilung folgte zunächst ein runder Tisch, an dem die Professoren *Jaime Malamud Goti* (Buenos Aires, Argentinien), *Juan Carlos Ferré Olivé* (Huelva, Spanien), und *Hermán Hormazábal Malarée* (Gerona, Spanien) teilnahmen.

Sodann fassten Dr. *Moritz Vormbaum* (für Deutschland), Prof. *Emanuela Fronza* (für Italien), Prof. *Alfonso Galán Muñoz* (für Spanien) und Prof. *Juana del Carpio Delgado* (für Lateinamerika) in vier Schlussberichten die Ergebnisse der Tagung für die beteiligten Länder zusammen:

Auf der Schlusssitzung fasste der Veranstalter *Prof. Muñoz Conde* den Ertrag der Tagung in einem Abschlussbericht zusammen; er folgt sogleich.

Die – teilweise anders zusammengestellte – spanische Ausgabe des Tagungsbandes ist unter dem Titel: „Humboldt-Kolleg. La transformación jurídica de las dictaduras en democracias y la elaboración jurídica del pasado. Valencia (tirant lo blanch) 2009“ erschienen.

II.

1. Der erste grundsätzliche Eindruck, den ich glaube aus all dem, was auf diesem Kongress vorgetragen worden ist, ableiten zu können, ist der, dass Regimewechsel und überhaupt Transitionen von Diktaturen zu Demokratien, die in unseren – und ich wage hinzuzufügen: auch in anderen – Ländern stattgefunden haben, durch den jeweiligen politischen, wirtschaftlichen und sozialen

Zusammenhang bedingt waren, aus dem sie hervorgingen. Insoweit ist es bei der Bewertung dieser Regimewechsel unerlässlich, den jeweiligen Kontext mit zu berücksichtigen und Verallgemeinerungen, welche die jeweiligen Besonderheiten verdunkeln würden, zu vermeiden. In einigen Fällen geht eine Transition aus einer militärischen Niederlage in einem Krieg mit ausländischen Mächten hervor und wird den Verlierern, deren Führer dann manchmal wegen im vorherigen Regime begangener Verbrechen angeklagt und verurteilt werden, von den Siegermächten auferlegt; in anderen Fällen wird nach einem Bürgerkrieg und manchmal sogar nach einem Friedensabkommen mit den Verlierern abgerechnet, wobei oftmals nicht einmal grundlegende rechtliche Prinzipien beachtet werden; in wieder anderen Fällen schließlich macht man reinen Tisch, oder zumindest gibt man dies vor, und lässt die Verbrecher von gestern ungestraft davon kommen, die daraufhin seelenruhig vor den Augen der Opfer durch die Straßen schlendern und eine „Straffreiheit" genießen, die skandalös ist, die aber viele für die unabdingbare Voraussetzung dafür halten, dass „das Vergessen, das alles zerstört", auch die „geschichtliche Erinnerung" zerstört und auf diese Weise die Rückkehr derjenigen zur Demokratie ermöglicht, die niemals Demokraten waren.

Im Bereich der Transition, kann man also sagen, gab es alles schon einmal: Transitionen nach einem zwischenstaatlichen Krieg oder einem Bürgerkrieg, bei denen die Macht auf die Sieger übergeht und auf die Besiegten dann ein kaum mit grundlegenden rechtlichen Prinzipien vereinbares Notstandsstrafrecht angewendet wird oder sie direkt der Waffengewalt überlassen werden, was erneut das Motto „Vae victis", das im antiken Rom Anwendung fand, rechtfertigt. Transitionen, bei denen die Protagonisten oft, um einen Krieg zu vermeiden, übereinkommen, reinen Tisch zu machen und so die Straffreiheit der alten Verbrecher rechtfertigen, die sich von da an in gute und ehrenhafte Staatsbürger verwandeln; und Transitionen, bei denen, wie Tommasi di Lampedusa sagte, „sich alles verändern muss, damit alles so bleibt wie es ist".

Und alle diese verschiedenen Transitionsprozesse treten zudem unter verschiedenen sozialen und wirtschaftlichen, nationalen und internationalen Bedingungen auf, in Zeiten von Spannung oder Entspannung, in Zeiten von Armut und Mangel, nach mehr oder weniger langen Zeiten von Diktaturen, unmittelbar nach deren Fall oder erst Jahre später, mit Rachsucht oder Versöhnungswillen, mit dem Willen zu Entschädigung und Hilfe für die Opfer oder diese vergessend, mit kaum vorhandener politischer Verschleierung der für die Verbrechen des vorherigen Regimes Verantwortlichen oder als massive Abrechnung mit ihnen allen ohne individuelle Abstufungen bei den verschiedenen Verantwortlichen, indem allen, die etwas mit dem vergangenen Regime zu tun hatten, eine „Kollektivschuld" auferlegt wird.

Wenn wir die Transitionen der heute hier vertretenen Länder betrachten, fallen uns schnell Beispiele für jedes dieser Modelle und der verschiedenen Faktoren ein, welche diese beeinflussen, oder Beispiele für eine Mischung oder Kombination aus mehreren von ihnen. Und höchstwahrscheinlich wären wir zu dem selben Schluss gekommen, wenn wir in unserem Kongress noch die Transitionen in den osteuropäischen Ländern nach dem Zusammenbruch der kommunistischen Regime und in anderen Ländern, in denen ähnliche Transitionsprozesse von diktatorischen Regimen hin zu demokratischen Staatsordnungen stattfanden, behandelt hätten. Denn die sogenannte „Transitional Justice" hat viele Gesichter und viele rechtliche, nicht nur strafrechtliche, Aspekte, die es erschweren, sie auf einen gemeinsamen Nenner zu bringen; die *juristische* Aufarbeitung der Vergangenheit, vor allem mit Hilfe des Strafrechts, stellt sich sogar noch problematischer dar, weil neben technischen Schwierigkeiten, Rückwirkungsverbot, prozessualen Hindernissen unterschiedlicher Art etc. sich hier zwei Verständnisformen des Strafrechts vermischen, die durch die Geschichte des strafrechtlichen Denkens hindurch stets miteinander gehadert haben und untereinander schwer vereinbar sind:

Auf der einen Seite der *retributionistische Punitivismus*, der die Bestrafung der Verbrecher bis zuletzt fordert, damit, wie Kant es ausdrückt, „jedermann das widerfahre, was seine Thaten werth sind". Auf der anderen Seite die Straffreiheit oder die Vergebung, die lieber in die Zukunft als in die Vergangenheit blickt und Versöhnung vor Strafe sucht, indem sie bewirkt, dass die Verbrecher von gestern heute ehrenhafte Bürger und sogar „Demokraten fürs Leben" sein können.

Es scheint mir im Hinblick auf so viele Unterschiede und Besonderheiten in den verschiedenen Ländern angemessen, dass ich, statt eine generelle Bilanz der in unserem Kolleg behandelten Themen zu ziehen, eine umfassende Beschreibung dessen gebe, was im Rahmen der verschiedenen Tische über die Transition in jedem der hier vertretenen Länder behandelt wurde, und am Ende einige Überlegungen über die Bedeutung anstelle, welche die Zurückgewinnung der Erinnerung für die Überwindung der Vergangenheit und für die Legung von Grundsteinen für ein friedlicheres und gerechteres Zusammenleben in der Gegenwart und natürlich auch in der Zukunft hat.

Ich möchte betonen, dass alle Merkmale nicht nur in den hier vertretenen Ländern, sondern mit größeren oder geringeren Abweichungen auch in vielen anderen Ländern aufgetaucht sind. Selbstverständlich wäre es interessant gewesen, beispielsweise die Transitionen in Portugal nach der Salazar-Diktatur, in Frankreich nach der Vichy-Regierung, in Griechenland nach der Militärdiktatur und natürlich in den osteuropäischen Ländern nach dem Niedergang der kommunistischen Regime zu untersuchen. Und gleichermaßen interessant wäre es gewesen, in diesen Tagen die Transitionen in Uruguay, Paraguay und Brasilien zu analysieren. Aber dies war nicht nur aus evidenten Beschränkungen von Zeit und Budget unmöglich, sondern auch unnötig, da die Transition der hier vertretenen Länder, bestimmte landesspezifische Besonderheiten einmal bei Seite gelassen, mehr oder weniger alle möglichen Transitionsmodelle darbieten, die auch für die Analyse der Transition in anderen Ländern als Bezugspunkt dienen können.

2. Im Falle Deutschlands haben die beiden Transitionen, die dort stattfanden, wenig gemeinsam: die erste nach der Niederlage des Landes im Zweiten Weltkrieg und dem damit einhergehenden Ende des Nationalsozialismus, anfangs zwangsweise von den alliierten Siegermächten auferlegt; die zweite auf friedliche Weise nach dem Fall der Berliner Mauer und der nachfolgenden Wiedervereinigung der beiden während des Kalten Krieges getrennten deutschen Staaten durch ein Übereinkommen, durch das die DDR, ein autoritärer Staat, der auf einem planwirtschaftlichen, kommunistisch inspirierten Modell beruhte, in die BRD, einen Rechtsstaat auf Grundlage eines kapitalistischen marktwirtschaftlichen Systems, eingegliedert wurde.

Diese zweite Transition wurde, obwohl nicht frei von Fehlern und Unzulänglichkeiten, viel besser durchgeführt und kann bis zu einem bestimmten Punkt als authentischer und effizienter angesehen werden als die erste. Dies ist zweifelsohne dem unterschiedlichen Kontext geschuldet, in dem die Transitionen jeweils stattfanden. In Wahrheit wurde die erste Transition in keinem der beiden deutschen Staaten, die nach dem Zweiten Weltkrieg entstanden, besonders gut durchgeführt, zum Teil, weil sie ihren Ausgang von einer vorhergegangenen militärischen Niederlage nahm, die das vorherige Regime stürzte, zum Teil wegen des Drucks während der gesamten Zeit des Kalten Krieges von Seiten der Alliierten Mächte, die eine Art Kontrolle oder Vormundschaft ausübten, zum Teil auch auf Grund des geringen Interesses, wenn nicht sogar der echten Nachlässigkeit, die insbesondere in der BRD die Institutionen, vor allem die juristischen, bei der Aufarbeitung der Vergangenheit oder der Forderung nach Verantwortlichkeit derer zeigten, die eine relevante Rolle im nationalsozialistischen Regime innehatten. Hierzu trug auch die Geltung bestimmter juristischer Grundsätze bei, die, wie das Rückwirkungsverbot, heute im Bonner Grundgesetz festgeschrieben sind, aber auch der in diesen Fällen stets zitierte Grundsatz, dass diejenigen, die sich konform den damals geltenden Gesetzen verhalten hätten, durch die des neuen Systems nicht verurteilt werden könnten und heute nicht Unrecht sein könne, was gestern rechtens war. Dem wurde gestern wie heute die Radbruch'sche Formel entgegengesetzt, wonach es in gewissen Fällen ein „übergesetzliches Recht" über dem „gesetzlichen Unrecht" gibt.

Nichts dergleichen geschah bei der zweiten Transition, die durch die Deutschen selbst ohne direkte Beteiligung von anderen Ländern in einem ganz unterschiedlichen internationalen Kontext durchgeführt wurde und bei der es die deutschen Legislativ-, Judikativ- und Administrativorgane selbst waren, die sich mit mehr oder weniger großem Erfolg der Aufgabe annahmen, die Vergangenheit zu untersuchen und manchmal mit Strafurteilen die durch das DDR-Regime begangenen Ungerechtigkeiten auszugleichen.

All dies wird meiner Meinung nach klar in den Beiträgen von *Winfried Hassemer* und *Thomas Vormbaum* wiedergegeben, welche die Unterschiede zwischen beiden Transitionen herausarbeiten, ohne Fehler und Unzulänglichkeiten zu verdecken, die sich in beiden finden.

3. Im Falle Italiens war die Transition des faschistischen Systems zur Demokratie auch bedingt durch die Niederlage im Zweiten Weltkrieg. Aber die italienische Transition bietet einige Besonderheiten, die, wie *Massimo Donini* in seinem Vortrag wiedergegeben hat, durch den Bürgerkrieg bedingt waren, der zwischen Anhängern des faschistischen Regimes und deren Gegnern schon vor Ende des Weltkriegs auflebte. In dieser Auseinandersetzung begingen beide Gruppen Exzesse, und es wurde durch die erste Regierungskoalition nach der Kriegsniederlage eine Generalamnestie verfügt, die einer friedlichen Transition zum neuen System den Boden bereitete, ohne dass aber letztlich eine tiefgreifende juristische Revision des vorhergehenden Systems durchgeführt wurde; indem auch die Verantwortung der alten politischen Führer ausgelöscht wurde, nahmen viele von ihnen, wie in Deutschland, ohne größere Probleme wieder wichtige Posten in der Verwaltung oder in der Politik des neuen demokratischen Systems ein. Bei dieser Transition bleibt kein Zweifel, dass, wenn auch aus unterschiedlichen Gründen und aus verschiedenen Richtungen, die Christdemokratische Partei unter De Gasperi und die Kommunistische Partei Italiens, deren wichtigster politischer Führer Palmiro Togliati als Justizminister Hauptverfasser des Amnestiegesetzes war, eine herausragende Stellung einnehmen.

4. Die Transitionen in Chile und Argentinien liefern ebenfalls Besonderheiten, die sich nicht nur von denen in anderen Ländern, sondern auch voneinander unterscheiden. Während in Chile die demokratische Transition vom Diktator selbst, General Pinochet, vorbereitet und konditioniert wurde, der meinte, sie auf diese Weise kontrollieren und sich so als Senator auf Lebenszeit und Chef des Militärs halten zu können, war die Transition in Argentinien Folge der militärischen Niederlage im Falklandkrieg, die sich in Misskredit und Ansehensverlust der Militärjunta niederschlug, die zehn Jahre lang ein brutales diktatorisches Regime mit schweren Menschenrechtsverletzungen, außergerichtlichen Exekutionen und Entführungen mit darauffolgendem Verschwinden der Entführten, aufrecht erhielt. Im Falle Chiles verlief sich General Pinochet paradoxer Weise in seinem eigenen Labyrinth und wurde zunächst mit einem Auslieferungsantrag eines spanischen Richters auf internationaler Ebene strafrechtlich verfolgt, als er sich auf einem Privatbesuch in London befand, und dann auf nationaler Ebene, nicht nur wegen Totschlags, Folter und illegaler Festnahmen, sondern auch wegen Korruptionshandlungen und Wirtschaftsdelikten, die er während seiner Diktatur begangen hatte. Im Fall Argentiniens kamen die Generäle der Junta hingegen letzten Endes, auch wenn sie für die unter ihrem Mandat begangenen Verbrechen verurteilt und bestraft wurden, in den Genuss einer Amnestie und eines fragwürdigen „Schlusspunkt-Gesetzes“, das vor kurzem durch den Obersten Gerichtshof Argentiniens für verfassungswidrig erklärt wurde.

Die Vorträge *Roberto Bergallis* und *Jaime Cousos* zeigen die Auswirkungen und Besonderheiten dieser Transitionen; der erste geht besonders kritisch auf die argentinische Transition, letzterer auf die Rolle General Pinochets in der chilenischen Transition ein.

5. Widersprüchlich und eigenartig verlief die spanische Transition, denn nach dem Tode des Diktators und nach fast vierzig Jahren Diktatur wurde der Wechsel zum demokratischen System – nach und nach und nicht ohne schwerwiegende Widersprüche und Behinderungen – von denselben Machtinstanzen und durch die Erben des vorhergegangenen Regimes geleitet, von denen viele in demselben selbst wichtige Posten besetzt hatten. Dennoch wurden in dieser Transition die Erben des Regimes bald von Mitgliedern der bis dahin verbotenen politischen Parteien begleitet, die dies nicht als Hindernis ansahen und zusammenarbeiteten, damit die Transition möglichst gut und friedlich verlief. Auf diese Weise gelangte man nach den ersten Wahlen zu einem Übereinkommen bzw. einem Konsens, der mit der Verabschiedung einer Verfassung endete.

Aber eben diese Konditionierungen des Übereinkommens bestimmten die Durchführung der Transition, ohne auf irgendeine Weise Verantwortung von den Führern des vorherigen Regimes zu fordern, von denen viele im Amt blieben oder wichtige politische Posten im neuen System übernahmen. Man kann insoweit von dieser Transition das sagen, was Bernhard Schlink von der ersten deutschen Transition gesagt hat: Sie geschah „im Zeichen des Bruchs, was die Inhalte, und im Zeichen der Kontinuität, was die Personen angeht“. Somit besitzt die spanische Transition, die von vielen als beispielhaft angesehen wird, auch ihre Schattenseiten, die noch nicht vollständig aufgehellt wurden, und ist letzten Endes zumindest unter einigen Aspekten nicht richtig abgeschlossen, was negative Konsequenzen mit sich bringt, die, wie *Ignacio Berdugo* und *Luis Arroyo* in ihren jeweiligen Vorträgen herausgearbeitet haben, bis heute andauern.

Um einige eben dieser negativen Konsequenzen zu heilen, wurde Ende 2007 ein Gesetz, das sich „Gesetz über geschichtliche Erinnerung“ nennt, verabschiedet, das, wie sein offizieller Name schon andeutet, eher dazu gedacht ist, die Rechte der Opfer des Spanischen Bürgerkrieges und der Diktatur anzuerkennen und zu erweitern, als Verbrechen der Diktatur aufzuklären und die hierfür Verantwortlichen zu ermitteln. Ungeachtet dessen erklärt das Gesetz auch Prozesse und Strafen gerichtlicher und sonstiger Art der Spezial- und Militärgerichte der Diktatur gegen ihre Gegner für rechtswidrig und bemüht sich um die Vereinfachung der Auffindung und Exhumierung von Massengräbern, in denen tausende dieser Gegner nach ihrer Exekution verscharrt wurden. Zudem ordnet es die Beseitigung der Benennung von Straßen und Plätzen nach Führern und Hauptverantwortlichen der Diktatur an. Ob damit die Forderungen nach einer Aufdeckung der Wahrheit und nach Entschädigung der Opfer, die in den letzten Jahren laut wurden, voll und ganz befriedigt werden, ist wie *Juan Terradillos* in seinem Vortrag zeigt, etwas, über das sich streiten lässt. Sicher und wahr ist, dass dieses Gesetz fast siebzig Jahre nach dem Bürgerkrieg, nach fast vierzig Jahren Diktatur und dreißig Jahre nach dem Tod des Diktators verabschiedet wurde. Meiner Meinung nach zeigt dies, wie schwierig es war und heute noch ist, die geschichtliche Wahrheit zu rekonstruieren und die Ungerechtigkeiten, die in der Vergangenheit begangen wurden, zu überprüfen. Hierzu hat zweifelsohne die Härte, mit welcher die Diktatur die Opposition und jeden Versuch der Rehabilitierung der Verlierer des Bürgerkriegs und der Einrichtungen und Persönlichkeiten der zweiten Republik unterdrückte, beigetragen, aber auch das Stillhalten und die Passivität, welche die Vertreter dieser Opposition, viele von ihnen selbst Opfer jener Unterdrückung, während des gesamten Transitionsprozesses zeigten, die es vorzogen, nicht eine Vergangenheit aufzuwühlen, deren Offenbarung die schwache demokratische Transition, die gerade erst begonnen hatte, hätte in Gefahr bringen können. Zu vergessen und es der Zeit zu überlassen, die Wunden zu heilen, war eine Taktik, die nicht unbedingt von den politischen Hauptdarstellern dieser Transition verabredet worden war, die aber in jenen Momenten sinnvoll war, heute freilich aus der Perspektive einer Rekonstruktion der geschichtlichen Wahrheit und der rechtlichen Aufarbeitung der Vergangenheit fragwürdig ist.

6. Anhand dieser kurzen Beschreibung der Transitionen der hier vertretenen Länder haben wir auch die unterschiedlichen Möglichkeiten sehen können, die *Gerhard Werle* in seiner Einführung zum letzten Tisch als die fünf denkbaren Modelle einer Transition von der Diktatur zur Demokratie beschreibt: 1. Strafrechtliche Verfolgung, 2. Nichtverfolgung, 3. Wiedergutmachung, 4. Wahrheitskommissionen, 5. Außerstrafrechtliche Sanktionen.

In fast allen hier vertretenen vier Ländern gab es eine Kombination aus verschiedenen Modellen, auch wenn es Fälle gab, in denen zu Beginn nur eines von ihnen angewandt wurde, wie etwa in Deutschland nach dem Zweiten Weltkrieg, als die Alliierten Siegermächte verschiedene Prozesse in Gang setzten (Nürnberg), um die Führung des Nazi-Regimes strafrechtlich zur Verantwortung zu ziehen, oder im postfranquistischen Spanien, wo darauf verzichtet wurde, in irgendeiner Art und Weise Verantwortlichkeit zu fordern.

Gerade bei diesem letzten Tisch wurden die Vor- und Nachteile all dieser Optionen diskutiert, wobei keine von ihnen unbedingte Unterstützung fand. Grundsätzlich akzeptierten alle eine Kombination der verschiedenen Modelle; während aber in einem Falle Skepsis geäußert wurde, ob strafrechtliche Verfolgung direkte Wirkung bei der Wiederherstellung des demokratischen Systems haben könne (*Jaime Malamud Goti*), neigten andere dazu, die weiteren Optionen zu akzeptieren, aber immer nur vom Ausgangspunkt einer strafrechtlichen Verfolgung und Sanktionierung der Verantwortlichen der Diktatur als unverzichtbare Voraussetzung für eine Wiederherstellung demokratischer Herrschaft (*Hernán Hormazábal, Ferré Olivé*). Grundsätzlich wurde das von Werle beschriebene südafrikanische Modell zur Überwindung der „Apartheid“, das stark mit den ethnischen Besonderheiten des Landes und der außerordentlichen Persönlichkeit Nelson Mandelas verbunden ist, mit Skepsis gesehen. So blieben die Fragen „Amnestie oder Strafe?“, „Vergessen oder Erinnerung?“ ohne einhellige Antwort.

Zudem wurde, wenn auch nur am Rande, die zeitliche Bedingtheit einer juristischen Aufarbeitung der Vergangenheit für den Fall angesprochen, dass diese Vergangenheit schon lange zurück liegt und ihre Protagonisten, Peiniger wie Opfer, bereits tot sind. Sicherlich kann die Zeit Wunden heilen und dafür sorgen, dass diejenigen, die diese Wunden verursacht haben, sterben. Es kann auch der Fall eintreten, dass einige dieser Verursacher noch leben, aber fortgeschrittenen Alters und fast schon im Endstadium sind. Wie soll man mit diesen verfahren? Müssen auch sie angeklagt werden? Und müssen sie für den Fall, dass sie zu harten Strafen verurteilt werden, tatsächlich ins Gefängnis und ihre Strafe verbüßen?

Freilich kann die strafrechtliche Aufarbeitung der Vergangenheit in diesen Fällen absurd und unnütz sein, aber dies schließt nicht die Notwendigkeit materieller und moralischer Entschädigung für die Opfer und vor allem nicht das wissenschaftliche und historische Interesse daran aus, auf jeden Fall die Wahrheit über das Geschehene zu erfahren. Und diese Notwendigkeit verschwindet nicht nur nicht mit der Zeit, sondern sie wächst sogar noch.

7. Ganz bewusst habe ich mir die Schilderung des vierten Tisches für den Schluss vorbehalten. Dem einen oder anderen mag es scheinen, dass, wenn eine Demokratie, ein System der Freiheiten und des Respekts vor grundlegenden Rechten erst einmal hergestellt ist, dieses demokratische System automatisch stark genug sein muss, um sich selbst aufrecht zu erhalten und um seine Konflikte zu lösen sowie auf angemessene Weise Bedrohungen für das System mit seinen eigenen Waffen, die nur solche des Rechtsstaates sein können, vorzubeugen. Leider zeigt die Erfahrung, wie zerbrechlich das demokratische System sein kann, auch gegenüber denen, die es mit Gewalt angreifen.

Der Fall Deutschlands, den *Florian Jessberger*, der seine Teilnahme in letzter Minute aus gesundheitlichen Gründen absagen musste, leider nicht vortragen konnte, ist für dieses Problem besonders repräsentiv, da das Land in den Siebziger Jahren sich mit den Terrorakten der RAF auseinandersetzen musste; dasselbe gilt aber auch für den Fall Italiens, den *Luigi Foffani* vortrug, das im gleichen Zeitabschnitt dem Terrorismus der Brigate Rosse die Stirn bieten musste. Diese Fälle zeigen, bis zu welchem Punkt das demokratische System nicht nur bei internen Angriffen verletzlich sein kann, sondern auch bis zu welchem Punkt es geneigt ist, auf solche Angriffe mit Mitteln und Instrumenten zu reagieren, die schwerlich mit dem Rechtsstaat vereinbar sind.

In diesen Ländern stellte sich damals ein sicherlich komplexes und schwer lösbares Problem: Kann der Rechtsstaat das demokratisches System mit Mitteln verteidigen, die nicht die des Rechtsstaates sind? Die These, dass es in den aktuellen Demokratien neben dem Strafrecht, das die Prinzipien des Rechtsstaates respektiert, auch ein „Feindstrafrecht“ geben muss, das, außerhalb oder im Randbereich des Rechtsstaates, effizient gegen diejenigen kämpfen kann, die auf permanente Weise seine Identität und seine kognitive Sicherheit in Frage stellen, wurde vor kurzem von einem angesehenen deutschen Strafrechtler dargelegt und verteidigt und hat besonders in solchen Ländern, die für kürzere oder längere Zeit die Schrecken der Diktaturen erlitten haben, oder solchen, die instabile, durch Terrorismus oder zivile Konfrontationen bedrohte demokratische Systeme besitzen, eine rege Debatte ausgelöst.

Selbstverständlich gibt es keinen Zweifel, dass man in den strafrechtlichen Ausnahmegesetzen, die in Deutschland und Italien in den Siebziger Jahren verabschiedet wurden, um gegen den Terrorismus zu kämpfen, Beispiele für ein solches „Feindstrafrecht" finden kann, und diese ebenso, und darauf hat *Manuel Cancio* in seinem Vortrag hingewiesen, in der spanischen Gesetzgebung der letzten Jahre existieren.

Die Gefahr, die ein „Feindstrafrecht" enthält, besteht darin, dass das, was einmal einen Ausnahmecharakter besaß, sich später in einen „dauerhaften Ausnahmezustand" verwandelt und ein Strafrecht schafft, das sich in nichts von dem der Diktaturen unterscheidet, so dass man sich fragt: Wozu dient dann noch der Rechtsstaat?

Ein anderes Problem ist, wie man reagieren soll, wenn, aus welchen Gründen auch immer, die Terrorismusgefahr endet und die Haupttäter der Anschläge ihren Willen zeigen, den bewaffneten Kampf aufzugeben und sich wieder in die demokratische Legalität einzugliedern. In Deutschland und Italien verschwand die interne Terrorbedrohung nach und nach bis zu dem Punkt, dass heute nur noch eine bittere Erinnerung der Vergangenheit übrig geblieben ist, und die Terroristen von einst wurden auf unterschiedliche Art und Weise begnadigt, sodass in der Praxis heute nur noch wenige von ihnen im Gefängnis sitzen, obwohl sie damals zu lebenslanger Freiheitsstrafe verurteilt worden waren. Das Beispiel des Verzichts auf Waffengewalt von Seiten der IRA hat auch in England die Notwendigkeit hervorgerufen, den Terroristen von damals einen Ausweg zu präsentieren, der nicht rein punitiv ist.

Die Frage ist selbstverständlich nicht einfach zu lösen und es besteht die Gefahr, dass ein Klammern an die rein retributionistische Idee des „Wer etwas tut, muss auch dafür bezahlen", die vor allem aus Sicht der Opfer logisch erscheint, ein Hindernis für die Erlangung des ersehnten Friedens in der Zukunft darstellen kann. Im Fall Spaniens, wo das Problem des ETA-Terrorismus' leider kein Problem der Vergangenheit, sondern ein aktuelles, sehr schwerwiegendes ist, das permanent die demokratische Normalität und das Funktionieren des Rechtsstaates beeinflusst, ist dies besonders komplex.

Aber auch hier wird man sich eines Tages fragen müssen, welche der von *Werle* dargelegten Optionen man zu wählen hat, wenn das Phänomen des internen Terrorismus erst einmal verschwunden ist und die Terroristen den bewaffneten Kampf und die Gewalt zur Erreichung ihrer politischen Ziele endgültig aufgeben.

Ich gebe zu, dass es im Moment, nachdem die ETA den Waffenstillstand gebrochen hat, schwierig ist, es zu wagen, sich eine Meinung zu diesem Thema zu bilden, außer der, dass in jedem Falle, egal welche Lösung man in der Zukunft finden mag, dies nie zum Nachteil oder auf Kosten der Rechte der Opfer geschehen darf, die man als solche anerkennen und denen oder deren Erben alle materiellen und moralischen Rechte gegeben werden müssen, die ihnen als Opfer ungerechter und grausamer Gewalt zustehen. Die Wiedergutmachungsjustiz kann auf jeden Fall auch ein gutes Mittel sein, um Rechnungen mit der Vergangenheit zu begleichen.

8. Und damit schließe ich diesen Abschlussbericht, in welchem ich, da es sich nun einmal um einen solchen handelt, nur jene Aspekte hervorgehoben habe, die mir in dem Mosaik der Ansichten, die in diesen Tagen eingebracht wurden, am interessantesten erschienen, wobei mir bewusst ist, dass ich viele andere Ansichten unerwähnt lasse, die gleich wichtig sind, die ich aber leider wegen der zeitlichen Begrenzungen und der Begrenzungen, die ich mir selbst gesetzt habe, nicht mit der nötigen Aufmerksamkeit behandeln kann. Trotzdem glaube ich, dass dieser Kongress auf jeden Fall ausreichend die Bedeutung herausgearbeitet hat, welche das Studium der Juristischen Zeitgeschichte und der Transitional Justice besitzen, nicht nur um unsere jüngste Vergangenheit zu verstehen, sondern auch um den Opfern der unterdrückenden Regime der Vergangenheit Gerechtigkeit zuteil werden zu lassen und um so gut wie möglich zu vermeiden, dass die Fehler, welche die Regime entstehen ließen oder die beim Versuch sie zu überwinden, gemacht wurden, sich in der Zukunft wiederholen.

Mit dieser Hoffnung und mit nochmaligem Dank an all diejenigen, die dieses Humboldt-Kolleg möglich gemacht haben, an die Schirmherren, an die Vortragenden, die Moderatoren und Berichterstatter, an die Mitglieder des Organisationskomitees und an all diejenigen, die geduldig den verschiedenen Sitzungen beigewohnt haben, schließe ich meinen Abschlussbericht.

Gerhard Werle

Die juristische Aufarbeitung der Vergangenheit: Strafe, Amnestie oder Wahrheitskommission?*

I. Einleitung

Unser Thema ist die juristische Aufarbeitung der Vergangenheit. Die Leitfragen unserer Diskussion lauten: Strafe oder Amnestie? Versöhnung oder Wahrheit? Aufklärung oder Vergessen? Den Beispielen Spanien, Argentinien, Chile, Italien und Deutschland lassen sich mühelos weitere – historische und aktuelle – hinzufügen: Vor allem nach dem Ende der Sowjetunion waren Übergänge von der Diktatur zur Demokratie in Europa an der Tagesordnung. Ein weiteres prominentes Beispiel aus den 90er Jahren des letzten Jahrhunderts ist Südafrika nach dem Ende der Apartheid.

Welche Formen des Umgangs mit Unrechtsvergangenheit Gesellschaften nach vollzogenem Umbruch zur Verfügung stehen und welche Reaktionen angemessen sind, wird seit Mitte der 90er Jahre unter dem Stichwort *Transitional Justice* diskutiert.[1] In den Diskussionszusammenhang gehören heute nicht nur die Probleme beim Übergang von der Diktatur zur Demokratie, sondern auch die Bewältigung von Post-Konflikt-Situationen anderer Art.

In meinem einführenden Beitrag werde ich die Optionen zur Aufarbeitung von Unrechtsvergangenheit aufzeigen und diskutieren.

II. Aufarbeitungsoptionen

Für die Aufarbeitung von Unrechtsvergangenheit stehen im Wesentlichen fünf Optionen zur Verfügung. Sie lauten:

---

* Der Beitrag greift eine Studie auf, die im Auftrag des Zentrums für Konfliktforschung der Philipps-Universität Marburg angefertigt wurde. Siehe dazu auch *Werle*, Transitional Justice – Der juristische Rahmen, in: Müller et al. (Hrsg.), Festschrift für Ulrich Eisenberg zum 70. Geburtstag (2009), S. 791 ff.

1 Der Begriff *Transitional Justice* hat sich mit dem Erscheinen der gleichnamigen von *Neil J. Kritz* herausgegebenen Sammelbände eingebürgert (Transitional Justice: How Emerging Democracies Reckon with Former Regimes, Vol. I: General Considerations, Vol. II: Country Studies, Vol. III: Laws, Rulings, and Reports [1995]).

1. Strafrechtliche Verfolgung;
2. Nichtverfolgung;
3. Aufklärung, z.B. durch eine Wahrheitskommission;
4. Wiedergutmachung;
5. Außerstrafrechtliche Sanktionen.

Option 1: Strafrechtliche Verfolgung von Systemunrecht

Die erste Option ist die strafrechtliche Verfolgung diktatorischen Unrechts. Die Bestrafung derjenigen, die für schwere Menschenrechtsverletzungen und Völkerrechtsverbrechen verantwortlich sind, ist der juristische Normalfall, auch und gerade in Reaktion auf das Unrecht einer Diktatur. Strafrechtliche Verfolgung kann dabei auf der Grundlage staatlichen oder internationalen Rechts erfolgen. Die Verfolgung kann von staatlichen Gerichten, von internationalen Gerichten oder, neuerdings, von gemischt national-internationalen („hybriden")[2] Gerichten durchgeführt werden.

Auf folgende Beispiele strafrechtlicher Verfolgung ist vor allem zu verweisen: Zur Ahndung von Völkerrechtsverbrechen durch staatliche Strafjustiz kam es im großen Umfang nach 1945 im Zusammenhang mit nationalsozialistischen Menschlichkeits- und Kriegsverbrechen. Diese wurden nicht nur durch den Internationalen Militärgerichtshof in Nürnberg und durch alliierte Militärgerichte bestraft.[3] Vielmehr führten zahlreiche europäische Staaten Strafverfahren wegen der Beteiligung an nationalsozialistischen Gewaltverbrechen durch, vor allem gegen deutsche Staatsangehörige, aber vielfach auch gegen Staatsangehörige anderer Staaten.[4] Heute hat sich die Verfolgung von NS-Gewaltverbrechen wegen des Alters der Täter im Wesentlichen erledigt.[5] In

---

2 Dazu *Werle*, Völkerstrafrecht, 2. Aufl. (2007), Rn. 74 ff., S. 276 ff.

3 Dazu *Werle*, Völkerstrafrecht, 2. Aufl. (2007), Rn. 16 ff., S. 33 ff. m.w.N.

4 Etwa die französischen Prozesse gegen *Klaus Barbie* (Cour de Cassation, Urt. v. 6. Oktober 1983, 26. Januar 1984, 20. Dezember 1985, ILR 78 [1988], S. 124 ff. und Cour de Cassation, Urt. v. 3. Juni 1988, ILR 100 [1995], 331 ff.), *Paul Touvier* (Cour d'Appel de Paris, Urt. v. 13. April 1992, ILR 100 [1995], S. 338 ff. und Cour de Cassation, Urt. v. 27. November 1992, ILR 100 [1995], S. 357 ff.) und *Maurice Papon* (Cour de Cassation, Urt. v. 23. Januar 1997, Bulletin des arrêts de la Cour de cassation n° 32 sowie Cour d'assises de la Gironde, Urt. v. 2. April 1998).

5 Dennoch kommt es im Einzelfall nach wie vor zu Strafverfahren. Mit Spannung wird der Prozess gegen *Ivan (John) Demjanjuk* in München erwartet, der im Mai 2009 aus den USA nach Deutschland ausgeliefert wurde. Demjanjuk ist wegen Beihilfe zum Mord an fast 28.000 Gefangenen im Vernichtungslager Sobibór angeklagt. Der Prozess vor dem LG München soll im Oktober 2009 beginnen. Zum Verfahren gegen den ehemaligen SS-Sturmbannführer *Friedrich Engel*, das 2004 wegen der zu erwartenden langwierigen Klärung der Tat- und Rechtslage im Hinblick auf das hohe Alter des An-

jüngerer Zeit kam es vor allem im Zusammenhang mit den Menschlichkeits- und Kriegsverbrechen in Ruanda und im ehemaligen Jugoslawien zu Verfahren, nicht nur vor internationalen Strafgerichten, sondern auch vor staatlichen Gerichten.[6] Ein dritter Komplex sind die Völkerrechtsverbrechen in Mittel- und Südamerika, die während der Militärdiktaturen begangen worden. Hier haben wir über den Kampf gegen die lange Zeit verbreitete Straflosigkeit schon mehrere Beiträge gehört. Weitere Beispiele für die strafrechtliche Ahndung von Systemunrecht durch staatliche Gerichte sind etwa die Aufarbeitung der Verbrechen des Mengistu-Regimes in Äthiopien[7] oder die Prozesse wegen der Tötungen an der deutsch-deutschen Grenze nach der deutschen Vereinigung[8].

Option 2: Nichtverfolgung

Die zweite, der ersten genau entgegen gesetzte Option ist die Nichtverfolgung. Sie kann sich aus der schlichten Untätigkeit der Justiz ergeben (faktische Nichtverfolgung) oder aber rechtlich abgesichert sein (Generalamnestie). Vielfach haben die Machthaber nur gegen eine juristische Absicherung ihrer Straflosigkeit dem Übergang zur Demokratie zugestimmt; vorbereitend zum Machtwechsel kam es zu Generalamnestien. Über die Beispiele Argentinien, Chile und Spanien[9] haben wir bereits gehört.[10] Amnestie und Nichtverfolgung

---

geklagten gem. § 206a StPO eingestellt wurde (BGH, Urt. v. 17. Juni 2004, BGHSt 49, 189 ff.), vgl. *Bertram*, NJW 2004, 2278 ff.; *Bröhmer / Bröhmer* NStZ 2005, 38 ff.; *Gribbohm* NStZ 2005, 38; *von Münch*, Geschichte vor Gericht – Der Fall Engel (2004); *von Münch* JZ 2004, 184 ff.; *Zöller*, Jura 2005, 552 ff. Zu nennen ist auch das Verfahren gegen den ehemaligen KZ-Aufseher in Theresienstadt, *Anton Malloth*, der 2001 vom LG München wegen Mordes zu lebenslanger Haft verurteilt wurde; der BGH hat das Urteil bestätigt, vgl. BGH, Urt. v. 21. Februar 2002, StV 2002, 598 f. Zum Fall *Erich Priebke* vgl. Europäischer Gerichtshof für Menschenrechte, *Priebke v. Italien*, Beschl. v. 5. April 2001, abrufbar unter <cmiskp.echr.coe.int/tkp197/search.asp?skin=hudoc-en> (Stand: April 2008); *Bertram* NJW 1997, 174 ff.; *Hein* DRiZ 1996, 476 ff.; *Kämmer* AVR 37 (1999), 283, 285 f.; *Katz*, Dossier: Priebke (1996); *Leszl*, Il processo Priebke e il nazismo (1997).

6 Vgl. zu Ruanda *Behrendt*, Die strafrechtliche Verfolgung des Völkermordes in Ruanda durch internationale und nationale Gerichte (2005); *Magsam*, in: Kaleck et al. (Hrsg.), International Prosecution of Human Rights Crimes (2006), S. 159 ff. Zu Verfahren in Bosnien-Herzegovina, vgl. *Garms / Peschke*, Journal of International Criminal Justice 4 (2006), 258 ff.

7 Vgl. zum Mengistu-Prozess *Tiba*, Journal of International Criminal Justice 5 (2007), S. 513 ff.

8 Dazu *Marxen / Werle*, Die strafrechtliche Aufarbeitung von DDR-Unrecht: Eine Bilanz (1999), S. 8 ff.

9 *Kritz*, in: Kritz (Hrsg.), Transitional Justice, Vol. II (1995), S. 298 f.

sind häufig der „Preis“ für den Systemwechsel, wenn die ehemaligen Machthaber den Übergang zur Demokratie oder die Beendigung eines Konflikts davon abhängig machen, dass ihnen Straffreiheit gewährt wird. Nicht selten haben Machthaber auch gleichsam als letzte Amtshandlung Amnestien verfügt.[11] Während die faktische Untätigkeit der Justiz zur Vergangenheit überhaupt keine Stellung nimmt, enthält die Generalamnestie immerhin eine mittelbare Anerkennung des begangenen Unrechts.[12]

Option 3: Wahrheitskommissionen

Eine dritte Option ist die Aufklärung des vergangenen Unrechts durch sogenannte Wahrheitskommissionen[13] oder Wahrheits- und Versöhnungskommissionen. In der Ausgestaltung dieser Kommissionen gibt es wesentliche Unterschiede; gemeinsam ist ihnen das Ziel, Unrechtsvergangenheit in offizieller Form anzuerkennen und für das Gedächtnis der Nachwelt festzuhalten. Wichtige Mittel, um dieses Ziel zu erreichen, sind Aussagen von Opfern und deren Angehörigen, die teilweise im Rahmen von öffentlichen Anhörungen gemacht werden. Je nach Ausgestaltung der Wahrheitskommission wird auch auf Aussagen von Tätern zurückgegriffen. Die bedeutendste Hinterlassenschaft einer Wahrheitskommission ist regelmäßig ihr Bericht, in dem Zeugnis über die im Berichtszeitraum begangenen Menschenrechtsverletzungen abgelegt wird, um diese Menschenrechtsverletzungen zugleich offiziell anzuerkennen. Je nach Ausgestaltung der Wahrheitskommission werden im Bericht die Namen der Opfer, aber auch die Namen der Täter von Menschenrechtsverletzungen genannt. Wichtige Beispiele für Wahrheitskommissionen bieten Argentinien[14], Chile[15], Guatemala[16], Südafrika[17] und Sierra Leone[18].

---

10 In anderen Ländern (etwa im Fall der ghanaischen Militärdiktaturen der 70er und 80er Jahre des vergangenen Jahrhunderts) haben sich die ehemaligen Machthaber ihre Straflosigkeit durch *Jurisdiktionsausschlussklauseln* gesichert, dazu *Vukor-Quarshie*, in: Eser / Arnold (Hrsg.), Strafrecht in Reaktion auf Systemunrecht, Band 4, S. 230 ff.

11 So etwa 1983 in Argentinien, vgl. *Garro / Dahl*, in: Kritz (Hrsg.), Transitional Justice, Vol. II (1995), S. 327.

12 So schon *Marxen / Werle*, Die strafrechtliche Aufarbeitung von DDR-Unrecht: Eine Bilanz (1999), S. 256.

13 Zusf. *Hayner*, Unspeakable Truths: Confronting State Terror and Atrocity (2001); *Hayner*, International Review of the Red Cross 88 (2006), S. 295 ff.

14 Die argentinische *Comisión Nacional Sobre la Desparación de Personas* hat 1984 ihren Abschlussbericht unter dem Titel „¡Nunca más!” vorgelegt, vgl. *Comisión Nacional Sobre la Desparación de Personas*, Nunca más, 6. Aufl. (2003).

15 Die chilenische *Commission on Truth and Reconciliation* hat ihren Bericht 1991 vorgelegt. Eine englische Übersetzung des Berichts ist 1993 bei University of Notre-Dame

Ein besonders beachtliches Aufarbeitungsmodell hat Südafrika in Reaktion auf das Apartheid-Unrecht entwickelt: Dort wurde eine opferzentrierte Wahrheits- und Versöhnungskommission mit einer Individualamnestie kombiniert. Täter hatten die Möglichkeit, beim Amnestieausschuss der Wahrheitskommission Straffreiheit und Freistellung von zivilrechtlichen Ansprüchen zu beantragen. Die Amnestie wurde dabei von einem vollständigen Geständnis der Täter abhängig gemacht, die dadurch zumindest zur Aufklärung des Unrechts beitrugen (Modell „Wahrheit statt Strafe“)[19].

Option 4: Wiedergutmachung

Die vierte Option ist die Wiedergutmachung für die Opfer und ihre Angehörigen. Hierher gehören zunächst alle Formen der materiellen Wiedergutmachung, wie etwa die Entschädigung für menschenrechtswidrige Tötungen, Gesundheitsbeschädigungen oder Freiheitsentziehungen. Auch die Rückgabe von menschenrechtswidrig entzogenem Grundstückseigentum ist zu nennen. Wichtig sind auch die vielfältigen Formen moralischer und juristischer Rehabilitierung für erlittenes Unrecht. In einem weiteren Sinne gehören zur Wie-

---

Press erschienen, vgl. Report of the Chilean National Commission on Truth and Reconciliation (1993).

16 Die guatemaltekische *Comisión para el esclarecimiento histórico* hat ihren Bericht 1999 vorgelegt. Vgl. dazu *Tomuschat*, Human Rights Quarterly 23 (2001), S. 233 ff.

17 Die südafrikanische *Truth and Reconciliation Commission* hat ihren siebenbändigen Bericht 1998 (fünf Bände) und 2003 (zwei Bände) vorgelegt; der Bericht ist unter <http://www.doj.gov.za/trc/trc_frameset.htm> (Stand: April 2007) abrufbar.

18 Die sierra-leonische *Truth and Reconciliation Commission* hat ihren Bericht 2004 vorgelegt; Auszüge sind unter <http://www.usip.org/library/tc/tc_regions/tc_sl.html #rep> (Stand: April 2007) abrufbar. Vgl. dazu *Schabas*, Journal of International Criminal Justice 2 (2004), S. 1082 ff.

19 Aus der umfangreichen Literatur zum südafrikanischen Ansatz vgl. etwa *Boraine*, Truth and Reconciliation in South Africa: The Third Way, in: Rotberg / Thompson (Hrsg.), Truth v. Justice: The Morality of Truth Commissions (2000), S. 141 ff.; *Cassin*, International Review of the Red Cross 88 (2006), S. 235 ff.; *Dewitz*, in: Eser / Sieber / Arnold (Hrsg.), Strafrecht in Reaktion auf Systemunrecht, Band 8 (2005); *Dugard*, in: McAdams (Hrsg.), Transitional Justice and the Rule of Law in New Democracies (1997), S. 269 ff.; *Hahn-Godeffroy*, Die südafrikanische Truth and Reconciliation Commission (1998); *Kutz*, Amnestie für politische Straftäter in Südafrika (2001); *Nerlich*, Apartheidkriminalität vor Gericht (2002); *Villa-Vincencio / Verwoed* (Hrsg.): Looking Back Reaching Forward – Reflections on the Truth and Reconciliation Commission of South Africa (2000); *Werle*, Humboldt-Forum Recht 1996, abrufbar unter <http://www.humboldt-forum-recht.de/deutsch/6-1996/index.html> (Stand: April 2007). Umfassende Literaturnachweise finden sich bei *Alexander / Batchelor / Durand / Savage*, Journal of Law and Religion 20 (2004/2005), S. 525 ff. und *Savage / Schmid / Vermeulen*, Journal of Law and Religion 16 (2001), S. 73 ff.

dergutmachung auch all diejenigen Maßnahmen, die das Leid der Opfer anerkennen oder erneuten Menschenrechtsverletzungen vorbeugen sollen. Zu nennen sind hier etwa die Einrichtung von Gedenkstätten oder Gedenkveranstaltungen, aber auch Maßnahmen zur zivilen Kontrolle von Militär und Sicherheitsdiensten.[20] Mit Vorschlägen zur Wiedergutmachung werden, wie beispielsweise in Südafrika, auch Wahrheitskommissionen betraut.

Der völkerrechtliche Rahmen für Wiedergutmachung ist in den vergangenen Jahren durch die Arbeit der Menschenrechtskommission der Vereinten Nationen konkretisiert worden, die im Jahre 2005 zur Annahme einer Resolution durch die Generalversammlung geführt hat.[21] Wiedergutmachungsansprüche können vor internationalen Gerichten durchgesetzt werden, etwa dem Europäischen Gerichtshof für Menschenrechte, dessen Urteile völkerrechtlich bindend sind. Auch der Internationale Strafgerichtshof kann Opfern von Straftaten eine Entschädigung zusprechen, die aus einem Treuhandfonds aufgebracht wird. In der Regel werden Wiedergutmachungsleistungen jedoch vor nationalen Gerichten eingefordert. Dabei ist in den vergangenen Jahren vermehrt versucht worden, Ansprüche vor US-amerikanischen Gerichten auf der Grundlage des *Alien Tort Claims Act* geltend zu machen.[22] Sofern indes Ansprüche wegen Menschenrechtsverletzungen durch staatliche Akteure vor den nationalen Gerichten eines anderen Staates eingeklagt werden, steht der Geltendmachung unter Umständen die Staatenimmunität oder, im US-amerikanischen Recht, die noch weiter gehende *act of state doctrine* entgegen.[23]

Option 5: Außerstrafrechtliche Sanktionen

Eine fünfte Option sind Sanktionen außerhalb des Strafrechts wie beispielsweise die Entlassung von belasteten Funktionären und Mitarbeitern des Öffentlichen Dienstes der alten Ordnung, einschließlich Polizei und Militär (be-

---

20 Zum Ganzen, *Basic Principles and Guidelines on the Right to a Remedy and Reparation for Victims of Gross Violations of International Human Rights Law and Serious Violations of International Humanitarian Law*, adopted by the U.N. General Assembly, UN Doc. A/RES/60/147, m.w.N. Vgl. auch *Randelzhofer / Tomuschat* (Hrsg.), State Responsibility and the Individual (1999).

21 Siehe oben Fn. 20 und *Shelton*, Torture 17 (2007), 104 ff.

22 Vgl. dazu *Dhooge*, Loyola of Los Angeles International and Comparative Law Review 28 (2006), S. 393 ff. sowie *Paust*, Florida Journal of International Law 16 (2004), S. 249 ff. m.w.N.

23 Dazu *Verdross / Simma*, Universelles Völkerrecht, 3. Aufl. (1984), Rn. 1178.

rufliche Disqualifikation belasteter Mitarbeiter[24]).[25] Eine solche „Lustration" hat insbesondere in den Staaten des ehemaligen Ostblocks stattgefunden.

Ein extremes Beispiel bietet hier die Tschechoslowakei, in der bereits 1991 ein entsprechendes Gesetz verabschiedet wurde.[26] Dieses Gesetz sah den Ausschluss von Trägern der alten Ordnung von zahlreichen öffentlichen Ämtern vor.[27] Betroffen waren insbesondere Parteifunktionäre, Mitglieder von Polizei und Geheimdienst sowie inoffizielle Mitarbeiter des Geheimdienstes. Das Gesetz stieß im Ausland wie in der Tschechoslowakei selbst auf scharfe Kritik. Insbesondere die Anknüpfung an eine bloße Mitgliedschaft in einer Organisation wurde als pauschale Schuldzuweisung empfunden. Dennoch wurde die Geltung des Gesetzes in Tschechien zunächst um fünf Jahre, dann auf unbestimmte Zeit verlängert.[28] Ein weniger drastisches Modell wurde im vereinten Deutschland ab 1990 umgesetzt. Hier wurden im Einzelfall Träger der alten Ordnung, insbesondere (inoffizielle) Stasi-Mitarbeiter von öffentlichen Ämtern ausgeschlossen. Zusätzlich wurden die Unterlagen des Staatssicherheitsdienstes der ehemaligen DDR den Betroffenen, der Wissenschaft sowie in begrenztem Maße der Öffentlichkeit zugänglich gemacht.[29]

Grundsätzlich schließen die genannten Aufarbeitungsoptionen einander nicht aus, sondern können auch nebeneinander zum Zuge kommen. So können etwa Wahrheitskommissionen im Vorfeld, im Nachgang oder parallel zur strafrechtlichen Verfolgung tätig werden; in der Vergangenheit wurden sie allerdings vielfach als Ersatz für Strafprozesse genutzt. Auch strafrechtliche Verfolgung und Amnestien können nebeneinander eingesetzt werden, indem etwa Teilamnestien für nachgeordnete Täter mit strafrechtlicher Verfolgung der Hauptverantwortlichen kombiniert werden.

---

24 *Wüstenberg*, Die politische Dimension der Versöhnung (2004), S. 136.

25 Vgl. dazu etwa *Boed*, Columbia Journal of Transnational Law 37 (1998/1999), S. 357 ff.; *Ellis*, Law and Contemporary Problems 59 (1996), 181 ff.; *Łoś*, Law and Social Inquiry 20 (1995), S. 117 ff.

26 Nach dem Auseinanderbrechen der Tschechoslowakei verfolgte die Slowakei die Lustrationspolitik nicht weiter, *Ellis*, Law and Contemporary Problems 59 (1996), S. 183.

27 Eingehend *Boed*, Columbia Journal of Transnational Law 37 (1998/1999), S. 371 ff.

28 *Sadurski*, "Decommunization", "Lustration", and Constitutional Continuity: Dilemmas of Transitional Justice in Central Europe (2003).

29 Stasi-Unterlagen-Gesetz, in der Fassung der Bekanntmachung der Neufassung vom 18. Februar 2007 (BGBl. I 162).

III. Regulative Grundsätze und juristische Rahmenbedingungen

Die Entscheidung für eine oder mehrere der genannten Aufarbeitungsoptionen hängt von einer Vielzahl politischer, rechtlicher und kultureller Faktoren ab. In politischer Hinsicht spielt der Charakter des Systemwechsels eine entscheidende Rolle. Wird der Systemwechsel durch eine vollständige militärische Niederlage des alten Regimes oder durch eine Revolution herbeigeführt, entfällt der Zwang zu Rücksichtnahmen und Kompromissen mit der alten Ordnung. Hier ist insbesondere der Weg für eine strafrechtliche Aufarbeitung frei. Anders verhält es sich bei verhandelten Machtwechseln, die vielfach nur um den Preis von Zugeständnissen an die alten Machthaber erfolgen. In juristischer Hinsicht schlägt vor allem die Schwere des begangenen Unrechts zu Buche. So ist es ein wesentlicher Unterschied, ob es sich um staatsgesteuerte Schwerstkriminalität wie Völkermord oder Verbrechen gegen die Menschlichkeit handelt oder ob Kriminalität von geringerer Schwere zur Debatte steht. Aber auch die vorhandenen finanziellen und personellen Ressourcen spielen eine wichtige Rolle. Insbesondere kann die Leistungsfähigkeit des Justizsystems der Aufarbeitung von vornherein enge Grenzen ziehen.

Trotz der unleugbaren Situationsgebundenheit von Aufarbeitung ist nicht alles eine Frage der Zweckmäßigkeit. Mit den folgenden Bemerkungen will ich versuchen, einige regulative Grundsätze und die rechtlichen Rahmenbedingungen aufzuzeigen, die bei der Wahl von Aufarbeitungsoptionen zu beachten sind.

Aus den bisherigen Erfahrungen mit Transitionsprozessen lassen sich meines Erachtens die folgenden Grundsätze ableiten:

- Aufklärung (Wahrheit) ist kein Hindernis für Versöhnung, sondern deren Voraussetzung. Ohne Aufklärung und Anerkennung des vergangenen Unrechts gibt es keine Versöhnung (Modell der südafrikanischen Wahrheitskommission: Ohne Wahrheit keine Versöhnung).[30]
- Friede (Versöhnung) und Gerechtigkeit schließen sich nicht aus. „Strafe" wurde in der Vergangenheit vielfach zu einseitig als Hindernis von „Versöhnung" wahrgenommen. Die Erfahrung mit Aufarbeitungsprozessen lehrt jedoch, dass ein Mindestmaß an Gerechtigkeit Voraussetzung für einen dauerhaften inneren Frieden ist. Dies zeigt sich etwa am Aufbrechen alter Wunden in Staaten, in denen eine juristische Aufarbeitung der Diktatur nicht stattgefunden hat.

---

30 Grundlegend zur Versöhnung, *Wüstenberg*, Die politische Dimension der Versöhnung (2004).

- Die Notwendigkeit der Opferorientierung des Aufarbeitungsprozesses wird zunehmend anerkannt und ist im Recht auf Aufklärung und Entschädigung inzwischen auch juristisch verfestigt. Es steht nicht im Belieben der neuen Demokratie, mit den Ansprüchen von Opfern so oder anders zu verfahren.

Bei diesen wenigen Bemerkungen zu regulativen Grundsätzen der Aufarbeitung will ich es belassen, um abschließend auf die politisch und juristisch heikle Frage der Amnestie für schwere Menschenrechtsverletzungen einzugehen.

Heute ist eine Strafpflicht der Tatortstaaten bei Völkerrechtsverbrechen anerkannt. Für Völkermord und Kriegsverbrechen im internationalen bewaffneten Konflikt ergibt sich diese Bestrafungspflicht auch aus Völkervertragsrecht.[31] Bei Kriegsverbrechen besteht sogar für Drittstaaten eine Pflicht zu strafen oder auszuliefern, während diese Frage für Völkermord und Menschlichkeitsverbrechen umstritten ist.[32]

Der Handlungsspielraum der demokratisch verfassten Staaten ist durch diese Strafpflichten zunächst einmal eingeschränkt. Allerdings wird man hieraus nicht ableiten können, dass Amnestien stets völkerrechtswidrig sind. Der Übergangsprozess in Südafrika bietet ein anschauliches Beispiel für eine Krisensituation, die eine Ausnahme von Strafverfolgungspflichten rechtfertigen kann. Im Falle Südafrikas war der (bedingte) Verzicht auf Kriminalstrafe der Preis für die Beendigung aktueller Gewalt und den Übergang zur Demokratie. Hier hat die südafrikanische Aufklärungsamnestie ein neuartiges Modell zur Bewältigung einer übergangstypischen Notsituation entwickelt: Das südafrikanische Modell löst die Kollision zwischen dem Strafverfolgungsinteresse und

---

31 Vgl. Art. IV Völkermordkonvention; Art. 129 GA III und Art. 146 GA IV; eine vertragliche Bestrafungspflicht besteht außerdem, soweit den Völkerrechtsverbrechen Folterhandlungen zu Grunde liegen; diese ergibt sich aus Art. 7 der Folterkonvention. Zum Ganzen eingehend *M. Schmidt*, Externe Strafpflichten (2002), S. 136 ff.; vgl. ferner *Cassese*, International Criminal Law (2003), S. 302 f.; *Eser*, in: Vohrah et al. (Hrsg.), Man's Inhumanity to Man (2003), S. 279 ff.; *Kreß*, Israel Yearbook on Human Rights 30 (2001), S. 103, 162; *Roht-Arriaza*, in: Roht-Arriaza (Hrsg.), Impunity and Human Rights (1995), 24 ff.; *Scharf*, Cornell International Law Journal 32 (1999), S. 507, S. 526.

32 Gegen eine Strafpflicht für Drittstaaten *Dugard*, in: Cassese / Gaeta / Jones (Hrsg.), Rome Statute, Band 1 (2002), S. 693, 698; *Gärditz*, Weltrechtspflege (2006), S. 290 ff.; *Gilbert*, Transnational Fugitive Offenders (1998), S. 322; *Tomuschat*, in: Cremer et al. (Hrsg.), Festschrift für Steinberger (2002), S. 315, 337 f. *Bassiouni* vertritt indes die Ansicht, der Grundsatz *aut dedere aut iudicare* sei inzwischen ein Satz des Völkergewohnheitsrechts und gelte für alle Völkerrechtsverbrechen; vgl. *Bassiouni / Wise*, Aut Dedere Aut Judicare (1995), S. 21, 24; *Bassiouni*, Virginia Journal of International Law 42 (2001), 81, 148 f. Ähnlich *Enache / Brown*, McGill Law Journal 43 (1998), S. 613, 625 ff.

dem Interesse an der Beendigung aktueller Gewalt, indem es einerseits einen bedingten Strafverzicht zulässt, andererseits aber die Notwendigkeit einer Aufklärung vergangenen Unrechts betont und fördert („Wahrheit statt Strafe“).[33] Dieses neue Modell einer Aufklärungsamnestie verzichtet zwar auf Strafe, aber es wahrt die Rechte der Opfer auf Wahrheit und Anerkennung begangenen Unrechts. Deshalb kann im Fall Südafrika der staatliche Strafverzicht unter Notstandsgesichtspunkten legitimiert werden.[34]

Praktische Bedeutung kann die Frage nach der Zulässigkeit von Amnestien bei Verfahren vor dem Internationalen Strafgerichtshof erlangen. Im Römischen Statut ist das Verhältnis der Strafverfolgung zu Amnestien und Wahrheitskommissionen nicht ausdrücklich angesprochen,[35] weil insoweit kein Konsens erreicht werden konnte.[36] Ob eine innerstaatliche Amnestie der Zulässigkeit eines Verfahrens vor dem Internationalen Strafgerichtshof entgegenstehen kann, ist noch ungeklärt.[37]

Richtigerweise wird man differenzieren müssen: Eine Generalamnestie für Völkerrechtsverbrechen beeinträchtigt die Zulässigkeit eines Verfahrens vor dem Internationalen Strafgerichtshof nicht, wie sich aus Art. 17 Abs. 1 b) des Römischen Statuts ergibt.[38] In allen anderen Konstellationen, insbesondere bei

---

33 Vgl. hierzu *Werle*, in: Hof / Schulte (Hrsg.), Wirkungsforschung zum Recht, Band III (2001), S. 291, 300 ff. sowie *Marxen / Werle*, Die strafrechtliche Aufarbeitung von DDR-Unrecht (1999), S. 258.

34 Vgl. *Werle*, in: Bock / Wolfrum (Hrsg.), Umkämpfte Vergangenheit (1999), S. 269, 274 f. und *Werle*, in: Hof / Schulte (Hrsg.), Wirkungsforschung zum Recht, Band III (2001), 291, 302 f. Vorschläge zu Kriterien für die Zulässigkeit von Amnestien bei *Gross*, Humanitäres Völkerrecht-Informationsschriften 2001, S. 162, 168 ff.; *Scharf*, Cornell International Law Journal 32 (1999), S. 507 ff.

35 Vgl. zur Verhandlungsgeschichte *Holmes*, in: Lee (Hrsg.), The International Criminal Court, The Making of the Rome Statute (1999), S. 41, 52 ff.; *Roht-Arriaza*, in: Shelton (Hrsg.), International Crimes, Peace and Human Rights (2000), S. 77, 79 ff.; *Scharf*, Cornell International Law Journal 32 (1999), S. 507 ff.

36 Vgl. dazu *Cárdenas*, Die Zulässigkeitsprüfung vor dem Internationalen Strafgerichtshof (2005), S. 157 m.w.N.

37 Vgl. *Hafner* et al. EJIL 10 (1999), 108 ff.; *Wedgwood* EJIL 10 (1999), S. 93, 95; eingehend *Dugard*, in: Cassese / Gaeta / Jones (Hrsg.), Rome Statute, Band 1 (2002), S. 693, 700 f.; ferner *Dahm / Delbrück / Wolfrum*, Völkerrecht, Band I/3, 2. Aufl. (2002), S. 1017 f.

38 Art. 17 Abs. 1 b) des Römischen Statutes lautet: „[Der Gerichtshof entscheidet, dass eine Sache nicht zulässig ist, wenn] in der Sache von einem Staat, der Gerichtsbarkeit darüber hat, Ermittlungen durchgeführt worden sind, und der Staat entschieden hat, die betreffende Person nicht strafrechtlich zu verfolgen, es sei denn, die Entscheidung war das Ergebnis des mangelnden Willens oder des Unvermögens des Staates, eine Strafverfolgung ernsthaft durchzuführen“.

Übertragung der nationalen Aufarbeitung auf eine Wahrheitskommission, ist die Zulässigkeit eines Verfahrens vor dem Internationalen Strafgerichtshof im Einzelfall zu prüfen.[39] Unzulässig kann das Verfahren im Einklang mit dem Komplementaritätsprinzip allenfalls dann sein, wenn die Einzelfallprüfung ergibt, dass die mit der Aufarbeitung beschäftigte Wahrheitskommission effektiv, unabhängig und unparteilich[40] ermittelt hat. Grundsätzlich ist aber davon auszugehen, dass im Falle von Amnestien bei schweren Menschenrechtsverletzungen eine Strafverfolgung durch den Internationalen Strafgerichtshof zulässig ist.[41] Allerdings ermöglicht es Art. 53 des Römischen Statuts dem Ankläger in derartigen Fällen, trotz Berücksichtigung der Schwere des Verbrechens und der Interessen der Opfer von Ermittlungen abzusehen, wenn diese „nicht im Interesse der Gerechtigkeit" liegen.[42]

IV. Ausblick

Mein Vortrag hat einige der Fragen aufgezeigt, die das noch junge Rechtsgebiet von *Transitional Justice* aufwirft. Diese Rechtsmaterie ist in der Entwicklung begriffen, und viele Fragen sind noch offen. Strafrecht und Völkerstrafrecht sind vergleichsweise weit entwickelt. Sie müssen aber in einen umfassenderen Zusammenhang der Konfliktbewältigung mit rechtlichen Mitteln integriert werden. Es geht mit anderen Worten darum, den rechtlichen Rahmen für Konfliktbewältigung zu erarbeiten, Konfliktlösungen zu verrechtlichen und den Standort der einzelnen Aufarbeitungsoptionen zu bestimmen. Diese Tendenz zur Verrechtlichung wird sich, so ist zu hoffen, in Zukunft behaupten und verstärken. Dann wird der Umgang mit Unrechtsvergangenheit von einer Frage politischer Beliebigkeit oder Zweckmäßigkeit tatsächlich zu einer Rechtsfrage.

---

39 Zur Zulässigkeitsprüfung bei Amnestien und der Tätigkeit von Wahrheitskommissionen instruktiv *Cárdenas*, Die Zulässigkeitsprüfung vor dem Internationalen Strafgerichtshof (2005), S. 149 ff., 194; vgl. auch *Bruer-Schäfer*, Der Internationale Strafgerichtshof (2001), S. 349.

40 Näher zu Kriterien für die Bewertung der Arbeit einer Wahrheitskommission *Ambos*, The legal framework of transitional justice, Study prepared for the International Conference 'Building a Future on Peace and Justice', Nuremberg, 25–27 June 2007, S. 29 ff.; *Gross*, Humanitäres Völkerrecht-Informationsschriften 2001, S. 162 ff., 168 ff.

41 So *Cárdenas*, Die Zulässigkeitsprüfung vor dem Internationalen Strafgerichtshof (2005), S. 149 ff., 163, 179; ähnlich *Ambos*, The legal framework of transitional justice, Study prepared for the International Conference 'Building a Future on Peace and Justice', Nuremberg, 25–27 June 2007, S. 65.

42 Vgl. Art. 53 Abs. 1 c) und Abs. 2 c) IStGH-Statut.

SPANIEN

Francisco Muñoz Conde

Abrechnen, aber wie? – Die rechtliche Transformation europäischer Diktaturen nach 1945: Der Fall Spanien.

1. Die Ausgangsbedingungen

Die rechtliche Transformation der spanischen Diktatur hat erst nach dem Tode des Diktators *Francisco Franco Bahamonde* am 20. November 1975 begonnen – und nicht, wie in Italien oder Deutschland geschehen, im Jahre 1945 nach der Beendigung des Zweiten Weltkrieges mit einer Niederlage des Regimes, einem gewalttätigen Tod durch Mord wie bei *Benito Mussolini* oder einem Selbstmord wie bei *Adolf Hitler*. Aber rund dreißig Jahre später, nach der politischen und rechtlichen Transformation der Diktatur, ist Spanien jetzt, wie Italien und Deutschland oder wie viele osteuropäische Länder, die – wie die DDR bis zum Fall der Berliner Mauer 1989 – einer kommunistischen Diktatur unterworfen waren, zu einem demokratischen und sozialen Rechtsstaat geworden.

Wie ist das passiert? Wie ist diese Transformation zu beurteilen? Hat es wirklich eine Abrechnung mit der Diktatur gegeben, oder ist sie nur eine kunstvolle juristische Fassade gewesen, um allmählich das diktatorische Regime dem demokratischen System der damaligen westeuropäischen Länder anzupassen, das Bestehende zu erhalten und ihren Verantwortlichen Straffreiheit zu versprechen, ohne sie wegen der zur Stützung der Diktatur begangenen Verbrechen zur Verantwortung zu ziehen? Um es mit dem berühmten – leicht abgewandelten[1] – Satz aus *Tommasi di Lampedusas* Roman „Il Gattopardo" auszudrücken: Wollte man alles ändern, damit alles so bleibt, wie es war?

Um diese Fragen objektiv beantworten zu können, muss man die verschiedenen Faktoren berücksichtigen, die diese Transformation begleitet und bedingt haben: Zunächst und vor allem die Tatsache, dass der Diktator bis zum Ende seines Lebens die Macht innehatte, während die politische Opposition bis zum Ende der Diktatur illegal war und keine Chance hatte, an die Macht zu kommen oder sich selbst als politische Alternative vorzustellen, weder durch eine faktische Revolution noch durch demokratische Wahlen. Dieser Faktor war

---

1 In: *Tommasi di Lampedusas*, „Il Gattopardo", drückt Graf Salina diesen Gedanken so aus: „Wenn alles so bleiben soll, wie es ist, muss sich alles ändern".

meiner Meinung nach einer der wichtigsten Gründe, die die Transformation juristisch und politisch bedingt haben.

Nach einem grausamen, mörderischen Bürgerkrieg (1936/39) und einer fast 40-jährigen (1939/75) Diktatur, die am Anfang vom Faschismus und Nationalsozialismus geprägt, dann immerhin von dem politischen Konservatismus der Rechtsradikalen und dem religiösen Integrismus der katholischen Kirche beherrscht worden war, kann die beginnende, von ehemaligen Mitgliedern des diktatorischen Apparats geleitete rechtliche (und politische) Transformation der spanischen Diktatur in einen demokratischen Rechtsstaat eher als eine opportunistische, allmähliche Anpassung des diktatorischen Regimes und seiner Machthaber (der Sieger des Bürgerkrieges) an das demokratische System der damaligen westeuropäischen Länder denn als eine Abrechnung mit der Vergangenheit gesehen werden.

2. Das Strafrecht

Eine strafrechtliche Abrechnung mit den seinerzeit zur Stützung der Diktatur begangenen Morden, Folterungen, Freiheitsberaubungen usw. hat es jedenfalls bis heute nicht gegeben. Es fand auch kein einziger Prozess gegen die Verantwortlichen dieser Greueltaten statt, die manchmal unter dem Deckmantel eines justizförmigen Strafprozesses von Militär- bzw. Sondergerichten (Tribunal de Orden Público) durch Rechtsbeugung[2] begangen worden waren. Bis heute hat man nicht einmal eine Erklärung der Nichtigkeit solcher Prozesse erreichen können.

Aus dieser Perspektive betrachtet, kann von einer Abrechnung mit der Diktatur in Spanien keine Rede sein. „Was geschehen ist, ist geschehen und darf auf dem Weg einer strafrechtlichen Abrechnung nicht bewältigt werden" – dies waren damals das Motto und der Ausgangspunkt, an dem der Zug der rechtlichen Transformation zu einem demokratischen Rechtsstaat abfuhr. Und dies ist bis heute auch die offizielle Stellungnahme der Institutionen, die die geschichtliche Wahrheit zwar nicht verbogen, aber weiterhin verdrängt haben: geopfert einem als modellhaft gepriesenen Übergang zur Demokratie[3]. Ob der

---

2 Dass solche richterlichen Entscheidungen, auch wenn sie dem damaligen geltenden Recht entsprachen, den Tatbestand der Rechtsbeugung erfüllen können, hat schon *Gustav Radbruch* in bezug auf manche Entscheidungen der deutschen Richterschaft während der Nazizeit in seinem berühmten Aufsatz „Gesetzliches Unrecht und übergesetzliches Recht" (SJZ 1946) bewiesen. Dazu ausführlich *Günter Spendel*, Rechtsbeugung durch Rechtsprechung, 1984.

3 So der Artikel von *Axel Veiel*, „Geschichte sicher stellen: Spanien blickt in die Abgründe der Franco-Diktatur", in: FAZ v. 13. Dezember 2002.

Übergang auf dieser Basis ein eher fehlgeschlagener als geglückter oder doch zumindest ein unbeendeter Versuch ist, kann man nun, 30 Jahre danach, diskutieren, und es wird vielleicht noch in 100 Jahren diskutiert werden. Der Historikerstreit hat hier einen guten Beitrag zu einer Diskussion geleistet, die schon begonnen hat und noch lange andauern wird. Dabei kann man den Eindruck gewinnen, dass die rechtliche Transformation einer Diktatur in einen demokratischen Rechtsstaat, die ohne eine strafrechtliche Abrechnung oder Bewältigung der zur Stützung der Diktatur begangenen Verbrechen stattfand, im Grunde genommen keine wirkliche Veränderung des Systems war – denn eine Veränderung eines diktatorischen Systems, die die Straffreiheit der Verantwortlichen dieses Systems gewährleistet, stellt in Wirklichkeit keine Veränderung, sondern vielmehr eine kosmetische Operation dar.

Die Enttäuschung und das Gefühl der Ungerechtigkeit, welche durch eine solche Straffreiheit der Täter bei den Opfern des Systems herbeigeführt wurden, sind immer noch in vielen Teilen der spanischen Bevölkerung zu spüren. Man will nun dieses Unbehagen mit einem Gesetz zur Wiedererlangung des historischen Gedächtnisses, der sogenannten „Memoria Histórica", abbauen. Dieses Gesetz, das noch nicht verabschiedet worden ist, gewährleistet jedoch die Anonymität (und damit die Straffreiheit) der damaligen Täter, Anhänger und Schergen der Diktatur, die über 40 Jahre hinweg sogar als Helden und Retter der Nation gefeiert wurden und nach denen immer noch Straßen, Plätze und Denkmäler in vielen spanischen Städten benannt sind. In diesem Sinne könnte man auch sagen, dass am Anfang des Übergangs zur Demokratie „die Mörder (noch) unter uns waren"[4]. Allein die Zeit, die nicht nur die Wunden heilt, sondern auch die Täter sterben lässt[5], hat zum Teil eine Erledigung dieses Problems herbeigeführt. Durch das künftige Gesetz zur „Memoria Histórica" will man also eine „kollektive Wahrheitssuche" beginnen, die sich nicht aus Rachsucht speist und auch nicht späte Vergeltung beabsichtigt, sondern die nur die Wahrheit, aber eben auch nichts als die Wahrheit, feststellen soll. Das Schweigen über die Namen der Täter, das nach dem Krieg und während der Diktatur eine Folge der Angst der Verlierer war, ist jetzt zu einer von einem demokratischen Gesetz gebotenen Amnesie geworden. Die Wahrheit, die dadurch sichergestellt werden soll, wird noch eine Weile länger verdrängt werden.

Unterdessen wurden erst in den letzten Jahren bei Ausgrabungen die sterblichen Überreste von Anhängern der Republik gefunden, die auch noch nach

---

4 Der Ausdruck „Die Mörder sind unter uns" entspricht dem Titel des Filmes von *Wolfgang Staudte*, der 1946 die unzureichende Entnazifizierung kritisierte.

5 *A.* und *M. Mitscherlich*, Die Unfähigkeit zu trauern, 15. Aufl., München 1998, S. 58.

dem Ende des Bürgerkriegs hingerichtet und in Massengräbern verscharrt worden waren und die nun endlich unter einem Grabstein mit Namenszug auf dem Dorffriedhof ruhen können[6].

Die Straffreiheit der Sieger des Bürgerkriegs, die damals und heute von vielen, vor allem von Opfern und Angehörigen der Opfer der Diktatur, als ein Symbol der Kontinuität und der immer noch realen Macht der Diktatur empfunden wurde und immer noch wird, wurde in gewissem Maße durch ein politisches Mitspracherecht für die Verlierer und eine nur partielle Amnestie der Regimegegner und Widerstandskämpfer gegen die Diktatur kompensiert. Die meisten von ihnen waren in den letzten Jahren der Diktatur von Militär- und Sondergerichten wegen Straftaten verurteilt worden, die oft nur in der Ausübung der in einer Demokratie selbstverständlichen Meinungs-, Vereinigungs- und Demonstrationsfreiheit[7] bestanden. Dadurch begann die staatliche Machtausübung nach dem Tod des Diktators allmählich demokratischer zu werden und die Diktatur selbst sich nach einer politisch und rechtlich klugen sowie raffinierten Transformation in einen demokratischen Rechtsstaat umzuwandeln.

Zwar kann man schwerlich leugnen, dass die jetzige juristische, politische, wirtschaftliche und gesellschaftliche Situation Spaniens mit derjenigen der Diktatur nichts mehr zu tun hat und dass diese Umwandlung mehr als ein politischer Transformismus gewesen ist. Der Weg, der zur aktuellen Situation führte, war jedoch kein Rosenweg, sondern vielmehr ein von Dornen sowie bedrohlichen Schranken und Hindernissen gepflasterter Weg, der vor allem in den ersten Jahren des Übergangs (man erinnere sich nur an den versuchten Putsch vom 23. Februar 1981) immer drohte, den Zug zur Demokratie zum Entgleisen zu bringen oder zu stoppen.

---

6 *S. Veiel*, Geschichte sicher stellen, a.a.O. Auch *José Maldavsky*, Massengräber am Straßenrand, Le Monde Diplomatique – die tageszeitung / WoZ, Januar 2003, S. 14/15. In den letzten Jahren sind weitere Massengräber geöffnet worden. Bis zum August 2006 wurden nur 905 Leichen der ca. 90.000 während des Bürgerkriegs und nach dem Krieg von den Putschisten Erschossenen ausgegraben (s. EL PAIS vom 13. August 2006, S. 24/25).

7 Diese Amnestie war am Anfang nur für rein politische Straftaten ohne Anwendung von Gewalt bestimmt, später wurde eine großzügigere – auch hinsichtlich Gewaltstraftaten gegen die Diktatur – angewendet (vgl. Dekret vom 14. März 1977 und 15. Oktober 1977). Dazu unten. Zum geltenden politischen Strafrecht in den letzten Jahren der Diktatur, s. *Francisco Muñoz-Conde*, Funktion der Strafnorm und Strafrechtsreform, in: *Madlener / Papenfuss / Schöne*, Strafrecht und Strafrechtsreform, Köln 1975.

3. Bruch und Kontinuität in der ersten Etappe

Aus Zeitgründen werde ich mich nur mit der ersten Etappe dieses Übergangs befassen, die mit dem Tod des Diktators (20. November 1975) begann und vorläufig mit der Verabschiedung einer von Vertretern aller parlamentarischen Parteien verfassten und durch ein Referendum von der Mehrheit der spanischen Bevölkerung bestätigten Verfassung im Dezember 1978 endete. Was am Anfang von manchen als eine Kontinuität der Diktatur betrachtet wurde, könnte am Ende dieses Übergangs als der Anfang einer nicht nur rechtlichen Transformation, sondern auch eines politischen Bruches, und vielleicht sogar als eine Art Abrechnung mit der Vergangenheit angesehen werden. Wie diese Transformation, die heute für jeden ersichtlich ist, in ihren ersten schwierigen Etappen stattgefunden hat, werde ich Ihnen nun kurz erzählen.

Eine Eigentümlichkeit dieser Etappe des Übergangs besteht darin, dass sie anfangs von denen geleitet wurde, die früher Anhänger der Diktatur und Mitglieder ihrer Regierung und Institutionen gewesen waren. So war z.B. Ministerpräsident der ersten Regierung der Monarchie *Carlos Arias Navarro*, der auch Ministerpräsident der letzten Regierung der Diktatur gewesen und in diesem Amt von König *Juan Carlos I.*, dem Nachfolger *Francos*, bestätigt worden war. Nach einigen Monaten wurde jedoch klar, dass von einem solchen, den konservativsten Sektoren der Diktatur entstammenden Mann keine wirkliche Demokratisierung des Regimes zu erwarten war. So ernannte der König im Sommer 1976 einen anderen Ministerpräsidenten, *Adolfo Suárez González*, der auch Sekretär der Einheitspartei der Diktatur (Movimiento Nacional: Nationale Bewegung) und Minister der letzten Regierung der Diktatur gewesen war, der aber zu einer jüngeren Generation gehörte und, zur Überraschung vieler, bald mit dem Abbau der juristischen Struktur des diktatorischen Regimes begann und der demokratischen, rechtsstaatlichen Fundierung der Monarchie Bahn brach.

Diese erste Phase, die mit der Ernennung von *Adolfo Suárez González* anfing, wurde, wie es auch bei den Übergängen zur Demokratie in anderen Ländern der Fall gewesen war, durch ein doppeltes Vorzeichen gekennzeichnet: von einem Bruch, was die Inhalte, und von einer Kontinuität, was die Personen angeht[8].

8 So *Bernhard Schlink*, Vergangenheitsschuld und gegenwärtiges Recht, edition Suhrkamp, Frankfurt am Main 2002, S. 130 ff., der allerdings dieses Vorzeichen auf die Rechtswissenschaft der Bundesrepublik Deutschland bezieht.

Um den politischen Bruch mit der Diktatur vorzubereiten, wurde von den „Cortes“, dem sogenannten legislativen Organ der Diktatur, ein später mit einem Referendum am 15. Dezember 1976 beschlossenes Gesetz für die politische Reform verabschiedet, das die Tür zu allgemeinen demokratischen Wahlen öffnen sollte[9]. Es stellte einerseits fest, dass die bisherigen Vertreter bzw. Abgeordneten der Diktatur damit einverstanden seien, als solche zurückzutreten, und dass diese Personen, wenn sie eine weitere politische Karriere anstreben wollten, an den allgemeinen Wahlen nach einem demokratischen System teilnehmen und mit anderen Kandidaten und Vertretern der bis dahin verbotenen politischen Parteien unter gleichen Bedingungen konkurrieren müssten. Andererseits forderte es, alle bis zu diesem Moment verbotenen politischen Parteien zu legalisieren, damit diese an den Wahlen teilnehmen durften. Der Grundstein war die Legalisierung der spanischen Kommunistischen Partei (PCE: Partido Comunista Español), deren Generalsekretär *Santiago Carrillo* nach seiner illegalen Einreise nach Spanien 1976 und einer kurzen, vorläufigen Festnahme bald als normaler Bürger auf freien Fuß gesetzt wurde[10]. Dieser Legalisierung standen zwei Schranken gegenüber, die damals als unüberwindbar betrachtet wurden. Die eine war der internationale Kontext des immer noch andauernden Kalten Krieges, der in manchen westeuropäischen Ländern wie der Bundesrepublik Deutschland zu einer Illegalisierung der Kommunistischen Parteien und sogar zu Berufsverboten seiner Mitglieder führte. Die andere war das starke Gefühl des Antikommunismus, das der Diktator *Franco* immer als wichtigstes Zeichen seines Systems nach außen und nach innen vorgezeigt hatte, wobei er als Kommunisten nicht nur die wirklichen Kommunisten, sondern auch Sozialisten, Sozialdemokraten, Republikaner, Freimaurer, Nationalisten und sogar echte Antikommunisten wie Liberale, Christdemokraten usw. betrachtete, die Regimegegner, einfache Demokraten oder Anhänger der Republik waren. Gerade einer der ersten Reformen des damals geltenden Strafgesetzbuches zufolge, das bis dahin alle politischen Parteien ausnahmslos zu illegalen Vereinigungen erklärt hatte, sollten nun als solche illegalen Vereinigungen gerade diejenigen zu betrachten sein, die als Ziel „die Einführung eines

---

9 Zu diesem Gesetz und seinen strafrechtlichen Folgen s. *Tomás Vives Antón*, in: Cuadernos de Política criminal, 1977, S. 73 ff.

10 Über diese zum Teil dramatischen, zum Teil lächerlichen Umstände seiner Festnahme und Freilassung informiert *Santiago Carrillo* selbst in seiner Autobiographie, Memorias, Barcelona 1993, S. 613, 640 ff.; s. auch das Vorwort von *Santiago Carrillo* zum Buch von *Teodulfo Lagunero Muñoz*, Una vida entre poetas, Madrid 2006, der ihn damals sehr unterstützt hat.

totalitären Systems“ anstrebten[11]. Aber die spanische Kommunistische Partei hatte schon seit langem ihre Verbindungen zur russischen Kommunistischen Partei abgebrochen, und ihr Generalsekretär *Santiago Carrillo* hatte zusammen mit seinen Kollegen, dem Franzosen *George Marchais* und dem Italiener *Enrico Berlinguer*, den sogenannten „Eurocomunismo“ gegründet, der auf die Grundthese des Marxismus-Leninismus, nämlich die Diktatur des Proletariats, verzichtete, das pluralistische demokratische System der westeuropäischen Länder annahm und eine Politik der nationalen Versöhnung vertrat[12]. Trotz dieser schwierigen äußeren und inneren Umstände sprach sich Ministerpräsident *Adolfo Suárez* mit einer Mischung aus Mut und politischer Klugheit im April 1977 persönlich für die Legalisierung der spanischen Kommunistischen Partei (PCE) aus[13], die daraufhin mit den anderen schon legalisierten politischen Parteien an den bevorstehenden Wahlen teilnehmen durfte. Damit war die Tür zu den ersten demokratischen Wahlen nach 41 Jahren geöffnet, die dann am 11. Juni 1977 stattfanden.

Fahnen und Symbole, Hymnen und politische Slogans, die bis zu diesem Moment verboten gewesen waren und deren Tragen oder Verbreiten als Straftaten der „Propaganda Ilegal“ vom Sondergericht „Tribunal de Orden Público“ schwer bestraft worden waren, waren plötzlich überall auf Plakaten oder in Versammlungen zu sehen und wurden im öffentlichen Fernsehen sowie anderen Medien gezeigt. Aber vor allem Personen, die bis dahin im Exil oder in Gefängnissen gewesen waren, durften ihre Ideen öffentlich vortragen und sich als Kandidaten der politischen Parteien vorstellen.

Damit das möglich war, musste man juristisch nicht nur praktisch alle politischen Parteien legalisieren, sondern auch eine Amnestie derjenigen verabschieden, die wegen ihrer Opposition zum diktatorischen Regime im Exil leben oder immer noch lange Freiheitsstrafen absitzen mussten. Manche Reformen des damaligen Strafgesetzbuches, wie z.B. die Entkriminalisierung der politischen Parteien und des Streik- und Gewerkschaftsrechts[14], hatten infolge

---

11 S. Gesetz zur Reform des Strafgesetzbuches vom 19. Juli 1976 (Art. 172, Abs. 2). Dazu s. *Muñoz-Conde*, Derecho penal, Parte Especial, 2. Aufl., Sevilla 1976, S. 546.

12 S. *Santiago Carrillo*, Eurocomunismo y Estado, Madrid 1977.

13 Zur Legalisierung der Kommunistischen Partei, die den demokratischen Willen und auch den Mut von Adolfo Suárez zeigte und gleichzeitig die Empörung und sogar fast einen Putsch des Militärs mit dem Rücktritt des Ministers der Marine, Admiral Pita da Veiga, auslöste, s. die Autobiographie von *Santiago Carrillo*, a.a.O., der über die damaligen Umstände authentisch informiert.

14 S. Real-Decreto-Ley 17/1977, vom 4. März, über Arbeitsverhältnisse, der Art. 222 des Código penal änderte, um den Streik, der nur aus beruflichen bzw. arbeitsrechtlichen Gründen stattfand, zu legalisieren. Das Gesetz der Gewerkschaften vom 1. April 1977

der neuen günstigeren Gesetze auch zur Freilassung führender Persönlichkeiten der Kommunistischen Partei und der Gewerkschaft „Comisiones Obreras" geführt.

Um die Wahlen juristisch zu regeln, wurde am 18. März 1977 ein königliches Dekret (Real-Decreto 20/1977) verabschiedet, das auch einen strafrechtlichen Teil mit den Wahldelikten enthielt[15], der bis heute geltendes Wahlrecht ist. Ein für den Wahlkampf der politischen Parteien wichtiges Gesetz, das königliche Gesetzes-Dekret 24/1977 vom 1. April 1977, wollte gewisse Begrenzungen, die von früheren Gesetzen und vom Strafgesetzbuch gezogen worden waren, beseitigen; gleichzeitig gab es jedoch bestimmten Institutionen und Symbolen wie Monarchie, Militär, Einheit der Nation usw. einen besonderen Schutz und fungierte in gewissem Sinne als Grenze einer Kritik am vergangenen Regime[16].

Das Ergebnis der Wahlen vom 11. Juni 1977 ergab ein neues Bild der politischen Lage Spaniens. Gewiss hatte die von *Adolfo Suárez* und anderen aus der Diktatur entstammenden jungen Politikern, aber auch von Liberalen und Christdemokraten gegründete Partei der Unión de Centro Democrático (UCD) die relative Mehrheit gewonnen (166 Sitze). Das war allerdings fast erwartet worden, denn diese handelten auf der Basis der früheren Institutionen der politischen und wirtschaftlichen Macht und hatten die Kontrolle des staatlichen Machtapparats in ihren Händen. Aber ein weiterer Grund für ihren Erfolg war wohl auch ein Angst- und Unsicherheitsgefühl des Beamtentums, der Bourgeoisie und der inzwischen größer gewordenen Mittelklasse vor einer (zu) raschen Entwicklung und Veränderung hin zur Demokratie, wie sie die sozialistische und kommunistische Partei wollte. Die UCD versprach eine allmähliche Reform des diktatorischen Systems, ohne die staatliche Machtausübung und den in den letzten Jahren der Diktatur erworbenen Wohlstand zu gefährden. Daher bestand schon zu jenem Zeitpunkt eine Tendenz zum politischen Zentrum bei einem großen Teil der spanischen Gesellschaft, der fünf Jahre

---

hat auch die freie Gründung der Gewerkschaften legalisiert, die bis dahin als Bildung einer illegalen Vereinigung strafbar war. Man erinnere sich nur an den berühmten „Prozess 1001" vor dem Tribunal de Orden Público, der am 20. Dezember 1973 stattfand, dem Tag, an dem Vizepräsident Admiral Carrero Blanco von der ETA bei einem Attentat ermordet wurde. In diesem Prozess wurden Syndikalisten, Führer der damals illegalen Gewerkschaft „Comisiones Obreras" wegen illegaler Vereinigung angeklagt und zu 20 Jahren Freiheitsstrafe verurteilt. Heute ist „Comisiones Obreras" eine der wichtigsten Gewerkschaften.

15 S. *Muñoz-Conde*, Delitos electorales, in: Cuadernos de Política criminal, 1977, S. 165 ff.

16 S. *Marino Barbero Santos*, Política y Derecho penal en España, Madrid 1977, S. 139; *Vives Antón*, Libertad de prensa y responsabilidad criminal, Madrid 1977, S. 214 ff.

später, bei den Wahlen vom 28. Oktober 1982, für den Erfolg der sozialistischen Partei sehr wichtig und seither bei späteren Wahlen immer entscheidend war. Gleichzeitig konnten diejenigen, die ihre beruflichen, akademischen, wirtschaftlichen und sogar politischen Karrieren in der Zeit der Diktatur begonnen und fortgesetzt hatten, mit dem Erfolg der UCD der Erhaltung ihres Status quo auch nach der Auflösung des Apparats der Diktatur sicher sein. Ein plötzlicher Bruch in diesem Apparat wäre, so dachten damals viele, zu gefährlich gewesen und hätte auch „das tradierte, geschätzte, gepflegte Selbstbild“[17] vieler Leute zerstört.

Das Beharren auf alten autoritären Modellen mit kaum demokratischen Profilen, wie es die Partei „Alianza Popular“ (AP) vorschlug, versprach keinen Wahlerfolg, denn es hätte die Kontinuität der Diktatur unter lediglich anderem Namen und unter ihren wichtigsten und härtesten Vertretern (*Manuel Fraga Iribarne*, *Laureano López Rodó* u.a.) bedeutet, die eine Mischung aus ehemaligen Falangisten und Technokraten des Opus Dei darstellten und die in den letzten Regierungen von Diktator *Franco* stets vertreten gewesen waren. Sie wurde nur viertstärkste Partei und bekam nur 16 Sitze.

Zweitstärkste Partei wurde der „Partido Socialista Obrero Español“ (PSOE) (118 Sitze), eine Partei, die während der Diktatur praktisch verschwunden und dessen führende Persönlichkeiten verstorben waren oder im Exil lebten, die aber von einigen jungen Anwälten, Akademikern, Arbeitern, Berufstätigen im Innern Anfang der 70er Jahre mit Unterstützung der deutschen SPD (*Willy Brand*) und der französischen sozialistischen Partei (*François Mitterand*) unter der Leitung ihres Generalsekretärs, des jungen sevillanischen Anwalts *Felipe González Márquez* wiederorganisiert worden war. Nach den damaligen westeuropäischen politischen Verhältnissen war es von Anfang an klar, dass diese Partei die besten Chancen hatte, an die Macht zu kommen. Dass ihr dies tatsächlich erst fünf Jahre später gelingen sollte, ist der damals noch in vielen Schichten der spanischen Bevölkerung bestehenden Angst vor einem zu starken Bruch einerseits und der Jugend ihrer führenden Vertreter andererseits zuzuschreiben.

Eine Überraschung stellte die niedrige Stimmenzahl dar, welche die Kommunistische Partei erhielt, die mit 19 Abgeordneten drittstärkste Partei wurde. Insoweit spielte neben dem bei einem Teil der spanischen Bevölkerung und vor

---

17 Mit diesem Satz beschreibt *Schlink*, a.a.O., S. 132, wie die deutschen Juristen vom Nationalsozialismus zur Demokratie übergingen, ohne ihr Selbstbild zerstören zu müssen. Zum Juristenprozess und der Rolle der Juristen während des Nationalsozialismus s. *Muñoz Conde / Muñoz Aunión*, Das Urteil von Nürnberg, Berlin 2006, und auch *Spendel*, Fn. 2.

allem des Militärs noch stark ausgeprägten Antikommunismus und der noch in vielen Schichten der spanischen Gesellschaft bestehenden Angst vor einem zu starken Bruch, der mit den Kommunisten in noch größerem Ausmaß zu befürchten stand, das Alter vieler ihrer Führer eine Rolle, die manchmal Symbole und sogar Ikonen, wie z.B. *Dolores Ibarrurri*, „La Pasionaria“, des Widerstandskampfes gegen die Diktatur waren.

Große Bedeutung hatte die Präsenz der nationalistischen Parteien im Parlament, der Baskischen Nationalpartei (PNV) (9 Sitze) und des katalanistischen Parteienbündnisses Convergencia i Unió (CiU) (14 Sitze), die von Anfang an das Problem der baskischen und katalanischen Nationalitäten, die von der Diktatur immer unterdrückt worden waren, zur Sprache brachten. Diese Unterdrückung war ein besonders kompliziertes Problem während der Erarbeitung der Verfassung und stellt auch heute immer noch ein heikles Thema dar, das bisher keine befriedigende Lösung gefunden hat.

Mit dieser Konstellation wurde sofort klar, dass die juristische und politische Transformation, die den Übergang der Diktatur zu einem fest etablierten demokratischen System ermöglichte, einen Konsens zwischen den oben genannten parlamentarischen Parteien verlangte. Dies begriff *Adolfo Suárez* sofort, und bald begann er, Verhandlungen mit den Vertretern aller Parteien zu führen.

4. Punktuelle Reformen

Die ersten Reformen waren nur punktuell. Hiermit wollte man entweder nur die besonders kritischen Beispiele der früheren Rechtsordnung abschaffen oder neue Gesetze schaffen, die mit einer modernen Gesellschaft in Einklang standen. Zu den letzteren gehört z.B. die von Finanzminister *Francisco Fernández Ordoñez* eingeführte steuerrechtliche Reform, die neben einer gänzlich neuen Regelung der Einkommensteuer auch einen neuen Tatbestand der Steuerhinterziehung in das Strafgesetzbuch einführte[18].

Die Verhandlungen zwischen den Vertretern aller parlamentarischen Parteien hatten als Folge die sogenannten „Pactos de la Moncloa“ (der Palast der Moncloa ist der Sitz des spanischen Ministerpräsidenten), die neben anderen Re-

---

18 Gesetz 50/1977 vom 14. November 1977, das auch Art. 319 des Strafgesetzbuches änderte. Dazu und zu anderen strafrechtlichen Reformen des Jahres 1977, s. *Muñoz Conde*, Reformas penales 1977, in: Cuadernos de Política criminal, 1978, S. 118 ff. Eine allgemeine Darstellung all dieser Reformen seit Beginn des Übergangs zur Demokratie bis heute findet sich in den verschiedenen Auflagen *meines* Lehrbuchs, Derecho penal, Parte Especial, 2. Aufl. Sevilla 1976, 15. Aufl. Valencia 2004.

formen mit dem Gesetz 20/1978 vom 8. Mai 1978 zu einer Reform des Strafgesetzbuches führte, das bis dahin vor allem im Bereich der Sexualdelikte Tatbestände enthielt, die mit dem moralischen Pluralismus und der Gleichberechtigung der Frau in einem modernen demokratischen Rechtsstaat unvereinbar waren. Dieses Gesetz hat z.B. Straftaten wie die Ankündigung und den Vertrieb von Empfängnisverhütungsmitteln, die „durch Täuschung" begangene Verführung einer Frau zwischen 16 und 23 Jahren, die „Entführung" einer Frau in diesem Alter, auch wenn diese mit ihrem Einverständnis, aber gegen den Willen ihrer Eltern geschah, und den Ehebruch (damals gab es noch keine Scheidung[19]) abgeschafft. Auch neue Straftatbestände, die vor allem den Terrorismus der ETA betrafen, und der Tatbestand der Folter, der Misshandlungen der Festgenommen durch die Polizei ausdrücklich unter Strafe stellte, wurden eingeführt. Erst später, ab 1979/1980, nahm man die Aufgabe in Angriff, ein völlig neues Strafgesetzbuch zu verfassen. Vom damaligen bis zum jetzt geltenden Strafgesetzbuch von 1995 hat es viele Teil-Reformen (1983, 1989) gegeben, die den Terrorismus und den strafrechtlichen Schutz der sexuellen Selbstbestimmung, aber auch neue Sektoren, wie Drogenhandel, Umweltdelinquenz, Korruption usw., zum Gegenstand hatten.

5. Die neue Verfassung

Als Folgen dieser „Pactos de la Moncloa" nahm man auch Reformen des Sozial- und Arbeitsrechts vor und ergriff verschiedene wirtschaftliche und soziale Maßnahmen. Aber das wichtigste politische und juristische Ziel aller parlamentarischen Parteien zu jener Zeit war die Schaffung einer Verfassung, die den zukünftigen Rahmen für die juristische Transformation des ganzen Systems bilden und dadurch den Übergang der Diktatur zur Demokratie endgültig vollziehen sollte. Aus Zeitgründen kann ich jetzt nur die wichtigsten Züge dieser Legislaturperiode schematisch darstellen und am Ende meines Referats eine allgemeine Einschätzung dieser ersten Etappe des Übergangs abgeben.

Es ist klar, dass eine juristische Transformation den politischen Willen aller Beteiligten voraussetzt, diese Transformation tatsächlich durchzuführen. Immer wenn von einer juristischen Transformation oder Reform die Rede ist, stehen die politischen Probleme im Vordergrund. Die neue Verfassung musste also die Stütze sein, um den politischen Entscheidungen das juristische Rückgrat zu geben. Aber mit einer so pluralistischen Zusammensetzung des neuen Parlaments war es recht kompliziert, einen politischen Kompromiss zu erzie-

---

19 Das familienrechtliche Gestaltungsmittel der Scheidung wurde im Jahr 1978 von der Verfassung anerkannt, aber erst im Jahre 1981 gesetzlich geregelt.

len. Jede Partei, jede politische Gruppe hatte – ihrer jeweiligen politischen und ideologischen Weltanschauung entsprechend – ihre eigene Auffassung darüber, wie die zukünftige Rechtsordnung Spaniens aussehen müsse. Die konservativen Rechtsparteien (UCD und AP) wollten so wenig Veränderungen wie möglich an den alten Machtverhältnissen vornehmen, die Linksparteien (PSOE und PCE), die nur wenige Monate vorher der illegalen Opposition angehört hatten, wollten natürlich möglichst viele der politischen und juristischen Strukturen der Diktatur abschaffen. Und die nationalistischen Parteien (PNV und CiU) wollten ein Höchstmaß an Autonomie und sogar das Recht auf Selbstbestimmung für ihre Länder (Baskenland und Katalonien) erreichen.

Um zu einem Konsens zu gelangen, war es also vonnöten, dass jede Partei auf einen Teil ihrer Bestrebungen verzichtete bzw. einzelne Bestrebungen anderer Parteien akzeptierte. So nahm z.B. die Kommunistische Partei das Recht auf Privateigentum und das Prinzip der Markwirtschaft an, gleichzeitig aber wurde von den anderen Parteien die Intervention des Staates in die Wirtschaft „nach den Notwendigkeiten der allgemeinen Wirtschaft und der Planung" (Art. 38) anerkannt. Die konservativen, stark von der Katholischen Kirche beeinflussten Rechtsparteien akzeptierten die zivilrechtliche Einrichtung der Ehescheidung und die Nichtkonfessionalität des Staates. Und zum Schluss erkannten alle Parteien die parlamentarische Monarchie und den vom Diktator *Franco* ernannten König *Juan Carlos I. de Borbón* als König von Spanien (Art. 56, 57) an. Die Dreiteilung der Macht zwischen Parlament, Regierung und Richterschaft (Titel III, IV und V) wurde fest etabliert und dem Verfassungsgericht wurde die Zuständigkeit übertragen, die Verfassungsmäßigkeit der Gesetze zu überprüfen (Titel IX). Der Titel I enthält seither einen Katalog der Grundrechte, deren Verletzung vom Verfassungsgericht auf dem Weg der Verfassungsbeschwerde (Recurso de amparo) kontrolliert wird. In Art. 1 wird Spanien als „ein sozialer und demokratischer Rechtsstaat" definiert, „dessen höchste Werte die Freiheit, die Gerechtigkeit, die Gleichheit und der politische Pluralismus" sind. Die Katholische Kirche ist ausdrücklich neben den anderen Konfessionen genannt, aber nur in bezug auf die Glaubensfreiheit. Der spanische Staat erklärt sich also zu einem nichtkonfessionellen Staat (Art. 16). Das Militär hat nur die Aufgabe, die Souveränität, die Unabhängigkeit, die Landesintegrität und die verfassungsmäßige Ordnung zu schützen (Art. 8).

Andere Fragen blieben jedoch offen oder erhielten Lösungen, die bewusst mehrdeutig oder sogar widersprüchlich waren. So erklärt z.B. Art. 15, dass „alle das Recht auf Leben und körperliche und moralische Unversehrtheit (Integrität) haben" und verbietet „Folter und unmenschliche und demütigende Strafen und Misshandlungen"; demgemäß wurde die Todesstrafe zwar abgeschafft, aber für den Fall eines Krieges nach den Militärgesetzen beibehalten. Das Wort „alle" wollten vielen in dem Sinne verstehen, dass das Recht auf Leben auch das werdende Leben umfasse, so dass eine Freigabe der Abtreibung gegen Art. 15 verstoße und also verfassungswidrig sei. Erst sieben Jahre später hat das Verfassungsgericht entschieden, dass die von der sozialistischen Regierung vorgeschlagene enge (therapeutische, ethische und eugenische) Indikationslösung verfassungsmäßig ist (Entscheidung vom 11. April 1985). Das ist bis heute geltendes Recht.

6. Das Problem der territorialen Neuordnung

Aber das meistdiskutierte Problem war die territoriale (Um-)Organisierung des Landes (Titel VIII). Die „Einheit der spanischen Nation" war während der Diktatur wie ein Dogma, das das traditionelle zentralistische System sogar verschärfte. So wurde z.B. die Benutzung von Baskisch und Katalanisch offiziell verboten und sozial missbilligt. Alle wichtigen Entscheidungen, die eine einzelne Provinz oder Region betrafen, durften nur von der Zentralregierung in Madrid getroffen werden. Und jedes Verlangen nach mehr Autonomie oder Anerkennung der nationalen Identität wurde unterdrückt oder sogar als „Separatismus" und „Gefährdung der nationalen Einheit" strafrechtlich verfolgt. Gerade hier hatte der Terrorismus der ETA im Baskenland, der als Reaktion auf diese Unterdrückung Anfang der 70er Jahre des 20. Jahrhunderts mit Gewalt- und Terrorakten, wie der Entführung des deutschen Konsuls in San Sebastian (1970) oder dem Attentat auf den Vizepräsidenten *Admiral Carrero Blanco* (Dezember 1973), begann, eine seiner Wurzeln. Die Gegenreaktion der damaligen Diktatur bestand darin, die mutmaßlichen Mitglieder dieser terroristischen Organisation grundsätzlich vom Sondergericht „Tribunal de Orden Público", das seit 1963 für die Verfolgung politischer Straftaten zuständig war, verurteilen zu lassen, im Falle von Gewalt mit Todesfolge sogar von einem Militärgericht, das im September 1975 (zwei Monate vor dem Tod des Diktators) fünf Mitglieder der ETA zum Tode verurteilte und erschießen ließ.

Mit dieser Vorgeschichte stand fest, dass die Baskische Nationalpartei (PNV) etwas mehr als eine bescheidene Autonomie für das Baskenland anstrebte. Auch die Katalanen wollten mehr Autonomie und sogar, genau wie die Basken, die Anerkennung des Rechts auf Selbstbestimmung. Andere Teile des Landes verlangten ebenfalls nach Autonomie. Eine gute Lösung wäre es vielleicht gewesen, das neue Spanien als einen Bundesstaat auszugestalten, wie es z.B. in der Bundesrepublik Deutschland nach dem Krieg geschah und wie es die Linksparteien PSOE und PCE vorgeschlagen hatten – aber diese Lösung wurde von Anfang an von den Rechtsparteien abgelehnt und vom Militär, das die „Einheit der spanischen Nation“ immer noch als ein unantastbares Dogma ansah, misstrauisch betrachtet. Die Lösung bestand am Ende in der Schaffung des im Kapitel 3 des Titels VIII vorgesehenen Systems der „Comunidades Autonómas“ (Autonome Regionen oder Gemeinschaften), das äußerst kontrovers diskutiert wurde und gerade für die Baskische Nationalpartei keine befriedigende Lösung darstellte, weshalb sie bei der späteren Volksabstimmung gegen die Verfassung votierte[20].

Im Herbst 1978 wurde die Verfassung im Parlament mit großer Mehrheit verabschiedet und am 6. Dezember 1978 von der Bevölkerung bei einer Volksabstimmung mit einer Beteiligungsquote von 87 Prozent und einer Zustimmungsquote von 59 Prozent ratifiziert.

Damit hatte man den ersten Schritt hin zu einer politischen und rechtlichen Transformation getan, die Spanien von einer Diktatur in einen sozialen und demokratischen Rechtsstaat umwandeln sollte. Aber das war nur der Anfang – und aller Anfang ist schwer. Die Fortsetzung aber war noch schwieriger. Mit ihrer offiziellen Veröffentlichung in spanischer, katalanischer, baskischer und galizischer Sprache (BOE 29. Dezember 1978) trat die Verfassung sofort in Kraft: Der Vorhang des ersten Akts der Transformation war gefallen, und viele Fragen blieben offen.

Die Zukunft war immer noch unsicher. Die terroristischen Aktionen der die Unabhängigkeit des Baskenlandes anstrebenden baskischen Gruppe ETA häuften sich und waren jedesmal brutaler, was eine Amnestie, wie sie die Baskische Nationalpartei und die Linksparteien verlangten, fast unmöglich machte. Die Extremisten der rechtsradikalen Gruppen verübten Terrorakte wie die Ermordung von fünf Anwälten der Gewerkschaft „Comisiones Obreras“ im Januar 1977. Ein Teil des Militärs drohte täglich mit einem Putsch, der am 23. Februar 1981 beinahe Erfolg gezeitigt und Spanien wieder zu einer militärischen Diktatur zurückgeführt hätte. Die Wirtschaft war in eine Krise geraten und die Arbeitslosenquote stieg beständig. Einstweilen trat Präsident *Adolfo Suárez*, dessen Partei UCD nach der Verabschiedung der Verfassung die anberaumten Neuwahlen im März 1979 gewonnen hatte, aus unbekannten Gründen zurück.

20 Zur parlamentarischen Diskussion dieses Problems, s. *Bonifacio de la Cuadra / Soledad Gallego Díaz*, Del consenso al desencanto, Madrid 1981, S. 145 ff. Auch *Edward Malefakis*, Spain and its Fracoist Heritage, in: From Dictatorship to Democracy, Coping with the Legacies of Authoritarism und Totalitarism, edited by John Herz, 1982, S. 223 ff.

Am 28. Oktober 1982 gewann die sozialistische Partei (PSOE) die Wahlen mit absoluter Mehrheit. Die UCD und die Kommunistische Partei verschwanden praktisch in der Bedeutungslosigkeit. Allmählich aber entstand eine neue Rechtspartei „Partido Popular" (PP) aus UCD und AP und wurde zur „anderen großen Partei", zunächst in der Opposition, später an der Macht. Ein Zweiparteiensystem begann die politische Szene sodann zu beherrschen. Bis März 1996 regierten die sozialistische Partei und die sozialistische Regierung mit *Felipe González* als Ministerpräsident, zunächst, bis 1992, allein mit einer absoluten und dann, bis 1996, mit Unterstützung der katalanischen Partei CiU mit relativer Mehrheit. Sie hat Spanien gewiss modernisiert, den Bruch mit der Diktatur weiter vertieft, die wirtschaftliche Lage verbessert und mit dem Eintritt in den Europäischen Markt und die NATO in den 80er Jahren einen internationalen Rang erreicht. Aber die rasche wirtschaftliche Entwicklung brachte auch Korruption und bestimmte Fälle illegaler Finanzierung der sozialistischen Partei mit sich; so diskreditierte etwa der Fall „FILESA"[21] die sozialistische Regierung und Partei. Auch der Kampf mit illegalen Mitteln und paramilitärischen Gruppen wie der GAL gegen die terroristische Gruppe ETA beschädigte das Ansehen der sozialistischen Regierung[22]. Im März 1996 gewann die konservative Rechtspartei Partido Popular (PP) die Wahlen mit relativer Mehrheit. Wieder spielte die katalanische Partei CiU die Rolle einer Angelpartei und milderte gewisse konservative Tendenzen der PP ab. In den Wahlen im Jahre 2000 erreichte die PP jedoch die absolute Mehrheit und verursachte mit einer aggressiveren konservativen Politik eine Welle juristischer Reformen vor allem des Strafgesetzbuches, die eindeutig den heutigen, international extrem ausgeweiteten kriminalpolitischen Tendenzen zur „Zero Tolerance" und zum sogenannten „Feindstrafrecht" entsprachen[23]. Im Jahre 2003 billigte Ministerpräsident *José María Aznar* auf den Azoren im Einverständnis mit dem amerikanischen Präsident *Georg W. Bush* und dem englischen Premierminister *Blair*, aber unter starkem Widerstand aller parlamentarischen Oppositionsparteien und großer Teile der spanischen Bevölkerung, den Einmarsch der ameri-

---

21 S. Entscheidung des Tribunal Supremo vom 28. November 1998, die führende Mitglieder der sozialistischen Partei wegen Urkundenfälschung und Bestechung verurteilte.

22 S. Entscheidung des Tribunal Supremo vom 29. Juli 1998, das den Innenminister und den Staatssekretär und andere Beamten des Innenministeriums wegen illegaler Festnahme eines vermeintlichen Mitglieds der ETA verurteilte.

23 S. *Muñoz-Conde*, Las reformas de la Parte Especial del Derecho penal español en el 2003: De la „tolerancia cero" al „Derecho penal del enemigo", in: Studi in onore di Giorgio Marinucci, Milano 2006; *ders.*, De nuevo sobre el Derecho penal del enemigo, in: Revista Penal, 16, 2005 (auch als Buch bei Editorial Hammurabi, Buenos Aires 2005, erschienen; es gibt eine deutsche Übersetzung von *Moritz Vormbaum*, erschienen beim LIT Verlag, Berlin 2007, mit dem Titel „Über das 'Feindstrafrecht'").

kanischen Truppen in den Irak. Am 11. März 2004, einige Tage vor den allgemeinen Wahlen, kam es zu einem von einer islamischen terroristischen Gruppe begangenen Attentat im Madrider Atocha Hauptbahnhof mit ca. 200 Toten und mehr als 1000 Schwerverletzten. Drei Tage später gewann die sozialistische Partei die Wahlen, und unter ihrem neuen Generalsekretär *José Luis Rodríguez Zapatero* regiert in Spanien zur Zeit eine sozialistische Regierung.

7. Fortwirkungen und offene Probleme

Wenn man heute Gesetze und Institutionen auf fortwirkende juristische Inhalte der Diktatur hin durchforscht, wird man darin kaum derartiges entdecken. Auch die Personen, die enge Verbindungen zur Diktatur hatten und während der ersten Etappe des Übergangs zur Demokratie immer noch an der Macht waren, leben entweder nicht mehr, haben keine politische Bedeutung mehr oder liefen rechtzeitig zur Demokratie über. Und trotzdem ist immer noch ein gewisses Unbehagen mit dem Gedanken an die Bewältigung der Vergangenheit verbunden: Ein wirkliches „Abrechnen" mit der Vergangenheit hat es nie gegeben, und eine rechtzeitige Wiedergutmachung zugunsten der Opfer auch nicht. Um es zu wiederholen: Die Zeit hat nicht nur die Wunden geheilt, sondern auch die Täter und die Opfer sterben lassen. Auch die letzteren leben nicht mehr oder sind zu alt, und ihre Verwandten, Kinder und Enkel wollen eher eine moralische Wiedergutmachung als Vergeltung und Rache; sie rufen nach Gerechtigkeit nur insoweit, als sie die Wahrheit wissen wollen und nichts als die Wahrheit. Eine Versöhnungskommission ist also nicht nötig, weil die Zeit die Kinder beider Seiten, der Sieger und der Verlierer, schon seit langem versöhnt hat.

Aber es gibt immer noch viele Probleme, die auf diese Vergangenheit zurückzuführen sind; und die Schatten der Vergangenheit verhindern immer noch, dass diese einer guten Lösung zugeführt werden können. Ich beziehe mich vor allem auf die Freilassung der Terroristen der baskischen Gruppe ETA, die seit drei Jahren kein Attentat mehr begangen und im Jahre 2006 den Waffenstillstand erklärt hat. Die Verhandlungen zwischen dieser Gruppe und der Regierung haben erst kürzlich, im Juni 2006, angefangen, und wenn sie Erfolg haben, werden sie das Ende des Terrorismus bedeuten (leider hat im Dezember 2006 die ETA wieder ein Attentat am Madrider Flughafen begangen und zwei Tote verursacht. Seitdem sind die Verhandlungen unterbrochen worden). Aber welchen Preis muss man dafür zahlen? Die meisten Mitglieder der ETA, die im Gefängnis sitzen, haben Morde begangen oder an Morden und Attentaten mit Todesfolge teilgenommen und noch lange Freiheitsstrafen zu verbüßen – letzteres um so mehr, als eine neue und fragwürdige Rechtsprechung neuartige, scharfe rückwirkende Kriterien für die bedingte Entlassung solcher Straftäter anwendet[24]. Einzelne Gruppen der Terrorismusopfer fürchten zu Recht, dass die Verhandlungen zwischen der Regierung und der ETA eine baldige Freilassung dieser Täter zur Folge haben könnten. Hier hat die Zeit die Wunden noch nicht geheilt, und die einzigen, die gestorben sind, sind die Opfer oder zumindest viele von ihnen. Wenn man diese vermeintliche „Straflosigkeit" der ETA-Täter mit der „Straflosigkeit" der Täter der Diktatur vergleicht, kann man manche Schlussfolgerung ziehen: Eine strafrechtliche Abrechnung mit den Taten der Verantwortlichen der Diktatur war zu Beginn der demokratischen Transition praktisch unmöglich – sie wäre sogar tödlich gewesen für die noch junge Demokratie, da diese noch sehr schwach war und viele der Verantwortlichen der Diktatur noch immer in den entscheidenden Institutionen (Militär, Gerichtsbarkeit, Verwaltung, Universitäten, Wirtschaft) saßen und Macht und Mittel hatten, um eine strafrechtliche Abrechnung zu verhindern. Man wartete indes einfach darauf, dass sie starben, oder versuchte, sie mit demokratischen Mitteln aus den Institutionen und damit aus den Machtpositionen zu verdrängen. Das Problem im Hinblick auf die Freilassung der Terroristen der ETA ist freilich ein anderes: Hier ist es nötig, mit einer Versöhnung zu beginnen; die Terroristen müssen nicht nur auf Gewalt verzichten, sie müssen auch die Opfer um Verzeihung bitten. Damit fängt es an. Dann kann man verhandeln.

Darüber hinaus ist mit diesem Problem ein anderes verbunden: das Recht auf Selbstbestimmung des Baskenlandes, dessen Anerkennung nicht nur von den sogenannten „Abertzalen", d.h. den Parteien, die politisch der ETA nahestehen und sogar die totale Unabhängigkeit des Landes wollen (wie z.B. die für illegal erklärte Partei Herri Batasuna), sondern auch von der Baskischen Nationalpartei verlangt wird. Das ist eine Aufgabe für die Zukunft, die auch mit Blick auf die Vergangenheit von der sozialistischen Regierung, aber auch vom spanischem Staat und der spanischen Gesellschaft im ganzen mit politischer Klugheit gelöst werden muss. Die erste Bedingung muss der endgültige Gewaltverzicht sowie die Akzeptanz des demokratischen Systems durch die Terroristen sein. Alles andere kann und muss verhandelt werden.

Etwas ähnliches ist in den letzten Jahren in anderen europäischen Ländern geschehen, z.B. in England mit der Lösung des IRA-Problems. Auch in Deutschland galt es, eine Lösung zu finden für die Behandlung derjenigen, die

---

24 S. Entscheidung des Obergerichts (Tribunal Supremo) am 20. Februar 2006.

mit dem nationalsozialistischen Regime zusammengearbeitet hatten und nach einer ungenügenden Entnazifizierung an die politische Macht und in Institutionen der Bundesrepublik Deutschland zurückgekehrt waren; später, nach der Wiedervereinigung, musste man sich wiederum mit der Bewältigung des Unrechts in der ehemaligen DDR, etwa der Mauerschützenproblematik usw., beschäftigen[25]. Eine befriedigende, dem Wunsch und Gerechtigkeitsgefühl eines jeden entsprechende Lösung dieser Probleme gab es ebenfalls nicht. Wie es *Gerhard Werle* in bezug auf die Aufarbeitung des Systemunrechts der „Apartheid" in Südafrika sagt:

> „Die Frage, ob die in Südafrika entwickelte Aufklärungsamnestie einer strafgerichtlichen Aufarbeitung von Systemunrecht vorzuziehen ist, lässt sich nicht allgemein bejahen oder verneinen. Die Antwort muss die konkreten Gegebenheiten des jeweiligen Systemwechsels sowie Art und Schwere des kriminellen Unrechts einbeziehen. Dies gilt insbesondere bei einer Kollision zwischen dem Strafverfolgungsinteresse und dem Interesse an der Beendigung aktueller Gewalt. Für derartige Situationen bietet das südafrikanische Modell eine innovative Lösung an, die zwar einen bedingten Strafverzicht zulässt, zugleich aber die Notwendigkeit einer Aufklärung und Anerkennung vergangenen Unrechts betont"[26].

Ob diese südafrikanischen Alternativen auch eine gute Lösung ähnlicher Probleme in anderen Ländern sein können, steht dahin. Klar ist jedoch, dass für die Ermöglichung eines friedlichen und gerechten Zusammenlebens eine juristische Lösung dieser Probleme gesucht und gefunden wer-den und dass diese mit den Grundsätzen eines demokratischen Rechtsstaates in Einklang stehen muss.

---

25 Die Literatur über die Bewältigung der Nazi-Vergangenheit ist umfangreich. Ich zitiere vor allem das klassische Buch von *Adalbert Rückerl*, NS-Verbrechen vor Gericht, 1984. S. auch *Gerhard Pauli / Thomas Vormbaum*, Justiz und Nationalsozialismus – Kontinuität und Diskontinuität, 2003; *Joachim Rückert*, Justiz und Nationalsozialismus: Bilanz einer Bilanz, in: 50 Jahre Institut für Zeitgeschichte. Eine Bilanz. Herausgegeben von Horst Möller und Udo Wengst, 1999, S. 181 ff.; *ders.*, Strafrechtliche Zeitgeschichte – Vermutungen und Widerlegungen, in: KritV Heft 2/2001, S. 223 ff. Ich habe mich auch mit diesem Thema beschäftigt im letzten Kapitel *meines* Buches „Edmund Mezger y el Derecho penal de su tiempo", 4. Aufl. Valencia 2004 (deutsche Übersetzung von *Moritz Vormbaum* beim Berliener Wissenschaftsverlag, Berlin 2007, mit dem Titel „Edmund Mezger, Beiträge zu einem Juristenleben"); s. auch *Muñoz-Conde / Muñoz-Aunión*, Das Urteil von Nürnberg, Berlin 2006. Dasselbe passiert mit der Bewältigung des DDR-Unrechts, vgl. z.B. *Klaus Marxen / Gerhard Werle*, Die strafrechtliche Aufarbeitung von DDR-Unrecht, 1999.

26 *Werle*, Alternativen zur Strafjustiz bei der Aufarbeitung von Systemunrecht, Die Amnestieverfahren der südafrikanischen Wahrheits-und Versöhnungskommission, in: *Hof, Hagen / Schulte, Martin* (Hrsg.), Wirkungsforschung zum Recht III, Folgen von Gerichtsentscheidungen, 2001, S. 204. S. auch *Marxen*, Rechtliche Grenzen der Amnestie, 1984.

Derzeit hat die spanische Regierung auch andere Probleme zu lösen, die sich zum Teil als ein nicht optimal gelöstes Erbe der Vergangenheit darstellen, wie z.B. die von Mal zu Mal lauter werdenden Ansprüche nach Autonomie und Selbständigkeit mancher „Comunidades Autónomas“, die weniger die Einheit der Nation als denn die Solidarität der „Comunidades Autónomas“ untereinander und die konstitutionelle Machtverteilung zwischen der Zentralmacht des Staates und der der „Comunidades“ gefährden[27]. Aber es gibt auch neue Probleme, die zu gemeinsamen Problemen aller europäische Länder geworden sind und die nichts mit der Vergangenheit zu tun haben, sondern die Zukunft betreffen, wie die illegale Immigration, die Arbeitslosigkeit, die Ölkrise, der internationale islamische Terrorismus etc. Diese Probleme sind Herausforderungen der Gegenwart, die in die Zukunft hineinwirken und die aktuell gelöst werden müssen – aber wie?

Vergangenes Unrecht zu bewältigen und zukünftiges zu verhüten, das ist eine Aufgabe, die unsere demokratischen Rechtsstaaten gut erfüllen müssen, damit niemand wieder zum Opfer roher Gewalt wird. Das ist die Botschaft, die wir aus der Zeitgeschichte unserer heute hier vertretenen Länder aufnehmen müssen.

27 Neuerdings ist im Juli 2006 ein neuer „Estatuto de Cataluña“ in Kraft getreten, der während seiner parlamentarischen Diskussion von vielen Seiten aus mehreren Gründen kritisiert worden ist und gegen den eine Beschwerde wegen Verfassungswidrigkeit vom Partido Popular beim Verfassungsgericht erhoben worden ist.

Juan M. Terradillos Basoco

Aufarbeitung der Vergangenheit in Spanien und das Gesetz zur geschichtlichen Erinnerung

I. Das Gesetz zur geschichtlichen Erinnerung[1]

Das sogenannte Gesetz zur geschichtlichen Erinnerung (*Ley de Memoria Histórica* – im folgenden LMH) bedeutet den letzten Schritt in einem langen Prozess verfassungsrechtlicher Antworten auf die Exzesse der Franco-Diktatur während des Bürgerkriegs, in den Spanien von 1936 bis 1939 verwickelt war, und in der Zeit danach.

Unter dem Begriff „Transitional Justice" versteht man heute den Zusammenschluss aller Mechanismen, um mit einer Hinterlassenschaft groß angelegten Machtmissbrauchs umzugehen, Haftungsansprüche zu sichern, Gerechtigkeit zu erreichen und Versöhnung zu erlangen. Als Konsequenz dieses Verständnisses bemisst sich der Erfolg der „Transitional Justice" nach der Einschätzung, ob und in welchem Maß sie zur Erlangung dieser Ziele beigetragen hat[2].

Anhand dieser Kriterien muss auch das LMH gewürdigt werden. Man muss vor allem akzeptieren, dass es sich um ein Gesetz handelt, das ein Produkt der Umstände und einer ideologischen Auseinandersetzung ist, die es verhindert haben, ein unverfälschtes Modell umzusetzen, und wechselseitige Beschränkungen der Bestrebungen, welche die verschiedenen politischen Gruppen in die parlamentarische Debatte einbrachten, erforderlich machten.

Der Zusammenbruch des Franquismus und seine Ersetzung durch das Modell einer konstitutionellen Regierung war Ergebnis eines komplexen, üblicherweise als „Transition" bezeichneten Prozesses, auf Grund dessen die Installierung rechtsstaatlicher Einrichtungen auf Anstoß der demokratischen Kräfte geschah, die aber auch mit der – mitunter entscheidenden – Zusammenarbeit mit Personen und Kräften, die mit der Diktatur in Verbindung standen, rechnen konnten. Die Gegenleistung war der Verzicht auf Forderungen nach strafrechtlicher Verantwortlichkeit wegen vergangener Taten.

---

1 Aus dem Spanischen von *Moritz Vormbaum* (Berlin).

2 *K. Ambos*, El marco jurídico de la justicia de transición. Bogotá (Temis) 2008, S. 7.

Bereits das *Amnestiegesetz 46/1977 vom 15. Oktober* beschnitt die Möglichkeit einer „Transitional Justice“ in Spanien; und die unumgänglichen politischen Transaktionen der damaligen Zeit – von einigen als bloße „kosmetische Operationen“ eingestuft[3] – schlugen sich in einem „Schlusspunkt-Gesetz“ nieder, welches überraschenderweise erging, bevor noch irgendein Gerichtsverfahren stattgefunden hatte[4]. Man entschied sich mithin für ein Modell der Versöhnung durch Straflosigkeit, indem man den Zugang zur Forderung nach strafrechtlicher Verantwortlichkeit verschloss, eine Forderung, die bei anderen Gelegenheiten gerade eine Bedingung der Versöhnung war[5], die aber in der näheren Umgebung, wie in Deutschland oder Italien, eine Alternative darstellte, die nicht frei von Widersprüchen war und die Skepsis gegenüber der (rein) strafrechtlichen Aufarbeitung der Vergangenheit und der Erinnerung bestätigte[6].

Die „Transition“ hat, gerade als solche, nicht alle strittigen Fragen, welche in der Vergangenheit aufgetaucht sind, sofort gelöst; bereits in der konstitutionellen Phase erschien die Wiedergutmachung einiger der Folgen des Bürgerkrieges und der Diktatur, die offensichtlich unvereinbar mit der neuen Ordnung waren, unausweichlich. Dies ist zum Beispiel das Ziel des *Gesetzes 43/1998 vom 15. Dezember über die Wiedergutmachung oder Entschädigung von beschlagnahmten Gütern und Rechten für die politischen Parteien in Anwendung der Bestimmungen über die politische Verantwortung für den Zeitraum 1936–1939* oder des *Gesetzes 4/1986 vom 8. Januar über die Abtretung von zusammengetragenen Gütern aus Gewerkschaftsbesitz*. Beide Gesetze wurden vor kurzem abgeändert: Das erste durch das *Gesetz 50/2007 vom 26. Dezember* und das zweite durch das *Königliche Dekret 13/2005 vom 28. Oktober*. Damit deutet sich an, dass der Prozess der Überwindung der Fol-

3 *F. Muñoz Conde*, La transformación jurídica de la dictadura franquista en un Estado de Derecho, in: Revista Penal 2008 (22), S. 71.

4 *P. Aguilar Fernández*, Guerra civil, franquismo y democracia, in: Claves de Razón Práctica. 2004 (140), S. 24.

5 *D. Robinson*, Serving the interests of justice: amnesties, truth commissions and the International Criminal Court, in: European Journal of International Law 2003 (14), S. 489.

6 Vgl. *M. Donini*, Die strafrechtliche Behandlung des Übergangs vom Faschismus zur Demokratie in Italien. Bemerkungen zur historischen Erinnerung und zur Aufarbeitung der Vergangenheit „durch Strafrecht“, JoJZG 2008 (3), S. 81; *W. Hassemer*, Das Strafrecht nach einem politischen Systemwechsel am Beispiel der Bundesrepublik, Vortrag im Rahmen des Humboldt-Kollegs (wie Fußn. 1); *G. Werle*, La elaboración jurídica del pasado. ¿Castigo o amnistía?, ¿Comisión de Reconciliación o Comisión de la Verdad?, Vortrag ebendort; allgemeiner *ders.*, Principles of International Criminal Law. The Hague (T. M. C. Asser Press) 2005, S. 66 ff.

gen des Franquismus (soweit überwindbar) nicht nur komplex, sondern auch dynamisch ist.

Unter den direkten Vorläufern der LMH verdienen der *Bericht der Parlamentarischen Versammlung des Europarates*, der am 17. März 2007 in Paris unterzeichnet wurde, und die *Vereinbarung der Verfassungskommission des Abgeordnetenhauses vom 20. November 2002* Erwähnung.

Ersterer prangerte einstimmig die schweren Menschenrechtsverletzungen an, die in Spanien zwischen 1939 und 1975 begangen wurden, und verurteilte sie in dem Sinne, dass er die spanischen Institutionen drängte, eine nationale Untersuchungskommission einzurichten, Denkmale für die Opfer des Franquismus zu errichten, die Bedeutung und die Tätigkeiten der Basilika im „Valle de los Caídos“ mit einer Dauerausstellung zu ändern, in der die furchtbaren Bedingungen, unter denen sie gebaut wurde, erklärt würden[7], und schließlich die Untersuchungen zu intensivieren, die darauf abzielen, alle bislang nicht erforschten Gesichtspunkte der franquistischen Unterdrückung aufzuklären.

Die Verfassungskommission wiederum nahm einstimmig eine Resolution an, worin sie wiederholte, dass „niemand sich für berechtigt halten darf [...], zur Durchsetzung seiner politischen Überzeugungen Gewalt anzuwenden und totalitäre Regime zu errichten [...], was die Verurteilung und Zurückweisung durch unsere demokratische Gesellschaft verdient.“

Diese Vorläufer wurden letztlich im Entwurf des LMH verschwiegen, und eine der Forderungen des Europarates – die Schaffung einer nationalen Untersuchungskommission – wurde nicht einmal in Betracht gezogen[8], obwohl diese Art von Kommissionen als empfehlenswerteste Alternative angesehen wird, wenn, wie im Falle Spaniens, eine strafrechtliche Verfolgung abgelehnt wird[9].

Vielleicht beeinflussten die Väter des Entwurfes des LMH – das von Amnesty International als „Schlusspunkt-Gesetz“ qualifiziert wird – den Druck, den ein

7 *Anm. d. Übers.*: Die *Valle des los Caídos* (= Tal der Gefallenen) ist ein unter Franco errichtetes gigantisches Monument in der Nähe von El Escorial in der Sierra de Guadarrama. Die Errichtung dauerte über zehn Jahre und wurde unter Ausbeutung von ca. 20.000 Zwangsarbeitern (meist politischen Gefangenen) 1959 fertiggestellt. Heute liegen in dem Monument neben den Überresten von ca. 30.000 im Bürgerkrieg Gefallenen die Gebeine Francos und des Falange-Gründers Primo de Rivera, weshalb es regelmäßig an Francos Todestag von spanischen Rechten als Erinnerungsstätte aufgesucht wird.

8 Weder damals noch heute: *C. Jiménez Villarejo*, Memoria democrática contra el franquismo (a propósito de la Ley 52/2007); in: Jueces para la Democracia 2008 (61), S. 34.

9 *K. Ambos*, El marco jurídico de la justicia de transición, a.a.O., S. 53.

ganzer aggressiv „negationistischer"[10] Medienapparat aufgebaut hatte, der sich, indem er alte Geister erweckte oder das nicht Forderbare forderte, sich dagegen stemmte, dass die Geschichte des Bürgerkrieges auf andere Art erzählt werden könnte als es die „nationale" Schule seit der Nachkriegszeit getan hat[11].

Der Entwurf des LMH wurde von der Regierung im Sommer 2006 angenommen. Die wichtigsten Korrekturen kamen vor allem von Seiten der IU-ICV (der Vereinigung linker Parteien „Grupo Parlamentario de Izquierda Unida-Iniciativa para Cataluña. Los Verdes"), mit der die GPS (Grupo Parlamentario Socialista – die Sozialistische Gruppe) im April 2007 zu einer weitgehenden grundsätzlichen Übereinstimmung gelangte, der sich der Rest der parlamentarischen Gruppen anschloss, mit Ausnahme der PP (Partido Popular – die konservative Volkspartei) und der ERC (Esquerra Republicana de Catalunya – die katalanische Linkspartei): erstere, weil sie der Ansicht war, das Gesetz öffne wieder die Unterscheidung zwischen guten und schlechten Spaniern, indem es den Geist der Transition verrate, letztere, weil ihre Forderung nach Nichtigerklärung von franquistischen Urteilen unerfüllt blieb. In den parlamentarischen Debatten, in denen die GPS stets den politisch größtmöglichen Konsens – abseits des Erreichens rein arithmetischer Mehrheiten – für unentbehrlich erklärte, wurde dann der Text eines Entwurfs aufpoliert, dessen ursprüngliche schwerwiegende Einschränkungen nur teilweise behoben wurden.

Die Bewertung des Entwurfs des LMH und der Debatten, die in den endgültigen Text des Gesetzes mündeten, muss von der Antwort ausgehen, die auf die Spannung zwischen kollektiver Erinnerung und Beseitigung der Folgen des Franquismus einerseits und der Anerkennung und Entschädigung der einzelnen Opfer inakzeptabler Gewalt andererseits gegeben wird. Betrachtet man aber den offiziellen Titel des Gesetzes („[...] durch welches Rechte anerkannt und erweitert werden [...]"), dann stellt man sogleich fest, dass es der zweite Punkt ist, der den Vorrang genießt.

Artikel 1 Abs. 1 LMH hebt die Richtung der Wiedergutmachung hervor: „Rechte zu Gunsten derjenigen anzuerkennen und zu erweitern, die während des Bürgerkrieges und der Diktatur Verfolgung oder Gewalt aus politischen, ideologischen oder religiösen Gründen erlitten haben, und ihre moralische

---

10 Über das Phänomen des „Negationismus" s. den Klassiker von *P. Vidal Naquet*, Les assassins de la mémoire: "un Eichmann de papier" et autres essais sur le révisionnisme, Paris (La Decouverte) 1987.

11 *A. Baylos Grau*, Derechos económicos e indemnizaciones derivados de la memoria histórica, in: J. A. Martín Pallín / Escudero Alday, R. (Hrsg.), Derecho y Memoria Histórica. Madrid (Trotta) 2008, S. 186.

Wiederherstellung und die Wiedererlangung ihrer persönlichen und familiären Erinnerung voranzutreiben." Trotzdem inkorporiert Absatz 2 – der im Entwurf noch nicht auftauchte – dem Gesetz Ziele kollektiver Natur: „Förderung demokratischer Werte und Prinzipien dadurch, dass das Erlangen von Kenntnissen über die Geschehnisse und Umstände während des Bürgerkrieges und der Diktatur erleichtert und die Dokumente, die mit jener geschichtlichen Zeitspanne in Verbindung stehen und in öffentlichen Archiven lagern, gesichert werden."

Es wird gesagt, dass „Transitional Justice" vor allem Gerechtigkeit für die Opfer bedeute. Ausgehend von der Anerkennung, dass diese ihr Recht werden soll[12], wird, neben anderen Quellen aus der reichhaltigen Rechtsprechung des Interamerikanischen Gerichtshofs für Menschenrechte, abgeleitet, dass sie ein Recht auf Wahrheit – das unveräußerliche Recht der Völker, die Geschehnisse der Vergangenheit zu kennen –, ein Recht auf Gerechtigkeit – durch Zugang zum Strafrechtssystem oder wenigstens durch Gegenüberstellung von Opfern und Tätern, z.B. durch Untersuchungskommissionen[13] – und schließlich ein Recht auf Wiedergutmachung haben. Die Lektüre des LMH ergibt, dass es den Akzent mehr auf den Wiedergutmachungsaspekt legt als auf die kollektive Dimension des Rechts auf Wahrheit und auf Gerechtigkeit: Es handelt sich mehr um ein Gesetz über individuelle Wiedergutmachung – und auch dies nicht unbegrenzt – als um ein Gesetz kollektiver Aufarbeitung der unmittelbaren Geschichte.

1. Die Erinnerung: Anerkennung individueller Rechte

Artikel 2 LMH bestätigt, indem er die Erklärung in Artikel 1 Abs. 1 konkretisiert, das Recht aller auf moralische Wiedergutmachung und Wiederherstellung persönlicher und familiärer Erinnerung. Und entsprechend diesem Ziel besteht der Großteil des Gesetzes auch in der Eröffnung von Rechts wegen für individuelle Ansprüche der Opfer.

Der Anerkennung eines Individualrechts auf historische Erinnerung – einer der innovativsten Beiträge des Gesetzes – fehlt es nicht an Gehalt: es wird unterteilt in das Recht des Opfers und seiner Familie auf moralische Wiedergutmachung, auf eine generelle Erklärung der Ungerechtigkeit der Unterdrückung,

---

12 Vgl. *K. Ambos*, El marco jurídico de la justicia de transición, a.a.O., S. 40 bis 51.

13 *G. Werle*, La elaboración jurídica del pasado. ¿Castigo o amnistía?, ¿Comisión de Reconciliación o Comisión de la Verdad?, a.a.O.

auf ökonomische Entschädigung und schließlich das Recht der Opfer auf Wissen[14].

Möglicherweise ist der Gesetzgeber aber in der Zeit der inhaltlichen Ausgestaltung des Rechts auf historische Erinnerung sparsamer gewesen als bei der Verkündung. Und die Untersuchung jeder einzelnen konkreten Erscheinungsform dieses „komplexen" Rechts auf historische Erinnerung macht Licht und Schatten in unterschiedlichen Proportionen sichtbar: Das Gesetz hat Aspekte vervielfacht, die, wie die ökonomische Entschädigung, der Zugang der Opfer zu Informationen oder die Erlangung der *Erklärung über Wiedergutmachung und Anerkennung*, sich auf individueller Ebene bewegen; gleichzeitig stechen auf kollektiver Ebene bestimmte Beschränkungen ins Auge.

a) Das Recht auf moralische Wiedergutmachung

aa) Die Begünstigten / Opfer

Der erste Schritt zur Anerkennung des Rechtes aller auf moralische Wiedergutmachung und zur Wiederherstellung „ihrer" Erinnerung besteht darin, dass „Urteile, Sanktionen und sonstige Formen von persönlicher Gewalt aus politischen, ideologischen oder religiösen Gründen"[15] während des Bürgerkrieges und der Diktatur für „von Grund auf ungerecht" erklärt werden (Art. 2 Abs. 1 LMH).

Die im Entwurf des LMH noch enthaltene Formulierung „egal, auf welcher Seite oder in welcher Herrschaftszone sich diejenigen befanden, die sie erlitten", ist im Gesetz weggefallen. Dies hat den Anwendungsbereich der Vorschrift zwar nicht grundlegend verändert, wohl aber die obszöne Gleichstellung aus dem Gesetzestext entfernt, die der Entwurf zwischen der Seite der Unterdrücker und der ihrer Opfer, die überdies Parteigänger der heutigen demokratischen Legalität waren, bewirkte – gar nicht zu reden von dem Umstand, dass einige Opfer bereits anerkannt waren und im Laufe der vierzig Jah-

---

14 *J. M. Sauca Cano*, El derecho ciudadano a la memoria histórica: concepto y contenido, in: J. A. Martín Pallín / Escudero Alday, R. (Hrsg.), Derecho y Memoria Histórica. Madrid (Trotta) 2008, S. 90.

15 Unter den Motiven wird ausdrücklich die Angehörigkeit zu Kollaboration mit oder die Beziehung zu politischen Parteien, Gewerkschaften, religiösen oder militärischen Organisationen, ethnischen Minderheiten, geheimen Vereinigungen, Freimaurerlogen und Widerstandsgruppen genannt, sowie die Ausübung von Handlungen, die unter die Selbstbestimmung kultureller oder sprachlicher Art oder der sexuellen Orientierung fallen.

re der Diktatur entschädigt wurden[16], während andere, die Verlorenen, während derselben Zeitspanne ausschließlich – und wiederholt – Opfer waren.

Die Aufnahme von religiösen Gründen – nicht trivial, wenn man einen Kontext mit „Kreuzzug"-Charakter analysiert – war die Antwort auf Änderungsvorschläge der CiU, genauer der Unió Democrática, die daran interessiert war, unter die Exzesse, die es wiedergutzumachen galt, diejenigen aufzunehmen, die in der republikanischen Herrschaftszone durch Unkontrollierte begangen wurden, die – allerdings, anders als auf faschistischer Seite, nicht durch offizielle Legalität geschützt – für unterschiedslose Morde an Katholiken verantwortlich waren, von denen einige sogar Verteidiger von demokratischen Werten gewesen waren.

Artikel 2 Abs. 3 LMH fügt dem Katalog ungerechter Handlungen das Exil hinzu, das sich im Gesetzentwurf noch nicht fand und das nicht auf gleicher Ebene wie Verurteilungen oder Sanktionen liegt und auch nicht direkt als „persönliche Gewalt" einzustufen ist.

bb) Die Wiedergutmachungs- und Anerkennungserklärung

Im Zusammenhang mit der Dequalifizierung der totalitären Sanktionsorgane und ihrer Entscheidungen entwickelte der Entwurf des LMH ein spezifisches Verfahren, um eine „persönliche Erklärung mit dem Inhalt der Rehabilitation und Wiedergutmachung" zu erlangen, wenngleich das vorgesehene Prozedere viel zu kompliziert war: Es war vorgesehen, dass die Anträge zunächst an eine interministerielle Kommission gerichtet werden sollten, die damit beauftragt war, gegebenenfalls eine „Anerkennungserklärung" bei einem Rat zu beantragen, der aus fünf angesehenen Persönlichkeiten bestehen sollte, die durch das Parlament mit Dreiviertelmehrheit zu wählen waren und unabhängig in dem Sinne waren, dass sie weder einem imperativen Mandat noch Instruktionen irgendeiner Behörde unterworfen waren (Entwurf des LMH, Art. 4 und 5).

Das LMH entschied sich allerdings auf Antrag der IU-ICV dafür, die Zuständigkeiten in dieser Materie dem Justizministerium zu übertragen. Immerhin beseitigte man nicht die Möglichkeit der Abgabe solcher Erklärungen, die sicherlich unmöglich gewesen wäre, wenn sie von einem Organ mit angesehenen, durch eine Dreiviertelmehrheit der Abgeordneten gewählten Persönlichkeiten abhängig gewesen wäre.

16 Vgl. *J. A. García Amado*, Usos de la historia y legitimidad constitucional, in: J. A. Martín Pallín / Escudero Alday, R. (Hrsg.), Derecho y Memoria Histórica. Madrid (Trotta) 2008, S. 61.

Das Recht, eine „Wiedergutmachungs- und Anerkennungserklärung“ zu erhalten, trägt persönlichen Charakter und wird denen zuerkannt, „welche unter den Auswirkungen der in den vorangegangenen Artikeln in Bezug genommenen Entscheidungen gelitten haben“. Das Verfahren wird auf Antrag der Betroffenen eröffnet oder, falls diese verstorben sind, auf Antrag des „Ehepartners oder der Person, die in entsprechender Nähebeziehung stand, der Verwandten aufsteigender Linie, der Abkömmlinge und der in Nebenlinie bis zum zweiten Grad Verwandten“ (Art. 4 Abs. 2 LMH), bei Fehlen solcher Personen auf Antrag der „öffentlichen Stellen, nach Absprache mit der Behördenleitung, hinsichtlich derjenigen, die [...] in ihnen eine Stelle besetzt oder eine relevante Tätigkeit ausgeübt haben“ (Art. 4 Abs. 3 LMH).

Zum Inhalt der Erklärung beschränkt sich das LMH auf den Hinweis, dass sie in keinem Fall den Weg für eine „Wirkung, Wiedergutmachung oder Abfindung wirtschaftlicher oder beruflicher Art“ eröffnet (Art. 4 Abs. 5 LMH), und schließt damit „auf anormale und verfassungswidrige Weise die vermögensrechtliche Verantwortlichkeit des Staates und jeglicher öffentlicher Verwaltung“[17] aus.

Die Beschränkung der Opfer, die zur Beantragung der Erklärung berechtigt sind, auf natürliche Personen war Gegenstand der Kritik. Und selbst diese werden ja nicht einmal alle erfasst, denn ausgeschlossen sind jene, die, wie beispielsweise die Flüchtlinge, nicht Opfer einer bestimmten Entscheidung waren. Vor allem aber darf man nicht den Widerspruch verschweigen, den es bedeutet, wenn für Opfer von ausdrücklich als „ungerecht“ erklärten Entscheidungen ein System eingerichtet wird, das es bloß erlaubt, „eine rein ehrenvolle Wiedergutmachung“[18] zu erlangen, deren Wirksamkeit die Ebene der Moral nicht überschreitet[19].

b) Andere Formen der Wiedergutmachung

aa) Wirtschaftliche Rechte

Nicht zu den Aufgaben des LMH gehört es, eine Vereinheitlichung der Bestimmungen über Sozialleistungen und Abfindungen zu Lasten des Staates zu treffen; man beschränkt sich darauf, wirtschaftliche Rechte, die bereits zuvor

---

17 *J. A. Martín Pallín*, La Ley que rompió el silencio, in: J. A. Martín Pallín / Escudero Alday, R. (Hrsg.), Derecho y Memoria Histórica. Madrid (Trotta) 2008, S. 39.

18 *J. A. García Amado*, Usos de la historia y legitimidad constitucional, a.a.O., S. 68.

19 *L. Parejo Alonso*, Administración pública y memoria histórica", in: J. A. Martín Pallín / Escudero Alday, R. (Hrsg.), Derecho y Memoria Histórica. Madrid (Trotta) 2008, S. 145.

in anderen Normen anerkannt waren, zu verbessern – einige, nicht alle, denn beispielsweise wurden jene, die durch das *Gesetz 3/2005 vom 18. März* zu Gunsten der „Kriegskinder“ geschaffen wurden, nicht berücksichtigt[20].

Artikel 5 LMH erweitert den Anwendungsbereich von Leistungen, die durch das *Gesetz 5/1979 vom 18. September* anerkannt wurden; Artikel 7 macht dasselbe mit den Abfindungen in Übereinstimmung mit dem *Gesetz 4/1990*; und Artikel 6 aktualisiert die Höhe der Pensionen für Waisen, die durch das *Gesetz 5/1979 vom 18. September* und das *Gesetz 35/1980 vom 26. Juni* anerkannt worden waren.

Mit den steuerlichen Aspekten im Zusammenhang mit anerkannten oder empfangenen Abfindungen befassen sich die Artikel 8 und 9.

Artikel 10 sieht vor, dass seine Begünstigten „als Anerkennung für die bei der Verteidigung der Demokratie zwischen dem 1. Januar 1968 und dem 6. Oktober 1977 verstorbenen Personen in Anbetracht der außergewöhnlichen Umstände, die bei ihrem Tod zusammentrafen“, eine Abfindung in Höhe von 135.000 € erhalten. Und die vierte Zusatzbestimmung ermächtigt die Regierung, außergewöhnliche Abfindungen zu Gunsten derjenigen zu leisten, die unter vergleichbaren Bedingungen Verletzungen erlitten, die zu Behinderungen führten[21].

bb) Das Recht der Opfer auf Wissen

Artikel 11 bis 14 befassen sich mit der Zusammenarbeit der öffentlichen Verwaltung mit Privatpersonen oder mit Körperschaften, die vor dem 1. Juni 2004 „zu Zwecken der Nachforschung, Lokalisierung und Identifizierung der während des Bürgerkriegs oder der folgenden politischen Unterdrückung verschwundenen Personen, deren Verbleib man nicht kennt“ gebildet wurden. In diesem Sinne wird angeordnet, dass die öffentliche Verwaltung den Interessierten die Arbeit der Lokalisierung, Exhumierung und Identifizierung der Überreste der Verschwundenen erleichtert.

Diese Verpflichtungen der Verwaltung waren – im Entwurf erwähnt – nach der offiziellen Gesetzesbegründung abhängig von der Notwendigkeit, „mit Sinn für Abwägung und Ausgeglichenheit die verschiedenen Rechte, Interessen und achtbaren, möglicherweise miteinander konkurrierenden moralischen Optionen

20 *A. Baylos Grau*, Derechos económicos e indemnizaciones derivados de la memoria histórica, a.a.O., S. 198–199.

21 Vgl. *A. Baylos Grau*, Derechos económicos e indemnizaciones derivados de la memoria histórica, a.a.O., S. 205–208.

zu beachten". Dieser Einschub ist im LMH verschwunden: die Abwägung und die Ausgeglichenheit zwischen den unterschiedlichen Rechten, Interessen und moralischen Optionen erwiesen sich letztlich als unzulässig in einem Kontext von Opfern und Henkern. Der im Ergebnis angenommene Text vermeidet die durch den Entwurf vorgeschlagene Gleichstellung zwischen den Ansprüchen derjenigen, welche die Unterdrückung vornahmen, und denen, die sie erleiden mussten.

Im Zuge derselben Debatten wurde aus der bloßen Möglichkeit, Unterstützungen durch Übernahme der durch diese Aktivitäten entstandenen Kosten zu gewähren (Art. 13 Abs. 2 des Entwurfes), eine Pflicht der Staatlichen Generalverwaltung, „Kosten, welche durch Tätigkeiten im Sinne dieses Artikels entstehen, zu übernehmen" (Art. 11 Abs. 2 LMH). Die Ermessensentscheidung wurde damit zur Verpflichtung und die partielle Unterstützung zur Möglichkeit, volle Unterstützung zu erhalten.

Außerdem wurde die öffentliche Verwaltung zum Ergreifen von notwendigen Maßnahmen (Ausarbeitung von Tätigkeitsprotokollen und von Karten, Ermächtigung zu Schürfungen, Verfahren zur Auffindung von Überresten, Ermächtigung zur zeitweisen Besetzung öffentlich genutzter Grundstücke) zur Identifizierung und Lokalisierung der Opfer verpflichtet, einschließlich der Erlaubnis zur zeitweisen Besetzung von Grundstücken, da es sich um Aktivitäten „von öffentlichem Nutzen und sozialem Interesse" handele.

In der Mehrzahl der Pflichten aber, die den öffentlichen Behörden auferlegt werden, bedient man sich der stillschweigenden Klausel, dass sie „all dieses tun können und auch noch mehr, aber nur, wenn sie wollen", was eine stillschweigende Taktik für die Untätigkeit des Staates mit sich bringt, die „darauf hinausläuft, den Privatleuten die Initiative bei der Untersuchung der Verbrechen und bei den Einforderungen der antifranquistischen Erinnerung zuzuschieben"[22].

Daher ist es möglich, dass – wie der von Amnesty International im November 2006 präsentierte Bericht *Opfer des Bürgerkriegs und des Franquismus: Es gibt kein Recht* enthüllt – die in den internationalen Menschenrechten verankerten Standards nicht erfüllt werden, weil die nicht einfache Aufgabe, die Opfer zu lokalisieren und zu identifizieren, in den Händen der Einzelnen belassen wird, indem der öffentlichen Gewalt bloße Mithilfeaufgaben zugeteilt werden

22 *A. Greppi*, Los límites de la memoria y las limitaciones de la ley, in: J. A. Martín Pallín / Escudero Alday, R. (Hrsg.), Derecho y Memoria Histórica. Madrid (Trotta) 2008, S. 122.

– was nicht immer das Niveau eines zumutbaren Kompromisses erreicht[23]. Die bloße Lektüre der *Erklärung über den Schutz aller Personen vor gewaltsamem Verschwindenlassen* von 1992[24] oder des *Internationalen Übereinkommens über den Schutz aller Personen vor gewaltsamem Verschwindenlassen* von 2006[25] ergibt, dass die dem Staat zumutbare „gebotene Sorgfalt" in dieser Materie deutlich höhere institutionelle Anforderungen stellt, als sie im LMH aufgestellt sind[26].

2. Das Nichterinnern: Die Nichtbeachtung des Kollektiv-Institutionellen

Wie erwähnt, stützt sich das LMH in Übereinstimmung mit seiner offiziellen Bezeichnung mehr darauf, auf Forderungen nach Anerkennung von Opferrechten zu reagieren, als ein Instrument zur Rückgewinnung der kollektiven Erinnerung zu schaffen, das als solches über individuelle Entschädigungsansprüche hätte hinaus gehen müssen. Die Gewinnung „derjenigen, welche Ungerechtigkeiten und Beeinträchtigungen erlitten haben, für die Demokratie verpflichtet im Ergebnis zu einem Blick zurück". Und nicht nur zum Zwecke der wirtschaftlichen Entschädigung.

a) Die Ungerechtigkeit der Unterdrückung

Artikel 2 Abs. 1 erklärt, wie gesehen, „alle Urteile, Sanktionen und sonstige Formen von persönlicher Gewalt aus politischen, ideologischen oder religiösen Gründen" während des Bürgerkrieges und der Diktatur als von Grund auf ungerecht.

Aus wissenschaftlicher Sicht hat sich gezeigt, dass die Bezeichnung „ungerecht" keine Legaldefinition enthält. Ihre Verwendung im LMH lässt ein kritikwürdiges Eindringen in den sogenannten ideologischen Positivismus vermuten: Der Gesetzgeber, der moralische Begrifflichkeiten in juristische Texte

---

23 Die Vereinigung für geschichtliche Erinnerung und Gerechtigkeit von Andalusien hat z.B. mehrere Anzeigen gegen die Ablehnung städtischer Behörden, die Anforderungen des LMH hinsichtlich der Lokalisierung, Identifikationen und Zulassung zu erfüllen, erhoben. Vgl. *El Público* vom 20. Januar 2008.

24 Angenommen durch die UN-Generalversammlung, Resolution vom 18. Dezember 1992.

25 Angenommen durch die UN-Generalversammlung, Resolution vom 20. Dezember 2006.

26 Vgl. *M. A. Rodríguezz Arias*, Las fosas de Franco y la diligencia debida del Estado ante el crimen de desaparición forzada a la luz de la jurisprudencia de la Corte Interamericana de Derechos Humanos. Jueces para la democracia 2007 (60), S. 87–89.

einführt, wirft sich zum moralischen Gesetzgeber auf und vergisst, dass seine Funktion nur darin besteht, zu entscheiden, was rechtmäßig ist und was nicht.

Aber die rundweg erklärte Dequalifikation wird nicht direkt von juristisch fassbaren Konsequenzen begleitet, was sie in gewissem Maße als Instrument zur Anerkennung von Rechten untauglich macht. Freilich besitzt die Erklärung der Ungerechtigkeit – wie die der Unrechtmäßigkeit in Artikel 3 – einen späteren juristischen Effekt: sie dient dazu, den Bezugsrahmen zu errichten, um die in Artikel 4 vorgesehene Wiedergutmachung und Anerkennung zu erreichen. In diesem Sinne ist es nicht richtig, wenn behauptet wird, dass die Erklärung der Ungerechtigkeit überhaupt keine Bedeutung besitzt[27], aber es ist eine auf den Bereich der Individualrechte beschränkte Bedeutung.

Andererseits hat Artikel 2 trotz seines proklamierten Allgemeinheitscharakters tatsächlich eine beschränkte Reichweite. Denn obwohl er Urteile und Sanktionsentscheidungen strafrechtlichen wie auch verwaltungsrechtlichen Charakters einschließt, klammert er Verwaltungsentscheidungen verletzenden Inhalts dann aus, wenn diese nicht exakt sanktionsrechtlicher Art – wohl aber rechtsbeugend, diskriminierend etc. – waren, die sich abseits des personellen Bereichs abspielten und die über Jahrzehnte hinweg für das Funktionieren der Institutionen wichtig waren.

Gleichermaßen stellt das Gesetz die Ungerechtigkeit des Exils klar, allerdings als etwas von Sanktionen oder Formen persönlicher Gewalt Unterschiedenes. Im Entwurf war diese Vorschrift noch nicht enthalten. Der Unterschied wird als so groß angesehen, dass des Exils in einem besonderen Absatz – dem Absatz 3 – des Artikels 2 gedacht wird. Dies lässt vermuten, dass das Exil, so beschwerlich es in personeller, aber auch in kollektiv-institutioneller Hinsicht in dem Maße war, dass es unserer Gesellschaft – und im konkreten unseren Universitäten – seine besten Vertreter entzog, am Rande des in Artikel 4 geregelten Verfahrens der Anerkennung und Wiedergutmachung bleibt, das nur für diejenigen erreichbar ist, welche „die Auswirkungen der in den vorangegangenen Artikeln erwähnten Entscheidungen erlitten haben“.

---

27 *R. Escudero Alday*, La declaración de ilegitimidad de los tribunales franquistas: una vía para la nulidad de sus sentencias, in: J. A. Martín Pallín / Escudero Alday, R. (Hrsg.), Derecho y Memoria Histórica. Madrid (Trotta) 2008, S. 216 und 220–221.

b) Rechtswidrigkeit des Unterdrückungsapparates und seiner Sanktionen

Artikel 3 LMH enthält eine klare Aussage:

> „Die Tribunale, die Schwurgerichte und alle anderen strafrechtlichen oder verwaltungsrechtlichen Organe, die während des Bürgerkriegs gebildet wurden, um aus politischen, ideologischen oder religiösen Motiven persönliche Strafen oder Sanktionen zu verhängen, sowie ihre Entscheidungen werden für rechtswidrig erklärt."

Ausdrücklich wird „in jedem Fall die Rechtswidrigkeit des Sondergerichts zur Bekämpfung des Kommunismus und der Freimaurerei, des Gerichts für Öffentliche Ordnung sowie der Tribunale für Politische Straftaten und der Kriegsräte" erklärt[28].

Artikel 3 erklärt gleichermaßen die Urteile und Sanktionen für rechtswidrig, die durch diese Organe jenen auferlegt wurden, die

> „während der Diktatur die vorherige institutionelle Legitimität verteidigten, die Wiedereinführung eines demokratischen Systems in Spanien anstrebten oder versuchten, entsprechend den Möglichkeiten zu leben, die heute durch Rechte und Freiheiten geschützt werden, die durch die Verfassung anerkannt sind."

Im Rahmen der Bestätigung und Vervollständigung des Inhalts dieser Erklärungen während der parlamentarischen Debatte wurde eine *Aufhebungsbestimmung* bezüglich der dem franquistischen Unterdrückungsapparat eigenen Regelungen eingefügt, um „ihre formelle Tilgung aus der Rechtsordnung zu erklären und jegliche Berufung auf sie durch Verwaltungs- oder Gerichtsbehörden zu verhindern".

Die Einfügung dieser Klausel ist als „Lanzenstoß gegen einen toten Mauren" zu werten, denn es wurde nur etwas aufgehoben, was fraglos bereits aufgehoben war[29]. Und doch kann es sein, dass der Lanzenstoß nicht endgültig war, denn wenn man kategorisch die Unrechtmäßigkeit von Organen und ihren Entscheidungen annimmt, so ist die einzige angemessene Antwort die Überprüfung und Annullierung der Urteile[30]. Trotzdem beschränkt sich Artikel 3 auf die Erklärung der Rechtswidrigkeit der gerichtlichen oder verwaltungsrechtlichen Organe, annulliert deren Entscheidungen aber nicht.

---

28 Viele Universitätsprofessoren mehrerer Generationen wurden durch das Gericht für Öffentliche Ordnung angeklagt und verurteilt. Nach den wissenschaftlichen Veröffentlichungen jener Epoche haben nur wenige Professoren die absolute Illegitimität des Systems festgestellt. Noch weniger haben sie angeklagt.

29 *J. A. García Amado*, Usos de la historia y legitimidad constitucional, a.a.O., S. 66–67, Fußn. 12.

30 *J. A. Martín Pallín*, La Ley que rompió el silencio, a.a.O., S. 42.

In einer Erklärung, die am 27. September 2007 veröffentlicht wurde, betonten mehr als 500 Vereinigungen, die sich für die Wiederherstellung des historischen Gedächtnisses einsetzten, genau diesen Punkt, indem sie forderten, dass das LMH

> „öffentlich und offiziell erklärt, dass der gesamte Unterdrückungsapparat – Kriegsräte und Sondergerichte – und ihr Handeln aus ideologischen oder politischen Motiven von ihrer Wurzel an wegen ursprünglicher Illegitimität und wegen des Fehlens jeglicher Garantien und Rechte, die einem gerechten Verfahren eigen sind, verdorben war – eine Illegitimität und Illegalität, die sich auf alle ihre Entscheidungen und Urteile erstreckt. Die prinzipielle Erklärung, welche die einzelnen gerichtlichen Handlungen unberührt lässt, muss dadurch untermauert werden, dass das Justizministerium und der Staatsanwalt im Rahmen des geltenden Rechts vor dem Obersten Gerichtshof die entsprechenden Einsprüche betreiben und einlegen muss, um die vollkommen rechtsgültige Nichtigkeitserklärung der genannten Urteile zu erreichen."[31]

Diese Petition bedeutete eine mittlere Option zwischen der Nichtigkeitserklärung aller Entscheidungen der Kriegsräte und Sondergerichte sowie der mit Sanktionsentscheidungen betrauten Verwaltungsorgane – eine Option, die mit dem „kompromisslosen Widerstand" der PSOE rechnen konnte[32] – und dem durch das LMH verfolgten Weg, der den Opfern grundsätzlich nur die Möglichkeit einräumt, vom Justizministerium eine *Wiedergutmachungs- und Anerkennungserklärung* zu bekommen.

Tatsächlich entspricht die Endfassung von Artikel 3 einer parlamentarischen Absprache zwischen den Wortführern der IU-ICV und der PSOE, die sich in einem Terminus – der Illegitimität – konkretisiert, der im internationalen Recht ohne Präzedenzfälle und ohne Bedeutung ist. Das Übereinkommen befriedigte erstere teilweise, da die Erklärung der Illegitimität der Unterdrückungsorgane und ihrer Entscheidungen (Art. 3 Abs. 1 und 3) die Anordnung der Aufhebung der repressiven franquistischen Gesetzgebung mit sich führt, auf welche die Gerichte sich nun nicht mehr berufen können. Und für die Väter des Entwurfs bedeutete es keinen Pyrrhus-Sieg: sie erreichten die parlamentarische Unterstützung für ein Gesetz, das nicht die Nichtigkeit der franquistischen Urteile erklärte und das die Einfallstore zu einer Dynamik allgemeiner Beschwerden vor den Gerichten verschloss[33].

---

31 El País, 21. September 2007.

32 *C. Jiménez Villarejo*, Memoria democrática contra el franquismo (a propósito de la Ley 52/2007), a.a.O., S. 32.

33 Vgl. *R. Escudero Alday*, La declaración de ilegitimidad de los tribunales franquistas: una vía para la nulidad de sus sentencias, a.a.O., S. 230.

Tatsächlich hat die Militärgerichtskammer des Obersten Gerichtshofs in den letzten dreißig Jahren die Anträge auf Überprüfung von Urteilen gegen Opfer des Franquismus (wie den Kommunisten Julián Grimau, der 1963 erschossen wurde, oder die Anarchisten Granados und Delgado, die 1965 allein mit dem Ziel der Abschreckung erschossen wurden, was schon deshalb feststeht, weil die Exekutive Gewissheit hatte, dass diese nicht in die Taten verstrickt gewesen waren)[34] letztlich abgelehnt; und dies, obwohl – in juristischer Hinsicht – die Nichtigkeitserklärungen nicht die geringste Kränkung der Rechtssicherheit bedeutet hätte und – in politischer Hinsicht – die Annullierung der unter dem totalitären Regime ergangenen Urteile, die auf ungerechten Gesetzen beruhten und in Verfahren hervorgebracht wurden, die fast die Kategorie eines Schauprozesses erreichten, eine „zwingende Verpflichtung des Rechtsstaates ist“[35].

Nachdem ein Einverständnis über den Text erreicht worden ist – allerdings mit tiefgreifenden Meinungsverschiedenheiten über seine Interpretation –, sieht es so aus, als ob diese Frage offen bleibt. So drängte etwa Amnesty International in seiner Erklärung vom 19. Oktober 2007 alle öffentlichen Einrichtungen dazu, sich dafür einzusetzen, dass Illegitimität und Nichtigkeit in Übereinstimmung mit internationalem Recht als synonyme Begriffe betrachtet werden, und zwar schon deshalb, weil andernfalls weiterhin den Opfern der tatsächliche Zugang zu Gerechtigkeit verwehrt wird, besonders den zur Todesstrafe verurteilten Opfern, die letztlich erfolglos versucht haben, die Nichtigkeitserklärung der entsprechenden Urteile zu erreichen.

Andere Vorschläge, die von dem zuvor erwähnten nicht weit entfernt sind, gehen von der Dequalifizierung der auf absoluter Willkür beruhenden Gerichte und Urteile des Franquismus aus, welche das LMH vornimmt, was einer „impliziten Nichtigkeitserklärung der Entscheidungen“ entspreche. Hiervon ausgehend und wegen des Fehlens einer generellen rechtlichen Erklärung sei der Weg frei, zu Wiederaufnahmebeschwerden gegen „alle Urteile, die durch Vorschriften des Gesetzes betroffen sind“ zu gelangen; dieses wird als „neue Tatsache“ verstanden, weshalb es die Folgen des Artikel 954 der spanischen Strafprozessordnung nach sich ziehe:

34 *M. Carrillo*, El marco legal de la represión en la dictadura franquista durante el período 1939–1959, in: F. Gómez Isa, (Hrsg.), El derecho a la memoria (Diputación Foral de Gipúzcoa) 2006, S. 509.

35 *J. A. Martín Pallín*, La Ley que rompió el silencio, a.a.O., S. 36.

„Die Grundlage einer Wiederaufnahmebeschwerde ist niemals so sicher und eindeutig wie die Geltung eines Gesetzes, welches die angewandten Gesetze und die anwendenden Gerichte als von Grund auf illegal und illegitim erklärt.“[36]

Eine pragmatische Option ist die Annahme, die durch das Justizministerium ausgesprochene Wiedergutmachungs- und Anerkennungserklärung sei die „neue Tatsache“ im Sinne einer Begründung der Zulässigkeit einer Wiederaufnahmebeschwerde und sie könne durch den Nachweis der Ungerechtigkeit des Urteils als Grundlage für seine Aufhebung dienen – eine pragmatische Option, die in der Weise möglich ist, in welcher der Oberste Gerichtshof die Bewertung der Urteile als neue Tatsache anerkannt hat –, deren Durchführbarkeit in der Praxis sich wird erweisen müssen und die erneut in ein Panorama individueller Einzelfall-Entscheidungen als einzigen möglichen Weg mündet, wenn man kollektive Entscheidungen ablehnt, die jedoch in anderen Ländern, die ebenfalls Opfer von diktatorischen Regimen waren, benutzt wurden, „ohne dass die rechtlichen Fundamente der demokratischen Gesellschaften erzitterten“[37].

Die Tatsache, dass die Erklärung der Illegitimität im Entwurf noch nicht erscheint oder dass die Nichtigkeit in den parlamentarischen Debatten abgelehnt wurde, steht im Widerspruch zu jener Politik, die durch die Seite der Sieger des Bürgerkriegs verfolgt wurde: ein Gesetz vom 8. Mai 1939 erklärte alle Prozessakten, die während der kriegerischen Auseinandersetzung von Richtern bearbeitet wurden, die nicht auf Seiten der Putschisten standen, also von Richtern, die in der Legalität handelten, für „absolut nichtig“.

c) Die Unzulässigkeit von Symbolen

Die Politik gegen Symbole, die den Franquismus verherrlichen, ist ein guter Prüfstein, um den rechtlichen Willen einzuschätzen, über den reinen Entschädigungsbereich hinaus zu gelangen und zu garantieren, dass unsere unmittelbare Geschichte analysiert werden kann, indem als Bedingung eines demokratischen Zusammenlebens Elemente, die zu Frontbildungen unter Spaniern führen, verboten werden.

Diesbezüglich strebte der Entwurf des LMH nicht etwa die Entfernung von Symbolen der Verherrlichung der militärischen Rebellion oder der franquistischen Unterdrückung an, sondern (nach der offiziellen Begründung) nur dieje-

---

36 *C. Jiménez Villarejo*, Memoria democrática contra el franquismo (a propósito de la Ley 52/2007), a.a.O., S. 33 und 35.

37 *R. Escudero Alday*, La declaración de ilegitimidad de los tribunales franquistas: una vía para la nulidad de sus sentencias, a.a.O., S. 225 und 233.

nige von Symbolen der „Verherrlichung des Konflikts zwischen Spaniern“. Einmal mehr wurde zum Schaden des Gedächtnisses das nicht Vergleichbare verglichen, indem nicht zwischen denen unterschieden wurde, die sich treu zur demokratischen Legalität verhielten und jenen, die sich mit Waffengewalt gegen sie erhoben und so die Konfrontation herbeiführten.

Der schließlich angenommene Text konzentriert sich auf die Symbole des Franquismus; folglich enthält Artikel 15 LMH die positive Handlungsvorgabe – ausdrücklich an die öffentlichen Behörden (Art. 15 Abs. 1) und implizit an Privatsubjekte (Art. 15 Abs. 3)[38] gerichtet –

> „Schilder, Insignien, Plaketten und andere Objekte oder Ausdrucksformen personeller oder kollektiver Verherrlichung des Militäraufstandes, des Bürgerkriegs und der Unterdrückung durch die Diktatur zu entfernen. Diese Maßnahmen können auch in der Zurücknahme von Subventionen oder öffentlichen Hilfsgeldern bestehen.“

Schwerwiegend war auch die Vorschrift in Artikel 17 des Entwurfes, der die Entfernung von Symbolen anordnete, die „lediglich eine der beiden sich entgegenstehenden Seiten“ verherrlichte, was die Zerstörung von Monumenten zu Ehren von herausragenden antifranquistischen Kämpfern wie Alberti oder Miguel Hernández bedeutet hätte, wobei man vergaß, dass diese Verteidiger demokratischer Werte waren, die man doch, wie in dem Entwurf gesagt wird, stärken möchte. Auch dieser Punkt musste durch das Parlament korrigiert werden.

Zudem wurde in der gleichen parlamentarischen Debatte erreicht, dass die in dem Entwurf vorgesehene Bestimmung fiel, dass jene Symbole sich an Orten oder Gebäuden „in staatlicher Trägerschaft“ befänden, was eine nicht zu rechtfertigende Restriktion bedeutet hätte, da sie die franquistische Symbologie in gemeindlicher, kirchlicher etc. Trägerschaft unberührt gelassen hätte.

Das *Valle de los Caídos*, paradigmatisches Symbol der Selbstverherrlichung der Sieger des Bürgerkrieges, richtet sich seit dem LMH

> „1. [...] streng nach den generell anwendbaren Normen für Kultstätten und öffentliche Friedhöfe. 2. An keinem Ort des Geländes dürfen Handlungen politischer Natur durchgeführt werden oder solche, die den Bürgerkrieg, seine Protagonisten oder den Franquismus verherrlichen.“

Auf diese Weise wird die der demokratischen Kultur eigene Forderung zunichte gemacht, das Monument einem Gedenkzentrum der Freiheit und Museum der Unterdrückung zu widmen, indem das Gesetz sich darauf beschränkt,

---

38 *L. Parejo Alonso*, „Administración pública y memoria histórica”, a.a.O., S. 175.

zu verbieten, dass das Monument in Zukunft als Rahmen für die Verherrlichung des Faschismus' – das fehlte ja auch gerade noch – genutzt wird[39].

Die 6. Zusatzbestimmung führt ihrerseits auf Drängen der IU-ICV den Inhalt des Artikels 18 Abs. 3 des Entwurfs ein und verpflichtet die Betreiberstiftung des *Valle de los Caídos* auf das Ziel,

> „die Erinnerung aller als Folge des Bürgerkrieges und der ihm folgenden politischen Unterdrückung verstorbenen Personen zu ehren und diese zu rehabilitieren, mit dem Ziel, die Kenntnis dieser historischen Periode und der verfassungmäßigen Werte zu vertiefen."

d) Das Recht der Allgemeinheit auf Wissen

Die vollständige Kenntniserlangung der historischen Periode von 1936 bis 1975 war unter den Beschränkungen, welche die Franco-Diktatur dem Studium derselben und ihrer Erforschung auferlegte, nicht möglich. Daher kommt es, dass das LMH die historische Erforschung und den Zugang zu ihren Ergebnissen vorantreibt.

Konkret verpflichtet sich die Regierung,

> „eine statistische Erhebung über die Bauten und Werke durchzuführen, die von Mitgliedern der Strafbataillone, von Arbeitersoldaten sowie von Häftlingen in Konzentrationslagern, Arbeitsbataillonen und Gefangenen in Kolonnen der Strafanstalten realisiert wurden" (Art. 17).

Zum gleichen Zweck wurde in Übereinstimmung mit dem im *Gesetz 21/2005 vom 17. November* Bestimmten ein Dokumentationszentrum der geschichtlichen Erinnerung mit Sitz in Salamanca geschaffen (Art. 20).

Die Zusammenstellung und das spezielle Studium von Daten dient nicht den Zielen der Wiedererlangung der historischen Erinnerung, wenn diese Maßnahmen nicht von dem Recht begleitet werden, Zugang zu diesen Daten zu erhalten. Unerklärlicherweise beschränkte Artikel 25 des Entwurfs dieses Recht persönlich – „es wird den Betroffenen und ihren Nachfolgern das Recht des Zugangs garantiert [...]" – und funktional – „Dokumente, die sie betreffen".

Durch die Einsprüche der PNV, die sich insbesondere auf die Verhandlungen über Archive konzentrierten, wurde erreicht, dass in das Gesetz der Zugang zu

39 *C. Jiménez Villarejo*, Memoria democrática contra el franquismo (a propósito de la Ley 52/2007), a.a.O., S. 34.

den Dokumentbeständen und die Erlaubnis, Kopien von denselben anzufertigen, aufgenommen wurde[40] (Art. 22 LMH).

Zudem sah Artikel 25 Abs. 3 des Entwurfs die Vorenthaltung von persönlichen Daten von Tätern oder in Taten bzw. juristische Handlungen Verwickelten vor, mit dem Ziel, deren Identität zu schützen. Auf Antrag der IU-ICV und von Menschenrechtsorganisationen wie Amnesty International wurde diese Bestimmung in Artikel 22 LMH gestrichen – in der Überzeugung, dass sie nur dazu dienen würde, die Straflosigkeit der Henker zu verankern.

e) Das Recht auf kollektive Wiedererlangung der Geschichte

Obwohl das LMH der Anerkennung der Rechte von Einzelpersonen, die vom Franquismus betroffen waren, Priorität einräumt, ist auch ein anderer Handlungsstrang erkennbar, der sich mehr am demokratischen Modell und seinem Einfluss in den verschiedenen sozialen Bereichen orientiert. Diese Perspektive ist äußerst wichtig, da sie, wenn die Individualforderungen erst einmal befriedigt sind, darauf drängt, die Wunden zu heilen, die nicht von Personen, sondern von Institutionen erlitten wurden. Genauso, wie die Anerkennung der Vereinigungs- und Gewerkschaftsfreiheit von der Wiedereinräumung des Besitzes der politischen Parteien und Gewerkschaften begleitet wurde, wäre es notwendig, dass ein Gesetz, das versucht, die Wiedererlangung der geschichtlichen Erinnerung zu fördern, die öffentlichen Einrichtungen (zumindest im leichtesten deklaratorischen Sinne) von ihrem gröbsten antidemokratischen Ballast befreit.

Insofern ist eine neue Lesart des LMH unerlässlich, die es ermöglicht, die kollektiven und institutionellen Aspekte einzufügen, da anders das Ziel, „unsere Geschichte" zu erhellen oder die „demokratische Erinnerung" zu fördern, nicht erreicht werden kann.

Diese Art von Interpretation kann allerdings mit dem Text und dem Geist eines Gesetzes in Konflikt geraten, das sich anscheinend bewusst den Ausschluss institutioneller Aspekte der Franco-Repression und damit der Gegenwart der Institutionen vorgenommen hat.

Artikel 4 LMH zum Beispiel entzieht der *Wiedergutmachungs- und Anerkennungserklärung* jeglichen Einfluss auf den institutionellen Bereich, indem be-

---

40 Der Zugang zur Information über die Tätigkeit der „Stasi" in der DDR hatte eine besondere Bedeutung für die betroffenen Personen, auch wenn dies weniger spektakulär war als der Beitrag der Strafjustiz: *W. Hassemer*, a.a.O.

stimmt wird, dass weder wirtschaftliche noch berufliche Auswirkungen eintreten.

Der Grund, der zum Ausschluss der Möglichkeit beruflicher Rehabilitation führt, ist schwer einzusehen, wenn es die berufliche Wiedererlangung ist, die, besonders im Fall des Todes, für die Institution von besonderem Interesse sein könnte.

In der Erwartung einer ordnungsgemäßen Entwicklung des LMH, von der in der *ersten Schlussbestimmung* die Rede ist, muss die Auslegung auch den Einfluss des Gesetzes in institutioneller Hinsicht garantieren. Es muss so verstanden werden, dass Artikel 2, wenn er sich auf Urteile, Sanktionen und Ausdrucksformen persönlicher Gewalt bezieht, auch die Dienstenthebungen, die akademischen Sanktionen, die Säuberungsentscheidungen von Untersuchungsorganen und die rechtsmissbräuchlichen diskriminierenden Entscheidungen der Tribunale für Postenvergabe mit einschließt: all diese haben einen verletzenden Charakter und sind direkter Ausdruck des Willens einer akademischen Verwaltung und Führung, die nicht nach vertretbaren Kriterien entschied, sondern mit der Ratio ideologischer oder politischer Motive, die verfassungsmäßig geächtet sind.

Nach dem Tenor von Artikel 4 LMH selbst besitzt die *Wiedergutmachungs- und Anerkennungserklärung* persönlichen Charakter und kann nur durch die Geschädigten oder ihre Angehörigen sowie subsidiär und beschränkt[41] durch öffentliche Einrichtungen beantragt werden. Doch deren Vorgehen bleibt gebunden an die persönliche Anerkennung ohne institutionellen Einfluss.

Dennoch muss man entsprechend der gebotenen Sichtweise im Falle des institutionellen Vorgehens, wenn die verstorbene Person „einen relevanten Posten oder eine relevante Tätigkeit“ in der Einrichtung inne hatte, verstehen, dass die Wiedergutmachung jene Tätigkeit und unvermeidlich ihre institutionelle Relevanz erreichen muss. Das Vorgehen würde mithin für die an der Selbstreinigung interessierten Institutionen greifbar sein, wenn auch nur rein rhetorisch. Man denke beispielsweise nur an das legitime Interesse der Universitäten, die Auswahlverfahren – im doppelten Sinne von Trennung und Integration – des Lehr- oder Forschungspersonals aufzuklären – und möglicherweise ihre Illegitimität oder Ungerechtigkeit zu erklären –, welche sich nach Kriterien richteten, die so wenig akademisch waren, wie die enthusiastische Treue und die komplizenhafte Unterwerfung gegenüber der Diktatur.

41 *L. Parejo Alonso*, Administración pública y memoria histórica, a.a.O., S. 142–143.

Es ist unverzichtbar, diesen Weg auszuschöpfen, schon darum, weil, wie es im Fall unseres universitären Faches – des Strafrechts – geschieht, die rechtsmissbräuchlichen Entscheidungen, die auf ideologischen und politischen Gründen beruhten, nicht nur ungerechterweise Individualrechte missachteten, sondern auch akademische Inhalte beeinflussten, die instrumentalisiert wurden, um das Unterdrückungssystem der Diktatur zu erläutern, zu legitimieren und zu konstruieren.

II. Geschichtliche Erinnerung und Universität

Die Aufgaben der Anerkennung und Entschädigung der Opfer und der Wiedergewinnung der Geschichte erhalten in der Universität einen spezifischen Charakter, und zwar aus zwei fundamentalen Gründen: zum einen wegen der besonderen Feindseligkeit, welche die Diktatur und der Diktator stets der Institution Universität zuteil werden ließen, besonders bei den Eigenschaften, welche sie während der Zweiten Republik bestimmten; zum anderen deshalb, weil die „neue" Universität, erst einmal gesäubert, das legitimierende Instrumentarium für die Praktiken einer Diktatur liefern sollte, die in ihren Postulaten mit dem Selbstverständnis der Universität unvereinbar war.

1. Die franquistische Reinigung des universitären Systems

a) Die Unterdrückung

Der 1. April 1939 bedeutete das formelle Ende des kriegerischen Konfliktes, der drei Jahre zuvor mit dem Staatsstreich General Francos gegen die Zweite Republik ausgebrochen war. Dieses Ende bedeutete auch die übergangslose Fortsetzung einer Unterdrückung, die genauso grausam war, wie die, welche während des Krieges praktiziert worden war[42] und sich nun, wenn auch formalisierter, über vier Jahrzehnte erstrecken sollte.

Bereits während des Krieges hieß die Parole, man müsse mit den Lehrenden fertig werden. Und wenn diese zuvor fliehen konnten, wurde sogar zur „Füsi-

---

42 Entsprechend der Ideologie von General Mola („Terror muss ausgesät werden; der Eindruck der Herrschaft muss entstehen, indem wir ohne Skrupel und Zögern alle, die nicht wie wir denken, eliminieren") oder General Queipo de Llano („Ich erlaube euch, jeden wie einen Hund zu töten, der es wagt, Zwang gegen euch auszuüben. [...] Unsere tapferen Legionäre und regulären Truppen haben den Roten gezeigt, was es heißt, ein Mann zu sein. Gleichzeitig auch den Frauen der Roten, die jetzt endlich wahre Männer statt kastrierte Milizsoldaten kennengelernt haben. Treten und Kreischen wird sie nicht retten").

lierung" der republikanischen Symbole, die sich in der Schule befanden, übergegangen.

Es ging einfach darum, eines der Kernprojekte der Republik zu brechen: die Ausweitung und Modernisierung der Schule, traditionelle Domäne einer in den Fundamentalismus eingekapselten Kirche. Deshalb war die Gruppe der Lehrer während des Bürgerkriegs und in der anschließenden Nachkriegszeit eine der am meisten unterdrückten. Dabei wurde dem bekannten Motto von Kardinal Pla y Deniel[43] gefolgt: Aus der Schule den Samen Kains ausreißen.

Die Feindseligkeit gegen die Intellektuellen wird gut in dem Ruf „Tod der Intelligenz" wiedergegeben, den der Aufständischen-General Millán Astray am 12. Oktober 1936 Rektor Unamuno[44] entgegenschleuderte, ein Slogan, der die Ideologie des neuen Regimes auf den Punkt brachte. Am selben Tag wurde Unamuno aus seinem Amt als Stadtrat von Salamanca entfernt, wobei die Argumente von Rubio Polo, der diese Maßnahme vorgeschlagen hatte, aufgegriffen wurden:

> „[...] für Spanien, das letztlich durch die freimaurerische Pseudointellektualität hinterrücks erdolcht wurde, deren Leben und Denken [...] nur im Willen zur Rache stark, in allem anderen aber wankelmütig, heimtückisch und unschlüssig war, keine Kriterien, sondern Passionen hatte, nichts Bejahendes hervorbrachte, sondern nur zersetzende Zweifel vortrug, das Unversöhnliche versöhnen wollte, den Katholizismus und die Reform; und ich füge hinzu: die Giftmischerin, die Kupplerin der Intelligenzen und des jungfräulichen Willens mehrerer Generationen von Schülern in Akademien, Bildungseinrichtungen und Universitäten."[45]

Wenige Tage später unterzeichnete Franco den Amtsenthebungserlass für Unamuno als Rektor der Universität von Salamanca.

In diesem Geist stellte die Universität eines der Tätigkeitsfelder des sog. Tribunals für Politische Verantwortung dar, das zehntausende amtliche Untersuchungen gegen weitere solche Personen einleitete, die – rückwirkend – für die „materiellen und spirituellen Übel Spaniens" schuldig gesprochen wurden. Und all dies wurde festgehalten durch die Berichte, die der Bürgermeister, der

43 *Anm. d. Übers.*: Kardinal Enrique Pla y Daniel (1876–1968) unterstützte Franco im Bürgerkrieg und wurde 1941 von Papst Pius XII. zum Erzbischof von Toledo ernannt.

44 *Anm. d. Übers.*: Miguel de Unamuno y Jugo (1864–1936) war Philosoph, Schriftsteller und Rektor der Universität von Salamanca.

45 Noch am 28.12.2007 lehnte es der Stadtrat von Salamanca ab, den Gemeindebeschluss von 1936 wirkungslos werden zu lassen.

Pfarrer, der Kommandant der Guardia Civil und der Vertreter der Falange oder der J.O.N.S.[46] herausgaben[47].

Der akademische Effekt der Säuberung auf allen Ebenen der Lehre war – als die meisten Professoren entlassen und die geduldeten einer Zensur unterworfen waren – eine tiefgreifende intellektuelle Pauperisierung, der man mit Wiedergewinnungskursen für Kriegsteilnehmer begegnen wollte. Dem Vakuum in der Forschung als Folge des Verschwindens des Rats für die Verbreitung von Studien und der Stiftung für Wissenschaftliche Forschungen wurde im Jahre 1939 mit der Schaffung des Obersten Rates für Wissenschaftliche Forschungen begegnet, an dessen Spitze als Generalsekretär José María Albareda gestellt wurde, herausragendes Mitglied von Opus Dei[48]. Auf diese Weise wurde innerhalb von wenigen Jahren die ideologische Homogenität an der Spitze der höheren Lehre sichergestellt.

Gelegentlich ging die Unterdrückung bis zur Exekution des Gegners. Luis Rufilanchas Salcedo, Gehilfe von Jiménez de Asúa, wurde am 11. Juli 1937 in La Coruña erschossen[49]. Das gleiche geschah im Falle von Salvador Vila, Schüler von Unamuno, der bis zum 24. Juli 1936 Rektor der Universität von Granada war. Er wurde in Salamanca zusammen mit seiner Frau, die durch die Fürbitte von de Falla[50], nachdem sie gezwungen worden war, sich taufen zu lassen, gerettet wurde, festgenommen, nach Granada gebracht und zusammen mit 28 weiteren Personen im Morgengrauen der Nacht vom 22. auf den 23. Oktober erschossen und in ein Massengrab in der Schlucht von Víznar geworfen[51]. Das gleiche Schicksal ereilte den Rektor der Universität von Oviedo – Leo-

---

46 *Anm. d. Übers.*: J.O.N.S. steht für Juntas de Ofensiva Nacional Sindicalista (= Vereinigungen der Nationalsyndikalistischen Offensive)

47 Die Zahl der auf Grund der Anwendung des Gesetz zur Politischen Verantwortung eingeleiteten Verfahren belief sich bis September 1941 auf 229.549; vgl. *M. Álvaro Dueñas*, Por ministerio de la ley y voluntad del Caudillo. La jurisdicción especial de Responsabilidades Políticas. Madrid (Centro de Estudios Políticos y Constitucionales) 2006, S. 265.

48 *R. Tamames*, La República. La Era de Franco. Madrid (Alianza Universidad) 1973, S. 579–581.

49 *L. E. Otero Carvajal*, La depuración de la Universidad de Madrid, in: L. E. Otero Carvajal (Hrsg.), La destrucción de la ciencia en España. Depuración universitaria en el franquismo. Madrid (Complutense) 2006, S. 131.

50 *Anm. d. Übers.*: Gemeint ist Manuel de Falla, spanischer Komponist.

51 Vgl. *M. Del Amo Hernández*, Salvador Vila, el rector fusilado en Víznar. 2. Aufl. Granada (Universidad de Granada) 2006.

poldo García Alas – und die Vizerektoren von Granada (Arturo Pérez Martín) und Valladolid (José Palanco Romero)[52].

Gemeinsam mit den Exekutionen verdient der Tod, der durch die unmenschlichen Haftbedingungen der franquistischen Gefängnisse verursacht wurde, Erwähnung, wie der von Julián Besteiro, Professor für Logik an der Universität Madrid, der am 27. September 1940 im Gefängnis von Carmona, möglicherweise an einer Blutvergiftung, starb[53].

Nur am Rande sei die lange Liste der universitären Intellektuellen erwähnt, die gemeinsam mit mehr als 300.000 Landsleuten die Härte des Exils erlitten[54], unter ihnen so berühmte Namen wie Jiménez de Asúa, Bernaldo de Quirós, Jiménez Huerta, Ruiz Funes[55], Rivacoba, Blasco, Fernández de Moreda, López Rey, González López etc.[56], die hier in ihrer Funktion als Strafrechtler Erwähnung verdienen.

Hinzuzufügen sind schließlich noch diejenigen, die in Spanien blieben und das sogenannte „innere Exil" bildeten, wie es bei Antón Oneca der Fall war. Als Professor der Universität von Salamanca und Richter am Obersten Gerichtshof wurde er eingesperrt, zu Zwangsarbeiten genötigt – obwohl er nicht zu ihnen verurteilt worden war – und von seinem Lehrstuhl entfernt. Als er auf diesen zurückgekehrt war, musste er noch die Demütigung hinnehmen, dass man ihm den Zugang zum Lehrstuhl in Madrid verweigerte, auf den er sich 1957 beworben hatte[57].

b) Die Auswirkungen

Das Exil bedeutete wenn nicht die Zerstörung, so doch einen kräftigen Aderlass des menschlichen Kapitals der spanischen Kultur. Dazu kam noch das innere Exil tausender aus dem Lehrbetrieb entfernter Lehrer, Universitätsprofes-

---

52 *J. M. López Sánchez*, El exilio científico republicano en México: la respuesta a la depuración, in: L. E. Otero Carvajal (Hrsg.), La destrucción de la ciencia en España. Depuración universitaria en el franquismo. Madrid (Complutense) 2006, S. 235.

53 Vgl. *M. Barbero Santos*, Política y Derecho penal en España. Madrid (Túcar) 1977, S. 68.

54 *E. Díaz García*, Pensamiento español en la era de Franco (1939–1975). Madrid (Tecnos) 1983, S. 19–21.

55 Von Ruiz Funes stammt das folgende harte Urteil über die franquistische Universität: „Die Nazis haben die Erziehung für den Tod geschaffen, die Faschisten die Erziehung für die Gefahr. Ohne diese zerstörerischen Absichten zu vernachlässigen, haben die Franquisten die Erziehung für die Dummheit instrumentalisiert."

56 Zitiert nach *M. Barbero Santos*, Política y Derecho penal en España, a.a.O., S. 67.

57 *J. Cerezo Mir*, En memoria de Don José Antón Oneca. La Ley 1981 (125).

soren und Wissenschaftler. Der in jedem Fall gewaltige Preis hierfür bleibt noch zu würdigen[58].

Im Jahre 1948 dokumentierte die Vereinigung spanischer Universitätsprofessoren im Ausland, dass von den 615 Lehrstuhlinhabern, die es damals an den zwölf spanischen Universitäten gab, nach den Säuberungsverfahren nur noch 339, also etwa 55%, an den Universitäten zurückblieben. Da aber viele erst eine gewisse Zeit später, nachdem sie bereits geringere Sanktionen hatten erleiden müssen, entfernt wurden, kann man den Prozentsatz der Lehrstuhlinhaber, die explizit durch das Regime verfolgt wurden, auf 60% beziffern[59]. Noch im Jahre 1964 zeigte die OECD an, dass an spanischen Universitäten Forschung praktisch nicht vorhanden war und 85% der kaum vorhandenen Ausgaben für Forschung und Entwicklung allein von den sieben großen Forschungszentren, die durch den CSIC[60] geleitet wurden, verbraucht wurden.

Die Folgen für das spanische Universitätswesen waren so negativ, dass sich, klassisch ausgedrückt, das kulturelle Leben Spaniens auf ein intellektuelles Ödland reduzierte. Besonders gilt dies für den Bereich des Strafrechts. Da den Instituten ihre besten Vertreter entzogen worden waren, blieb diese Disziplin, wie so viele andere auch, in den Händen jener, die ihre Komplizenschaft mit dem Regime beglaubigt hatten. Diese waren zudem nicht nur damit beauftragt, ihre Exzellenzen anzupreisen und in den Vorlesungen den neuen Geist zu verbreiten, sondern auch damit, der Nachkriegs-Strafgesetzgebung „wissenschaftliche Deckung“ zu geben.

2. Diktatur und Ideologie

a) Das ideologische Gerüst

Der Militärerlass, der das Ende der Streitigkeiten anordnete, bedeutete, was die Unterdrückung anging, keine Zäsur zu der vorherigen Situation, sondern, wie erwähnt, die Generalisierung einer Nachkriegsunterdrückung, die, anders als diejenige während des Kriegs, nicht durch die Notwendigkeit, sich gegen den Feind durchzusetzen, gerechtfertigt werden konnte.

---

58 *L. E. Otero Carvajal,* La destrucción de la ciencia en España, in: L. E. Otero Carvajal (Hrsg.), La destrucción de la ciencia en España. Depuración universitaria en el franquismo. Madrid (Complutense) 2006, S. 58–59.

59 *J. M. López Sánchez,* El exilio científico republicano en México: la respuesta a la depuración, a.a.O., S. 235.

60 *Anm. d. Übers.*: Consejo Superior de Investigaciones Científicas = Oberster Rat für wissenschaftliche Forschung. Der Rat ist die größte öffentliche Forschungseinrichtung Spaniens.

Diesem Ziel entsprach eine Reihe von Gesetzen, die das franquistische Strafrechtsmodell aufrichteten: Noch während der kriegerischen Auseinandersetzung führte ein Gesetz vom 5. Juli 1938 die Todesstrafe wieder in das allgemeine Strafgesetzbuch ein, und das *Gesetz über politische Verantwortung* vom 9. Februar 1939 erklärte sich selbst für eine Reihe von Tatbeständen für zuständig, die, wie in seiner Präambel dargestellt, „mit der notwendigen Weite aufgelistet werden, damit alle Handlungen erfasst werden, die nach dem Urteil der Regierung [sic] eine Strafe verdienen". Und in der unmittelbaren Nachkriegszeit weiteten das *Gesetz gegen Freimaurerei und Kommunismus* vom 1. Januar 1940 und das *Staatssicherheitsgesetz* vom 29. März 1941 die repressive Aufgabe der vorher genannten Gesetze noch weiter aus[61].

In Friedenszeiten benötigte die Unterdrückung jedoch rechtliche und politische Absicherung. Und um sich diese zu verschaffen, kam eine Gruppe von Ideologen und Juristen zusammen, die monatelang in einer Kaserne in Burgos an der Ausformulierung eines ergiebigen und detaillierten rechtlichen Unterdrükkungsapparats arbeitete, um ihn in Gang setzen zu können, sobald der Krieg beendet sein würde[62].

Die umstürzlerische Argumentation der *Carta Colectiva del Episcopado Español* diente dazu, alle alternativen, nicht nur universitären, Erziehungsformen zu zerstören, die der nationalen Bewegung, der historischen Grundlage Spaniens oder der übernatürlichen Vaterlandsliebe fremd waren. Und so sind auch die der neuen Schule zuzuschreibenden „herrschenden Ziele" zu verstehen:

> „I. einen nationalen, starken und einigen Geist finden und in der Seele zukünftiger Generationen die Freude und den Stolz auf das Vaterland einpflanzen. II. das Schulsystem mit dem – glorreicher Tradition entsprechenden und in Spanien vorherrschenden – katholischen Empfinden durchtränken, welches dasjenige ist, das den nationalen Wiederaufbau beherrschen muss."[63]

Bereits im voruniversitären Unterricht hatte das Ziel der humanistischen Studien darin zu bestehen, „die geistige Reinheit der spanischen Nation herauszustellen: die höchste universitäre Stufe unseres imperialen Geistes, die Hispa-

---

61 *L. E. Otero Carvajal*, La depuración de la Universidad de Madrid, a.a.O., S. 146–147.

62 *M. Carrillo*, El marco legal de la represión en la dictadura franquista durante el período 1939–1959, a.a.O., S. 501–502.

63 Boletín de Educación de la Provincia de Burgos 1936 (1–2), S. 12.

nität, nach dem glücklichen Verständnis von Ramiro de Maeztu[64], Verteidigerin und Missionarin der wahren Zivilisation, welches die Christenheit ist"[65].

Das Desinteresse an der Wahrheit ist offenkundig, aber die Stärkung des „katholischen Geistes" beschränkt sich nicht auf das Religiöse, sondern wird auf die Verherrlichung der Diktatur ausgeweitet. Werke wie der *Patriotische Katechismus* (der dominikanischen Brüder Menéndez-Reigada, vielleicht auch nur von einem von ihnen) stellten die Identifikation zwischen christlichem Glauben, dem Caudillo und seinem faschistischen Regime sicher[66]. Im Vorbeigehen wurden dabei die Herrlichkeiten des Totalitarismus verteidigt: der neue Staat ist ein „totalitärer christlicher", ohne politische Parteien – jene „künstlichen Kreationen des parlamentarischen Regimes, um die Nation zu teilen, untauglich zu machen und auszubeuten" – und ohne Gewaltenteilung, „aber mit Einigkeit von Macht und Führung, Ordnung und Hierarchie".

b) Die „neue" Universität

Die „neue" Universität blieb nicht dahinter zurück.

Kardinal Herrera Oria, Enrique, der die Lehrer verteufelte, verbreitete seine Botschaft – mit seinem patriotischen spanischen Katechismus – unter immer breiterem Schichten von Schülern. Als ein ungestümer Feind der „Institución Libre de Enseñanza"[67] und ihrer Hinterlassenschaft und als erklärter Faschist war er politischer Lehrmeister von Onésimo Redondo in Valladolid und Mitarbeiter und Apologet von Sainz Rodríguez, Vater des Gesetzes von 1938, das den Sekundarschulunterricht reformierte, und verantwortlich für die Selektion von Lehrern und Professoren in der Nachkriegszeit.

Für die universitäre Lehre entwickelte Herrera Oria sein Programm der *Geschichte der spanischen Erziehung*. Seine Ideologie begann mit einer militanten Forderung nach der vormodernen Universität:

> „Es gilt die Restaurierung der spanischen Universitäten, sowohl in ihrem einheitlichen nationalen und katholischen Betrieb als auch im Geist ihrer Lehre, zu bewirken; wenn wir wollen, kämpfen auch wir mit derselben kriegerischen Kraft, mit

---

64 *Anm. d. Übers.*: Ramiro de Maeztu y Whitney (1875–1936), spanischer Journalist, Literaturkritiker und politischer Theoretiker; Gründer der monarchischen Bewegung *Acción Española* und Verteidiger der Diktatur von Miguel Primo de Rivera.

65 *E. Herrera Oria*, Historia de la Educación Española. Madrid (Veritas) 1941, S. 419.

66 *H. Raguer*, Los catecismos franquistas. Educación para la ciudadanía franquista, in: *El País*, 10. Januar 2008.

67 *Anm. d. Übers.*: Pädagogische Bewegung in Spanien, geprägt durch den Liberalismus des 19. Jahrhunderts.

> der unsere jungen Männer ihr Blut auf dem Schlachtfelde vergossen, auf dem intellektuellen Felde gegen jene antispanische Tradition, die uns durch die Feinde des Vaterlandes seit der zweiten Hälfte des 18. Jahrhunderts aufgedrängt werden."[68]

Die neue Universität, aus der Frauen selbstverständlich ausgeschlossen bleiben mussten[69], stellte sich in den Dienst der franquistischen Ideologie, welche ihre Rechtgläubigkeit zu kontrollieren hatte: „Das energische Einschreiten des Staates, was die patriotische Erziehung betrifft, ist eine unbestreitbare Pflicht. Ein negativer Patriotismus, der darauf beschränkt ist, nicht gegen Spanien zu sein, genügt nicht; ein positiver ist erforderlich, von vibrierender und wirkungsvoller Liebe zum Vaterland"[70].

Jener Patriotismus, der den Kern der Ausbildung darstellte, bildete phobische Elemente unterschiedlicher Art aus. In erster Linie rassistische:

> „Die jüdische Rasse stellt, sobald sie ein Land betritt, ein ernstes Problem für dieses dar. [...] Die Lehren des Talmud, die von einer brutalen Unmoral sind, was das Christentum betrifft, erklären in gewissem Maße jene sadistische Mentalität, die sie schon in alten Zeiten dahin brachte und sie auch heute noch, wie man am Kommunismus sehen kann, dahin bringt, die barbarischsten Katastrophen der Menschheit auszulösen."

Und mit dem Rassismus vereinigen sich andere diskreditierende, d.h. offen antidemokratische Faktoren: „Wie uns Poncins bis zum Überdruss nachgewiesen hat, sind in den heutigen Zeiten Freimaurerei, Judentum, Sozialismus und Kommunismus Kinder derselben Mutter"[71].

War die Militanz von Herrera Oria unermüdlich, so war diejenige von José María Pemán gleichermaßen ausdauernd. Bereits 1929 hatte er eine Verherrlichung der Diktatur veröffentlicht, ein Buch – *El hecho y la idea de la Unión Patriótica*[72] –, für das General Primo de Rivera selbst ein Vorwort geschrieben hatte; eilig reihte er sich in die Reihen des Franco-Heeres ein und erschien am 7. November 1936 zusammen mit Marqués de Luca de Tena, García Sanchiz

---

68 *E. Herrera Oria*, Historia de la Educación Española, a.a.O., S. 443.

69 Entsprechend dem Prinzip, dass „die Frau sich mit Hausarbeiten beschäftigen und sich für ihre zukünftige Aufgabe als Mutter vorbereiten muss", *E. Herrera Oria*, Historia de la Educación Española, a.a.O., S. 437.

70 *E. Herrera Oria*, Historia de la Educación Española, a.a.O., S. 445.

71 *E. Herrera Oria*, Historia de la Educación Española, a.a.O., S. 245–246.

72 *J. M. Pemán*, El hecho y la idea de la Unión Patriótica. Madrid (Ediciones de la Junta de Propaganda Patriótica y Ciudadana) 1929.

und General Varela nach der Besetzung von Griñon auf der ersten Seite der Tageszeitung *ABC* aus Sevilla[73].

Alsbald übernahm Pemán höherrangige Tätigkeiten. Als Präsident der Kommission für Kultur und Unterricht unterzeichnete er ein Rundschreiben vom 7. Dezember 1936 zur Ausrichtung der Aktivitäten der Säuberungskommissionen:

> „Das Wesen der Säuberung, die heute betrieben wird, ist nicht nur punitiv, sondern auch präventiv. Es ist notwendig, den Spaniern zu garantieren [...], dass man nicht dahin zurückkehren wird, die Vergifter der Volksseele zu tolerieren, welche die ersten und größten Verantwortlichen für alle Verbrechen und Zerstörungen sind, welche die Welt überwältigen, und Schmerz in den Großteil der Heime der ehrlichen Spanier gesät haben. Es ist nicht Aufgabe der Säuberungskommissionen, Strafen zu verhängen, [...] wohl aber, die unerbittliche Enthebung derjenigen aus ihren Lehrfunktionen vorzuschlagen, die direkt oder indirekt dazu beigetragen haben, die Parteien, Ideologien und Institutionen der sogenannten 'Volksfront' aufrecht zu erhalten oder zu propagieren. Die Individuen, die jenen revolutionären Horden angehören, deren Ausschreitungen so viel Grauen verursacht haben, sind schlicht und einfach die geistigen Söhne von Lehrstuhlinhabern und Dozenten, die mit Hilfe ihrer Einrichtungen wie der sog. 'Freiheit der Lehre' Generationen von Ungläubigen und Anarchisten erschaffen haben. Wenn man das Blut unserer Märtyrer fruchtbringend machen will, ist es erforderlich, das ihnen folgende System, das seit mehr als einem Jahrhundert die Impulsgeber des Bösen ehrt und rühmt, entschieden zu bekämpfen [...].“

Und in einem späteren Rundschreiben sind Normen für das Vorgehen der Säuberungskommissionen festgehalten, die „auch in den Fällen, in denen aus besonderen Umständen sich in den Akten nicht genügend schriftliche Beweise finden“, Sanktionen vorschlagen sollen, was die Türen für Abrechnungen mit den Besiegten durch das Instrument der Anzeige[74], sogar durch die eigenen Studenten[75], öffnete.

Freilich wären solche Sanktionen nicht notwendig gewesen, wenn man den Ratschlägen von Enrique Suñer, Lehrstuhlinhaber der Medizinischen Fakultät der Universität von Madrid und Vizepräsident zusammen mit Pemán, gefolgt wäre:

> „Das großmütige Herz von Primo de Rivera zeigte sich schwach gegenüber dem Blutvergießen. Es hätte also der Verlust von Leben an einem dieser Tage genügt, um das Reich des Rechts und den heiligen Respekt vor der Obrigkeit greifbar wer-

---

73 *M. Tuñon de Lara*, La España del Siglo XX.3. Barcelona (Laia) 1974, S. 637.

74 *L. E. Otero Carvajal*, La destrucción de la ciencia en España, a.a.O., S. 60–61.

75 Zu den Besonderheiten der Bereinigungsgesuche vgl. *G. Gómez Bravo*, Del expediente de depuración y otras responsabilidades", in: L. E. Otero Carvajal (Hrsg.), La destrucción de la ciencia en España. Madrid (Complutense) 2006, S. 149–176.

> den zu lasssen. Mit einigen Dutzend Kapitalstrafen für die Oberen und den notwendigen Deportationen und Ausweisungen aus dem nationalem Territorium wären viele der revolutionär Besessenen, Hetzer und Feiglinge, die unser Elend verursacht haben, in absolutes Schweigen verfallen."[76]

Bei der Konkretisierung der in Angriff zu nehmenden Maßnahmen, schlug ein anderer Universitätsprofessor, González Palencia, Inhaber des Lehrstuhls für arabische Literatur an der Universität von Madrid, vor: „Das gesamte 1933 und in den Jahren danach eingestellte Lehrpersonal an Gymnasien [...] muss sorgfältig überprüft werden. Die Ernennung von bestimmten Professoren für Chemie, die illegal vorgenommen wurde, muss annulliert werden. [...] Die Kriminologische Schule muss aufgelöst werden"[77]. In diesem letzten Ziel stimmte er überein mit Guallart y López de Goicochea, Professor der Universität Saragossa[78].

Ausgehend von Hand der Unterdrückung durchdrang das totalitäre Modell unmittelbar die universitären Strukturen.

> „Es wäre umsonst gewesen, dass das glorreiche spanische Heer in Kooperation mit den tapferen freiwilligen Milizen nicht nur Spanien, sondern Europa von der marxistischen Barbarei befreit hat [...], wenn in der Nachhut die Samen der Revolution zurückbleiben,"

argumentierte der Rektor der Universität von Valladolid (José María González de Echávarri Vivanco, Inhaber des Lehrstuhls für Rechtsgeschichte), um sein Rundschreiben vom 21. Oktober 1936 zu rechtfertigen, durch das er den Herren Dekanen die Säuberung der Universitätsbibliotheken anbefahl[79].

Und derselbe Geist ist es, den einige Universitätsprofessoren in den Dienst der neuen „Legalität" stellten. Serrano y Serrano, damals Lehrstuhlinhaber an der Universität von Salamanca und danach Inhaber des Lehrstuhls für Zivilrecht an der Universität von Valladolid, veröffentlichte 1939 eine Ausgabe des Arbeitsgesetzes, die eine einzige Verherrlichung des faschistischen Modells und der faschistischen Verfahrensweisen ist[80]. Unterdessen wies Fenech, der Inhaber des Lehrstuhls für Prozessrecht war, buchstäblich die Grundrechte zurück und proklamierte (in seiner Funktion als Prozessrechtler!), dass „die Geringschätzung der konstitutionellen Mythologie ein Grundstein unserer Ideologie"

---

76 Vgl. *L. E. Otero Carvajal*, La destrucción de la ciencia en España, a.a.O., S. 63.

77 Vgl. *L. E. Otero Carvajal*, La destrucción de la ciencia en España, a.a.O., S. 71.

78 *J. Guallart y López de Goicoechea*, La Escuela de Criminología, in: Una poderosa fuerza secreta. La Institución Libre de Enseñanza. San Sebastián (Editorial Española) 1940.

79 Vgl. Boletín de Educación de la Provincia de Burgos 1936 (1–2), S. 44–45.

80 *I. Serrano y Serrano*, El Fuero del Trabajo. Doctrina y comentarios. Valladolid 1939.

ist[81]. Und Pérez González, Inhaber des Lehrstuhls für Zivilrecht an der Universität von Barcelona, machte 1939 den Posten des Staatsanwalts beim Obersten Gerichtshof mit der Nationalen Delegation für Gerechtigkeit und Recht der F.E.T.[82] und der J.O.N.S. vereinbar[83].

Die Strafrechtler entzogen sich nicht dem Geist der neuen Zeit; während Professor Castejón[84] aktiv und stolz bei der Ausarbeitung des Vorentwurfs des Strafgesetzbuches von 1938 der F.E.T. und J.O.N.S.[85] und später bei der des Strafgesetzbuchs von 1944[86] mitwirkte, sah Cuello Calón – Ideengeber von Sonderstrafgesetzen, Mitglied der Redaktionskommission des Militärgerichtsgesetzes von 1945 und der Grundlagen für die Ausarbeitung der ersten zwei Bücher des zukünftigen allgemeinen Strafgesetzbuches[87] – die Größe von Mezger in dem Umstand, dass er ein „Adept der Lehren des Nationalsozialismus ist“[88], Sánchez Tejerina rechtfertigte die Verbrechen des Faschismus als Notwehr[89] und Navarrete, der sich „als Sohn“ Mezgers betrachtete und als Spanischlehrer von dem Dolmetscher Hitlers Paul Schmidt eingestellt worden war, erlaubte sich viele Jahre später, genauer gesagt 1981, über den versuchten Staatsstreich seines Jugendfreundes, des Oberstleutnants Tejero, in Worten zu

---

81 *M. Fenech*, La posición del juez en el Nuevo Estado. Ensayo de sistematización de las directrices actuales. Madrid (Espasa Calpe) 1941.

82 *Anm. d. Übers.*: F.E.T. steht für Falange Española Tradicionalista.

83 *R. C. Cancio Fernández*, Guerra Civil y Tribunales: de los jurados populares a la justicia franquista (1936–1939). Cáceres (Universidad de Extremadura) 2007, S. 269.

84 *L. Jiménez de Asúa*, (Tratado de Derecho Penal. I. Buenos Aires [Losada] 1950, S. 624) bewertet Joaquín Castejón als „skrupellosen Diener aller Regime, er wollte Abgeordneter in der Monarchie sein, schmeichelte der Republik und wurde dann nach dem Sieg Francos überzeugter Falangist [...].“

85 Zusammen mit Antonio Luna García (*M. J. Muñoz García*, El proceso histórico de la codificación penal española. Jerez [Fundación Universitaria de Jerez] 1994, S. 929) Inhaber eines Lehrstuhls für Zivilrecht, erster nationaler Abgeordneter für Justiz und Recht von 1937 bis 1939, Sprecher des Tribunal für Unterdrückung von Freimaurerei und Kommunismus, *R. C. Cancio Fernández*, Guerra Civil y Tribunales: de los jurados populares a la justicia franquista (1936–1939), a.a.O., S. 264.

86 Zu diesen Autoren vgl. *M. Barbero Santos*, Política y Derecho penal en España, a.a.O., S. 72–75.

87 *M. J. Muñoz García*, El proceso histórico de la codificación penal española, a.a.O., S. 91 und 94.

88 Vgl. *F. Muñoz Conde*, Una nueva imagen de la historia contemporánea del derecho penal alemán, in: Revista Penal 2007 (20), S. 295. Über die Rolle Mezgers bei strafrechtlichen Unterdrückung der Nazis vgl. *ders.*, Edmund Mezger – Beiträge zu einem Juristenleben. Berlin 2007.

89 Vgl. *F. Muñoz Conde*, Una nueva imagen de la historia contemporánea del derecho penal alemán", a.a.O., S. 299.

scherzen, die später in einem Artikel *in memoriam*[90] genau in derselben Zeitschrift glossiert wurden, aus deren Leitung Antón Oneca entlassen worden war: „Sein Leben begann sich in dem Augenblick zu neigen, als er nicht mehr politische Zensuren gegen Kollaborateure verhängen konnte“[91].

c) Geschichtliche Erinnerung und Universität

Die wenigen nur beispielhaft angeführten Vorgänge zeigen, wie eine Universität, die durch paradigmatisch franquistische Persönlichkeiten gleichgeschaltet wurde, die jahrzehntelang leitende Verantwortungsträger waren[92], vor der Aufgabe stand, künftige Generationen von Professoren auszuwählen, die nach politischen Kriterien – im wesentlichen die Treue zum Regime – bestimmt wurden[93] und kaum ausgebildet waren durch eine Institution, die, wie das gesamte Land, stolz ihre Abschließung gegenüber allem Fremden, ihre erklärte Zurückweisung gegenüber allem Wissenschaftlichen und ihre unkritische Unterwerfung unter den *status quo* zur Schau trug, während sie an einer Armut an Mitteln litt, die jeden Fortschritt beschwerlich machte.

Dies war nicht die einzige Entwicklungslinie der spanischen Universitäten. Mit guten Gründen wird dies aber hier nicht untersucht[94]. Es ist jedoch sicher, dass die Nachkriegszeit Persönlichkeiten und Institutionen hervorbrachte, welche die Abneigung des Caudillo gegen die Kultur verinnerlichten und die repressiven Maßnahmen zur Befolgung dieser Abneigung großzügig anwandten.

---

90 *M. Polaino Navarrete / M. Polaino-Orts*, José María Navarrete Urieta (1922–1996). *In memoriam*, in: Anuario de Derecho Penal y Ciencias Penales, 2003 (LVI), S. 5 f.

91 *M. Barbero Santos*, José Antón Oneca. *In memoriam*, in: Documentación jurídica 1981 (29–32), S. 16.

92 *E. Díaz García*, Pensamiento español en la era de Franco (1939–1975), a.a.O., S. 22–23. „Während der Glanzzeit des Franquismus waren die Rektorate der Universitäten und die Generaldirektoren des Ministeriums mit den Lehrstuhlinhabern [...] in ihrer Variante als politisch Begünstigte des Moments beschäftigt, die in autoritärer Weise, etwas paternalistisch und mit notorischer Komplizenschaft der Kollegen von gleichem Schlage“, *A. Nieto*, La tribu universitaria. 2. Aufl. Madrid (Tecnos) 1985, S. 69.

93 „Nach dem Krieg wurden die fünf Mitglieder des Tribunals frei von dem Minister ernannt, was eine absolute Sicherheit für den Kandidaten des Ministers bedeutete oder für den Favoriten der Gruppe des Freundeskreises, der dem Minister zu verstehen gegeben hatte, dass jener Teil des Tribunals sein solle“, *A. Nieto*, La tribu universitaria, a.a.O., S. 77.

94 Zu Recht wurde in dem Eintreten von Ruiz-Giménez in das Ministerium für Nationale Erziehung (1951–1956) ein Grundstein für die Öffnung der Universitäten und damit des gesamten Systems gesehen, *E. Díaz García*, Pensamiento español en la era de Franco (1939–1975), a.a.O., S. 62–63.

Deswegen ist die Notwendigkeit der ideologischen Demontage des franquistischen Modells allgegenwärtig.

Und wenn es auch wahr ist, dass, wie der Partido Popular in den parlamentarischen Debatten über das LMH in Erinnerung rief, die größte Zurückweisung des Franquismus das Inkrafttreten der Verfassung war, so geht es doch um nichts weniger als darum, dass die umfassende Einführung demokratischer Werte den Rekurs auf das Gedenken verlangt. Es geht nicht darum, Vergeltung zu fordern, sondern darum, die Vergangenheit zu kennen und ihre Protagonisten zu erkennen.

Es kann z.B. nicht hingenommen werden, dass eine so angesehene Institution wie die Real Academia Española in ihrem Wörterbuch weiterhin den Franquismus in aseptischen Begriffen definiert, die darauf hinauslaufen, die finstere Realität des Regimes zu vernebeln: „1. Politische und soziale Bewegung mit totalitärer Tendenz, begonnen in Spanien während des Bürgerkriegs von 1936–1939 um General Franco und weiterentwickelt während der Jahre, in denen er die Führung des Staates innehatte".

Im Falle des Strafrechts – sowohl in seiner universitären als auch in seiner legislativen oder gerichtlichen Facette – ist die (noch ausstehende) Erforschung der Rolle der Strafrechtler und spanischen Strafrechts-Professoren bei der Legitimierung der Diktatur und der Konstruktion ihres autoritären Strafrechts unentbehrlich[95].

Damit die Universität ihre eigene Identität wiedererlangt, muss sie ihre jüngste Geschichte klären, sich zu ihren berühmtesten Mitgliedern bekennen – die in die Reihe der Vertriebenen, Emigrierten oder Exekutierten gehören – und die Rolle derer aufhellen, welche die Einrichtung usurpierten, um sie bis zur Unkenntlichkeit zu verdunkeln.

Immerhin ordnet Artikel 15 Abs. 1 LMH die Entfernung von Symbolen und die Rücknahme von Subventionen oder öffentlichen Hilfen an, was sich im sofortigen Verschwinden aller verherrlichenden Objekte derer, die von ihren Kathedern aus mit der Unterdrückung kollaboriert oder sie legitimiert haben, sowie derer, die an den faschistischen Manövern der Säuberung des Universitätssystems teilgenommen haben, niederschlagen müsste.

Gleichermaßen schreitet die Beseitigung von Symbolen voran, die, wie die des Sindicato Español Universitario, die Unterstützung für die franquistische Unterdrückung in den universitären Hörsälen verkörperten, ebenso die Auflösung

95 *F. Muñoz Conde*, Una nueva imagen de la historia contemporánea del derecho penal alemán, a.a.O., S. 299.

oder zumindest der Entzug von Hilfen für Studentenvereinigungen, die als Erben des gleichen Denkens auch deren Symbole übernommen haben.

Als unumgänglich stellt sich zum Beispiel die erneute Untersuchung der Figur des Kardinals Herrera Oria im Lichte seiner Beiträge für die Universitäten dar, was dazu führen müsste, dass die Fundación CEU San Pablo, die mit der Katholischen Vereinigung der Propagandisten in Verbindung steht, den Namen des Universitätszentrums ändert, das sie in Alicante unterhält und das eben den Namen Universidad CEU Cardenal Herrera trägt.

Ebenso erscheint es unabdingbar, dass einige Universitäten ihre ständige Politik der Verherrlichung von José María Pemán beschränken, der des Beifalls für seine literarischen Leistungen würdig sein mag, dessen politische Vergangenheit aber mit dem universitären Grundverständnis unvereinbar ist.

Es geht nicht darum, eine Politik der „Lustration" oder der Säuberung einzuführen. Weder wird eine solche stets von den notwendigen rechtsstaatlichen Garantien begleitet, noch ist gewährleistet, dass sie in der aktuellen Lage in Spanien die Versöhnung begünstigt[96]. Aber man darf nicht mehr die Anerkennung von Universitätsangehörigen aufschieben, welche Unterdrückung erlitten haben, weil sie, genau gesagt, die Universität verteidigt haben.

Dazu nur ein Beispiel: Die Franco-Diktatur, die Salvador Vila exekutiert hat, hat sogar versucht, die Erinnerung an ihn auszulöschen, indem sein Porträt aus den Räumen der Universität Granada entfernt wurde. Seit es nach Francos Tod wiederhergestellt wurde, trug das Porträt den Hinweis: „hörte am 23. Juli 1936 auf". Dieser zynische Hinweis wurde erst 2005 durch den neuen Hinweis ersetzt: „Wurde am 23. Oktober 1936 in Viznar wegen seiner Ideen und ohne rechtmäßiges Verfahren erschossen."

Es darf nicht noch mehr Zeit vergehen, ohne dass die spanischen Universitäten den Wert „ihrer" Opfer des Franquismus anerkennen.

Es ist ein in den Veröffentlichungen über die geschichtliche Erinnerung – außer in den Nostalgien des Franquismus – verbreiteter Gemeinplatz, das LMH sei eher ein Ausgangspunkt als der Höhepunkt eines Prozesses, und als Ausgangspunkt eröffne es Perspektiven, die es jetzt in Form von Regelungen und Interpretationen weiterzuentwickeln gelte. Auch für öffentliche Einrichtungen gilt es jetzt – und dazu werden sie durch dieses Gesetz verpflichtet –, bei dessen Umsetzung und in der Funktion demokratischer Hygiene diesen Prozess zu vollenden.

---

96 Vgl. *R. Boed*, An evaluation of the legality and efficacy of lustration as tool of transitional justice, in: Ch. Bassiouni (Hrsg.), Post–Conflict Justice. New York (Transnational Publishers) 2002, S. 84.

Manuel Cancio Meliá

Strafrecht und Terrorismus in Spanien. Anmerkungen zur Entwicklung der Terrorismusgesetzgebung nach der Diktatur

*I. Einführung**

1. Die zunächst eher faschistoid, dann (natürlich: ab 1945) vor allem nationalkatholisch auftretende Diktatur, die unter Führung von General Francisco Franco Bahamonde Spanien fast vierzig Jahre lang beherrschte, hat – wie wohl alle solche Regimeformen – das Strafrecht als grundlegendes Element ihres Repressionsapparates verwendet: In der Anfangszeit, indem in einer perversen Verkehrung der Tatsachen Politiker, Beamte und insbesondere Angehörige der Streitkräfte, die der demokratischen Republik gegenüber den rebellischen Militärs die Treue hielten, als Hochverräter standrechtlich abgeurteilt und getötet oder in Konzentrationslager eingewiesen wurden[1], später, indem bewaffnete und friedliche Opposition gleichermaßen als „Terrorismus" oder „Banditentum" strafrechtlich erfasst wurde. Das Strafrecht als politisches Kampfmittel, und ganz besonders die Verwendung des Terrorismusetiketts, befanden sich also von Anfang an unter den Zutaten des Unterdrückungsrezeptes in Spanien. In den nachfolgenden Überlegungen soll aber nicht das Straf-„recht" der Francodiktatur bzw. ihre „Terrorismus"-Bekämpfung behandelt werden; nichts ist dazu aus der Perspektive eines rechtsstaatlich legitimierten Strafrechts zu sagen[2]. Vielmehr soll der Versuch unternommen werden, die Entwicklung der

* Mit einigen Anmerkungen versehene Fassung des vom Verf. im Rahmen des Humboldt-Kollegs gehaltenen Vortrags.

1 Abgesehen vom reinen De-facto-Terror (massive Erschießungen und sonstige Greueltaten) gegenüber möglichen Gegnern der Rebellen, der unabhängig vom Frontverlauf im ganzen von den Francotruppen gehaltenen Territorium vor allem zu Beginn des Staatsstreichsversuchs im Sommer 1936 und während des Krieges von der Führung der Aufrührer ausgelöst wurde; siehe die entsprechende Anweisung von General Mola – dem Leiter der Verschwörung, die in den Putschversuch mündete – bei *Terradillos Basoco*, in diesem Band: S. 69 (s. dort in der Fn. 42).

2 Vgl. zur Entwicklung der entsprechenden strafrechtlichen Normen 1936–1977 nur *Lamarca Pérez*, Tratamiento, S. 125 ff.; zur jetzt gerade politisch aktuellen Frage einer möglichen Aufarbeitung – nach mehr als dreißig Jahren vollständiger Untätigkeit nach

Antiterrorismusgesetzgebung des seit 1977 bestehenden Verfassungsstaates zu skizzieren, wenn es auch dazu ratsam erscheint, die eben genannte unmittelbare Vorgeschichte im Kopf zu behalten.

Für diese Skizze wird zunächst die Ausgangslage in den wechselhaften Regelungen der Übergangszeit (*transición*) von der Diktatur zur parlamentarischen Monarchie ganz kurz umrissen (unten II.). Danach wird auf die Behandlung der Terrorismusstraftaten im als strafrechtlicher Endpunkt der *transición* konzipierten Strafgesetzbuch von 1995 eingegangen und der ab 2000 einsetzende Reformenschub untersucht, um das Bild des heutigen spanischen Antiterrorismusstrafrechts zu vervollständigen (unten III.). Der deutschsprachige Leser ohne einschlägige Vorkenntnisse, so wird hier vermutet, wird ob der Schärfe – in Breite und Tiefe, könnte man sagen – dieser Regelung erstaunt sein. Die Erklärung hierfür ist nach hiesiger Ansicht (unten IV.) in einer unheiligen Verbindung zwischen alten Geistern aus der Vergangenheit und den Wirkungen moderner populistischer Kriminalpolitik zu suchen. Im Falle Spaniens geschieht dies seit Jahrzehnten unter der stetigen Brennstoffzufuhr der intensiven, bis zum heutigen Tag andauernden terroristischen Aktivitäten von ETA.

2. Bevor aber die vorhin entworfene Skizze der jüngsten Entwicklungsgeschichte des spanischen Antiterrorismusstrafrechts angegangen wird, scheint es im vorliegenden Rahmen angebracht, einige Grunddaten zur Protagonistin der terroristischen Verbrechen in Spanien anzubieten. Es handelt sich um eine Organisation mit tief in spezifisch spanischen Gegebenheiten verwurzelten Entwicklungslinien; ohne sie in den Grundzügen zu kennen, lässt sich das entsprechende kriminalpolitische *ambiente* nicht verstehen. Zunächst ist aber vor allem darauf hinzuweisen, dass die Ausmaße des Terrors von ETA – und dementsprechend auch die strafgerichtliche Aufarbeitung – vergleichsweise enorm sind; leider ist also das spanische Strafrecht in Sachen Terrorismusdelikte keine Theorie, sondern tägliche Praxis[3].

---

dem Regimewechsel; die in der Anfangszeit der Diktatur formlos Gemeuchelten (Schätzungen belaufen sich auf ca. 130.000 Menschen) sind bis zum heutigen Tage in den Straßengräben usw. verscharrt, wo sie die Todestrupps gerade liegen ließen – s. den Beitrag *Terradillos*‘ mwN.

3 ETA hat insgesamt über 800 Menschen getötet, und auch heute läuft der Strafapparat auf diesem Gebiet auf Hochtouren; so sind nach dem Bericht des Generalstaatsanwalts für das Jahr 2007 über 750 Ermittlungsverfahren in Terrorismusstrafsachen eingeleitet worden. *Asúa Batarrita* (in: Cancio Meliá / Gómez-Jara Díez, Derecho penal del enemigo 1, S. 250) spricht zu Recht davon, dass in Spanien die gerichtliche Anwendung der Terrorismusdelikte ein sehr reichhaltiges Material bietet.

Die terroristische Organisation „Euskadi ta Askatasuna“[4] (baskisch: Baskenland und Freiheit) wurde Ende der fünfziger Jahre des vergangenen Jahrhunderts gegründet. Ursprünglich rein baskisch-nationalistisch orientiert, übernahm sie später – quasi, um mit der Zeit zu gehen – den pseudomarxistischen Anstrich bzw. die Stadtguerrilla-Rhethorik auf der Linie von Volksbefreiungsbewegungen in Kolonien westlicher Mächte. Während der Diktatur beging die Organisation einige wenige tödliche Anschläge, vor allem gegen Militärs und Mitglieder der politischen Polizei, unter denen aber die im Jahre 1973 begangene Ermordung – durch einen spektakulären Bombenanschlag im Zentrum von Madrid – des Regierungspräsidenten (und Vertreters einer harten Linie innerhalb des Regimes) Admiral Carrero Blanco wegen ihrer Bedeutung für den ganzen Übergangsprozess hervorzuheben ist. Aus dieser Zeit gemeinsamer – wenn auch andersartiger – Illegalität und gemeinsamen Kampfes gegen einen gemeinsamen Feind stammten anfangs gewisse (heute fast vollständig abgelegte) Reflexe der spanischen Linken, die Verständnis allgemein für (katalanische, baskische oder galicische) nationalistische Anliegen und teilweise auch für die Handlungen der ETA während der Diktatur signalisierten. ETA war aber mit dem Ende der Diktatur nicht zufrieden. Zwar sagte sich nach heftigen internen Auseinandersetzungen ein Teil von ETA im Rahmen der *transición* von der Gewalt los und stellte sich unter die Geltung des allgemeinen Amnestiegesetzes von 1977; die für die Weiterführung der terroristischen Aktionen eintretende Mehrheit in „ETA-militarra“ verlangte aber sofortige „territoriale Wiedervereinigung“ aller baskischen Territorien mit dem autonomen Baskenland[5] und sofortigen „Rückzug“ des spanischen Staates, also eine unmögliche Kapitulation, steigerte die Intensität ihrer Anschläge und bombte immer härter auf den eben eingeführten neuen spanischen Verfassungsstaat ein, so dass der Höhepunkt des Terrors – mit jährlichen Opferzahlen um die hundert Toten und permanenter „Präsenz“ mit blutigen Anschlägen auch in Madrid, Barcelona und anderen Orten außerhalb des Baskenlandes – in die achtziger Jahre, d.h., unter die Regierung der Sozialdemokraten unter Ministerpräsident González

---

4 Vgl. spezifisch zu den strategischen Linien dieser Organisation zu verschiedenen Zeitpunkten für alle *Sánchez-Cuenca*, ETA contra el Estado, S. 49 ff., 73 ff., 177 ff.

5 Gemeint sind das spanische Land (Comunidad Foral) Navarra, das Rechtsnachfolger des Königreichs Navarra und vor allem im bergigen Norden baskisch geprägt ist, und der baskische Teil des französischen Département Pyrenées Atlantiques; in Navarra ist die Präsenz baskisch-nationalistischer Parteien territorial sehr unregelmäßig verteilt und beläuft sich auf nicht mehr als 25% der Stimmen; im französischen Baskenland (eine ländliche Gegend, die kulturell sehr baskisch ist; die Sprache wird dort deutlich mehr gesprochen als im spanischen Baskenland, in dem die Landesregierung seit dreißig Jahren ungeheure Ressourcen in die Verbreitung des *euskera* steckt) sind sie politisch belanglos und stagnieren unter 10%.

fällt; in dieser Zeit wurde auch vom spanischen Innenministerium aus – wie später gerichtlich festgestellt wurde – durch Polizeibeamte eine geheime irreguläre Antiterror-Terrorganisation (wie auch in früheren Regierungen der *transición*), die *Grupos Antiterroristas de Liberación*, GAL, in Gang gesetzt. Parallel zu ihrem „operativen" Niedergang hat ETA den Kreis ihrer Opfer ungeheuer ausgedehnt; zuletzt werden auch ehemalige Mitglieder von ländlichen Gemeinderäten wegen ihrer Tätigkeit bei den spanischen Konservativen oder bei den Sozialdemokraten oder kleine Unternehmer, die sich an einem ETA nicht genehmen Bahnprojekt beteiligen, als „Unterdrücker des baskischen Volkes" ermordet.

Ein wesentlicher, bis heute verfochtener Eckpunkt der internen Legitimationsargumentation im Rahmen des ETA rechtfertigenden Nationalismus ist die Identität des franquistischen und des demokratischen spanischen Staates ab 1977; in diesem Sinne kann gesagt werden, dass der Terrorismus von ETA die schwerwiegendste Altlast der Diktatur darstellt. Im Verlaufe des Bürgerkriegs stellte die damalige baskische (nationalistische) Autonomieregierung die einzige konservativ-katholisch orientierte aktive Opposition gegen die von Franco geführten Rebellen dar; 1938 wurden entsprechend von den Aufrührern zwei von drei baskischen Provinzen (Guipúzcoa und Vizcaya) kollektiv für verräterisch erklärt und die bis dahin bestehenden (teils in der Republik eingeführten, teils aus dem Mittelalter[6] überkommenen) Selbstregierungskompetenzen eingezogen. Nach dem Krieg wurde neben der politischen Gleichschaltung wie im restlichen Spanien auch, jede (nichtspanische) nationale Eigenart über Folklore hinaus, insbesondere die öffentliche Verwendung der baskischen Sprache, verboten. Geht man noch weiter in der Zeit zurück, ist festzustellen, dass der im späten 19. Jahrhundert entstehende baskische Nationalismus geographisch und ideologisch mit der archaisch-konservativen (und gewissermaßen also liberalismusfeindlich ultraspanischen) Widerstandsbewegung des Karlismus (da sie den Onkel der Königin Isabel II, Carlos, auf den spanischen Thron als Kandidaten der Absolutisten hieven wollte) im frühen 19. Jahrhundert, die gegen den (neuen) liberalen spanischen Staat unter der Devise „Gott, König und alte Gesetze" die Beibehaltung feudaler Privilegien der baskischen Territorien gegen die staatliche Vereinheitlichung in zwei (verlorenen) Bürgerkriegen ausfocht, in ein und demselben politischen Zusammenhang steht.

---

6 Die drei baskischen Kernprovinzen Alava, Guipúzcoa und Vizcaya (das ebenfalls baskisch geprägte Navarra behielt die nominelle Eigenständigkeit als Königreich und drei kleine baskische Territorien jenseits der Pyrenäen gingen an Frankreich) kamen im 12. Jahrhundert in Personalunion an die kastilische (einen spanischen Staat über die Personalunion hinaus gab es bis zum 18. Jh. nicht) Krone.

Seit Beginn der neunziger Jahre ist – begleitet von zwei Verhandlungsprozessen mit vorherigem „Waffenstillstand“ in den Jahren 1998 und 2007, die beide am Maximalismus der Forderungen der ETA scheiterten – ein stetiger Rückgang der terroristischen Aktionen eingetreten. Andererseits hat das für ETA eintretende Lager der selbsternannten „vaterländischen Linken“ bis zu den Verbotsverfahren nach dem Parteiengesetz vom Jahre 2002 stetig an Bedeutung verloren und lag zuletzt bei wenig mehr als zehn Prozent[7]. Trotz des unübersehbaren Niedergangs der ETA als terroristischer Organisation ist aber die Frage der richtigen Antiterrorpolitik spezifisch gegen ETA in der Legislaturperiode 2004–2008 kontrovers wie nie zwischen den zwei großen gesamtspanischen Parteien diskutiert worden. In scharfem Gegensatz zu der vorhergehenden demokratischen Periode, in der Diskrepanzen in der Antiterrorpolitik nie öffentlich ausgebreitet wurden, und im Moment größter Schwäche von ETA und der intensivsten rechtlichen Reaktion auf Terror seit der Diktatur[8], ist der Vorwurf der konservativen Partei und eines höchst aggressiven Medienapparats an alle anderen Parteien, keine dezidierte Konfrontationspolitik gegen ETA zu verfolgen, zum alles bestimmenden Monothema spanischer Politik geworden. Es sind Grade der Schärfe in der Auseinandersetzung erreicht worden, die in anderen westlichen Ländern in diesem Zusammenhang nicht bekannt sind; es ist so weit gegangen, dass dem diesbezüglich als „weich“ abqualifizierten sozialdemokratischen Ministerpräsidenten Rodríguez Zapatero ausdrücklich vorgeworfen worden ist, mit den Terroristen unter einer Decke zu stecken oder die Würde der Opfer der Terroristen mit Füßen zu treten[9].

---

7 Gesamtlage, bei sehr großer territorialer Zersplitterung (innerhalb des kleinen Baskenlandes): ca. 50% für die spanischen Sozialdemokraten und Konservativen, ca. 50% für baskisch-nationalistische Optionen; die konservative Baskische Nationalistische Partei stellt seit Wiedereinführung der Demokratie und der Autonomie ununterbrochen die Landesregierung.

8 Sowohl – wie hier zu zeigen sein wird – auf dem Gebiet des Strafrechts als auch im Parteienrecht, in dem zum ersten Mal seit 1978 ein Parteienverbotsverfahren eingeführt und gegen den „politischen Arm“ bzw. das parteipolitische „Umfeld“ der ETA angewandt worden ist.

9 Sogar das zur neuen, globalen islamistischen Terrorwelle gehörende massive Attentat am 11.3.2004 in Madrid ist in diesen Sog gezogen worden: Die entscheidende Frage der Parlamentswahlen vom 14.3.2004 war diejenige der Täterschaft der Anschläge (ETA [was die „harten Kanten“ der konservativen Antiterrorpolitik gegen ETA u.U. in positivem Licht erscheinen lassen konnte] oder Islamisten [was das Engagement der Sozialdemokraten gegen den von der konservativen Volkspartei unterstützten Irakkrieg rentabel machen konnte]) bzw. die Reaktion der – am 14.3. abgelösten – konservativen Regierung Aznar, die in den Tagen nach dem 11.3. lange gegen vorliegende polizeiliche Erkenntnisse an der These der Täterschaft der ETA festhielt.

II. Die Ausgangslage

Nach dem Regimewechsel mit den freien Wahlen im Jahre 1977 folgte, wie nicht anders zu erwarten, auch im Antiterrorismusstrafrecht[10] eine gesetzgeberisch außerordentlich wechselhafte Zeit: Verschiedene Gesetze und Ad-hoc-Instrumente unterschiedlicher Art lösten sich hastig ab[11], bis mit einer Neuordnung im Jahre 1988[12] eine gewisse normative Stabilität erreicht wurde. Lässt sich aus dem damaligen Hin und Her etwas destillieren, so ging es erstens verständlicherweise darum, die Terrorismus-Sachen der von der Diktatur bis zuletzt verwandten Militärgerichtsbarkeit zu entziehen. Zweitens wurde besonderer Wert darauf gelegt, strafprozessuale Sonderregelungen für Terrorismusdelikte gesetzlich einzugrenzen und verfassungsrechtlich zu verankern, wobei ihr Verständnis als (zeitlich begrenzte) Ausnahmeregelung betont wurde[13]. Schließlich ist drittens auch eine klare Tendenz zur Entpolitisierung bis hin zur vollständigen Auflösung der Terrorismusdelikte als eigenständige Verbrechensformen, die für kurze Zeit ab 1978 versucht wurde, auszumachen. Die allgemeine politische Instabilität äußerte sich aber auch in sehr schwankenden Kriterien bezüglich der Kriminalpolitik gegenüber dem Terrorismus, und bald wurde diese Position verlassen. Die Terrorismusdelikte kehrten ins materielle Strafrecht zurück, während gewisse prozessuale Sonderregelungen beibehalten und permanent wurden.

Die Situation stabilisierte sich mit einer Neuregelung in einem 1988 in Kraft getretenen neuen Terrorismusgesetz. Die daraus resultierende Behandlung war auf den ersten Blick nicht besonders spektakulär und schien mit der vorhergehenden autoritären, militarisierten und ideologisierten Bekämpfung des Terrorismus vollständig gebrochen zu haben: Die Terrorismusdelikte wurden nicht gesondert aufgeführt, keine Definition – insbesondere auch keine politische Charakterisierung – des Terrorismusbegriffs wurde ins Strafgesetz aufgenommen, und die Präsenz dieser Straftaten blieb auf drei Artikel im ganzen Straf-

---

10 Die Reformen beschränkten sich allgemein auf die wesentlichste Entrümpelung der Strafnormen der Diktatur; es gelang aber nicht, ein neues Strafgesetzbuch einzuführen; s. unten III.1.

11 Vgl. Hierzu nur *Lamarca Pérez*, Tratamiento, S. 158 ff.

12 Die maßgebliche Monographie hierzu ist diejenige von *Terradillos Basoco*, Terrorismo y Derecho, passim.

13 So entstand Art. 55.2 der spanischen Verfassung von 1978, nach dem die Grundrechte auf persönliche Freiheit (bezüglich der Begrenzung der polizeilichen Haft), auf Schutz des Wohnraums und des Kommunikationsgeheimnisses bezüglich gewisser Individuen, die terroristischer Aktivitäten angeklagt werden, nach gesetzlicher Maßgabe aufgehoben werden können.

gesetzbuch beschränkt[14]. Dieser Eindruck von Kontention besteht aber nur auf den ersten Blick: Die tatbestandliche Beschreibung der eigenständigen Straftat der Unterstützung einer terroristischen Organisation ist beinahe grenzenlos; sie enthält zum Beispiel von Anfang an als Regelfall die in Deutschland kontrovers diskutierte Teilnahme an Ausbildungslagern. Und die beiden anderen Artikel (Art. 57bis und 174$^{\text{bis b)}}$ CP 1973) sind keine Tatbestände, sondern Strafschärfungsklauseln, die potentiell *jede* Straftat, die „im Zusammenhang" mit den Aktivitäten einer terroristischen Organisation steht, erfassen können. Zählt man zu dieser maximalen Breite des Einzugbereichs der Terrorismusdelikte durch diese allgemeinen Klauseln noch die beträchtliche Schärfe der Strafen und das Weiterbestehen einer besonderen Gerichtsbarkeit in Gestalt der *Audiencia Nacional* und auch strafprozessualer Sonderregeln hinzu, so wird offensichtlich, dass sich das Antiterrorismusstrafrecht des neuen Verfassungsstaates auf einem ausnehmend hohen Niveau stabilisierte.

III. Das Strafgesetzbuch von 1995 und seine Ausweitung

1. Während des ganzen, an Bürgerkriegen und Staatsstreichen reichen 19. Jahrhunderts folgte in Spanien regelmäßig auf einen Putsch oder sonstigen politischen Umbruch eine neue Verfassung oder eine grundlegende Umgestaltung der bestehenden, und wenig später auch ein neues Strafgesetzbuch oder eine eingehende Revision des alten. Diese Gesetzmäßigkeit wiederholte sich aber nicht nach dem Regimewechsel 1977. Zunächst – zwischen 1977 und 1983 – wurden eilig die verfassungsrechtlich notwendigsten Änderungen an der letzten Fassung des Strafgesetzbuches der Diktatur aus dem Jahre 1973 vorgenommen; danach stockte die globale Strafrechtsreform während langer Zeit, so dass mehrere Entwürfe und Vorentwürfe vorgestellt und eingehend besprochen wurden, bis 1995 plötzlich und quasi zum Saisonende (kurz vor dem Verlust der parlamentarischen Mehrheit durch die Sozialdemokraten im Jahr darauf), also ohne wissenschaftliche, sonst öffentliche und auch ohne nennenswerte parlamentarische Debatten 1995 der Wurf des „Strafgesetzbuches der Demokratie" gelang. Bald wurde deutlich, dass dieses Strafgesetzbuch viel repressiver als das (ab 1977 novellierte) Strafgesetzbuch aus dem Jahre 1973 orientiert ist[15]. Es ist ein Gesetzbuch, das nach *Gimbernat Ordeig*

14 Die Gründung oder Leitung von und Mitgliedschaft in terroristischen Organisationen wurde von den allgemeinen Tatbeständen der kriminellen Vereinigung erfasst.

15 Abgesehen von notwendigen, teilweise überfälligen Neukriminalisierungen und Entkriminalisierungen, die auf das neue Staatsmodell und auf Veränderungen in der Gesellschaftsstruktur zurückgehen, ist dies vor allem auf die Abschaffung des Straferlasses durch Arbeit zurückzuführen. Diese Strafvollzugsinstitution wurde zu Beginn

„von der Renaissance der Ideologie von 'Gesetz und Ordnung' in den letzten Jahren beinflusst" ist und sich durch eine „unkontrollierte Vermehrung der neuen Straftatbestände und eine unerträgliche Schärfe der Strafen" auszeichnet[16], zu dem *Rodríguez Mourullo* schreibt[17], es „folg[e] keiner kohärenten kriminalpolitischen Linie".

Was die Terrorismusdelikte angeht, scheinen im Strafgesetzbuch von 1995 – von der neuen Straftat des „Individualterrorismus", von der nachfolgend noch die Rede sein wird, abgesehen – materiell keine wesentlichen Veränderungen gegenüber der 1988 geschaffenen Lage vorzuliegen[18]. Die vorgenommenen Änderungen sind aus dieser Perspektive eher „technischer" Art, auf der Linie einer rationaleren Ordnung des normativen Materials: Das Strafgesetzbuch gibt die Generalklauseltechnik der Vorregelung auf und erfasst gesondert – in einer eigenständigen Sektion der Straftaten gegen die öffentliche Ordnung[19] – in eigenen Tatbeständen diejenigen Straftaten, die bei Begehung „als Mitglied, im Dienste oder als Unterstützung" einer terroristischen Organisation verschärft bestraft werden. Doch die anscheinend viel konkretere neue Behandlung dieser Straftaten (Art. 571–574 CP) hat dieselbe Reichweite wie die vorherige Regelung, da einer dieser Tatbestände (Art. 574 CP) in Wirklichkeit eine Generalklausel in Form eines Auffangtatbestandes ist: Prinzipiell kann also jedes Delikt durch die Verbindung mit der terroristischen Organisation zum terroristischen Verbrechen werden. Weiterhin werden die verschiedenen Formen der Unterstützung in zwei Tatbeständen (Art. 575 f. CP) erschöpfend erfasst. Neu sind nur die Einführung eines inhaltsreichen Terrorismusbegriffs, mit dem das politische Programm der terroristischen Organisation beschrieben wird (Umsturz der verfassungsmäßigen Ordnung oder schwerwiegende Beeinträchtigung des öffentlichen Friedens) und die der ganzen, an den terroristi-

---

des Francoregimes ursprünglich zur Legitimierung der Zwangsarbeit eingeführt, die viele politische Gefangene (als Strafhäftlinge behandelte Soldaten der Republik oder allgemein Oppositionelle) erlitten; später hatte sich ein praktischer Automatismus eingebürgert, der jede nominelle Haftstrafe um ein Drittel oder sogar um die Hälfte (bis zur vorzeitigen Entlassung) minderte, so dass trotz teilweiser Reduktion der Strafrahmen im Gesetz der tatsächliche Freiheitsentzug im neuen CP allgemein länger ausfällt.

16 In seinem Vorwort zur ersten Auflage des spanischen Código penal von 1995 (Tecnos), 1996.

17 In: *ders.* / *Jorge Barreiro* u.a., ComCP, S. 18.

18 So z.B. *Lamarca Pérez*, in: *dies.*, PE3, S. 708.

19 Während Gründung oder Leitung von und Mitgliedschaft in einer terroristischen Organisation als qualifizierter Tatbestand der kriminellen Vereinigung, d.h., als Straftaten gegen die Verfassung in Art. 515 f. CP erfasst werden.

schen Organisationen orientierten Regelung gegen den Strich laufende Einführung des Individualterrorismus in Art. 577 CP[20].

Das Regelungsmodell, das als Teil des Strafgesetzbuches von 1995 (des Ankunftsbahnhofes eines Gesetzbuches „der Demokratie") eine gewisse Stabilität beansprucht, ist also im europäischen Vergleich[21] außerordentlich *breit* und *tief*: Einerseits werden bei durchweg harten Strafmaßen beinahe alle möglichen Formen[22] der Unterstützung bzw. Beteiligung an terroristischen Organisationen erfasst; andererseits lässt das Regelungsmodell durch seine reichhaltige Terrorismusdefinition keinen Zweifel daran, dass es von einer eigenen Substantivität – über die terroristische Methode hinaus – der Terrorismusdelikte, von einem eigenen Unrechtsgehalt dieser Straftaten ausgeht.

2. Wie ist das Wesen der neuen Regelung über ihre konkrete Reichweite hinaus zu definieren? Vielleicht ist das herausragendste Merkmal eine förmliche *Normalitätsideologie*[23]: überall begegnen Winke des Gesetzgebers in diesem Sinne; alles soll darauf hinweisen, dass hier rechtstaatliches business as usual abläuft, dass die Behandlung des Terrorismus auf den Bahnen des herkömmli-

---

20 In Spanien sind keine Fälle von terroristisch agierenden Einzeltätern (wie z.B. des UNA-Bombers in den USA) bekannt; die Einführung der Vorschrift erklärt sich aus der Tatsache, dass ETA als Teil ihrer Inszenierung einer baskischen Volksbefreiungsbewegung stets auch Straßenkrawalle durch jugendliche Banden angespornt hat; diese nicht direkt mit ETA zusammenarbeitenden, aber doch politisch koordiniert agierenden *Organisationen* (oft als Jugendorganisationen des „politischen Arms" der ETA getarnt), also keine isoliert handelnden Individuen, waren die Zielgruppe dieses Tatbestandes, weil die spanischen Gerichte bis vor zwei Jahren die Krawalltruppen selbst *nicht* als terroristische Organisationen oder Teil von ETA betrachteten, da sie üblicherweise keine Straftaten gegen Personen begehen. Im Rahmen der – s. im Anschluss im Text – allgemeinen Ausdehnung der Auslegung der terroristischen Straftaten in den letzten Jahren ist diese Rechtsprechung nun aber 2007 aufgegeben worden, und diese und andere Organisationen im „Umfeld" der Terroristen ieS werden nun als direkt „terroristisch" eingestuft, so dass zur Zeit diese Personen als Mitglieder einer terroristischen Organisation unmittelbar haftbar werden (s. auch unten im Text, III.2.). Entsprechend lässt sich ohne großes Wagnis die Voraussage formulieren, dass diese bisher intensiv angewandte Vorschrift in Zukunft praktisch bedeutungslos sein wird.

21 Deshalb ist es nicht erstaunlich, dass der im Anschluss an 9/11 ergangene EU-Rahmenbeschluss vom 13.6.2002 in Spanien keine Änderung der Regelung der Terrorismusstraftaten notwendig gemacht hat.

22 Hiermit werden also alle drei möglichen Kriminalisierungsformen im Rahmen der Organisationsdelikte vorgesehen: spezifische Unterstützungsstraftaten, Strafschärfung bei der Begehung herkömmlicher Delikte und die Bestrafung der Beteiligung an der kriminellen Vereinigung; s. nur *Silva Sánchez*, LH Ruiz Antón, S. 1069 f.

23 Auf dieser Linie schon zu der 1988 eingeführten Neuregelung dieser Delikte *Terradillos Basoco*, Terrorismo y Derecho, S. 13; ebenfalls *Asúa Batarrita*, LH Lidón, S. 71; *Tamarit Sumalla*, in: ComPE[5], S. 1939; vgl. auch *Cancio Meliá*, JpD 44 (2002), S. 19 ff.

chen, garantiegeleiteten (Bürger-)Strafrechts erfolgt. So sind die Terrorismusstraftaten nicht in einem auf Ausnahmecharakter hinweisenden Sondergesetz[24], sondern an eigenständiger Verortung im Strafgesetzbuch enthalten. Sie werden nun als Delikte gegen die öffentliche Ordnung – und nicht gegen die Verfassung – eingeordnet; die Mitgliedschaft in einer terroristischen Organisation wird zusammen mit den anderen Organisationsdelikten behandelt[25], die Neuformulierung des Terrorismusbegriffes erlaubt nun auch zwanglos die Erfassung der Handlungen von Formen von staatlich bzw. polizeilich-geheimdienstlich organisierten Terrorgruppen[26]. Zusammengefasst: kein politisches Strafrecht mehr[27]; es geht lediglich darum, die „ordentlichen Instrumente"[28] des Rechtsstaates zu verwenden, um dabei höchstens etwaige Lücken zu schließen[29].

Doch handelt es sich hierbei natürlich wirklich um schiere Ideologie. Einerseits sind Terrorismusdelikte wesensgemäß – in einer jeden Rechtsordnung – alles andere als *normal*. Nicht nur wegen der von ihnen ausgehenden schwerwiegenden Gefahr für bedeutendste Rechtsgüter, sondern auch, weil die *politische* Bedeutung der terroristischen Handlung gerade in einer sich selbst als freiheitlich-legitim definierenden Rechtsordnung besonders unerträglich wirkt[30]. Andererseits ist aber auch gerade in der spanischen Regelung besonders wenig Normalität anzutreffen[31]. Im europäischen Vergleich handelt es sich wie gesagt um eine besonders harte und weitreichende Regelung. Doch

---

24 Nach Miranda Estrampes (CP-CyJ II, S. 2744) bricht das CP 1995 mit einer tiefverwurzelten Tendenz, Sondergesetze zu verwenden. Zu früheren Sondernormen vgl. nur García San Pedro, Terrorismo, S. 195 ff.

25 Dies sieht Tamarit Sumalla (ComPE5, S. 1939) als Zeichen einer Normalisierung gegenüber der vorherigen Regelung.

26 Vgl. *Cancio Meliá*, in: Rodriguez Mourullo / Jorge Barreiro, ComCP, S. 1286 f.

27 So z.B. Prats Canut, in: ComPE5, S. 2090.

28 Vgl. nur *Cancio Meliá*, JpD 44 (2002), S. 19 ff.

29 So in der Gesetzesbegründung zur Terrorismusreform in LO 7/2000; ähnlich argumentiert *García-Calvo y Montiel*, AP 2000–3, S. 1019 f.

30 Vgl. allgemein zum Unrechtsgehalt der Organisationsdelikte *Cancio Meliá*, FS Jakobs, S. 27 ff.; zur Kriminalpolitik auf dem Gebiet des Terrorismus *ders.*, FS Tiedemann, S. 1489 ff.; zum Terrorismusbegriff im spanischen Strafrecht *ders.*, LH Gimbernat Ordeig II, S. 1879 ff., jeweils mwN.

31 Vgl. zum folgenden demnächst *Cancio Meliá*, Estructura típica e injusto en los delitos de terrorismo. Un estudio de Derecho penal español, im Druck bei ed. Reus, Madrid.

auch mit dieser maximalistischen Prägung im CP 1995 war der Endpunkt der Expansion der Terrorismusdelikte noch nicht gekommen[32].

3. In der Tat begann nach einer Phase relativer Stabilität um das Jahr 2000 ein rasanter Erweiterungs- und Verschärfungsprozess der Terrorismusstraftaten. Wie oben dargestellt, sind in der ursprünglichen Fassung des CP 1995 aufgrund der intensiven tatbestandlichen Bebauung wenige Lücken zu schließen. Deshalb betraf die gesetzgeberische Erweiterung und Verschärfung einerseits einige Randbereiche bei der tatbestandlichen Erfassung von peripheren Verhaltensweisen und eine einschneidende Änderung des Strafvollzugsrechts andererseits.

So wurde im Jahre 2000[33] einerseits in Art. 578 CP die Verherrlichung oder Rechtfertigung terroristischer Täter oder Verbrechen wieder als Straftat in das spanische Strafrecht eingeführt[34], andererseits ein eigenes Terrorismusjugendstrafrecht neu etabliert[35]. Beide Neuregelungen sind bedenklich. Äußerungsdelikte sind immer an der Grenze des verfassungsrechtlich Möglichen, und haben zumindest im spanischen Fall nichts zur Schaffung eines den Terroristen feindlichen Klimas beigetragen, weisen aber eine manchmal mehr als merkwürdige Anwendungsgeschichte auf: So ging es bei verschiedenen Verfahren schon um die Frage, ob das Brüllen der Worte „gora Euskadi ta askatasuna“ als „es lebe das Baskenland und die Freiheit“, wogegen ja nichts einzuwenden ist, oder aber als „es lebe ETA“ (da ja die Bezeichnung der Organisation gleichlautend ist) zu verstehen sein soll; ferner, ob oben zitiertes Gebrüll ggf. ein Terrorismusdelikt (dann Zuständigkeit der spanischen Gerichte, wenn es in Frankreich erfolgt) oder aber eine *auf den Terrorismus bezogene* Straftat (dann keine Zuständigkeit für im Ausland geschehene Sachverhalte) ist; auch, ob man das Verherrlichungsverhalten als Begehen durch Unterlassen ausführen kann (wenn ein Bürgermeister nicht veranlasst, eine nach einem Terroristen benannte Straße umzubenennen), schließlich musste gerichtlich schon eine ganze Philologie zur Auslegung vieler schwülstig-patriotischer Vortragsmanuskripte aus dem ETA nahestehenden politischen Lager entwickelt werden, um festzustellen, ob noch schlicht das Opfer für das Vaterland allgemein oder konkret durch Bombenlegen gemeint ist, usw. Humoristisch weniger ergiebig ist das neue Antiterrorismusstrafrecht. Bedenkt man, dass nach spanischem

32 Diese Entwicklung findet in der gesamten westlichen Welt statt; s. *Cancio Meliá*, FS Tiedemann, s. 1489 ff.

33 Vgl. *Cancio Meliá*, JpD 44 (2002), 19 ff.

34 Vgl. *Cancio Meliá*, Estructura, § 3.

35 Vgl. *Cancio Meliá*, in: M. Ferrer et al., Derecho, S. 21 ff.

Strafrecht Straßenkrawalle mit Sachbeschädigung als Terrorismusdelikt auch dann erfasst werden können, wenn der Täter keiner terroristischen Organisation angehört (nach dem Individualterrorismustatbestand in Art. 577 CP), und betrachtet man den im Jugendstrafgesetz vorgesehenen Strafrahmen für Terrorismusdelikte, so stellt man fest, dass im spanischen Jugendstrafrecht tatsächlich die Strafdrohung für Mord oder Vergewaltigung geringer ausfällt als für einen verbrannten Geldautomaten mit einer Wandschmiererei für ETA.

2003 wurde dann – auf Tatbestandsebene war nicht mehr viel zu machen – das Strafvollzugsrecht in Angriff genommen. Ohne hier die Einzelheiten nachzeichnen zu wollen, führt die neue Regelung dazu, dass bei mehreren schweren Straftaten Haftstrafen von vierzig und effektive Mindesthaftzeiten von über 35 Jahren vorgesehen werden – dies in einem Land, dessen Verfassung die Strafe ausdrücklich im Grundrechtsteil an der Resozialisierung ausrichtet und in dem ein weitverbreiteter Konsens besteht, dass eine lebenslange Freiheitsstrafe verfassungswidrig *wäre*[36].

Auch die höchstrichterliche Rechtsprechung hat einen neuen Kurs eingeschlagen. Dort, wo bei der Tatbestandsformulierung nichts mehr zu erweitern ist, wurde in der Auslegung noch vorhandener Spielraum ausgenutzt. So ist einerseits eine allgemeine Aufweichung der Kriterien der Tatbestandsauslegung bei der Unterstützung einer terroristischen Organisation festzustellen; während die frühere Rechtsprechung auf einen materiellen Beitrag zu den Aktivitäten der Organisation abstellte, werden nun auch eher „ideologische" Unterstützung und manche sozialadäquate Handlung, z.B. wenn einem Mitglied der ETA eine gewöhnliche Karte überlassen wird, mit beträchtlichen Freiheitsstrafen geahndet[37]. Die gesetzliche Verschärfung des Strafvollzugsrechts wurde andererseits vom Obersten Gerichtshof durch eine plötzliche, rückwirkende Kehrtwende in seiner Strafvollzugspraxis begleitet[38]. Schwerer wiegt schließlich noch die Ab-

36 Vgl. zu diesem Strafvollzugssubsystem für alle *Faraldo Cabana*, in: Nuevos retos, S. 299 ff., 317 ff.

37 Vgl. hierzu demnächst *Cancio Meliá*, „Los límites de una regulación maximalista: el delito de colaboración con organización terrorista en el Código penal español", im Druck für Costa Andrade, Livro en homenagem a Jorge de Figueiredo Días, Coimbra.

38 Die neue Ansicht der Rechtsprechung entstand 2006 im Zusammenhang mit der Mediendebatte – in die sich auch bedeutende (sozialdemokratische) Regierungsmitglieder einschalteten und das Gericht unverblümt unter Druck setzten –, die sich ergab, als bekannt wurde, das ein besonders mit Bluttaten belasteter Terrorist – dessen Name die Leitentscheidung trägt – in Kürze auf freien Fuß gesetzt werden würde, und dies nach Verbüßung von knapp über zwanzig Jahren Freiheitsstrafe; die Neuauslegung, die das verhinderte, wurde von der Mehrheit des Obersten Gerichtshofes tatsächlich rückwirkend angewandt.

kehr von der früheren Rechtsprechung, was den Begriff der terroristischen Organisation angeht[39]. Nach der bis 2007 geltenden Ansicht gehörte zu diesem Begriff eine materielle Verbindung zur Begehung von massiven Straftaten; vereinfacht formuliert, war es natürlich nicht notwendig, dass alle in der Organisation schossen, aber doch, dass die Organisation es tat. Nun reicht auch Übereinstimmung in den Zwecken mit der terroristischen Organisation; von politischer Koordinierung bis hin zu schlichter Identifizierung mit ETA werden jetzt verschiedene Satellitenorganisationen aus dem Lager der Gewalt billigenden linken Nationalisten in unterschiedlichen Verfahren für terroristische Organisationen erklärt. Der Anwendungsbereich der Terrorismusstraftaten ist so endgültig ins Endlose gewuchert.

IV. Kriminalpolitik und Terrorismus

Vorstehende Überschrift, so die hier zu ziehende Schlussfolgerung, trifft den hier behandelten Gegenstand nicht; es erfolgt keine wirkliche Kriminalpolitik: Alle bisher erwähnten sukzessiven Erweiterungen des Terrorismusstrafrechts sind praktisch diskussionslos mit Unterstützung einer stabilen diesbezüglichen großen Koalition aus Konservativen und Sozialdemokraten erfolgt – was zwar keineswegs eine Befriedung der politischen Debatte über den Terrorismus bzw. die Antiterrorismuspolitik gebracht hat, aber doch die öffentliche Diskussion über die Kriminalpolitik auf diesem Gebiet schlicht unmöglich und eine unersättliche Erweiterungslogik bis hin zum Feindstrafrecht zwingend macht.

Insgesamt stellt sich der Eindruck ein, dass über den heute im Westen allgegenwärtigen Strafpopulismus hinaus auch die spezifisch spanische Vorgeschichte unheilvollen Einfluss auf das spanische Antiterrorismusstrafrecht ausübt und die Uferlosigkeit der Regelung und die Paralyse einer rationalen kriminalpolitischen Diskussion mitbedingt. Anders formuliert: Die fehlende Aufarbeitung der Ursprünge der heutigen Regelung macht es erst möglich, dass die vorhin benannte „Normalitätsideologie" die wirkliche gesetzliche Lage verdeckt und jede weitere Neukriminalisierung verfassungsrechtliche Schranken verletzt. Diese unterlassene Aufarbeitung trägt schließlich auch zur ungesunden und scharfen politischen Auseinandersetzung bei, die in Spanien unter den wichtigsten Parteien bezüglich des Antiterrorismusstrafrechts ausgetragen wird und jede kriminalpolitische Diskussion auf diesem Gebiet unmöglich macht.

---

39 Vgl. nur *Cancio Meliá*, Estructura, § 2.III.B.

ITALIEN

Massimo Donini

Die strafrechtliche Behandlung des Übergangs vom Faschismus zur Demokratie in Italien*

Bemerkungen zur historischen Erinnerung und zur Aufarbeitung der Vergangenheit „durch Strafrecht"

„Die Enkel eurer Kinder werden über euch urteilen, und nur dies wird außer Vergessen und Trümmern von euch bleiben. Doch haben sie ein Recht, dies zu tun?"

0. Der Sinn der Diskussion

Dies ist der Abriss der endlosen Geschichte eines Leidens, welches weder die Gerichte noch die Gesetze noch die Historiker haben heilen können. Nicht einmal der Genialität der Italiener im Auffinden von Kompromisslösungen zwischen „Gerechtigkeit" (oder Vergeltung) und Vergebung (oder Nachsicht) ist es gelungen, die Vergangenheit zu bewältigen, die unmöglich „gerechtfertigt", d.h. *ex post* für gerecht erklärt werden kann, da sie es schon *ex ante* nicht war, und dies gilt um so mehr, wenn sie im schmerzhaften Gedächtnis des letzten Überlebenden oder jener, die aus dem Zeugnis dieses Überlebenden die Ereignisse wieder aufleben lassen, neu ersteht. Es scheint gelegentlich so, als ob allein das Vergessen Frieden bringen könne: „Lass die Toten ihre Toten begraben". Doch die Erinnerung kehrt zurück, und neue Richter oder jene, die neue Prozesse wünschen, scheinen weniger an Erkenntnis als daran interessiert, das mittels Strafverfahren ergangene Urteil über die Vergangenheit für unberührbar zu erklären. Tatsächlich ist ein Strafverfahren zwar eine Entscheidung mittels Erkenntnis, es ist zugleich aber auch unangreifbar abgeschlossen. Historische Erkenntnis hingegen ist in dem Augenblick, in dem sie unangreifbar wird, keine Erkenntnis mehr. Auch deshalb sollten wir alle die gegenwärtigen Anstöße zu einer zwanghaften Aufarbeitung der Vergangenheit mittels Strafurteilen fürchten[1]. Also nicht nur, wenn es sich um eine „rückwirkende

---

* Aus dem Italienischen von *Thomas Vormbaum*.

1 Zu den gegenwärtigen Anzeichen einer Verwendung der Geschichte in rechtsprechender Funktion zur Verurteilung und Stigmatisierung vgl. *O. Marquard / A. Melloni*, La storia che giudica, la storia che assolve. Laterza 2008.

Justiz“ handelt[2], welche die zur Zeit der Urteilsfällung geltenden politisch-kulturellen und rechtlichen Bewertungen auf historische Zeiten und Taten anwendet, in denen diese nicht anerkannt wurden, sondern auch und vor allem dann, wenn man eine endgültige Geschichte, vielleicht sogar im Namen des sozialen Friedens, schreiben will. Die abschließende Geschichte gibt es nicht, und daher darf man sie auch nicht von Urteilen erwarten, die *per definitionem* die Autorität einer rechtskräftig entschiedenen Angelegenheit besitzen.

In den folgenden Ausführungen setze ich mich mit einigen rechtlichen Aspekten des Phänomens auseinander; doch diesem liegen menschliche Empfindungen zugrunde. Das erste Bedürfnis oder Empfinden, das gleich nach dem Fall des Faschismus aufkam, war, „Gerechtigkeit zu schaffen“[3]. Von diesem Be-

---

2 Dieses Thema ist stets und bis heute ein Leitmotiv der Beziehungen zwischen Naturrecht und Internationalem Strafrecht (oder „Völkerstrafrecht“) geblieben, auch wenn im Hinblick auf die hier behandelten italienischen Fall die Vorgänge sich unter anderen Rahmenbedingungen abspielen, nämlich solchen einer echten positivrechtlichen und sanktionatorischen, nicht bloß aus der Rechtsprechung resultierenden Rückwirkung – Zum Thema gibt es in den letzten 15 bis 20 Jahren eine recht beachtliche internationale, auch strafrechtliche, Literatur, vor allem, aber nicht nur, im Hinblick auf den Übergang von den totalitären Regimen des kommunistischen Europa zur Demokratie. Vgl. *A. Eser / J. Arnold* (Hrsg.), Strafrecht in Reaktion auf Systemunrecht. Vergleichende Einblicke in Transitionsprozeße. Internationales Kolloquium. Freiburg i.Br. (Iuscrim) 2001; *R. G. Teitel*, Transitional Justice. Oxford University Press 2000; *E. Jesse / K. Löw* (Hrsg.) Vergangenheitsbewältigung. Berlin (Duncker & Humblot) 1997; *N. L. Kritz* (Hrsg.), Transitional Justice: How Emerging Democracies Reckon with former Regimes. 3 Bde. Washington (United States Institut of Peace Press) 1995; *G. Brunner* (Hrsg.), Juristische Bewältigung des kommunistischen Unrechts in Osteuropa und Deutschland. Berlin (A. Spitz) 1995; *M. P. Golding*, Retroactive Legislation and Restoration of the Rule of Law, in: Jahrbuch f. Recht und Ethik / Annual Review of Law and Ethics 1993. Berlin (Duncker & Humblot) 1993, 169 ff.; *A. Bragyova*, Legality and ex post facto Political Justice, in: Hacta Juridica Hungarica. Bd. 33 (1991) S. 179 ff.; *K. Morvai*, Retroactive Justice based on International Law: a recent Decision by the Hungarian Constitutional Court, in: East European Constitutional Review 1994, S. 32 ff. Für einen erhellenden Aufriss aus historiographischer Sicht der Verwendung des Gedächtnisses in politischer Funktion und die Anwendung einer solchen „rückwirkenden Gerechtigkeit“ auf das komunistische Regime Ungarns des vergangenen Jahrhunderts vgl. *I. Rév*, Giustizia retroattiva. Preistoria del postcomunismo, it. Übers. von Retroactive Justice. Prehistory of Post-Communism (2005). Mailand (Feltrinelli) 2007. Zur deutschen Rechtsprechung über die „Schüsse an der Berliner Mauer“ nach der Vereinigung mit der DDR s. für alle *G. Vassalli*, Formula di Radbruch e diritto penale. Mailand (Giuffrè) 2001, mit der These, dass es allemal besser sei, eine Rückwirkung gesetzlich festzusetzen als sie im Wege der Rechtsprechung einzuführen (ebd., S. 300–306).

3 *H. Woller*, Die Abrechnung mit dem Faschismus in Italien, 1943–1948, München, 1996, it. Übers.: I conti con il Fascismo. L’epurazione in Italia, 1943–1948. Bologna (Il Mulino) 1997, S. 373 ff.; C. *Pavone*, La continuità dello Stato (1974), in: Ders., Alle origini della Repubblica. Scritti su fascismo, antifascismo e continuità dello Stato. Bollati Boringhieri 1995, S. 123 ff.; *M. Dondi*, La lunga liberazione. Giustizia e violen-

dürfnis und von den Ungerechtigkeiten, die es seinerseits produzierte, haben sich einige bis heute nicht befreit, und es kehrt zurück bzw. erneuert sich. Die im folgenden angestellten Überlegungen geben davon ein durch die Lupe des Rechts gefiltertes und verändertes Bild, was aber nicht bedeutet, dass dies ein unangemessenes Mittel wäre. Solange man eine Gerechtigkeit verlangt, die nicht Rache ist, eine Gerechtigkeit, der es gelingt, die Rache einzudämmen und zu sublimieren, bleibt das Recht die einzige Instanz, an die man sich wenden kann. Das Recht kann sogar das Vergessen durch Amnestie oder andere Formen der Verzeihung bewirken. Bevor es aber dazu kommt, müssen echte Prozesse stattfinden, darf das Zwischenstadium einer Feststellung von Verantwortlichkeit unabhängig von der Verhängung oder Nichtverhängung einer wirklichen Sanktion nicht übergangen werden. Was man aber nicht verlangen darf, ist, dass mit Gesetzeskraft allen ein Urteil über die Geschichte vorgeschrieben wird. Der Jurist, der heute, aus einer gewissen Distanz, die Vorgänge betrachtet, hat freilich nicht den Eindruck, dass das Recht die Rolle eines Vorreiters übernommen habe, und dass es dort, wo es dies versucht hat, eine gute Figur abgegeben habe.

1. Historischer Abriss der politischen und legislativen Vorgänge vom 25. Juli 1943 bis zur Amnestie durch das Dekret vom 22. Juni 1946 (Nr. 41) (sog. Togliatti-Amnestie).

Im Frühjahr 1943, nach drei Kriegsjahren seit dem 10. Juni 1940, nach schweren Verlusten und angesichts einer drohenden Niederlage der deutsch-italienischen Achse, ging Italien unter dem Feuer dauernder Bombardierungen durch die alliierten Mächte (England und USA) in die Knie. Wenige Tage nach der ersten verheerenden Bombardierung Roms am 19. Juli votierte in der Nacht vom 24. auf den 25. Juli der Große Faschistische Rat mit Unterstützung des Königs Victor Emanuel III. gegen Benito Mussolini, der zum Rücktritt gezwungen und sodann vorsorglich in Haft genommen wurde[4]. Zum Regierungs-

za nel dopoguerra italiano. Editori Riuniti 1999, S. 113 ff. Dass im Üben von Gerechtigkeit auch – und nicht unbedingt sublimiert – ein Vergeltungsbedürfnis eingeschlossen ist, ist für jeden unparteiischen Beobachter offenkundig.

4 Zur Vorgeschichte dieser Sitzung vgl. *F. W. Deakin*, The Brutal Friendship. Mussolini, Hitler and the Fall of italian Fascism (1962). It. Übers.: Storia della Repubblica di Salò. Bd. I. Einaudi 1963, S. 482 ff., S. 501 ff., S. 563 ff. Mussolini wurde nach Campo Imperatore auf dem Gran Sasso in den Abruzzen verbracht. Er befand sich seit dem 25. Juni 1943, zunächst in Rom, dann auf der Insel Ponza, danach auf der Insel Maddalena in Haft; am 12. September 1843 wurde er von den Deutschen in Campo Imperatore befreit.

chef wurde Marschall Pietro Badoglio ernannt, dessen erste Regierung 45 Tage, bis zum 8. September 1943, währte.

In diesen 45 Tagen werden die faschistischen Institutionen beseitigt, doch wird der Krieg an der Seite Deutschlands fortgesetzt. Am 8. September 1943 wird der Waffenstillstand mit den alliierten Mächten ausgerufen, der in den vorhergehenden Wochen heimlich vorbereitet worden ist, und Italien, bis dahin Kriegsalliierter Deutschlands, wechselt die Seite und verlangt von seinen Soldaten, zu jenen überzugehen, die bis dahin ihre Feinde waren, und von seinen Bürgern, die Deutschen zu bekämpfen, die in einem großen Teil seines Staatsgebiet anwesend sind und gegen die amerikanischen und englischen Streitkräfte kämpfen, aber auch auf den europäischen Schlachtfeldern, in Afrika und in Griechenland. Der Faschismus hatte bis einige Jahre vor dem Kriegseintritt große Zustimmung in der Bevölkerung besessen, und ein Teil der Nation und der Armee stand immer noch treu zu den politischen und militärischen Idealen und Zielsetzungen; ein sehr viel größerer Teil hingegen war einfach verstört, ohne Vaterland und ohne politische Identität, in einem von den sich gegenüberstehenden deutschen und alliierten Streitkräften und von dem „inneren" Gegensatz zwischen Faschisten und Antifaschisten zerrissenen Land. Mit dem 8. September 1943 beginnt daher eine Periode des *Bürgerkrieges*, des Widerstandes und der Befreiung in einem Land, das ein Schauplatz des Weltkrieges ist.

Am 23. September 1943 wird in der deutschen Botschaft in Rom ein „neuer" faschistischer republikanischer Staat gegründet, der, nach verschiedenen Zwischenbezeichnungen am 18. November den Namen Soziale Italienische Republik (*Repubblica sociale italiana*) annimmt – ein Staat ohne Souveränität, weil er sich in einem Gebiet etabliert, das von den Deutschen besetzt ist und militärisch und funktional von der deutschen Armee abhängig ist[5]. In einem Staat und einer Rechtsordnung, die weder wirksam noch legitim sind, von ihren Mitgliedern (die in den „Badoglianern" Verräter der faschistischen Idee und des Vaterlandes erblicken) aber offenkundig als solche angesehen werden, erstreckt sich die Republik von Salò (RSI) in den 600 Tagen ihres Bestehens (bis zum 25. April 1945) jeweils so weit, wie das von den Deutschen besetzte Gebiet reicht, das heißt: über den gesamten Norden Italiens bis nach Latium und

5 *G. Vassalli*, La collaborazione col tedesco invasore nella giurisprudenza della Corte di Cassazione, in: G. Vassalli / G. Sabatini, Il collaborazionismo e l'amnistia politica nella giurisprudenza della Corte di Cassazione. Roma (Ed. La Giustizia penale) 1947, S. 42 ff.; *M. S. Giannini*, Stichw. „Repubblica sociale italiana", in: Enc. Dir., XXXIX (1988), S. 894 ff.

zu den Abruzzen sowie über einen Teil von Apulien und Kampanien. Sein „Zentrum“ jedoch ist Norditalien.

Im restlichen Teil Süditaliens gibt es zunächst (bis zur Befreiung Roms im Juni 1944) die „Regierung des Südens“ (*Governo del Sud*) mit dem Sitz in Brindisi, später in Salerno, da der König Rom verlassen und damit zugelassen hatte, dass die in Auflösung befindlichen und ungeordneten italienischen Truppen faktisch von den deutschen Besatzungskräften kontrolliert und ausgeschaltet wurden. Das Bestehen einer vom Monarchen sanktionierten Regierung, wenngleich sie sogar in der Bevölkerung des Südens kaum Anerkennung fand, garantierte jedoch formell die rechtliche und politische Kontinuität des italienischen Staates, der nunmehr am 13. Oktober 1943 Deutschland den Krieg erklärte und damit das auslöste, was tatsächlich ein regelrechter Bürgerkrieg war[6].

Das Land war zunächst in Sizilien und dann im gesamten Süden von den anglo-amerikanischen Streitkräften besetzt, und die sogenannten Provinzen des Königs, von Kampanien bis Apulien, bildeten faktisch nur eine regierungsmäßige und staatliche „Repräsentanz“. Erst ab Juni 1944, als Rom durch die anglo-amerikanischen Truppen von den Deutschen befreit wurde, kam die italienische Regierung wieder in ihre Hauptstadt, und durch Königliches Dekret vom 5. Juni 1944 (Nr. 140) wurde die Funktion des Staatsoberhauptes auf Umberto I. von Savoyen als Statthalter übertragen, an den sein Vater, Viktor Emanuel III., seine Machtbefugnisse abtrat; denn der König war durch die zwanzigjährige faschistische Herrschaft offensichtlich und vollständig kompromittiert und wurde von den politischen Kräften und von den antifaschistischen Parteien, die in Rom angetreten waren und das Komitee der Nationalen Befreiung (*CNL - Comitato di Liberazione Nazionale*) gebildet hatten, nicht mehr anerkannt; der CNL war faktisch durch seine Repräsentanten in den Regierungen vertreten, die bis zur Gründung der Republik aufeinander folgten. Eben diese Parteien des CNL (Kommunisten, Sozialisten, Liberale, Katholiken, Aktionisten und Demokratisch-Progressive) organisierten zusammen mit

---

6 Zum Thema der Kontinuität des italienischen Staates vom liberalen über das faschistische zum republikanischen Italien aus rechtlicher Sicht vgl. für alle *Crisafulli*, La continuità dello Stato, in: Riv. diritto internaz. 1964, S. 365 ff.; *Paladin*, Stichw. Fascismo (diritto costituzionale), in: Enciclopedia del Diritto XVI (1967), S. 887 ff.; *M. Fiorillo*, La nascita della Repubblica italiana e i problemi giuridici della continuità. Mailand (Giuffrè) 2000, S. 1 ff., S. 203 ff. und passim; aus historischer Sicht C. *Pavone*, La continuità dello Stato, a.a.O., S. 70–159; zur Resistenza als Bürgerkrieg s. ferner *Pavone*, Una guerra civile. Saggio storico sulla moralità della Resistenza. Bollati Boringhieri 1991.

anderen Parteien, die nicht dem CNL angehörten (die Republikanische Partei) den heimlichen Kampf während der Zeit des Widerstandes (der *Resistenza*).

Im Ergebnis war im April 1944 durch den „Pakt von Salerno“ eine „institutionelle Waffenruhe“ bewirkt worden. Die Befreiungskomitees verzichteten darauf, die Abdankung des Königs zu fordern, und dieser nominierte im Gegenzug seinen Sohn Umberto als Statthalter. Seither waren die Gesetzesverordnungen nicht mehr „königliche Dekrete“, sondern „statthalterliche Dekrete“, die vom Statthalter erlassen wurden, politisch aber vom CNL und formell vom Ministerrat beschlossen wurden, da es ja noch an einem Parlament fehlte[7].

Die Mehrzahl der in der Zeit des Faschismus erlassenen Gesetze, auch der Strafgesetze, blieb allerdings sowohl in den Südprovinzen als auch in der Republik von Salò in Kraft. Diese Gesetzgebung überlebte sogar in der anschließenden Italienischen Republik bis in unsere Tage. Das Strafgesetzbuch und die Strafprozessordnung, der Einheitstext (*Testo Unico*) über öffentliche Sicherheit, das Zivilgesetzbuch, die Zivilprozessordnung und das Seefahrtsgesetz aus der faschistischen Zeit – sie sind auch die Gesetzbücher der Zeit des Bürgerkriegs und dann der demokratischen Republik. In den folgenden Jahrzehnten werden sie nur von einigen Bestimmungen gereinigt und nur teilweise und sehr langsam ersetzt.

Die wichtigsten gesetzlichen Vorschriften der italienischen Regierung im Bereich des Verwaltungsrechts und des Strafrechts[8], die bereits während der

---

7 Zu diesen institutionellen Aspekten, die heute in den Lehrbüchern des öffentlichen Rechts nicht mehr analytisch abgehandelt werden, vgl. *P. Barile*, Istituzioni di diritto pubblico. 6. Aufl. Cedam 1991, S. 97 ff.; *C. Lavagna*, Istituzioni di diritto pubblico. 4. Aufl. Utet 1979, S. 115 f., sowie die Monografie von *M. Fiorillo*, La nascita della Repubblica italiana e i problemi giuridici della continuità, a.a.O., S. 13 ff., S. 79 ff. Da im darauf folgenden Juli rückwirkende Normen in Kraft traten, welche die Todesstrafe für die (vom König zunächst hingenommene, dann gutgeheißene) Errichtung des Faschismus vorsahen, sollte man meinen, dass Vittorio Emanuele diese Gesetzgebung nicht durch königliches Dekret habe absegnen können. Dennoch hat Vittorio Emanuele eben dies bereits mit dem vorher gehenden Kgl. Dekret vom 26. Mai 1944, Nr. 134, getan, das bereits die „Bestrafung der faschistischen Verbrechen und der faschistischen Unrechtstaten“ mit den selben rückwirkenden Strafen einführte. Das statthalterliche Dekret aus dem Juli 1944 (statthalterliches Gesetzesdekret vom 27. Juli 1944, Nr. 159) ordnet bloß mit einigen Neuerungen vorhergehende königliche Dekrete erneut an.

8 Ich folge teilweise der Klassifikation von *C. Lavagna*, Istituzioni di diritto pubblico. 4. Aufl., a.a.O., S. 118 f. S. auch P. *Barile / U. De Siervo*, Sanzioni contro il fascismo ed il neofascismo, in: Novissimo Digesto Italiano. Utet 1969, XVI, S. 541 ff. Eine vollständige Sammlung von unvergleichlicher dokumentarischer Bedeutung über die nach dem Fall des Faschismus (d.h. seit dem 25. Juli 1943) erlassenen Gesetze haben mit ergänzendem technischen Kommentar herausgegeben *E. Battaglini / G. Vassalli*, La nuova legislazione penale. 7 Bände. Giuffrè 1946–1951.

Kämpfe mit den Deutschen und mit den Faschisten der Sozialen Republik erlassen wurden, sind folgende:

a) (Verwaltungsrechtliche, zivilrechtliche und strafrechtliche) Vorschriften, mit denen die sog. „Säuberung und Entfaschistisierung des Staates" (*epurazione o defascistizzazione dello Stato*) erreicht werden soll, indem Personen, die sich besonders mit dem alten Regime (vor allem auf der Führungsebene) kompromittiert haben, von öffentlichen Tätigkeiten (und teilweise aus privaten Körperschaften oder Tätigkeiten, z.B. der Leitung von Fabriken und von Zeitungen u.s.w.) ausgeschlossen werden. Nach einer intensiv betriebenen Anfangsphase führte die Wahrnehmung, dass bei diesem Vorgehen zu viele Personen ausgeschaltet würden, weil die Verwicklung der Italiener in den Faschismus so groß gewesen war[9], anschließend zu einer allgemeinen Milde, verbunden mit einer massenhaften Wiedereingliederung der Gesäuberten oder zu Säubernden in ihre alten Stellungen[10];

b) *Aufhebung von Strafnormen*, die als unvereinbar mit der demokratischen und liberalen Grundauffassung eines nichtfaschistischen Staates angesehen werden. Von ihnen ist zu erwähnen: die *Abschaffung der Todesstrafe* im allgemeinen Strafgesetzbuch (Gesetzesdekret vom 10. August 1944 Nr. 224)[11] – eine widersprüchliche Abschaffung, denn sie ließ die Todesstrafe für einige politische Straftaten der Führer und Minister des Faschismus sowie für die Straftaten der Militärstrafgesetzbücher bestehen, die man jetzt auf Taten, die während des Krieges begangen worden waren, extensiv anwendete, nämlich auch auf nichtmilitärische Faschisten und Kollaborateure (dazu unten);

c) *Wiederherstellung von typischen Vorschriften des früheren liberalen Strafgesetzbuches (Codice Zanardelli)*, betreffend die gerechte und milde richterliche Strafzumessung und die Verminderung des Autoritarismus im Verhältnis zu den öffentlichen Behörden. Hierher gehören: (1) die *Wiederher-*

---

9 Vgl. zu dieser „verzögerten Wahrnehmung" sowie zur Säuberung allgemein, *H. Woller*, Die Abrechnung mit dem Faschismus in Italien, 1943–1948. München 1996; it. Übers. I conti con il Fascismo, a.a.O., S. 19 ff., S. 365 ff.; *A. Battaglia*, Giustizia e politica nella giurisprudenza, in: Dieci anni dopo 1945–1955. Saggi sulla vita democratica italiana. Laterza 1955, S. 319 ff., S. 327 ff.; *C. Pavone*, La continuità dello Stato, a.a.O., S. 123–146; *R. Canosa*, Storia dell'epurazione in Italia. Le sanzioni contro il Fascismo. Baldini & Castoldi 1999; *M. Flores*, L'epurazione, in: L'Italia dalla liberazione alla Repubblica. Feltrinelli o.J. [1977], S. 413 ff.; *L. Bernardi / G. Neppi Modona / S. Testori*, Giustizia penale e guerra di liberazione. Franco Angeli 1984.

10 *M. Franzinelli*, L'amnistia Togliatti. Mondadori 2006.

11 Präziser Kommentar b. *E. Battaglini / G. Vassalli*, La nuova legislazione penale. Bd. I. Giuffrè 1946, S. 71 ff.

stellung der allgemeinen Milderungsgründe, die in der realen Strafrechtsgeschichte die wichtigsten bei der Strafzumessung gewesen sind; der *Codice Zanardelli* hatte sie vorgesehen, der faschistische *Codice Rocco* hatte sie beseitigt, und wiedereingeführt wurden sie durch Gesetzesdekret vom 14. September 1944 (Nr. 288); (2) mit dem selben Gesetz die *Wiedereinführung des Strafausschließungsgrundes des rechtmäßigen Widerstandes gegen willkürliche Handlungen von öffentlichen Amtsträgern* für die Straftaten der Beleidigung (Art. 341, 342, 343 Codice Penale), der Verletzung oder des Widerstandes gegen einen öffentlichen Amtsträger (Art. 336–337 Codice Penale) und der Verletzung oder Bedrohung einer politischen, administrativen oder gerichtlichen Einheit (Art. 338 Codice Penale).

d) *neue* Strafvorschriften, mit denen die *„faschistischen Straftaten“* erfasst werden sollen, die zur Errichtung und Erhaltung der faschistischen Herrschaft begangen worden sind, also vor dem Inkrafttreten der anzuwendenden Strafvorschriften (Straftaten wie die Gründung des Faschismus sowie wichtige Handlungen zu seiner Unterstützung), sowie *Straftaten der Kollaboration mit dem deutschen Invasor* sowohl von Militärs als auch von Zivilisten (s. unten Abschnitt 3);

e) prozessuale Normen, mit denen Art. 72 des Albertinischen Statuts (der damaligen, sehr flexiblen, Verfassungsdurchbrechungen zulassenden italienischen „Verfassung“) aufgehoben wird und *außerordentliche Strafgerichte* eingeführt werden, darunter Spruchkörper, die auch politisch besetzt werden, wie der Hohe Gerichtshof (*Alta Corte di Giustizia*) und die außerordentlichen Schwurgerichte, die *ad hoc* gebildet werden, um die Strafprozesse wegen der Straftaten des faschistischen Regimes durchzuführen;

f) Normen, welche die *Beseitigung der Auswirkungen* des faschistischen Regimes bezwecken durch Restitution von Zuständen und subjektiven Rechten, die aus politischen und rassischen Gründen von Gerichtsurteilen oder Verwaltungsmaßnahmen des altes Regimes verletzt worden waren.

Ihr Ende fand die Phase des Übergangs zur Demokratie schließlich nach zwei Jahren der außerordentlichen Prozesse gegen das alte Regime, nach einer Amnestie für (unter anderem) Straftaten von Partisanen und Antifaschisten (durch kgl. Dekret vom 5. April 1944, Nr. 96, noch vor Beginn der Statthalterschaft Umbertos) und nach einer Amnestie für politische Straftaten von Antifaschisten während der Zeit des Faschismus (statthalterl. Dekret vom 17. November 1945, Nr. 719) mit der einen Tag nach dem Referendum zugunsten der Republik (2. Juni 1946) ergangenen Verordnung über Amnestie für Straftaten der Kollaboration vom 22. Juni 1946 (Nr. 41), die sog. *Togliatti-*

Amnestie, benannt nach dem Vorsitzenden der Kommunistischen Partei Italiens Palmiro Togliatti, dem damaligen Justizminister. Begleitet wurde sie von Verwaltungsvorschriften über die „Wiedereingliederung", denen sich in den folgenden Jahren weitere Begnadigungen und Amnestien anschlossen, mit spezifischer Bedeutung auch für Straftaten, die während der Kriegszeit begangen und nicht durch vorhergehende Vorschriften gedeckt gewesen waren. Von ihnen zu erwähnen ist das Gesetzesdekret vom 7. Februar 1948 (Nr. 48), das den bereits „gesäuberten" Faschisten die Wahl ließ zwischen dem Wiedereintritt in ihre berufliche Stellung und der Pensionierung mit einem *bonus* von fünf Dienstjahren. Ferner die Regelungen über Amnestie und Begnadigung in den Dekreten des Präsidenten der Republik vom 9. und 28. Februar 1948 (Nr. 138) über Steuerstraftaten, und im Dekret des Präsidenten der Republik vom 19. Dezember 1953 (Nr. 922), das die politischen Straftaten, die von bewaffneten Einheiten vor dem 18. Juni 1946 begangen worden waren, mit einem Strafnachlass bedachte, während für weniger schwere Taten, die bis zum 21. September 1953 begangen worden waren, eine Generalamnestie ausgesprochen wurde.

2. Die durch Faschismus und Krieg ausgelösten grundsätzlichen Strafrechtsprobleme und der aufgegebene Versuch, den Verfassungsbruch beim Übergang von der demokratischen Republik zum faschistischen Regime und Staat strafrechtlich zu ahnden

Es sei vorab gesagt, dass die strafrechtlichen Hauptprobleme nach dem 8. September und dann noch einmal nach der Befreiung (25. April 1945) folgende waren:

a) Politische und nichtpolitische Straftaten, die von den Faschisten während der gesamten Dauer des Regimes begangen worden waren, vom Umsturz des liberalen Staates bis zum 8. September;

b) Straftaten faschistischer Militärs der Republik von Salò, egal ob in Befolgung eines erhaltenen Befehls begangen oder nicht, falls die sog. *Repubblichini*, die Anhänger des Gebildes, das als ein „Marionetten-Staat" bezeichnet wurde, nicht als *belligerentes* angesehen und damit wie Soldaten eines feindlichen Staates behandelt werden konnten oder mussten, und als solche in dem nach allgemeinem Recht oder Völkerrecht anerkannten Rahmen durch den Gehorsam gegenüber empfangenen Befehlen „gerechtfertigt" (und nur unter bestimmten Bedingungen bloß „entschuldigt") sein konnten;

c) Straftaten von antifaschistischen Privatleuten und von Partisanen aus politischen Gründen, falls sie als *belligerentes* bezeichnet und als Angehörige der italienischen Streitkräfte angesehen werden konnten, wie man dies in Italien annahm;

d) Gewöhnliche Straftaten von Privatleuten, die unter Missachtung der von der neuen Regierung des Südens aufgestellten Verpflichtungen auf unterschiedliche Weise (vielleicht sogar vermittelt durch die Republik von Salò) mit dem deutschen Invasor „kollaboriert" hatten, dem der italienische Staat den Krieg erklärt hatte;

e) Straftaten von antifaschistischen Bürgern gegen faschistische Bürger aus nichtpolitischen oder allem Anschein nach anderen Gründen;

f) Verhaltensweisen italienischer Militärs, die nach dem 8. September zwar nicht die Waffen gegen den Staat gerichtet hatten, aber auch nicht für den König oder für Badoglio hatten kämpfen wollen;

g) Straftaten von deutschen Militärs während der Besatzung, ob in Befolgung höherer Befehle oder nicht.

Ein weiteres Problem bildete der Typ der anzuwendenden Gesetze: Sollte man das allgemeine Strafgesetzbuch oder die Militärstrafgesetzbücher, insbesondere das Kriegs-Militärstrafgesetzbuch, anwenden? Konnte man neue Bestimmungen einführen, die nur für die Zukunft gelten sollten, oder auch in gewisser Weise rückwirkende Normen, die also auf frühere Taten anzuwenden wären?[12]

An dieser Stelle ist eine allgemeine rechtliche Bewertung erforderlich. Der italienische Staat (eine konstitutionelle Monarchie) wurde von 1922 bis 1943 vom Faschismus regiert. Die Gesetze, die man sich nach dem Fall des Faschismus zu erlassen anschickte, sollten die gesamte politische Legitimation dieser zwanzig Jahre verleugnen und damit einen klaren verfassungsrechtlichen Bruch bezeichnen. Die Frage ist aber: hatte es sich um ein illegitimes

12 Detaillierte Untersuchung dieser und anderer damit zusammenhängender Fragen b. *G. Vassalli*, La collaborazione col tedesco invasore, a.a.O., S. 30 ff. Auf diesen grundlegenden Text ist stets in erster Linie Bezug zu nehmen, wenn es um eine normative Analyse der Kollaborationsverbrechen geht, abgesehen von der realen Einschätzung der konkreten Handhabung durch die Gerichte, die vor allem von Historikern und Politikern vorgenommen worden ist. Von den späteren Schriften s. vor allem *S. Vinciguerra*, Stichw. „Fascismo III. Sanzioni contro il fascismo", in: Enciclopedia del Diritto XVI, 1967, S. 902 ff.; *P. Barile / U. De Siervo*, Stichw. „Sanzioni contro il fascismo ed il neofascismo", in: Novissimo Digesto Italiano XVI, 1969, S. 541 ff., sowie wegen seiner lebendigen Zeitzeugenschaft *A. Battaglia*, Giustizia e politica nella giurisprudenza, a.a.O., S. 332 ff.

bzw. illegales Regime (Regierung nach dem Führerprinzip) innerhalb eines legitimen Staates (die monarchische Form und das Albertinische Statut) gehandelt[13], der in seiner liberalen Substanz „entleert" worden war, formell aber gültig geblieben und nach der „Parentese" der zwanzig Jahre noch wieder ausgedehnt werden konnte?[14] Oder musste man den Staat *selbst*, da totalitär geworden, als illegitim ansehen, weil der Fachismus den Inhalt des Staates selbst in seinem Wesen verändert hatte, so dass die Beseitigung zunächst Mussolinis (25. Juli 1943), dann der Monarchie (Juni 1944) nicht als eine „Rückkehr zum (Albertinischen) Statut" angesehen werden konnten, das es ja nicht mehr gab, während das neue Statut (die erwähnte Verfassungsgebung durch das Gesetzesdekret vom 25. Juni 1944 und dann durch die Verfassung von 1947) ihre Macht vom Volk und nicht mehr von der savoyadischen Monarchie ableitet und damit eine ursprüngliche und neue Staatsform verwirklicht und sich von der Verbindung mit der Vergangenheit löst?[15]

Man bedenke, dass in der faschistischen Ära das Zivilgesetzbuch und die Zivilprozessordnung, das Strafgesetzbuch und die Strafprozessordnung, das Militärstrafgesetzbuch für Krieg und Frieden, das Insolvenzgesetz und das Schiffahrtsgesetzbuch entstanden sind. Aber nicht nur dies. Abgesehen von chirurgischen Ausnahmen sollte die gesamte wichtige Gesetzgebung, die während der Zeit des Faschismus entstanden war, nahezu unverändert an den de-

13 Klassische und luzide Abgrenzung zwischen dem faschistischen Staat und dem faschistischen Regime b. *A. Aquarone*, L'organizzazione dello Stato totalitario. Einaudi 1965. Neudr. 1995; dort (S. 290 ff.): Verneinung des grundsätzlich totalitären Charakters des faschistischen Staates, unabhängig von den entsprechenden ideologischen Verkündigungen; für den nicht grundsätzlich totalitären Charakter des italienischen faschistischen Staates auch *L. Paladin*, Stichw. „Fascismo (dir. cost.)", a.a.O., insb. S. 897 ff.

14 „Konservative", oder sogar „restaurative" Thesis wäre die mögliche Rückkehr zum Albertinischen Statut gewesen, (wie sie die Monarchisten und auch Badoglio selbst wünschten): vgl. die unvergesslichen Zeilen zur Eröffnung der von Piero Calamandrei gegründeten Zeitschrift „Il Ponte", wo die klassische Interpretation der institutionellen „Diskontinuität" zwischen dem faschistischen Staat und dem 1944 faktisch neu entstandenen Staat, der zwei Jahre später zur Republik werden sollte, dargelegt wird: *Calamandrei*, Nel limbo istituzionale, in: Il Ponte 1945, S. 4 ff., S. 7 ff., S. 10 ff.

15 Calamandrei selbst, der im dritten Jahr nach Gründung von „Il Ponte" feststellte, dass eine „Restauration" der Kräfte der Vergangenheit vor sich gehe, zu deren Komplizen sich der Gesetzgeber und die Richterschaft gemacht hätten (Togliatti–Amnestie, deren strafbefreiende Handhabung, fehlende Säuberung usw.), vertrat die Auffassung, dass neben die „Verfassungsrevolution" keine ökonomische und soziale Revolution getreten sei und dass die gesetzgeberische Kontinuität mit der Vergangenheit die revolutionären Potentiale des Verfassungsumbruchs „entleert" habe: *P. Calamandrei*, Restaurazione clandestina, in: Il Ponte 1947, S. 959 ff. S. andererseits *A. C. Jemolo*, Continuità o discontinuità costituzionale nelle vicende italiane del 25 luglio 1943, in: Rend. Acc. Lincei 1947; *A. Battaglia*, Giustizia e politica nella giurisprudenza, S. 211 ff., S. 222.

mokratischen Staat weitergegeben werden; und sie sollte (wie wir im nachhinein gut sagen können) lange Zeit in letzterem am Leben bleiben, häufig länger als die Zeit, die sie während des Faschismus erlebt hatte, und musste nur teilweise und in einem äußerst langsamen Prozess verfassungskonform neu interpretiert werden. Dies ist unter den rechtlichen Argumenten eines der weniger wandelbaren zum Thema „Staatskontinuität"[16].

Zum zweifellos eingetretenen Bruch in der Verfassungsentwicklung gesellte sich somit keine Diskontinuität des Staates in seiner Gesamtheit als Rechtsordnung[17]. Hier ist nicht der Ort, darüber zu entscheiden, ob diese Kontinuität die Folge einer gewissen Unzugänglichkeit der öffentlichen Verwaltung und selbst der gewöhnlichen Gesetze für die faschistische Ideologie war (was ich selbst annehmen würde), abgesehen davon, dass die alte Verfassung (das Albertinische Statut und seine faschistische „Aushöhlung" während der 20 Jahre) niemals einen grundlegenden Niederschlag in den Gesetzbüchern gefunden hatte, und zwar auch deshalb, weil sie eine „flexible" Verfassung war, so dass die Gesetze nur zu einem kleinen Teil eine Umsetzung der Verfassung waren, sie vielmehr dauernd durchbrechen oder umformen konnten; es ist gewiss, dass die Diskontinuität sofort ganz deutlich hervorgetreten wäre, wenn die Verfassung von 1947 sofort umgesetzt worden wäre, statt lange Zeit unangewendet zu bleiben[18]; man kann aber in der sog. Kontinuität auch die Konsequenz eines dauerhaften Fortwirkens einer demokratischen Undurchsichtigkeit der Staatsinstitutionen im Übergang zwischen Faschismus und Demokratie erblicken[19].

---

16 Vgl. *L. Paladin*, Stichw. „Fascismo", a.a.O., S. 888. *A. Aquarone*, L'organizzazione dello Stato totalitario, a.a.O., S. 283, weist darauf hin, dass die Vorstellung, der Faschismus sei, obwohl er doch so viele Jahre an der Regierung gewesen sei, nicht in der Lage gewesen, ein eigentliches Recht, eine eigentliche Rechtswissenschaft herauszubilden und in die Praxis umzusetzen, und er sei in diesem für das Staatsleben so wichtigen Bereich der alten liberal geprägten Tradition verpflichtet geblieben, für viele eine harte Demütigung und Quelle dauernder heftiger Missstimmungen dargestellt habe.

17 Zum gänzlich anderen technischen Begriff des Staatsuntergangs s. für alle *V. Crisafulli*, La continuità dello Stato, a.a.O., spec. S. 395 ff., S. 405 ff.: der Untergang eines Staates sei stets ein „Faktum", kein Rechtsakt, und er trete nicht auf Grund von inneren Veränderungen (z.B. Revolution, Verfassungswandel), sondern durch Auflösung seiner konstitutiven Bestandteile (v.a. Souveränität und Unabhängigkeit, Staatsvolk und zumindest teilweise territoriale Identität) ein. Jedenfalls aber überlebe den Staatsuntergang häufig das Recht, denn „das Recht überlebt auch den Staat, es setzt sich in den Ordnungen, die an seine Stelle treten, fort" (ebd., S. 408).

18 S. dazu den immer noch grundlegenden Beitrag von *P. Calamandrei*, La Costituzione e le leggi per attuarla, in: Dieci anni dopo 1945–1955. Saggi sulla vita democratica italiana. Laterza 1955, S. 213 ff. (auch als unveränderter Neudruck, Giuffrè 2000).

19 So C. *Pavone*, La continuità dello Stato, a.a.O., S. 158 f., als Ergebnis eines grundlegenden Beitrags, in dem der Rahmen der Kontinuitätsproblematik auf historischer Ebe-

Jedenfalls wird die ex-post-„*Kriminalisierung*“ *des faschistischen Regimes* und seiner Exponenten von der Feststellung der Illegitimität der Italienischen Sozialrepublik, nicht jedoch des Gesetzgebungsstaates der zwanzig faschistischen Jahre als solchem, durch statthalterliches Gesetzesdekret vom 5. Oktober 1944 (Nr. 249) begleitet[20], und sie ist, wie wir sogleich sehen werden, ein Akt von vorwiegend politischer Bedeutung gewesen: *der Versuch, auf „revolutionäre“ Weise, auch mit den Mitteln des Strafrechts, eine tiefgreifende Diskontinuität zu sanktionieren, die sich in ihrer Umsetzung als ungeeignet erweisen und zunehmend entleert und aufgegeben werden sollte.*

Die Komplexität der Probleme gestattet freilich keine eingehende und schon gar nicht eine erschöpfende Untersuchung. In äußerster Zusammenfassung lässt sich sagen, was ich im folgenden ausführe, wobei ich mich auf die Strafsanktionen gegen politische Straftaten der Faschisten und auf die Kollaborations-Straftaten sowie auf die Straftaten von Antifaschisten und Partisanen beschränke.

3. Die Verbrechen der Errichtung des Faschismus, der bedeutsamen Unterstützung des Faschismus und der Kollaboration: neue und teilweise rückwirkende Strafnormen in der Zuständigkeit von Sondergerichten

Für die *politischen und nicht politischen Straftaten* von Faschisten während der gesamten Herrschaft des Regimes und sodann während des Krieges wurden *teilweise rückwirkende Strafnormen* eingeführt. Unter Strafe gestellt wurden durch sie Taten der Spitzenleute der faschistischen Partei und Regierung, ferner derjenigen, die sie während der 20 Jahre mit wichtigen Beiträgen unterstützt hatten, sowie derjenigen, die nach dem 8. September 1943 innerhalb oder außerhalb der Republik von Salò mit den Nazis zusammengearbeitet hatten. Nach dem königlichen Dekret vom 26. Mai 1944 (Nr. 134), mit dem be-

ne voll ausgeschöpft wird. Zur öffentlichrechtlichen Ebene s. andererseits heute die breit angelegte Untersuchung von *M. Fiorillo*, La nascita della Repubblica italiana, a.a.O., worüber freilich der klassische kritische Beitrag von *S. Lener*, Le sanzioni contro il fascismo. Edizioni „La Civiltà cattolica“ 1946, nicht vergessen werden soll, der den Gedanken der Legitimität der faschistischen Rechtsordnung vertrat und der Auffassung von einer „Parenthese“ der Illegitimität die Auffassung entgegensetzte, es habe eine Legalität der Monarchie und des Albertinischen Statuts bestanden, die von der Regierung des Südens 1943/44 „restauriert“ worden seien (ebd., S. 17 ff.).

20 Vgl. *M. S. Giannini*, Stichw. „Repubblica sociale italiana“, a.a.O., S. 894 ff. Zur Sozialrepublik als faktischer Regierung s. auch *M. Fiorillo*, La nascita della Repubblica italiana, a.a.O., S. 131 ff.

reits die „Bestrafung der Verbrechen und der Unrechtstaten des Faschismus" eingeführt worden war, bestimmte insbesondere das nachfolgende statthalterliche Dekret vom 27. Juli 1944 (Nr. 159), das die Überschrift „Sanktionen gegen den Faschismus" trug und mehrere von der Regierung des Südens 1943 und 1944 erlassene Rechtsvorschriften neu formulierte, in Art. 2:

> „Die Mitglieder der faschistischen Regierung und die führenden Personen des Faschismus sind schuldig, die verfassungsrechtlichen Garantien beseitigt zu haben, die Freiheitsrechte des Volkes zerstört zu haben, das faschistische Regime errichtet zu haben und das Schicksal des Landes kompromittiert und verraten und es in die gegenwärtige Katastrophe geführt zu haben. Sie werden daher mit Zuchthaus und in Fällen schwerer Verantwortlichkeit mit dem Tode bestraft. Sie werden von einem Hohen Gerichtshof abgeurteilt, der aus einem Präsidenten und acht Mitgliedern besteht, die vom Ministerrat aus dem Kreise der berufstätigen oder im Ruhestand befindlichen oberen Richter sowie aus weiteren Persönlichkeiten von tadelloser Rechtschaffenheit ernannt werden."[21]

Es stimmt: man konnte argumentieren, dass mit dieser Regelung, welche die „*Errichtung des Faschismus*" unter Strafe stellte, und vom Hohen Gerichtshof als für die Zeit vom Marsch auf Rom (28. Oktober 1922) bis zum Staatsstreich vom 3. Januar 1925 für anwendbar erklärt wurde, letztlich nur der Tatbestand des Hochverrats angewandt worden sei, wie er zur Tatzeit in Art. 118 Nr. 3 des Codice Zanardelli geregelt war. Jedoch sah der Codice Zanardelli für diesen Fall nicht generell die Todesstrafe, ja nicht einmal Zuchthausstrafe, sondern nur „Gefängnis nicht unter 12 Jahren" vor. Im übrigen ist es offenkundig, dass es während der zwanzig Jahre der faschistischen Herrschaft niemandem in den Sinn gekommen wäre, diese Vorschriften des Codice Zanardelli anzuwenden, nicht nur, weil er förmlich aufgehoben und durch den Codice Rocco ersetzt worden war (der seinerseits selbstverständlich auch den Hochverrat regelte), sondern auch deshalb, weil die allgemeine Vorstellung herrschte, dass man unter einem politischen Regime lebe, das legitim sei, auch wenn es auf einige revolutionäre Phasen zurückging, und das zumindest bis zum Kriegseintritt von den Italienern gewollt war; und schließlich und vor allem auch deshalb, weil die gesetzliche Bewertung, dass das, was für das vergangene Regime den Ruhm der faschistischen Revolution ausmachte, nunmehr Hochverrat sei, offenkundig eine vollständig neue Bewertung war.

Es folgten sodann die *minder schweren Straftaten* derjenigen, die den Squadrismus organisiert hatten oder am Marsch auf Rom oder am Staatsstreich vom 3. Januar 1925 teilgenommen hatten. Für sie fanden die zur Tatzeit geltenden Normen des Codice Zanardelli genaueste Anwendung (Art. 3 statthalterliches

---

21 Der Text ist mit hilfreichen rechtstechnischen Hinweisen zugänglich in: *E. Battaglini / G. Vassalli*, La nuova legislazione penale. Bd. I, a.a.O., S. 126 ff.

Gesetzesdekret Nr. 159/1944 a.a.O.). Bei diesen Taten wurde allerdings der Strafbarkeitsbereich auf die *„bedeutsamen Handlungen"* zur Unterstützung des Faschismus ausgedehnt, d.h. auf die nach dem Staatsstreich vom 3. Januar 1925 begangene Tat derer, „die in dessen Gefolge mit bedeutsamen Handlungen zur Aufrechterhaltung der Geltung des faschistischen Regimes beigetragen haben". Auf sie fand die strafrechtliche Behandlung i.S. des Art. 118 des Codice Zanardelli über den Hochverrat ebenfalls Anwendung. Insofern handelte es sich offenkundig um eine neue und absolut rückwirkende Norm, die eine „Schuld" auch bei dem unterstellte, der dem Faschismus bloß mit bedeutsamen Handlungen geholfen hatte, „an der Macht" zu bleiben, nachdem dieser sich doch „friedlich" im Lande etabliert hatte. Artikel 3 schloß mit einer Bestimmung (in Absatz 3), die ganz im Gegenteil auf der strengen Anwendung des Grundsatzes *tempus regit actum* auf andere Taten beruhte, die schon zur Tatzeit Straftaten waren, wenn sie aus „faschistischen Motiven" oder „unter Ausnutzung der durch den Faschismus geschaffenen politischen Lage" begangen worden waren.

Der nachfolgende *Art. 5* des erwähnten statthalterlichen Gesetzesdekrets Nr. 159/1944 regelte das *Verbrechen der Kollaboration*, das folgendermaßen umschrieben war:

> „Wer nach dem 8. September 1943 ein Verbrechen gegen die Treue und militärische Verteidigung des Staates begangen hat oder begeht, indem er durch irgendeine Form der geheimdienstlichen Tätigkeit, der Verständigung und der Zusammenarbeit mit dem deutschen Invasoren diesem Hilfe oder Unterstützung gewährt, wird nach den Bestimmungen des Kriegs-Militärstrafgesetzbuches bestraft."

Obwohl diese Norm sich von Anfang an als Blankettvorschrift darstellte, die Sonderrichtern (nämlich den Sonderrichtern an den Außerordentlichen Schwurgerichten, dazu gleich) eine außerordentliche Macht zur Sanktionierung von oppositionellen Politikern des antifaschistischen Italien in die Hand gab, musste sie sich nach der in den folgenden Jahren herausgebildeten herrschenden Auffassung auf das Gesetzlichkeitsprinzip beschränken, insoweit sie grundlegend Vorschriften enthielt, die durch einen impliziten Verweis auf das Kriegs-Militärstrafgesetzbuch und das Friedens-Militärstrafgesetzbuch aufgefüllt werden mussten; als ganz und gar innovativ (damit freilich auch teilweise als rückwirkend) erwies sie sich damit nur im Hinblick auf die tätigen Personen, in Ergänzung einer Sanktionsbestimmung, die ihrerseits innovativ und verschlechternd war[22].

22 Zu diesem Verständnis vgl. *G. Vassalli*, La collaborazione col tedesco invasore, a.a.O., S. 70 ff.

Jener Teil der Regelung, der sich auf „Verbrechen gegen die Treue zur militärischen Verteidigung des Staates“ bezog, war nicht innovativ in dem Sinne, dass er *implizit* auf die Bestimmungen des Friedens-Militärstrafgesetzbuchs (und auf die Straftaten des allgemeinen Strafgesetzbuches, auf die dieser sich bezog), *Bezug nahm*, sondern vor allem auf die Bestimmungen des Kriegs-Militärstrafgesetzbuches, welche Tatbestände über *„politische Untreue“* und über *Taten gegen die „militärische Verteidigung des Staates“* enthielten: Art. 77 bis 102 des Friedens-Militärstrafgesetzbuches und 47 bis 93 des Kriegs-Militärstrafgesetzbuches.

Es handelte sich unter den zahlreichen Straftatbeständen vor allem um diejenigen der Feindunterstützung (Art. 51 Kriegs-MStGB), um geheimdienstliche Tätigkeit oder Verbindung mit dem Feind (Art. 54 Kriegs-MStGB), Unterstützung des Feindes in seinen politischen Plänen (Art. 58 Friedens-MStGB), Unterstützung und Informationen für Spione und andere feindliche Agenten (Art. 62 Kriegs-MStGB) und um Hochverrats-Verbrechen (Art. 77 Kriegs-MStGB, der auf verschiedene Attentate und politische, d.h. gegen den Staat gerichtete Verbrechen des Codice Penale verweist – von Unternehmungen gegen die Einheit des Staates bis zu den Verbrechen der Verwüstung, von Plünderungen und Mordanschlägen über Angriffe auf den Präsidenten der Republik, auf die Verfassung usw. bis zu verschiedenen Verbrechen des Verunglimpfung etc.).

Die *innovativen Teile* des Art. 5 des Gesetzesdekrets Nr. 159/1944 betrafen vielmehr *die Ausdehnung der dort eigentlich nur für Militärangehörige geltenden Straftatbestände auf alle, auch auf Zivilisten* (außer beim Zusammentreffen eines Zivilisten mit einem Militär) – eine Ausdehnung, welche rückwirkend für Taten galt, die nach dem 8. September begangen worden waren, ferner die daraus folgende und ebenfalls rückwirkende *Ausdehnung der Sanktionen*, die im Kriegs-MStGB speziell für Militärs vorgesehen waren und sehr viel härter waren, insbesondere auch die Todesstrafe vorsahen, welche hingegen in dem für Nichtmilitärs geltenden allgemeinen Strafgesetzbuch nicht anwendbar war.

Doch damit nicht genug. *Die wirkliche Neuerung im Hinblick auf die gesetzlichen Vorschriften* brachte das folgende statthalterliche Gesetzesdekret vom 22. April 1945 (Nr. 142), welches in Art. 1 eine Reihe von (ursprünglich als absolut gedachte) *Vermutungen der Kollaboration* zu Lasten dessen aufstellte, der bestimmte Aufgaben und Rollen ausgefüllt hatte: Minister und Staatssekretäre, Präsidenten oder Mitglieder des Sondergerichts für die Staatsverteidigung oder der außerordentlichen Gerichte, Staatsanwälte bei diesen Organen, Provinzoberhäupter und Bundessekretäre oder -kommissare, Leiter von politischen Zeitschriften, höhere Offiziere mit militärpolitischen Funktionen; alle waren *ex lege* Kollaborateure. Das bedeutete, dass man nicht bloß deshalb Kollaborateur war, weil man Anhänger der Italienischen Sozialrepublik gewesen war oder den Schwarzen Brigaden angehört hatte – diese bloße Zugehörigkeit wurde nicht als „Positions“-Straftat angesehen, weil sie eben nur niederere Rollen als die oben aufgelisteten betraf und man in diesem Fall nach spezifischeren Taten im Sinne des Art. 5 des statthalterlichen Gesetzesdekrets Nr. 159/1944 suchen musste.

Art. 6 des Gesetzesdekrets bestimmte, dass für faschistische Straftaten, die mit einer Strafe von mehr als drei Jahren bedroht waren, eine Berufung auf Straftat- oder Straf-Verjährung nicht zulässig sei; auch blieben die vorher ausgesprochenen Amnestien unanwendbar; waren sie bereits erfolgt, wurden sie widerrufen.

Art. 9 ordnete die Güterkonfiskation für alle Kollaborateure an.

Was die Zuständigkeit anging, richtete Art. 2 des Gesetzesdekrets Nr. 159/1944 einen *Hohen Gerichtshof* ein, dessen Mitglieder – sowohl die Berufsrichter als auch die Volksrichter – vom Kabinett (*Consiglio dei Ministri*) politisch ernannt wurden. Er war zuständig für die politischen Verbrechen der Errichtung des Faschismus, und wurde geregelt durch das folgende statthalterliche Gesetzesdekret vom 13. September 1944 (Nr. 198). Der Hohe Gerichtshof war jedoch nur bis zum statthalterlichen Gesetzesdekret vom 5. Oktober tätig, danach wurde er nur noch für die Verfahren zur Amtsenthebung von Senatoren beibehalten, während er für die strafrechtlichen Zuständigkeiten in eine Spezialabteilung des Schwurgerichts „transformiert“ wurde. Wegen der anderen Straftaten im Sinne von „bedeutsamen Handlungen“ und Kollaboration wurden nach einer Phase, in der man sich der normalen Schwurgerichte bediente (statthalterliches Gesetzesdekret vom 6. August 1944, Nr. 170), durch statthalterliches Gesetzesdekret vom 22. April 1945 (Nr. 142), in den Provinzhauptstädten die außerordentlichen Assisenhöfe eingerichtet, von deren Mitgliedern der größte Teil, nämlich die Volksrichter, von den CLN benannt wurden: eine Liste mit 100 Bürgern für jede Provinz, aus denen der Gerichtspräsident eine Teilliste von 50 konkretisierte, aus der dann durch das Los vier Volksrichter (die zum Präsidenten des Spruchkörpers hinzutraten) für jedes Schwurgericht bestimmt wurden. Da sich aber eine nicht hinnehmbare Ungleichgewichtigkeit der Urteile zwischen den Assisenhöfen zeigte, wurden diese ab Oktober 1945 beseitigt, und ihre Aufgaben wurden – wie schon im Falle des Hohen Gerichtshofes – Spezialabteilungen der ordentlichen Schwurgerichte zugewiesen[23]. Die Tätigkeit dieser Abteilungen dauerte bis zum 30. Juni 1948. Von dann an wurden etwaige Verfahren der Zuständigkeit der gewöhnlichen Justiz, vor allem der Militärjustiz, zugewiesen.

Während gegen die Urteile des Hohen Gerichtshofes keinerlei Rechtsmittel zugelassen war (Art. 9 des statthalterlichen Gesetzesdekrets 198/1944), waren die Entscheidungen der außerordentlichen Schwurgerichte mit der Kassation anfechtbar (Art. 16 des Gesetzesdekrets 142/1945).

Durch das Gesetzesdekret Nr. 159/1944 wurden die Maßstäbe für die *Säuberung der Verwaltung von Faschisten* festgesetzt (Art. 11 ff.) und wurde der *Hohe Kommissar für Sanktionen gegen den Faschismus* eingerichtet (Art. 40 f.). Diese Bestimmungen erfuhren später zahlreiche Änderungen und Ergänzungen.

4. Die Thesen von Calamandrei gegen Jemolo: Lieber rückwirkende Gesetze als Bürgerkrieg?

Gleich nach der Verabschiedung der Sanktionen gegen den Faschismus gab es einige Reaktionen von juristischer Seite[24]. Die Zeitschrift „Civiltà cattolica" bezeichnete sie als einen „Betrug an allen geltenden Gesetzen"[25]. Auch Benedetto Croce wandte sich gegen rückwirkende Gesetze[26]. Der große Romanist

23 S.i.e. die Rundverfügung des Justizministers vom 31. Oktober 1945, Nr. 3109, wiedergegeben b. *E. Battaglini / G. Vassalli*, La nuova legislazione penale, Bd. I, a.a.O., S. 215 f., Anhang zum statthalterlichen Gesetzesdekret vom 5. Oktober 1945, Nr. 625.

24 Das „Manifest der Juristen", einen Monat nach dem Dekret vom 27. Juli 1944 von 19 Universitäts-Professoren aus „unterschiedlichen politischen Richtungen" unterzeichnet, das sich gegen die rückwirkenden Bestimmungen in diesem Dekret wandte, ist nachzulesen b. *S. Lener*, Le sanzioni contro il fascismo, a.a.O., S. 89–90. S. dazu auch A. *Battaglia*, Giustizia e politica nella giurisprudenza, a.a.O., S. 332 u. Fußn., sowie allgemein zur Rekonstruktion *H. Woller*, I conti col fascismo, a.a.O., S. 159–169.

25 La Civiltà cattolica v. 15. Dezember 1945. Das zitierte Buch von *S. Lener*, Le sanzioni contro il fascismo, bildet auch heute noch eine ertragreiche und eindruksvolle Darstellung der Auffassung von der Rechtswidrigkeit rückwirkender Sanktionen, freilich aus einer neo-naturrechtlichen Interpretation, der es um den Nachweis geht, dass die Rückwirkung nur eine scheinbare sei, wenn Grundsätze des Naturrechts verletzt worden sind; dies soll freilich nach Ansicht von Lener nicht zur rückwirkenden Anwendung von Sanktionen gegen denjenigen führen, der guten Glaubens die Legitimität zunächst des faschistischen Staates und dann der Sozialrepublik angenommen hat. Was den faschistischen Staat angeht, so konnte man ihn nach Ansicht von Lener im Gegensatz zur Italienischen Sozialrepublik als gänzlich legitim ansehen.

26 Er erwähnt dies in den Kriegs-Aufzeichnungen (teilweise bereits publiziert unter dem Titel *B. Croce*, Quando l'Italia era tagliata in due. Estratto di un diario [luglio 1943-giugno1944]. Laterza 1948), jetzt zusammen mit den nachfolgenden Tagebüchern bis

Arangio-Ruiz, damals Justizminister, der u.a. eine Linie größter und ausdrücklicher Legitimität des faschistischen Staates vertrat, geriet in die Minderheit[27]. Unter den Juristen, die sich öffentlich mit dem Thema auseinandersetzten, verdienen die entgegengesetzten Positionen von *Arturo Carlo Jemolo* und *Piero Calamandrei*, die freilich gedanklich „auf derselben Seite standen", Erwähnung. Die kurze Debatte fand auf den Seiten der Zeitschrift „Il Ponte" statt.

Jemolo vertrat die *politically* korrekte Auffassung, die einzige, die ein Strafrechtler vertreten kann, und die einzige, wie wir heute sagen würden, verfassungsrechtlich begründete (Jemolo war bekanntlich Gelehrter des kanonischen Rechts und des Kirchenrechts sowie der Kirchengeschichte)[28]; in vollem Bewusstsein des ungeheuren Leides, das die Tötungen durch Dolch und Knüppel, in ruhmlosen und nutzlosen Kriegen, im Exil, in den durch ungerechte Urteile des Staatsverteidigungs-Tribunals gefüllten Zuchthäusern bewirkt hatten, in vollem Bewusstsein auch des Vergeltungsbedürfnisses des Mannes auf der Straße, äußerte Jemolo, dass man verstehe müsse, dem „Mann auf der Straße [zu] widerstehen", dass man „Leid nicht durch Leid ausgleicht" und dass das Strafgesetz nicht rückwirkend gelten könne. Seinen Freund Calamandrei erinnerte er deshalb daran, dass die faschistische Regierung keine illegale Regierung wie diejenige der Republik von Salò gewesen sei, denn während jener 20 Jahre sei ihre Legalität von allen anerkannt worden, dass jene rückwirkende, kaum unparteiische Rechtsprechung keineswegs eine „revolutionäre" sei, sondern darauf aus sei, wenige strafrechtlich herauszugreifen, um sie mit exemplarischen Strafen zu belegen, und eine Säuberung auf administrativer Ebene durchzuführen, die sich aus dem Groll des „gestern überwältigten Kollegen" oder aus der „Begehrlichkeit des Postenjägers" speise.

Zu der Veröffentlichung dieses sachlichen, aber betrüblichen Beitrages nahm der Herausgeber der Zeitschrift, Piero Calamandrei, in einer „Nachbemerkung" am unteren Seitenrand Stellung[29]. Die Gesetze gegen den Faschismus, führte er aus, seien nicht nur auf politischer, sondern gerade auch auf rechtlicher Ebene zu rechtfertigen. Der Grundsatz *nullum crimen sine praevia lege* müsse und könne nämlich abgewogen werden mit einem anderen Grundsatz, der noch „viel wesentlicher" sei, weil er eine noch unerlässlichere Bedingung jedes bürgerlichen Zusammenlebens ausdrücke, nämlich jene, „die den Einzel-

---

Dezember 1945: *B. Croce*, Taccuini di guerra. Adelphi 2004: vgl. die Seiten S. 136–139 (4. Mai und 11. Mai).

27 Vgl. *Woller*, I conti col fascismo, a.a.O., S. 160–162.

28 *A. C. Jemolo*, Le sanzioni contro il fascismo e la legalità, in: Il Ponte 1945, S. 277 ff.

29 Il Ponte 1945, S. 285 f.

nen verbietet, sich selbst Gerechtigkeit zu verschaffen. Und wenn die politische Spannung so groß ist, dass ohne das Einschreiten des Staates gesellschaftliche Spannungen in einen Bürgerkrieg ausufern würden, so kann überlegt werden, ob nicht auch das Dogma der Nichtrückwirkung von Strafgesetzen notgedrungen weichen muss“[30].

Diese Überlegungen werden sodann durch rechtliche Argumente verstärkt, bleiben aber letztlich die stärkeren. Die rechtlichen Argumente Calamandreis waren nämlich zwei. Das erste stellte darauf ab, dass der gewaltsame Bruch der Verfassungsordnung durch denjenigen, der in Italien den Faschismus errichtet habe, nach den zur Tatzeit geltenden Gesetzen eine schwere Straftat gewesen sei. Zur Zeit der Tat galt indes nicht die Todesstrafe, die man 1944 ausschließlich für die Faschisten wieder einführen wollte. Das andere Argument Calamandreis beruhte auf dem Gedanken, dass „der Grundsatz der nichtrückwirkenden Geltung des Strafgesetzes innerhalb der Rechtsordnung gelten muss, in der er niedergelegt ist, man kann sich aber nicht widerspruchsfrei auf ihn berufen, um denjenigen zu verteidigen, der diese Rechtsordnung abgelehnt und zerstört hat und sich damit außerhalb von ihr gestellt hat“[31]. Die These, dass das Rückwirkungsverbot nur innerhalb derselben politischen Ordnung gelte, besitzt eine suggestive Kraft, übersieht jedoch die heute sogar verfassungsrechtliche und völkerrechtliche Bedeutung des Grundsatzes. Argumentiert man so, wäre im übrigen jegliche Sanktion gegenüber Faschisten anwendbar, nicht nur im Namen der Rechtsordnung, zu deren Aufbau sie beigetragen hatten, sondern auch im Namen der neuen Rechtsordnung, die von jenem errichtet worden ist, der sie besiegt hat. Übrigens hatte der Faschismus selbst niemals rückwirkende Strafgesetze angewendet, und Italien stand damals gerade im Begriff, das Verbot rückwirkender Strafgesetze verfassungsrechtlich zu verankern. (Art. 25 Abs. 1 der Verfassung von 1947) – einen Grundsatz, der in der nachfolgenden Debatte zu einem geradezu „heiligen“ wurde. Gerade die Zeit zwischen 1944 und 1946 konnte aber in Wirklichkeit als eine Art von „Freizone“, als ein „revolutionärer“ Zeitabschnitt zwischen zwei abgebrochenen Legalitäten – derjenigen der Monarchie und des faschistischen Staates vorher und derjenigen der Republik nachher – angesehen werden. Doch damals handelte es sich tatsächlich um eine „revolutionäre Recht-

30 Man beachte, dass dasselbe Argument zugunsten der Rückwirkung vom Sektionspräsidenten des Kassationshofes Ettore Casati, früher Justizminister der ersten Regierung Badoglio vorgetragen worden war, der auch der Verfasser des ersten Entwurfes der antifaschistischen Gesetze und Säuberungsgesetze war; darauf weist hin: *B. Croce*, Taccuini di guerra, a.a.O., S. 135.

31 Ebd., S. 286.

sprechung", angesichts derer auch das Rückwirkungsverbot zu einem „Tabu" wurde. So sah es im „Bewusstsein" jener Menschen aus, die gegen dieses Verbot handelten; doch so sah es nur in jenen Jahren von 1944 bis 1946 aus: eine „vorübergehende" und „historische" Justiz also[32], *der gesetzliche Beweis einer Diskontinuität des öffentlichen Rechts und des Strafrechts im besonderen*: der Beweis, dass das „normale" Strafrecht damals nicht im Stande gewesen ist, einen Konflikt zu lösen, der seine instrumentellen Möglichkeiten bei weitem überstieg und in den Grenzen rechtsstaatlicher Garantien nicht zu überwinden war.

5. Das Gesetz der Zahlen (Abgeurteilte und Getötete) und die Anzahl der legalen Entscheidungen

Die Zahlen über das, was geschehen ist, belegen die Ansichten Calamandreis über die Verbindungen zwischen Strafverfahren und Bürgerkrieg sehr viel besser als irgend ein ideologischer oder juristischer Kommentar; wenn wir schon nicht sagen können, dass seine Auffassung richtig sei – und dies können wir zweifellos nicht –, so hatte er doch viele Gründe.

Die Zahlen über die Bluttaten der Nazifaschisten in Italien geben natürlich nur Annäherungswerte. Dies gilt (wenn auch nicht im selben Grade) für alle folgenden Zahlen; sie bieten aber objektivere Grundlagen zur Bewertung eines Hintergrundes, der eine Erklärung, wenn auch nicht einen Sinn, für das liefert, was geschehen ist. In der detaillierten Auflistung von Mirco Dondi sind 9.903 Opfer von nazifaschistischen Bluttaten aufgeführt[33]. Zu diesen Angaben,

---

32 Luigi *Russo*, Senso giuridico e senso politico, in: La nuova Europa, September 1945, sodann in: *Ders.*, De vera religione. Noterelle e schermaglie 1943–1948. Einaudi 1949, S. 92 ff., insb. S. 94–97, wo er an die Auseinandersetzung zwischen Jemolo und Calamandrei erinnert und die Position des letzteren vertritt, bemerkt dazu, er glaube nicht an die juristische Gerechtigkeit des Mannes der Gesetze, sodern nur die historische Gerechtigkeit des gerechten Mannes, denn Gerechtigkeit sei stets historisch und nicht bloß eine gesetzliche (op. ult. cit., a.a.O., S. 96). Der große Kritiker und Geschichtsschreiber der italienischen Literatur, Direktor der Scuola Normale Superiore in Pisa, Direktor von „Belfagor", bezeichnete als „schmerzhaften Eindruck" das „Empfinden, dass die Anwendung und die Anerkennung einer Aufgabe oder eines Rechts mit der kruden und stumpfen Zitierung eines Gesetzesartikels, irgendeines juristischen Spitzfindigkeit abgelehnt werde (ebd., S. 97, im Original mit Ausrufungszeichen). In dem Bewusstsein, „Ausführungen eines Laien" von sich zu geben, erklärte er abschließend, dass „der Gesetzesartikel oder besser die juristische Spitzfindigkeit ein Schutzschild, eine Verteidigung der Trägen ist, die nicht zu einer Lösung, zur politischen Tat schreiten wollen, welche doch das letzte Ziel eines jeden Gesetzes ist." (ebd., S. 97).

33 *M. Dondi*, La lunga liberazione, a.a.O., S. 23; dort S. 24 ff. die detaillierte Auflistung der wichtigsten Anschläge mit der jeweiligen Anzahl der Toten.

die sich auf den Bürgerkrieg, nicht nur auf die *Resistenza* beziehen, müssten natürlich noch die Opfer des faschistischen Regimes während der 20jährigen Herrschaft hinzugefügt werden, also nicht nur die Morde und Körperverletzungen der Squadristen und Schwarzhemden an Regimegegnern, sondern auch im legalen Bereich 4.596 vom Spezial-Tribunal für die Staatsverteidigung Verurteilte, darunter drei Verurteilungen zu lebenslänglicher Strafe, 42 Todesurteile, von denen 31 vollstreckt wurden, und 27.735 Jahre Gefängnis[34], hinzugezählt werden müssen ferner die Morde, Gewalttaten und Körperverletzungen in der Zeit der Sozialrepublik (außerhalb der eben erwähnten Bluttaten), die Erschießungen, die Aktionen der Republikanischen Nationalgarde, der Schwarzen Brigaden, der „Decima Mas“ und die „offiziellen“ Exekutionen der Republikaner, nicht mitgerechnet natürlich aus einer Sicht der politischen Verantwortung dessen, der den Krieg wollte – es handelte sich jedoch um eine an höchster Stelle von Mussolini getroffene einsame Entscheidung – die Kriegsopfer im engeren Sinne: unter den verschiedenen Annäherungswerten erscheint eine Zahl von mehr als 400.000 italienischen Toten nicht zu niedrig gegriffen. Von denen die Hälfte nach dem 8. September umkam, und zu ihnen zählen circa 40.000 Partisanen, Exekutierte und Deportierte, circa 40.000 Soldaten in nazistischen Gefangenenlagern, sowie 40.000 zivile Tote während der anglo-amerikanischen Bombenangriffe und eigene Gefallene der Sozialrepublik[35].

Das einhellige Urteil der Historiker, die sich mit den Sanktionen gegen den Faschismus befasst haben, lautet, dass *das gesetzliche Programm der Jahre 1944/1945 am Gesetzgeber selbst und an der Justiz gescheitert ist*[36]. Zu diesem Programm gesellte sich übrigens ein dauernder Bürgerkrieg und eine Or-

---

34 *A. Dal Pont / A. Leonetti / P. Maiello / L. Zocchi*, Aula IV. Tutti i processi del Tribunale speciale fascista, hrsg. von der Associazione nazionale perseguitati politici italiani antifascisti (Anppia). Roma 1961, S. 548. Zur Tätigkeit des Gerichts s. auch *A. Aquarone*, L'organizzazione dello Stato totalitario, a.a.O., S. 101 ff.

35 Vgl. die Angaben b. *G. Rochat*, Una ricerca impossibile. Le perdite italiane nella seconda guerra mondiale, in: Italia contemporanea 1995, S. 687 ff.

36 Von zahlreichen Beiträgen vgl. – neben verschiedenen einschlägigen Artikeln in „Il Ponte“ aus den Jahren 1946 und 1947, besonders *P. Barile*, La magistratura si ribella alle leggi?, a.a.O. 1947, S. 1067 ff.; *M. Bracci*, Il fallimento dell'epurazione, a.a.O. 1947, S. 1075 ff.; P. *Calamandrei*, Restaurazione clandestina, a.a.O., S. 959 ff. – A. *Battaglia*, Giustizia e politica, a.a.O., S. 321 ff., S. 338 ff., S. 351 ff.; M. *Dondi*, La lunga liberazione, a.a.O., S. 56 ff.; R. *Canosa*, Storia dell'epurazione, a.a.O., S. 341 ff.; *C. Pavone,* La continuità, a.a.O., S. 123 ff.; *H. Woller,* Die Abrechnung mit dem Faschismus, it. Übers.: I conti con il Fascismo, a.a.O., S. 437 ff.; *M. Franzinelli,* L'amnistia Togliatti, a.a.O., S. 141 ff.

gie antifaschistischer Säuberungen, die vor allem in Norditalien über das Jahr 1946 hinaus andauerten.

Von Anfang an gab es 1944 und 1945 zahlreiche summarische Strafprozesse, die durch einen sehr starken psychologischen Druck und durch ein Klima von Rachejustiz, welche die Unbefangenheit und das Urteil der Außerordentlichen Schwurgerichte beeinflussten, politisch gesteuert waren. Die „Jagd auf den Faschisten" war offiziell eröffnet[37], und die Presse verfehlte nicht, die gesetzliche Justiz als Werkzeug einer endgültigen Abrechnung mit dem alten Regime darzustellen. Jedenfalls: die Jagd „funktionierte bestens" als Werk der Privatrache, der Säuberung, und sehr viel weniger als Werk einer Gerechtigkeit mit förmlichen Sicherungen. Die Zahl der einfach verschwundenen Personen, unter ihnen zahllose der faschistischen Seite, die aber ganz unterschiedliche Rollen ausgefüllt hatten, schwanken nach neuesten Schätzungen zwischen 15.000 und 20.000[38]. Allein im „Todesdreieck", d.h. in den Provinzen Reggio Emilia, Ferrara und Modena und Bologna, sind 3976 namentlich bekannte verschwundene Personen gezählt worden[39], daneben gibt es Auflistungen über unbekannte Personen und über Gemeinschaftsgräber, auf denen 550 nicht identifizierte Opfer festgehalten sind. Allgemeiner gesagt, wurden in Norditalien im Jahre 1945 Anzeigen wegen (vorsätzlicher oder unvorsätzlicher) Tötungen erstattet, deren Zahlen sehr hoch sind und mit den üblichen nicht zu vergleichen sind: in Turin beispielsweise sind es 3.200, während in den vorhergehenden 6 Jahren die Zahlen zwischen 51 und 66 schwankten; 1.749 Anzeigen gab es in Bologna, 1239 in Venedig und 871 in Genua[40].

Es ist darauf hingewiesen worden, dass es auch in Frankreich und in Belgien nach 1945 eine Phase der wilden Säuberungen gegeben habe: „Da das staatliche Gewaltmonopol untergegangen war, konnte ein jeder sich für berechtigt

---

37 Ertragreiche Darstellung b. M. *Dondi*, La lunga liberazione, a.a.O., S. 31–56, und b. *H. Woller*, Die Abrechnung mit dem Faschismus, it. Übers.: I conti con il Fascismo, a.a.O., S. 365 ff., S. 373 ff. soie aus jüngerer Zeit b. *G. Crainz*, La giustizia sommaria in Italia dopo la seconda guerra mondiale, in: M. Flores (Hrsg.), Storia, verità e giustizia. Bruno Mondadori 2001, S. 162 ff.

38 Angabe nach *G. Pansa*, Il sangue dei vinti. Sperling & Kupfer 2003, S. 370 f.

39 *G. Pisanò / P. Pisanò*, Il triangolo della morte. La politica della strage in Emilia durante e dopo la guerra civile. Mursia 1992, S. 407; dort S. 408 ff., die namentliche Auflistung der Verschwundenen und nachweislich Getöteten. In dem dagegen gerichteten Buch aus Partisanensicht, *N. S. Onofri*, Il triangolo rosso. Sapere 2000 2007, werden auf S. 62 einige Fehler aufgedeckt, doch wird die Substanz des Verzeichnisses dadurch nicht widerlegt.

40 Zahlen b. *H. Woller*, Die Abrechnung mit dem Faschismus, it. Übers.: I conti con il Fascismo, a.a.O., S. 375.

halten, Selbstjustiz zu üben, womöglich auf der Grundlage von Ressentiments und/oder von ganz persönlichen Überzeugungen. Mit zunehmender Konsolidierung der staatlichen Autorität jedoch stellte sich fast überall eine Rückkehr zur Normalität ein; nicht so in Italien, wo vielmehr, trotz einer spürbaren und raschen Verbesserung der Lage, die gewaltsamen Vorfälle sich bis Ende 1945 fortsetzten und noch in den Jahren 1947/48 der Volkszorn und das Rachebedürfnis nicht ganz besänftigt waren“[41].

Es gab nicht nur die antifaschistische Vergeltung. Es gab nicht nur die persönlichen, höchst privaten Aktionen persönlichen Grolls (und von diesen ereigneten sich viele). Viele Aktionen hatten auch politische Motive, die auf den reinen Klassenkampf zielten. Es ist bekannt, dass in jenen Jahren eine Partie gespielt wurde, in der die kommunistische Linke eine einmalige Chance für die Machtergreifung der Arbeiterklasse, für eine wirkliche Revolution, erblickte[42]. Dieser Versuch schlug bekanntlich fehl; es gibt aber keinen Zweifel, dass er viele Opfer gefordert hat. Auch die „administrative“ Säuberung war darin stark verwickelt; sie wurde faktisch auf die Fabriken ausgedehnt, wo die nationalen Befreiungskomitees, wie die im Lande befindlichen alliierten Besatzungstruppen bemerkten, sich in einen „mild type of Soviets“ umzuwandeln begannen, indem sie von Amts wegen die Geschäftsführer und die verhassten leitenden Angestellten absetzten und ersetzten[43].

---

41 *H. Woller*, I conti con il Fascismo, a.a.O., S. 383.

42 *M. Dondi*, La lunga liberazione, a.a.O., S. 163 ff., S. 183 ff.; *H. Woller*, I conti con il Fascismo, 365 ff.; C. *Pavone*, La continuità dello Stato, a.a.O., S. 89–105. Erst in den 50er Jahren begann man in der italienischen KP die Auffassung von der Gewalt als wesentliches Mittel des revolutionären Kampfes zu überwinden – entsprechend der in ihren Reihen repräsentativ von Pietro Secchia vertretenen Auffassung; s. speziell zu diesem Punkt *M. Dondi*, a.a.O., S. 184 ff.

43 Dies bemerkt *H. Woller*, I conti con il Fascismo, a.a.O., S. 376, mit besonderem Bezug auf das, was in Turin vor sich ging: „Dutzende Eigentümer, Industrieführer und hochrangige Verwaltungsbeamte wurden gezwungen, ihre Stellen zu verlassen, während es Tausende von Entlassungen unter den Führungskräften und leitenden Beschäftigten gab, welche die Arbeiter aus vorwiegend, aber nicht ausschließlich politischen Gründen bekämpften. Überall wurden ihre Posten mit Leuten besetzt, die das Vertrauen der Resistenza besaßen“. Und er fährt fort: „Turin bildete andererseits keineswegs einen Ausnahmefall, denn im Frühjahr 1945 gab es derartige Vorfälle in ganz Norditalien. Überall wurde die Jagd auf Faschisten und Kollaborateure eröffnet. […]. Sogar in Krankenhäusern, Gerichtssälen und Gefängnissen befanden sich Faschisten und Kollaborateure nicht in Sicherheit“ (ebd., S. 378). „Man braucht nur an die Tat von Schio in Venetien zu denken, wo Anfang Juli 15 Partisanen in ein Gefängnis einbrachen und kaltblütig 54 Faschisten töteten [...] Kurz: von Frühjahr bis Herbst 1945 gab es unter den Opfern der „wilden“ Säuberung auch viele Geistliche und Funktionäre der gemäßigten und wirtschaftsnahen Parteien, so daß sie schließlich gegenüber dem Frühjahr einen entschieden „klassenkämpferischeren“ Charakter angenommen hatte“ (ebd., S. 384). Zu den mas-

Auf der legalen Ebene hingegen gab es im November 1945 21.454 anhängige Verfahren, und am Ende gab es 5.928 Verurteilte, von denen 334 flüchtig waren. Todesurteile standen am Ende in 259 Fällen; von ihnen wurden 91 vollstreckt. Für die anderen 168 traten Straferlasse und Gnadenerweise ein. Von den 5594 nicht flüchtigen Verurteilten wurden 5328 vorzeitig auf Grund von Amnestie, Straferlass, Begnadigung oder bedingter Freilassung auf freien Fuß gesetzt. Im Januar 1953 gab es noch 266 Gefangene[44]. Die gerichtliche Behandlung der „Gesetze gegen den Faschismus" trug aber gewiss nicht zu Beruhigung der Gemüter bei, wenn man die Häufigkeit und den Umfang von letztlich strafbefreienden Entscheidungen bedenkt, die von den antifaschistischen Gruppierungen als ungerecht und untragbar bezeichnet wurden. Dies ist, was die italienische Erfahrung angeht, der unglaublichste und widersprüchlichste Aspekt des Vorgangs, der die Abrechnung mit dem Faschismus nach dem Bürgerkrieg und die politische strafbefreiende Bedeutung der gerichtlichen Reaktion durch das ungewöhnliche Klebemittel der Togliatti-Amnestie miteinander verbunden hat.

---

senhaften illegalen Entlassungen s. auch *H. Woller*, I conti con il Fascismo, a.a.O., S. 397 ff.; zu den Überfällen auf Gefängnisse aus Zweifel an offiziellen Justiz ausführlicher M. *Dondi*, La lunga liberazione, a.a.O., S. 142 ff.

44 Die Angaben sind entnommen einer Aufstellung des Kabinettschefs des Justizministeriums, wiedergegeben b. *R. Canosa*, Storia dell'epurazione, a.a.O., S. 451 f.; vgl. auch *M. Dondi*, La lunga liberazione, a.a.O., S. 48. Wegen weiterer Zahlen, die geringfügig abweichen, aber in der Angabe, dass die Zahl der Verfahren und Verurteilungen (auch zum Tode) in den ersten Monaten der Tätigkeit der Schwurgerichte, d.h. im Frühjahr und Sommer 1945, sehr hoch war, vgl. M. *Franzinelli*, L'amnistia Togliatti, a.a.O., S. 23. Die Gegenüberstellungen mit anderen europäischen Staaten, wo Verurteilungen und Exekutionen viel bedeutsamer gewesen seien (s. z.B. *M. Franzinelli*, L'amnistia Togliatti, a.a.O., S. 253 ff.), sind eindrucksvoll, aber nicht schlüssig: abgesehen von Spanien, das eine Geschichte von ganz anderer Bedeutung erlebt hat, gab es in keinem europäischen Land, von Frankreich bis Holland, von Norwegen bis Österreich, einen Bürgerkrieg wie den italienischen. In keinem anderen Land gab es einen 8. September oder eine rückwirkende Strafgesetzgebung wie die italienische. Im übrigen müssen solche Vergleiche, die den „Skandal" der nationalen Vergebung berufen, die „Marktplatz-Justiz", die „Privatrache" und die summarischen Exekutionen berücksichtigen, die zu ganz anderen Bilanzen über die Zahlen der „Gerichteten" (sic) führen. Eine andere Frage, die bislang noch niemand untersucht hat, ist die der Ursache-Wirkung-Beziehungen zwischen der legalen Form und denen der „Marktplätze" und der „Banden".

6. Die gerichtliche Reaktion „in action". Von der vergeltenden Strenge zur allgemeinen Strafbefreiung. Die unausgesprochenen Gründe

Das statthalterliche Gesetzesdekret Nr. 159/1944 fand eine unterschiedliche Anwendung, vor allem aber eine zunehmende Nichtanwendung, denn einige seiner Bestimmungen sind dauerhaft unangewendet geblieben, andere hingegen, auch auf Grund von nachfolgenden Vorschriften, erst zunehmend mit der Zeit. Einige Beispiele mögen genügen[45].

Artikel 2 („Errichtung des Faschismus").
Die Kassationsrechtsprechung hat als erstes damit begonnen, die Vorschriften des Art. 2 zu überprüfen, also die problematischsten, weil radikal rückwirkend und von verfassungspolitischer Natur. Der darin enthaltene Straftatbestand der „Errichtung des Faschismus", der den Ministern und den Inhabern oberer Ränge des Faschismus Zuchthaus- oder Todesstrafe hätte einbringen müssen, war der Zuständigkeit jenes Hohen Gerichtshofes zur Aburteilung zugewiesen, gegen dessen Entscheidungen nach Art. 9 des statthalterlichen Dekrets 198/1944 keinerlei Rechtsmittel zulässig gewesen wäre. Der Kassationshof führte jedoch durch seine Vereinigten Senate das Kriterium der ausnahmslosen Anfechtbarkeit der wegen Unzuständigkeit und Machtmissbrauch fehlerhaften Entscheidungen ein[46]. Dies führte zur teilweisen Nichtigkeitserklärung der Urteilsfeststellungen des Hohen Gerichtshofs vom 12. März 1945 gegen einige der wegen Mordes anklagten Gebrüder Rosselli, von denen einer flüchtig, ein anderer während des Prozesses geflohen war. Das teilweise Nichtigkeitsurteil der Vereinigten Senate führte sodann zu der Ungleichheit, dass das Urteil gegen andere Mitangeklagte bestehen blieb; diese Ungleichheit wurde kurze Zeit später ihrerseits durch ein *ad hoc* Gesetz vom 17. Mai 1947 beseitigt (mit nachfolgender Freisprechung durch das Gericht der Neuverhandlung [Schwurgericht Perugia, 14. Oktober 1949])[47]. 1948 schließlich erklärten sich auch die Gemeinsamen Senate für Zivilsachen (in Fällen der Amtsenthebung) für zuständig, Entscheidungen des Hohen Gerichtshofes zu überprüfen, und erklärten

---

45 Wegen eingehender Untersuchung verweise ich besonders auf die zitierten Schriften von *Vassalli, Battaglia, Barile / De Siervo, Vinciguerra* und *Franzinelli.*

46 *A. Battaglia*, Giustizia e politica, a.a.O., S. 355.

47 Zu diesem Vorgang vgl. die ergänzenden Rekonstruktionen von *A. Battaglia*, Giustizia e politica, a.a.O., S. 355 f., und *M. Dondi*, La lunga liberazione, a.a.O., S. 32 f.

ohne Rückverweisung die ihrer Prüfung unterworfenen Entscheidungen für nichtig[48].

Allgemeiner betrachtet gab es in 99 Entscheidungen 31 endgültig Verurteilte, und fast alle Verurteilungen wurden von der folgenden Amnestie-Verordnung aus dem Jahre 1946 aufgehoben. Dies mag überraschen, weil die Amnestie von 1946 nicht auf Straftaten i.S. des statthalterlichen Gesetzesdekrets 159/1944 angewendet wurde. Tatsache ist jedoch, dass Art. 2 nur in wenigen Fällen für anwendbar gehalten wurde, weil er in der Mehrzahl der Fälle durch Art. 3 verdrängt wurde, in den Fällen nämlich, in denen es um die Begehung von „bedeutsamen Handlungen" ging, denn diese wurde durch die Amnestie erfasst (außer wenn sie in Konkurrenz mit Anschlägen, Tötung usw. stand, wo aber die Rechtsprechung, wie wir sehen werden, zum Ausschluss der Konkurrenz nach Art. 116 C.P. gelangte, wenn ein Erfolg festgestellt wurde, der sich von dem unterschied, den einer der Beteiligten gewollt hatte; in einigen Fällen verlangte sie sogar direkten Vorsatz für den Ausschluss einer Anwendung der Amnestie).

Die Gründe für die „Degradierung" des Art. 2, die faktisch zu einer Nichtanwendung der politischsten Norm des antifaschistischen Gesetzespakets von 1944 führte, hingen mit seiner Formulierung zusammen: er verlangte nämlich ein „Schuldigsein" wegen „Beseitigung der Verfassungsgarantien, Zerstörung der Freiheiten des Volkes, Errichtung des faschistischen Regimes, Gefährdung und Verrat an der Lage des in die gegenwärtige Katastrophe geführten Landes": Verhaltensweisen, die man alle miteinander wahrscheinlich nur bei Mussolini antreffen konnte. Und so begann man zu verlangen, dass die Angeklagten entweder vor dem 3. Januar 1925 gehandelt hatten, denn danach war der Faschismus bereits an der Macht, oder dass sie doch zumindest schuldhaft alle diese Vorgänge verursacht hatten – ein schwer zu beweisendes Faktum[49].

Artikel 3 (Bedeutsame Handlungen zur Stützung des Faschismus).
Auch diese Bestimmung wurde im Wege der Auslegung abgeschwächt. Da sie diejenigen mit Strafe bedrohte, „die im weiteren Verlauf mit bedeutsamen Handlungen zur Aufrechterhaltung des faschistischen Regimes beigetragen haben", und weil sie zweifellos rückwirkend im Hinblick auf ihre Geltung war, kamen Gründe der Auslegungsunsicherheit und des rechtlichen inneren Vor-

48 Hinweise b. *S. Vinciguerra*, Stichw. „Fascismo III, Sanzioni contro il fascismo", a.a.O., S. 905, sowie „in direktem Zugriff" in der zitierten Schrift aus dem Jahre 1947 von *P. Barile*, La magistratura si ribella alle leggi?, a.a.O., S. 1072.

49 Vgl. dazu *A. Battaglia*, Giustizia e politica, a.a.O., S. 335–337; *P. Barile / U. De Siervo*, Sanzioni contro il fascismo ed il neofascismo, a.a.O., S. 545.

behalts zusammen, um die Aushöhlung der Vorschrift noch vor der Amnestie von 1946 zu ermöglichen. Dies geschah insbesondere dadurch, dass eine „besondere ursächliche Wirkung“ der Handlungen verlangt wurde; es genügte somit nicht, dass jemand Minister gewesen war, Nationalsekretär der Partei oder Anführer der OVRA, der Geheimpolizei des Regimes gewesen war, noch, dass er „technische“ Aufgaben erledigt hatte; es mussten vielmehr „politische“ Aufgaben gewesen sein, und auch diese nur im Hinblick auf Tätigkeiten von nationaler Bedeutung, denn zu viele Italiener, die Volksrichter der Schwurgerichte eingeschlossen, hatten gewiss einen allgemeinen Beitrag zur Aufrechterhaltung des Regimes während der 20 Jahre geleistet, in denen der Faschismus von einer breiten Zustimmung getragen gewesen war[50]. Daraus ergab sich aber eine Wohltat für die hohen Ränge, nicht bloß für die Anhänger auf den unteren Ebenen (s.u. zur Amnestie).

Artikel 5 (Kollaboration mit dem deutschen Invasor).
Diese Norm war diejenige, welche den größten Teil der Italiener im Hinblick auf Verhaltensweisen nach dem 8. September am meisten interessierte. Hierher gehörten Anzeigen, wirtschaftliche Unterstützung oder technischer Beistand für den Feind, Grausamkeiten gegenüber Partisanen oder Zivilpersonen, Teilnahme an Sondergerichten der Sozialrepublik, an Deportationen von Juden, an Säuberungsaktionen, an Bränden oder Zerstörungen außerhalb kriegerischer Notwendigkeit, an Exekutionskommandos zur Tötung von Partisanen oder Zivilisten, vor allem in den Fällen, in denen diese an der Zahl größer waren als die erlittenen Verluste, usw. – lauter Taten, auf die, wie schon gezeigt, die Normen und Strafen des Kriegs-Militärstrafgesetzbuchs anwendbar waren. Bevor diese Straftaten durch die Amnestie von 1946 wegfielen (außer für Tötungsdelikte, Anschläge usw., wovon noch die Rede sein wird), hatten die Gerichte bereits Anlass genommen, eine sehr enge Lesart zur Anwendung zu bringen, was um so erforderlicher erschien, um in die Verfahren nicht eine beeindruckende Zahl von Italienern zu verwickeln, die im Bereich der Italienischen Sozialrepublik auch nur irgendeinen indirekten Beitrag durch Nachrichten, Beistand usw. geleistet hatten[51]. Zweifellos reichte es nicht aus, Mitglied der republikanischen faschistischen Partei gewesen zu sein, oder bei den Schwarzen Brigaden eingeschrieben gewesen zu sein. Gewiss war es vorherrschende Auffassung, dass nicht Straftatfiguren geschaffen worden seien, die völlig neu seien, da ja die Tatbestände in den bereits zitierten Artikeln der Militärstrafgesetzbücher anzutreffen waren. Doch wäre auch irgendeine beliebige

50 So *A. Battaglia*, Giustizia e politica, a.a.O., S. 341.

51 Zur Bedeutung der „indirekten Formen“ vgl. *E. Battaglini / G. Vassalli*, La nuova legislazione penale, Bd. I, a.a.O., S. 134.

indirekte Form der Unterstützung in der herkömmlichen (freilich bis heute problematischen) Bedeutung der „erweiterten" Beteiligung von Personen an kollektiven Taten, an Vorbereitungsakten usw. ausreichend gewesen[52]. Daher waren die Anwendungsmöglichkeiten, welche die Rechtsprechung der Norm hätte geben können, beachtlich. Vorherrschend war aber eine gänzlich entgegengesetzte Richtung, allerdings erst nach einigen anfangs sehr strengen Anwendungen, die gerade deshalb Anlass zu einer radikalen „Reaktion" in die Gegenrichtung gaben. In der Bevölkerung wurde vor allem das Bedürfnis nach einer Bestrafung der Anführer empfunden[53]. Deshalb war im schon zitierten Art. 1 des statthalterlichen Gesetzesdekrets 142/1945 für denjenigen, der bestimmte Ränge bekleidet hatte, eine „Vermutung der Kollaboration" aufgestellt worden[54]. Die unwiderlegliche Vermutung verstieß indes gegen die elementaren Grundsätze des Strafrechts und wurde von der gesamten damaligen Rechtswelt bekämpft[55]. Die Rechtsprechung befolgte sie jedoch zunächst mit aller Strenge und ließ keine Gegenbeweise zu: Wer die vom Gesetz aufgeführten Tätigkeiten ausgeübt hatte, wurde als Kollaborateur *iuris et de iure* vermutet, und auch der Gehorsam gegenüber einem höheren Befehl galt nicht als Strafausschließungsgrund.

Nun tauchten aber spektakuläre Fälle auf: Ein bedeutender Advokat, dem es in voller Übereinstimmung mit den antifaschistischen Parteien des Nordens und im Auftrag des CNL gelungen war, zum öffentlichen Ankläger beim faschistischen Sondergericht der Sozialrepublik in der Lombardei ernannt zu werden, ohne dass er jemals eine Anklageschrift verfasst hatte, hatte erreicht, dass eine Reihe von Haftentlassungen ausgesprochen wurden und dass politischen Gefangenen regelmäßig Trost gespendet wurde. Obwohl er das Amt eines „Präsidenten oder Mitglieds des Sondergerichts" ausgeübt hatte, für das die gesetzliche Vermutung galt, wurde er natürlich freigesprochen. Von da an begannen alle die Vermutung als eine widerlegbare zu verstehen, zumindest in dem Sinne, dass die Vorschrift die tatsächliche Ausübung der mit dem innegehabten Amt ausgeübten Funktionen verlange, sie aber mit dem Willen zur Kollaboration ausgeübt haben müsse. Man eröffnete somit über das weitere Verständnis

52 *G. Vassalli*, La collaborazione col tedesco invasore, a.a.O., S. 73–75.

53 S. dazu auch die vorzügliche Rekonstruktion von *A. Battaglia*, Giustizia e politica, a.a.O., S. 342 ff.

54 Unübertroffen und detailreich der Kommentar von *G. Vassalli*, La collaborazione col tedesco invasore, a.a.O., S. 227 ff.

55 Von Manzini bis Delitala, von Nuvolone bis Bettiol, Saltelli, Petrocelli, Grispigni, Pannain, Vassalli usw. Vgl. noch *G. Vassalli*, La collaborazione col tedesco invasore, a.a.O., S. 232 ff., sowie *P. Barile / U. De Siervo*, Sanzioni contro il fascismo ed il neofascismo, a.a.O., S. 548.

verschiedener Elemente der Straftat der Kollaboration eine Interpretationslinie, die noch nicht auf die hermeneutische Korrektur der Übertreibungen des Gesetzgebers zielte, wohl aber auf eine solche, die von der möglichst weitgehenden Nichtanwendung des Straftatbestandes angeleitet war. Und es waren gerade die besonders bedeutenden Personen, denen es paradoxerweise gelang, von dem neuen *trend* zu profitieren.

Es genügte beispielsweise, wenn man vortrug, dass man ein „doppeltes Spiel" getrieben habe, indem man zwar für die Sozialrepublik gearbeitet habe, jedoch mit doppelter Absicht, um den Vorsatz entfallen zu lassen. Vor allem aber wuchs der Abbruch der Kollaborations-Tatbestände ins Ungemessene infolge der Amnestie vom 22. Juni 1946. Zu der Amnestie gelangte man jedoch aus Gründen, die häufig nicht in ihrer schlichten menschlichen Wahrheit ausgesprochen worden sind.

Tatsache ist, dass das politische Klima im Jahre 1946 nicht mehr dasjenige des Jahres 1944 war. Die Sanktionsvorschriften gegen den Faschismus hatten einen zu allgemeinen Einschlag gehabt, sie ermöglichten eine Ausdehnung auf weite Bereiche der italienischen Bevölkerung, die einfach nur faschistisch gewesen war. Es tut nichts zur Sache, ob es sich um strafrechtliche oder um verwaltungsrechtliche Verantwortlichkeiten handelte; es war eine umfassende, unpersönliche Logik von rückwirkender und „massenweiser" Justiz, die in den Sanktionen gegen den Faschismus ihren Ausdruck fand[56]. Es handelte sich um ein Gesetz, das, um ein Regime zu treffen, dabei das Volk nicht aussparte[57].

---

56 Wie *S. Lener*, Le sanzioni contro il fascismo, a.a.O., S. 50, zur Straftat der Kollaboration meinte: „auf dieser Grundlage können mehr als 30 Millionen Italiener wegen Kollaboration bestraft werden. Nichts als Säuberung! Unbehelligt bleiben nur die Partisanen (was vielleicht das Phänomen ihrer dauernd steigenden Anzahl auch noch nach Kriegsende erklärt). Offenkundig hat all dies nichts mit gewöhnlichem Recht zu tun. Und man möchte sagen, nicht einmal mit der gewöhnlichen Vernunft".

57 Wie Mario Bracci 1947 schrieb (*M. Bracci*, Come nacque l'amnistia, in: Il Ponte 1947, S. 1099 ff.), kann „ein Volk, das einem politischen Regime mehr als zwanzig Jahre gefolgt ist oder es doch ertragen hat, einzelnen Menschen wegen ihrer individuellen Verantwortlichkeit den Prozess machen, nicht aber sich selbst". Bracci war einer der 18 Minister des ersten Kabinetts De Gasperi und nahm an der Erarbeitung der Regelung teil. Aus diesem Zeugnis gehen Gesichtspunkte von außerordentlicher historischer Bedeutung hervor, angefangen bei der Rolle der Alliierten im Umgang mit der antifaschistischen Gewalt und in der „Normalisierung" Italiens, das schließlich den Krieg verloren hatte und nach den Bestimmungen des am 29. September 1943 auf Malta abgeschlossenen Waffenstilstandes (nach dem am 8. September verkündeten von Cassibile) noch dem Allied Military Government unterstand. Diese Lage änderte sich nach dem Frieden von Paris vom 10. Februar 1947, in dem Italien die Verantwortung für die Verursachung eines Angriffskrieges übernahm und als besiegte Partei die von den Siegerstaaten einseitig formulierten Klauseln akzeptierte.

7. Die „*Togliatti-Amnestie (und Straferlass)*“. *Ursprünglicher Kompromiss und Aushöhlung in der Anwendung*

Carl Schmitt schrieb im Juli 1947 in sein „Glossarium“: „Nur eine Amnestie kann dem Bürgerkrieg ein Ende setzen, nicht Entscheidungen irgend einer politischen Justiz“[58]. Diese Worte würden gut auf das politische Bild der Togliatti-Amnestie passen, die bereits zwei Jahre nach den Gesetzen, welche die „Sanktionen gegen den Faschismus“ eingeführt hatten, erlassen wurde.

Allerdings ist das politische Urteil über die Amnestie von 1946 widersprüchlich. „Auf dem Papier“ bildete sie einen Kompromiss zwischen der Linie von Alcide De Gasperi (Sekretär und Vorsitzender der Democrazia Cristiana), der „alle Faschisten“ hatte „entlassen“ wollen[59], und derjenigen Palmiro Togliattis und der Sozialisten, die so wenige wie möglich von ihnen hatten entkommen lassen wollen[60]. Der Text der Amnestie, der weitgehend von Togliatti selbst formuliert worden zu sein scheint[61], ist Ausdruck dieses Kompromisses, und man darf nicht vergessen, dass er sogleich nach dem Referendum vom 2. Juni verfasst worden war, in dem die Republik zwar gegen die Monarchie gesiegt hatte, aber nur mit 12.717.923 Stimmen gegen 10.719.284 der Monarchisten. Dies war zweifellos kein Plebiszit für jene politischen Richtungen, welche eine Befreiung im kommunistischen Sinne betrieben und welche die alliierten Streitkräfte gewiss nicht in ihren vielfach vertretenen revolutionären Antrieben fördern wollten.

Auf mittlere Sicht gewann faktisch die Linie De Gasperis das Übergewicht. Betrachtet man nämlich die konkrete Anwendung und Handhabung der Amnestie, so lautete die abschließende Bewertung seitens der Kräfte der Resistenza, also seitens jener Minderheit, welche die Sanktionen gegen den Faschismus gewünscht hatte, dass ein Verrat, eine „Desistenza“, also ein Sichzurückziehen, des Staates stattgefunden habe[62]. Das „Gerechtigkeitsbedürfnis“ sollte teilweise (und tatsächlich, wie wir sehen werden, für den größeren Teil der

---

58 *C. Schmitt*, Glossarium. Aufzeichnungen der Jahre 1947–1951, Berlin, 1991. It. Übers. Glossario. Giuffrè 2001, S. 357 (Aufzeichnung vom 14. Juli 1947).

59 Nach dem kritischen Urteil von *P. Nenni*, Tempi di guerra fredda. Diari (1943–1956). Sugarco 1981, S. 231 (19. Juni 1946), auf das sich *Dondi*, La lunga liberazione, a.a.O., S. 61 und S. 216, bezieht. S. auch ausführlich *U. Woller*, I conti con il Fascismo, a.a.O., S. 537 ff.

60 Zur Hahdhabung der Amnestie s. auch noch *M. Bracci*, Come nacque l'amnistia, a.a.O., S. 1090 ff.

61 Op. ult. cit., a.a.O., S. 1102.

62 Ebenfalls 1946; vgl. das Editorial von „Il Ponte“, S. 837 f., mit der Überschrift „Rückzieher“.

Regelung) der Abrechnung überlassen bleiben, weil die Sanktionen gegen den Faschismus selbst keine gerechte Verwaltung für sie hatten sicherstellen können.

Deshalb können wir heute sagen, dass, falls es denn ein Modell gegeben hat, dieses nicht funktioniert hat, weil es nicht den Gesichtspunkt der Umsetzung berücksichtigt hat, der doch in vielen anderen italienischen Gesetzen der Republik zu einem Recht *in action* geführt hat, das von dem Gesetz *in the books* grundlegend verschieden war. Wir werden sogleich sehen, dass auch die Selbstregulierung einer von Hass zerrissenen Gesellschaft neuen Hass hervorbrachte, ohne den alten zu besänftigen, so dass auch das Werk der Befriedung nicht als wirklich gelungen bezeichnet werden kann.

Wie schon erwähnt (o. Abschn. 1), besaß die *Amnestie für die Verbrechen der Kollaboration*, die durch Präsidialdekret vom 22. Juni 1946 (Nr. 4), verkündet wurde, zwei bedeutsame Vorläufer: eine Amnestie für (unter anderem) die Verbrechen der Partisanen und der Antifaschisten, verkündet durch königliches Dekret vom 5. April 1944 (Nr. 96), und eine Amnestie für die von Antifaschisten während der Zeit des Faschismus begangenen politischen Straftaten (statthalterliches Dekret vom 17. November 1945, Nr. 719). Die letztere erfasste zum Teil auch Tötungsdelikte, wenn sie „während des faschistischen Regimes [...] im Kampf gegen den Faschismus oder zur Verteidigung gegen faschistische Verfolgungen oder, um sich diesen zu entziehen", begangen worden waren.

Allgemeiner ausgedrückt bezog sich die Amnestie vom Juni 1946 auf *gewöhnliche Verbrechen*, die mit einer Gefängnisstrafe bis zu 5 Jahren bedroht waren (Art. 1), auf *politische Verbrechen*, die auch mit einer höheren Strafe bedroht sein konnten (unbegrenzt, vorbehaltlich der folgenden Ausnahmen), wenn sie nach dem 8. September 1943 und bis zum 18. Juni 1946 begangen worden waren, mit Verweisung an die rechtsprechenden Organe für die Entscheidung über die politische Natur des Verbrechens (Art. 5). Vor allem aber enthielt die Regelung einen wichtigen „Gegenposten" für den Minister Togliatti – was bei einem umfassenden „politischen" Urteil über seine Tätigkeit nicht vergessen werden darf –, wonach von dieser Regelung *auch die von Partisanen begangenen Verbrechen, einschließlich Tötungsdelikte,* erfasst waren, wenn die letzteren – wie schon erwähnt – vor dem 31. Juli 1945 unter den Bedingungen der vorhergehenden Amnestie im Sinne des Dekrets Nr. 719/1945 begangen worden waren.

Art. 3 des Präsidialdekrets Nr. 4/1946, enthielt sodann die spezielle Amnestie für „bedeutsame Handlungen" und für „Kollaboration" i.S. der Art. 3 und 4 des statthalterlichen Dekrets Nr. 159/1944, sowie „für damit verbundene Straftaten i.S. des Art. 45 Nr. 2 des Codice di Procedura penale, es sei denn, dass sie von Personen in herausragenden zivilen, politischen oder militärischen Leitungsfunktionen begangen worden sind oder dass es sich bei den Taten um Anschläge, um besonders rohe Misshandlungen, um Tötung oder um Plünderung“ gehandelt hat, also Straftaten, die in Tateinheit mit Straftaten der Kollaboration im Sinne der Art. 3 und 5 des statthalterlichen Gesetzesdekrets 159/1944 begangen worden waren. Die Amnestie war gleichermaßen ausgeschlossen, „wenn die Straftaten in gewinnsüchtiger Absicht“ begangen worden waren (so ebenfalls 1 Absatz 3 des Präsidialdekrets Nr. 4/1946)[63]. Automatisch amnestiert wurden, abgesehen von den oberen Rängen, die Handlungen von Organisationen des Squadrismus, des Marsches auf Rom vom 28. Oktober 1922 und des Staatstreiches vom 3. Januar 1925.

Ein keineswegs zweitrangiger Gesichtspunkt der Regelung besteht darin, dass sie *auch einen wichtigen Straferlass* enthielt. Außer dem Straferlass für gewöhnliche Straftaten (bis zu 3 Jahren Freiheitsstrafe) wird nämlich durch Artikel 3 auch ein Straferlass *für politische Straftaten* und für die mit ihnen verbundenen Straftaten eingeführt, so dass sogar die *Todesstrafe in Zuchthaus umgewandelt* und lebenslänglich Zuchthaus in Gefängnisstrafe von 30 Jahren umgewandelt wird, während die Strafen von über fünf Jahren um ein Drittel verringert und geringere Strafen ganz erlassen werden.

Eine eigene Analyse dieser Bestimmungen ist nicht mehr möglich, da diese schon von vielen anderen geleistet worden ist, auch was speziell die Anwendung der Regelung angeht[64]. Einige Beispiele sollen genügen.

Die hohen Ränge.
Die Amnestie sollte nicht Anwendung finden auf denjenigen, der bestimmte „hohe Ränge“ bekleidet hatte (d.h. zivile oder politische Leitungsfunktionen, militärische Befehlshaberstellung). Die Rechtsprechung war jedoch der Auf-

---

63 S. allgemein zu dieser Regelung *Gius. Sabatini*, L’amnistia politica, in: G. Vassalli / G. Sabatini, Il collaborazionismo e l’amnistia politica nella giurisprudenza della Corte di Cassazione, a.a.O., S. 523 ff. Auf historischer Ebene vgl. die Rekonstruktion von *H. Woller*, I conti con il Fascismo, a.a.O., S. 535 ff. sowie die aktuellen Überlegungen von *M. Salvati*, Amnistia e amnesia nell’Italia del 1946, in: M. Flores (Hrsg.), Storia, verità e giustizia, a.a.O., S. 141 ff. Der erste, der eine Amnestie plante, war König Umberto II., zu dessen Gunsten Viktor Emanuel III. im Mai 1946 abgedenkt hatte. Dies war ein politisch bedeutsamer Anstoß, dem am nachfolgenden 2. Juni sollte das Referendum über die Republik stattfinden. Justizminister Palmiro Togliatti nahm sich Zeit, und es gelang ihm, die Regelung auf die Zeit nach dem Referendum hinauszuzögern.

64 Hierzu verweise ich besonderes auf die Schriften von Gius. Sabatini, A. Battaglia, Barile / De Siervo und Franzinelli.

fassung, dass, wenn es die Straftat der „bedeutsamen Handlungen“ gebe, die der Amnestie unterworfen sei, und wenn diese faktisch nur von Inhabern hoher Ränge begangen werden konnte, daraus mit Notwendigkeit folge, dass man die Amnestie, wenn auch nur unter gewissen Bedingungen, auf hohe Ränge anwenden könne[65]. Dies erwies sich als entscheidend auch für die Rangoberen der ersten Stunde, die sich für das Verbrechen der Errichtung des Faschismus verantworten mussten (Art. 2 des statthalterlichen Gesetzesdekrets 159/1944), das, in der Regel zum Verbrechen der „Bedeutsamen Handlungen“ degradiert (Art. 3 des statthalterlichen Gesetzesdekrets 159/1944), ebenfalls die Tür zur Amnestie öffnen konnte, wie es in vielen spektakulären Fällen auch geschehen ist[66].

Was den Straftatbestand der Kollaboration angeht (Art. 5 des statthalterlichen Gesetzesdekrets 159/1944), so enthielt er, wie wir wissen, eine Schuldvermutung für diese Ränge. Die Rechtsprechung jedoch verlangte, dass die hohen Ränge, um der Amnestie nicht teilhaftig zu werden, ihre Stellung effektiv für Kollaborations-Handlungen genutzt hatten; damit überwand sie die illegitime absolute Vermutung. Auf diese Weise ermöglichte man die Amnestie auch für den Tatbestand der „bedeutsamen Handlungen“, der wegen seines rückwirkenden Charakters im Sinne eines übermäßigen Straferlasses ausgelegt wurde, indem man eine besondere ursächliche Wirksamkeit dieser Handlungen für die Aufrechterhaltung des Regimes verlangte. Die anderen Ränge wurden automatisch für Taten nach dem 8. September zur Amnestie zugelassen, so lange nicht eine wirksame Ausnutzung des Amtes in kollaborativer Weise nachgewiesen wurde. (In diesem Fall freilich hätte auch gar nicht der Tatbestand der Kollaboration vorzuliegen brauchen, um „amnestiert“ zu werden); allerdings wurden bei den während der Zeit des faschistischen Regimes begangenen Taten auch die Straftaten derjenigen amnestiert, die in den 20 Jahren sehr wichtige Funktionen ausgeübt hatten, ohne dass diese sich als „bedeutsame Handlungen“ im Sinne einer gigantischen Ursächlichkeit darstellten, die nunmehr von der Rechtsprechung gefordert wurde[67].

---

65 Zu diesen Vorgängen s. die Übersicht b. A. *Battaglia*, Giustizia e politica, a.a.O., S. 350 f.; *P. Barile / U. De Siervo*, Sanzioni contro il fascismo ed il neofascismo, a.a.O., S. 553 f.

66 S. zu den Fällen Rodolfo Graziani, Giuseppe Bottai, Luigi Federzoni, Dino Grandi und Giorgio Pini: *M. Franzinelli*, L'amnistia Togliatti, a.a.O., S. 157 ff., S. 161 ff., S. 173 ff., S. 196 ff.

67 Zu einer undifferenzierteren Kritik der Rechtsprechung in dieser Hinsicht s. z.B. *A. Battaglia*, Giustizia e politica, a.a.O., S. 351; *M. Franzinelli*, L'amnistia Togliatti, a.a.O., S. 182 ff.

Außergesetzliche implizierte Entschuldigungsgründe.

Außerhalb des positiven Rechts und in einigen konkreten freisprechenden Fällen Aufsehen erregend erfolgte die von der Rechtsprechung vorgenommene Einführung von außergesetzlichen „Entschuldigungs"-Fällen; sie wurde mit einem vermuteten Fehlen des subjektiven Elements begründet, so dass das Verhalten das Ergebnis einer „psychischen Desorientierung" war, das die Entscheidungsfreiheit in großem Umfang beseitigt oder vermindert hatte, oder mit dem Fehlen des „Wissens und Wollens der Tat" (oder, wenn wir so wollen, der „Vorsatz-Schuld") bei demjenigen, der zwar „mit dem Invasor kollaboriert" hatte, jedoch mit der verborgenen Absicht, zum Wohle der Nation zu handeln[68]. Wer sich noch an den in Deutschland in den 30er Jahren entwickelten *normativen Tätertyp* erinnert, wird nicht zögern, in jenen Gestalten des „nicht mit der Tat zusammenpassenden Täters", d.h. dem „Nicht-Tätertyp" oder „negativen Tätertyp" beachtliche Verwandtschaften zu erblicken[69].

Die besonders „rohen Misshandlungen".

Ein Hinderungsgrund für die Amnestie war die Begehung von besonders „rohen Misshandlungen". Das Verständnis dieses Merkmals ist wahrlich skandalös gewesen, besaß aber im Gesetz selbst unleugbare Anhaltspunkte, und hier muss man den Gesetzgeber als mitverantwortlich für viele von jenen Entscheidungen ansehen, die heute von den Kommentatoren als skandalös bezeichnet werden. Folterungen und Grausamkeiten waren während der Säuberungen und Kriegsgefangenschaften an der Tagesordnung. Es genügte dem Gesetz nicht, dass sie „roh" gewesen waren (beispielsweise das Herausreißen der Fingernägel, das Brennen mit glühendem Eisen). Und daher genügte es nicht, um von der Amnestie ausgeschlossen zu werden, dass man an „normalen Folterungen", nicht einmal, dass man an „normalen" Gruppenvergewaltigungen teilgenommen hatte: die Misshandlungen mussten die besondere Rohheit des Täters unter Beweis stellen, sein „völlig absolutes Fehlen menschlicher Empfindungen". Die Rechtsprechung ging aber noch über die anerkannten Auslegungsgrenzen hinaus – bis dahin, dass sie in Fortführung dieser Grundsätze zu der Anforderung gelangte, dass „besonders rohe Misshandlung nur diejenige ist, die wegen ihrer Grausamkeit selbst bei denen Grauen erregt, denen Folter nichts Unge-

---

68 Vgl. *P. Barile / U. De Siervo*, Sanzioni contro il fascismo ed il neofascismo, a.a.O., S. 551.

69 Hierzu verweise ich statt aller auf *A. A. Calvi*, Tipo normativo e tipo criminologico d'autore. Cedam 1967, insb. S. 108 ff., S. 118 ff., S. 483 ff., S. 503 ff.; *K. Marxen*, Der Kampf gegen das liberale Strafrecht. Duncker & Humblot 1967, insb. Kap. V. Vgl. auch M. *Donini*, Teoria del reato. Una introduzione. Cedam 1996, S. 287–289, Fußn. 40.

wohntes ist"[70]. Damit fiel der Kommentar leicht, dass zum Richter über die Rohheit das Empfinden des Misshandelnden selbst geworden sei[71].

Der Ausschluss von „Plünderungshandlungen".
Ein besonders heuchlerischer technischer Kunstgriff, um zur Straflosigkeit zu gelangen, bestand darin, in den von der Amnestie ausgeschlossenen Fällen von „Plünderungshandlungen" auf das geschützte Rechtsgut abzuheben. Der Ausschließungsgrund sprach von Plünderungs-„Handlungen", die Rechtsprechung aber führte die Regelung auf den gesetzlichen Begriff des Plünderungs-„Verbrechens" zurück, und weil die Plünderung eine Straftat „gegen die öffentliche Ordnung" im Sinne des Codice penale war (und ist), verlangte man, dass die Plünderungshandlungen wirklich die in jener Zeit geltende öffentliche Ordnung verletzt hatten, welche in der Italienischen Sozialrepublik die nazifaschistische war, also diejenige, welche die Plünderer „beauftragt" hatte. So gelangte man zur Anwendung der Amnestie durch eine offenkundige hermeneutische Vergewaltigung des Gesetzestextes[72].

Der Putativ-Strafausschließungsgrund der Pflichterfüllung.
Die Richter des Militärgerichts Verona der Republik von Salò, die in der Nacht des 25. Juni 1943 Gegner des Duce als „Verräter des Faschismus" zum Tode verurteilt hatten, und die Richter anderer Gerichte der Sozialrepublik, welche zahlreiche Antifaschisten zum Tode verurteilt hatten, wurden regelmäßig aus unterschiedlichen Gründen freigesprochen, beginnend mit dem Irrtum über die Pflichterfüllung, da sie ja in putativer Ausübung von Rechtsprechung und damit im Irrtum über einen Rechtfertigungsgrund gehandelt hätten, wenngleich er sich auf Pflichten eines Staates bezog, den man nicht als legal anerkennen konnte[73] – eine Anerkennung, die man damals auf einen großen Teil der „Kollaborateure" hätte ausdehnen müssen, denn wenn man denjenigen entschuldigt, der in Ausübung einer Amtspflicht gehandelt hat, ist nicht einzusehen, warum man den Militärs, die ihren Vorgesetzten gehorchten, den Bürgern, die ihrer Regierung gehorchten, und den Richtern von Salò ein unterschiedliches Schicksal zuerkennen sollte: doch im Ergebnis wurde das Verbre-

---

70 Kassationshof, 7. März 1951, Kammer, a.a.O., in: *P. Barile / U. De Siervo*, Sanzioni contro il fascismo, a.a.O., S. 552. Untersuchung der Fälle von „nicht besonders rohen Misshandlungen" b. *M. Franzinelli*, L'amnistia Togliatti, a.a.O., S. 236 ff.; *A. Battaglia*, Giustizia e politica, a.a.O., S. 347 ff.; *M. Dondi*, La lunga liberazione, a.a.O., S. 65 f.

71 *C. Pavone*, La continuità dello Stato, a.a.O., S. 139.

72 *P. Barile / U. De Siervo*, Sanzioni contro il fascismo, a.a.O., S. 552.

73 Wörtliche Wiedergabe der Entscheidungen b. *M. Franzinelli*, L'amnistia Togliatti, a.a.O., S. 148 ff.

chen der Kollaboration gerade wegen dieses Gedankens im Italien des Jahres 1946, abgesehen von den hier erörterten „Ausnahmen", amnestiert.

In anderen Fällen wurde die Tateinheit mit einem Tötungsdelikt im Hinblick auf die Kausalität oder unter subjektivem Gesichtspunkt als nicht gegeben angesehen. Diese Lösung wurde, wie sogleich gezeigt werden wird, in vielen Fällen der Teilnahme angewendet.

Subjektive Strafausschlüsse bei Tötungshandlungen.
Zahlreich waren die Urteile, die den Tötungsvorsatz verneinten, weil er bloß ein indirekter, eventueller gewesen war oder weil die Tötung unter Beteiligung mehrerer Personen ohne volle Kenntnis dessen, was andere Beteiligte beigetragen hatten, begangen worden war. Obwohl im italienischen Strafgesetzbuch seinerzeit die objektive Verantwortlichkeit für eine Straftat außer Frage stand, die sich von dem unterschied, was ein anderer Beteiligter gewollt hatte (so der noch heute geltende Art. 116 des Strafgesetzbuchs, wenngleich er heute im Sinne einer persönlicheren Verantwortlichkeit interpretiert wird) und nicht einmal die Vorhersehbarkeit des abweichenden Erfolges verlangt wurde, wie es heute der Fall ist, übersah man diese Bestimmung aus dem „Allgemeinen Teil" und verlangte eine in vollem Umfang willentliche Teilnahme z.B. an Säuberungensaktionen mit Todesfolgen[74].

Verbundene Straftaten und Desertionen.
Nicht vergessen werden darf, dass, während die Straftaten desjenigen, der mit den Faschisten zusammengearbeitet hatte oder Mitglied in den Milizen der Sozialrepublik gewesen war, amnestiert wurden (Art. 3 der Togliatti-Amnestie), die Straftat der „Entfernung des Soldaten vom Dienst" für diejenigen, die nach dem 8. September sich weder Badoglio noch Mussolini angeschlossen hatten, bestehen blieb; ihre Strafdrohung war zunächst Todesstrafe, sie wurde aber infolge eines Dekrets aus dem Jahre 1946 auf Einschließung bis zu fünf Jahren herabgesetzt. Die diesbezüglichen gerichtlichen Vorgänge zogen sich noch bis zum Beginn der 50er Jahre hin. Dasselbe gilt für das Problem der „verbundenen Straftaten", also der Straftaten, die mit den im Krieg begangenen in Verbindung standen; handelte es sich um Kollaborationstaten, so tilgte die Amnestie von 1946 (Art. 3) diese verbundenen Taten (z.B. Raub, Erpressung, Diebstahl, Unterschlagung etc., die bei Gelegenheit von Kollaborationstaten begangen worden waren), während die für „Partisanen" verkündeten Amnestien eine solche Rechtswohltat nicht vorsahen, es sei denn, dass ihre Handlungen *direkt* auf Taten zurückzuführen waren, welche durch die Bedürfnisse des „Kampfes

---

74 *P. Barile / U. De Siervo*, Sanzioni contro il fascismo, a.a.O., S. 551; *M. Franzinelli*, L'amnistia Togliatti, a.a.O., S. 224 ff.

gegen den Faschismus oder zur Verteidigung gegen faschistische Verfolgung oder um sich diesen Verfolgungen zu entziehen, bedingt waren“[75].

Wegen dieser „gewöhnlichen Verbrechen“ wurden bis zum Beginn der 50er Jahre noch Prozesse geführt, wenn und soweit nicht eine auf den Kampf gegen den Faschismus gerichtete Zielsetzung nachgewiesen wurde oder sie nach der Befreiung begangen worden waren; während also die Straftaten der Faschisten getilgt wurden, wurde gegen die ehemaligen Partisanen paradoxerweise weiter prozessiert, so dass man eine ad hoc-Regelung verlangen musste, die dann auch als Straferlass in Verbindung mit Amnestie durch das schon erwähnte Präsidialdekret vom 19. Dezember 1953 (Nr. 922) erging, das in Art. 2 lit. A die politischen Straftaten (im Sinne der Definition in Art. 8 des Codice Penale) und schließlich auch die damit verbundenen Straftaten sowie die „vom 8. September 1943 bis zum 18. Juni 1946 in kriegerischen Handlungen enthaltenen Straftaten von Mitgliedern bewaffneter Formationen“ einschloss.

Da wir uns mit einer Übersicht über anerkannte Beurteilungen begnügt haben, bemerken wir mit einigen weniger bekannten Ergänzungen noch folgendes:

Die Rechtsprechung wandte die Amnestie in einem Ausmaß an, das weit über das hinausging, was der Gesetzgeber sich vorgestellt hatte, und führte sie damit zu Ergebnissen, die politisch das Gegenteil der angestrebten Ergebnisse bedeuteten, nämlich einen allgemeinen Straferlass. Indem sie dies tat, führte sie allerdings die politische Antinomie zwischen dem „Geist“ der Sanktionen gegen den Faschismus von 1944 und dem Amnestiegesetz von 1946 zu ihren logischen Konsequenzen.

Ermöglicht wurde dies durch einige technische Defekte in der Formulierung der Regelung, die dem Gesetzgeber selbst zur Last zu legen sind, aber auch aus autonomen politischen Entscheidungen des Kassationsgerichtshofes hervorgingen, der die hinnehmbaren Grenzen des ohnehin schon sehr weiten Auslegungsermessens, das ihm die Normen eingeräumt hatten, überschritt[76].

---

75 Zu diesen einzelnen Ungleichgewichtigkeiten vgl. den Bericht von *A. Battaglia*, Giustizia e politica, a.a.O., S. 358–363.

76 Diese Rechtsprechung ist äußerst lehrreich auch über die Diskussion um unbestimmte Gesetze und um Ermessensspielräume auf Grund von Mängeln der Gesetzgebungstechnik hinaus. Sie zeigt, dass, wenn ein Richter eine Norm nicht anwenden wollte, es historisch betrachtet keine Regel gegeben hat, die ihn daran hätte hindern können. Es habe zwar derartige Regeln gegeben, doch seien sie in der Praxis wirkungslos geblieben. Er habe so viele normative Strategien zur Verfügung, dass er stets einen Anhaltspunkt finden könne, um zu der von ihm gewünschten Lösung zu gelangen. Dasselbe gelte umgekehrt: Man stelle sich nur vor, dass die aktuelle Rechtsprechung bei der Anwendung des Begriffs „erheblicher ursächlicher Beitrag für das Bestehen der mafiosen

Heute sind die Geschichtsbücher, so wie die rechtspolitischen Kommentare schon zur Tatzeit, voll von skandalisierenden Tönen wegen einiger Argumente und Entscheidungen des Kassationshofes[77], aber alle räumen ein, dass „die Gesetze gegen den Faschismus nur so lange nach dem Willen des Gesetzgebers interpretiert und mit der größten Strenge angewandt worden sind, wie die politische Macht des Antifaschismus sich auf ihrem Höhepunkt befand [also von Mitte 1944 bis Ende 1945 – Anm. d. Verf.], und dass sie, als diese nachzulassen begann, nach und nach umgekehrt interpretiert und mit einem Höchstmaß an Milde angewandt worden sind“[78]. Es hat also eine besondere „politische Sensibilität“ des Kassationshofes für die politischen Wandlungen gegeben, die er begleitet und teilweise aufgegriffen hat.

Erst kürzlich hat man zu analysieren begonnen, wie sich die Wahrnehmung der Straflosigkeit vieler Faschisten auf das nachfolgende Verhalten von Partisanen, Kommunisten und Antifaschisten ausgewirkt hat – eine Wahrnehmung, die bereits 1945 sichtbar wurde, und somit bewirkte, dass ein Bürgerkriegsklima – und eine Situation von Gemetzeln, Gewalttaten und Racheakten – bis 1947 andauerte. Während in diesen Untersuchungen einmütig die beruhigende Wirkung der zunächst gefällten 550 Todesurteile (auch wenn sie dann in erheblich geringerem Umfang vollstreckt wurden) herausgestellt wird[79], wird die – ganz im Gegensatz zu den erklärten Absichten des zuständigen Ministers Palmiro Togliatti – keineswegs befriedende Wirkung der Umsetzung der Amnestie betont, die in verschiedenen Fällen Kettenreaktionen von roten „Kommandos“ mit Tötungen und Lynch-Aktionen hervorrief[80]. Das geht nicht über Einsichten hinaus, die uns bereits elementare Erfahrungsätze vermitteln.

Ob das, was von 1944 bis 1946 geschah, hätte verhindert werden können, wenn – während ein beachtlicher Teil des Landes eine „neue Seite aufschla-

---

Organisation“ durch einen externen Teilnehmer (Art. 110 und 416bis C.P.) die Gedankengänge der Kassationsrechtsprechung der 40er Jahre über „bedeutsame Handlungen“ zur Aufrechterhaltung des faschistischen Regimes nachvollziehen wollte. Und man stelle sich umgekehrt eine Rechtsprechung vor, die sich mit wenigem, vielleicht mit einer einzigen (ex ante) geeigneten Handlung zufrieden gibt, um eine Hilfeleistung zu begründen, wie dies bis vor einiger Zeit bei dem selben Tatbestand der Fall gewesen ist.

77 Besonders kritisch die jüngste inhaltsreiche Monografie von *M. Franzinelli*, L'amnistia Togliatti, a.a.O.

78 So *A. Battaglia*, Giustizia e politica, a.a.O., S. 351. Ebenso *S. Vinciguerra*, Stichw. „Fascismo III, Sanzioni contro il fascismo“, a.a.O., S. 905.

79 *M. Dondi*, La lunga liberazione, a.a.O., S. 69–70.

80 S. insb. M. *Franzinelli*, L'amnistia Togliatti, a.a.O., S. 95 ff., S. 106 ff.; Hinweis auch b. *M. Dondi*, La lunga liberazione, a.a.O., S. 32 f.

gen" und an den Wiederaufbau denken wollte – Tausende von strengen Prozessen und von formal ordnungsgemäßen Verurteilungen, die es nicht gegeben hat, stattgefunden und weitere Jahre des Justizlebens in Anspruch genommen hätten, erscheint zweifelhaft. Was man aber hätte vermeiden können, waren die Freispruch-Exzesse des Kassationshofes und die negative symbolische Bedeutung einiger herausragender Freisprüche, die in Zeiten erfolgten, welche den historischen Tragödien des Bürgerkrieges und der *Resistenza* noch allzu nahe waren.

8. Neue Bedürfnisse von „Strafgerechtigkeit" in der erwachsen gewordenen Republik: Der Schrank der Schande, das Blut der Besiegten, die Verfahren „in articulo mortis".

Nach Aufhebung der außerordentlichen Schwurgerichte ging die Verfahrenszuständigkeit vor allem an die Militärgerichte über, während die ordentliche Justiz nicht aufhörte, diejenigen strafrechtlich zu verfolgen, die nicht in den Genuss der Amnestie gelangten, darunter, wie schon erwähnt, die Militärs, die weder für Badoglio noch für die Sozialrepublik optiert hatten, und die Partisanen, die nicht unter die Gnadenerlasse subsumiert werden konnten.

Das Schweigen der Prozesse seit den 50er Jahren konnte glauben machen, dass das Vergessen schließlich, wenn es schon den Opfern und ihren Angehören, Freunden, Parteigenossen oder Kampfgenossen nicht „Genugtuung" oder Gerechtigkeit schaffen konnte, doch wenigstens die Gemüter beruhigt habe. Nichts wäre irriger als diese Annahme. Wie für das Frankreich von Vichy, hat es genügt, die Lunte der Erinnerungen neu zu entzünden und es sind von neuem unbegrenzbare Gerechtigkeitsbedürfnisse explodiert, und Tausende von Leichen, von Gefolterten, von Getöteten, Hingerichteten sind in das Gedächtnis zurückgekehrt, gleichmäßig verteilt zwischen den Kräften der Befreiung und der Partisanen einerseits und denen der „Besiegten" andererseits. Vor allem die letzteren aber haben eine erste öffentliche Anerkennung weiter Teile der Nation gefunden, die objektiv von einer fünfzigjährigen einseitigen politischen und kulturellen Herrschaft des Antifaschismus erstickt worden war. Zweifellos hat es sich dabei nicht um wissenschaftliche Operationen gehandelt – diese besitzen nie solche Resonanz –, sondern um journalistische, die freilich ausgelöst wurden von historischen Beweiselementen, die anderswo als in den zu einer solchen massenhaften Verbreitung geeigneten Quellen zu finden waren.

1994 wurde während der Ermittlungen gegen Erich Priebke wegen der Tötungen in den Ardeatinischen Höhlen ein Bestand von 695 Prozessakten entdeckt, den die Militär-Generalstaatsanwaltschaft, die für Kriegsverbrechen und damit für solche Verbrechen, die von den Nazis und den Faschisten vor der Befreiung begangen worden waren, zuständig war, in einem Schrank aufbewahrt hatte, dessen Vorderseite, mit einem Schlüssel verschlossen, zur Wand hin stand. Es handelte sich um 695 Aktenbände, welche weitere nazifaschistische Mordaktionen zum Gegenstand hatten und durch ungesetzliche Entscheidung vorläufig eingestellt worden waren; in verschiedenen Fällen enthielten sie Beweiselemente, aus denen bereits die möglichen Täter hervorgingen. Die Einleitung eines Strafverfahrens hätte jedoch die Beziehungen zu Westdeutschland (wo es aber immerhin ein Nürnberg gegeben hatte) und zur Nato gefährdet, weil es zur Zeit des Kalten Krieges nicht opportun erschien, die Konflikte des Zweiten Weltkriegs zu unterhalten oder zu erneuern. Der Schrank wurde als „Schrank der Schande" bezeichnet, und aus seiner Entdeckung entwickelten sich weitere Strafverfahren, darunter auch solche, die noch rechtlich möglich waren, soweit der Tod nicht die Einstellung des Verfahrens erzwang[81]. Die Entdeckung des Schrankes gab Anlass zu einer parlamentarischen Untersuchung, welche das Ergebnis erbrachte, dass es sich tatsächlich um 709 Akten handelte, dass aber in 353 Fällen die Täter und in einigen sogar die Opfer unbekannt waren[82]. Daraus entstanden einige neue Strafprozesse gegen Personen, die aber schon kurz vor ihrem natürlichen Tod standen[83] – Strafprozesse, in denen Historiker als Sachverständige auftraten, die aus ihrer Aufgabe des Erkenntnisgewinns in die für sie ungewohnte Mitwirkende an einer Gerichtsentscheidung gerissen wurden[84].

Wir sind jedoch noch weit von einem „gemeinsamen Gedächtnis" entfernt. In den Jahren der (vorigen) Regierung Berlusconi hat ein linker Journalist, Giampaolo Pansa, die Forschungsergebnisse, die schon seit langem über die Opfer des Antifaschismus veröffentlicht worden sind, aufgegriffen und begonnen, die

---

81 Zu diesem Vorgang vgl. *F. Giustolisi*, L'armadio della vergogna. Rom (Nutrimenti) 2004; *M. Franzinelli*, Le stragi nascoste. L'armadio della vergogna: impunità e rimozione dei crimini di guerra nazifascisti 1943–2001. Mailand (Mondadori) 2002, vor allem aber den Abschlussbereich der Parlamentarischen Untersuchungskommission (eingerichtet durch Gesetz vom 15. Mai 2003, Nr. 107), verabschiedet am 8. Februar 2006, dem Kammerpräsidium überreicht am 9. Februar 2006, verfasst vom Abg. Enzo Raisi. Drucksachen der XIV. Legislaturperiode, Drucksache XXVI, Nr. 18.

82 Vgl. den Abschlussbericht der parlamentarischen Untersuchungskommission, a.a.O., S. 244.

83 Hinweise b. *A. Melloni*, Per una storia della tribunalizzazione della storia, in: O. Marquard / A. Melloni, La storia che giudica, la storia che assolve, a.a.O., S. 30 ff.

84 Cfr. *P. Pezzino / L. Baldissara* (Hrsg.), Crimini e memorie di guerra. Neapel (L'ancora del Mediterraneo) 2004; *Ders.*, Giudicare e punire. I processi per crimini di guerra tra diritto e politica. Neapel (L'ancora del Mediterraneo) 2005.

Angehörigen und überlebenden Zeugen, vor allem im Norden Italiens, zu interviewen. Daraus entstand ein Bild, das dem großen Publikum bis dahin unbekannt gewesen war, das grausame und tragische Bild des „Blutes der Besiegten“ eines Bürgerkrieges, der von 1944 bis 1947 20.000 Tote gefordert zu haben scheint (eine nicht hinreichend belegte, aber nicht unwahrscheinliche Zahl)[85]. Das politische Klima der regierenden Parteien der rechten Mitte, aber auch das Vorhandensein von Überlebenden und Kindern und Enkeln, welche von den Erinnerungen und den Leiden der Vergangenheit hartnäckig festgehalten wurden, sicherte der Veröffentlichung einen beachtlichen Erfolg, aber auch heftige Angriffe, die sich noch über die folgenden Jahre hinzogen[86].

Dies sind nur zwei Beispiele für ein Klima eines neu entbrannten Streits über Widerstand und Antifaschismus. Auch für uns, wie für das Frankreich von Vichy, sieht es so aus, als ob das, was als Krankheit der Erinnerung bezeichnet worden ist, hartnäckig zurückkehrt[87], dass weder Prozesse, noch Säuberungen noch Amnestien noch neue Diskussionen sie zu bewältigen imstande sind.

9. Eine vorläufige Bilanz

Als Ergebnis dieses Bildes einer so tragischen Epoche und ihrer heutigen Ausläufer lässt sich zweifellos festhalten, dass die italienische Lösung anscheinend ein System gekannt hat, das als solches als „Systemunrecht“ angesehen wird[88], mit einem Bereich von gesetzlichen Strafdrohungen und Zurechnungen *ex post*. Allerdings hat man nicht bis zur letzten Konsequenz an diese Rekonstruktion geglaubt, und Gesetzgeber und Rechtsprechung gemeinsam haben sie faktisch aufgegeben. In Italien hat es eine Regelung der Aufrechnung, nicht eine höhere oder unparteiische Rechtsprechung gegeben. Eine

---

85 *G. Pansa*, Il sangue dei vinti. Sperling & Kupfer 2003.

86 Zu diesen Auseinandersetzungen s. z.B. ebenfalls *G. Pansa*, La grande bugia, Sperling & Kupfer, 2006; *Ders.*, I gendarmi della memoria. Sperling & Kupfer 2007.

87 Vgl. *H. Rousso*, Le Sindrome de Vichy, de 1944 à nos jour. Paris (Seuil) 1987; Ders., Vichy, un passé que qui ne passe pas. Fayard 1994, ed. Folio Histoire 1996; s. auch Ders., Giustizia e storia, in: Dossier dell'Enciclopedia Treccani Scuola. Iter 14–15 (2002) S. 10 ff.; zur Thematik s. auch die zwar immense, aber nicht immer beherrschbare Perspektive von *P. Ricoeur*, La mémoire, l'historie, l'oubli (2000), it. Übers.: La memoria, la storia, l'oblio, R. Cortina, 2003, insb. S. 589 ff., S. 689 ff. zu Vergessen und Vergebung; ferner die aufschlussreichen Aktualisierungen von A. Melloni, Per una storia della tribunalizzazione della storia, a.a.O., S: 5 ff., S. 35 ff.; A. Lollini, La „giustizia in transizione“, in: G. Gozzi, F. Martelli (Hrsg.), Guerre e minoranze. Il Mulino 2004, S. 323 ff., S. 335 ff.

88 Zu diesem Begriff vgl. *J. Arnold*, Einführungsvortrag: Modelle strafrechtlicher Reaktionen auf Systemunrecht, in A. Eser / J. Arnold (Hrsg.), Strafrecht in Reaktion auf Systemunrecht, a.a.O., S. 15 f.

Partei hat dabei – zum Glück – gewonnen, aber alle haben viel verloren. Die Lösung bei den Kriegsverbrechen und bei den wirklich begangenen oder als solche angesehenen politischen Verbrechen während des Faschismus ist gesetzlich betrieben worden. Es handelte sich um Gesetze, die erklärtermaßen rückwirkend waren, doch die Rechtsprechung hat nicht nach ihnen entschieden. Die Richter haben vielmehr alles getan, um diese Rückwirkung faktisch unanwendbar zu machen. Die Wirksamkeit dieser Gesetze dauerte im übrigen zwei Jahre, denn sie ist in weitem Umfang durch die Amnestie von 1946 und durch die Strafbarkeit von Nichtfaschisten und Nichtpartisanen überdeckt worden; doch ist z.B. über das Zusammentreiben von Juden zur Deportation im gerichtlichen Rahmen niemals gesprochen worden.

Unsere Geschichte ist recht eigenartig. In einem Zeitraum von zwei Jahren ist man von der rückwirkenden Todesstrafe über illegale Exekutionen bis hin zur allgemeinen Strafbefreiung gelangt. Ich glaube daher nicht, dass man wirklich, wie schon vorgeschlagen worden ist, von einem italienischen Modell für die Probleme des Übergangs sprechen kann, denn es hat – um eine paradigmatische Dreiteilung aufzugreifen[89] – weder den Übergang des „Schwamm drüber", noch denjenigen einer konsequenten strafrechtlichen Behandlung, noch denjenigen einer wirklichen Versöhnung gegeben (wenngleich die letztere als einer der Zwecke der Amnestie hingestellt worden ist); man schwankte zwischen diesen drei Polen, d.h. zwischen Strafe, Vergebung und gerichtlichem Vergessen mit Lösungen, die nicht frei von einem gewissen grundlegenden Pragmatismus waren. Die einzige paradigmatische Bedeutung für die Gegenwart scheint mir die einer Bestätigung der skeptischen Standpunkte gegenüber einem strafrechtlichen Umgang mit der Vergangenheit und mit dem kollektiven Gedächtnis zu sein. Was an juristisch Seriösem bleibt, sind einzelne Entscheidungen, die ausgewogen und frei von gesetzlich vorgegebenen Vermutungen und ideologischen Verzerrungen sind, Entscheidungen, die nicht von der Staatsmacht vorgegeben oder zu sehr von ihr gesteuert sind. Die Strafjustiz ist stets eine individuelle und keine Justiz *en masse*. Deshalb soll sie nicht die Geschichte und das kollektive Gedächtnis rekonstruieren, sondern nur einzelne Beurteilungselemente, einzelne Fakten für denjenigen liefern, der diese Geschichte verstehen und überdenken will. Aber wohlgemerkt: immer frei von Urteilsfesseln.

---

89 *J. Arnold*, Einführungsvortrag: Modelle strafrechtlicher Reaktionen auf Systemunrecht, a.a.O., S. 13 ff., schlägt eine Dreiteilung der Reaktionsmodelle auf Systemunrecht in Übergangsprozessen vor: Schlussstrichmodell, Strafverfolgungsmodell und Aussöhnungsmodell.

Luigi Foffani

Der Kampf gegen den Terrorismus im demokratischen Staat: Der Fall Italien

I.[*]

Am 12. Dezember 1969 um 16:37 Uhr explodierte im Gebäude der Banca Nazionale dell'Agricoltura an der Piazza Fontana, im Herzen Mailands, wenige hundert Meter vom Domplatz entfernt, eine Bombe mit hoher Sprengkraft. Es gab 17 Tote und 88 Verletzte. Der Anschlag an der Piazza Fontana bildete den Anfang der sogenannten „Strategie der Spannung" (*strategia della tensione*) und wurde im kollektiven Vorstellungsbild zum Symbol des schwarzen Terrorismus. Nur wenige Monate später liegt das Datum, das symbolisch für den Beginn des roten Terrorismus steht: Im Frühling 1970 tauchten in einigen Mailänder Fabriken die ersten Flugblätter der „Roten Brigaden" (*Brigate Rosse*) auf. Im Verlauf der folgenden siebziger Jahre, die in die italienische Geschichtsschreibung als die „bleiernen Jahre" eingegangen sind, schwoll der Terrorismus der Rechten wie der Linken dramatisch an. Von 1969 bis 1982 zählte man in Italien 2.712 terroristische Anschläge, von denen 324 Personenschäden anrichteten. Es gab 1.119 Opfer, nämlich 351 Tote und 768 Verletzte. Zu den Anschlägen wurden von Hunderten verschiedenen Gruppierungen Bekennerschreiben veröffentlicht: jeweils 216 und 269 allein in den Jahren 1978 und 1979[1].

Da es unmöglich ist, an dieser Stelle auch nur eine überschlägige Darstellung des Terrorismus in Italien zu geben, beschränke ich mich darauf, die zwei be-

---

* Aus dem Italienischen von *Thomas Vormbaum*.

1 Angaben nach *D. Della Porta / M. Rossi*, I terrorismi in Italia tra il 1969 e il 1982. Bologna (Il Mulino) 1983, S. 5–11; *M. Galleni* (Hrsg.), Rapporto sul terrorismo. Le stragi, gli agguati, i sequestri, le sigle. 1969–1980. Milano (Rizzoli) 1981, S. 176; *D. Della Porta*, Il terrorismo, in: Storia d'Italia. Annali 12: La criminalità, hrsg. von L. Violante. Turin (Einaudi) 1997, S. 373; *R. Minna*, Crimini associati, norme penali e politica del diritto. Aspetti storici, culturali, evoluzione normativa. Mailand (Giuffrè) 2007, S. 82–83; *R. Canosa*, Storia della criminalità in Italia dal 1946 a oggi. Mailand (Feltrinelli) 1995, S. 160.

sonders dramatischen und historisch bedeutsamen Vorfälle der beiden gegensätzlichen Säulen des Terrorismus zu berichten.

Am 16. März 1978 wurde in der Via Fani in Rom der Präsident der Christlich Demokratischen Partei (*Democrazia Cristiana*) Aldo Moro, der sich auf dem Weg ins Parlament zur Abstimmung über die Vertrauensfrage der Regierung Andreotti befand, von einem Kommando der Roten Brigaden entführt. Mit einer militärischen Aktion von „geometrischer Gewalt" (*geometrica potenza*) – wie sie damals bezeichnet wurde – töteten die roten Brigadisten die fünf Personen der Begleitung und trugen – wie sie es in späteren Verlautbarungen formulierten – „den Angriff in das Herz des Staates" – jenes „imperialistischen Staates der multinationalen Konzerne", der als der zu bekämpfende Feind identifiziert wurde. Die 55 Tage, die der Gefangennahme Moros folgten, waren die vielleicht dramatischsten in der Nachkriegsgeschichte Italiens: Zerstritten und geteilt zwischen der „Verhandlungspartei" und der „Partei der Härte", reagierte die Politik – unter dem bestimmenden und einmütigen Einfluss der Parteispitzen der Christlich Demokratischen Partei und der Kommunistischen Partei (*Partito Comunista Italiano*) – schließlich in der Weise, dass sie jegliche Verhandlung mit den Roten Brigaden, die einen Austausch von politischen Gefangenen und damit die politische Anerkennung ihres *Status* als feindliche Kombattanten verlangten, ablehnte. Am 9. Mai 1978 wurde nach einem letzten Appell Papst Pauls VI., eines persönlichen Freundes Moros, der christdemokratische Staatsmann im Kofferraum eines parkenden Autos im Zentrum Roms, wenige Meter von den Parteigebäuden der Christlich Demokratischen Partei und der Kommunistischen Partei entfernt, ermordet aufgefunden[2].

Entführung und Ermordung Aldo Moros bezeichneten den Höhepunkt des Spannungsbogens und zugleich den Anfang vom Ende der Geschichte der „bewaffneten Partei" in Italien[3]: es folgte noch eine lange Spur von Gewalttaten, Verhaftungen und Verfahren. Doch unter dem Druck der Aufklärungsarbeit von Gerichtsbarkeit, Geheimdiensten und Ordnungskräften einerseits, des inneren Zerfalls aufgrund einer wachsenden Welle von abtrünnigen Mitglie-

---

2 Über den Fall Moro gibt es in Italien inzwischen eine unübersehbare historische, politologische und soziologische Literatur, die sich anläßlich des 30. Jahrestages der Entführung und Ermordung des christdemokratischen Staatsmannes sehr stark intensiviert hat. Zu nennen ist insbesondere das (inzwischen klassisch gewordene) literarische Werk von *L. Sciascia*, L'affaire Moro. Mailand (Adelphi) 1994: der Verfasser war auch Mitglied des parlamentarischen Sonderausschusses für die Ermittlung über den Fall Moro.

3 Sorgfältige historische Darstellung b. *D. Della Porta*, Il terrorismo di sinistra. Bologna (Il Mulino) 1990.

dern der terroristischen Organisationen, die durch die Prämierungs-Gesetzgebung gegenüber Abtrünnigen und Reumütigen ausgelöst wurde, andererseits, wurden die Roten Brigaden und die anderen kleineren Gebilde des roten Terrorismus im Laufe der achtziger Jahre im wesentlichen ausgehoben. Ab und zu gab es freilich noch, wenn auch immer sporadischer und vereinzelter, einige blutige „Nachschläge" (*colpi di coda*), die auf das Konto der wenigen Veteranen und/oder neuen Adepten des brigatistischen Terrorismus gingen; der letzte von ihnen war die Ermordung eines unserer Kollegen von der Universität Modena, des Arbeitsrechtlers und Beraters des Arbeitsministeriums, Marco Biagi, im Zentrum von Bologna am 19. März 2002.

Auf einem Parallelgleis verlief zeitgleich die Geschichte des schwarzen Terrorismus zwischen Straßenschlachten und Attentaten, deren Täter kleine paramilitärische Gruppen der extremen Rechten waren, und großen Massenmordaktionen. Am 2. August 1980 explodierte im Wartesaal des Bahnhofs von Bologna eine Bombe und forderte 85 Todesopfer. Es war der schwerste Anschlag in der italienischen Nachkriegsgeschichte und der letzte Vorgang der sogenannten „Strategie der Spannung", die in einer dramatischen Blutspur eine Reihe von Mordanschlägen verbindet, welche im allgemeinen neofaschistisch inspiriert waren, deren Ausführende und Auftraggeber jedoch größtenteils im Dunkel blieben. Während man vom Terrorismus der extremen Linken nach Hunderten Prozessen und den Berichten der zahllosen Abtrünnigen und Reumütigen – ungeachtet der nicht wenigen Geheimnisse, die bis heute den Fall Moro umgeben – im wesentlichen alles weiß[4], ist vom Terrorismus der extremen Rechten und insbesondere vom Terrorismus der Massenmorde auch nach vielen Jahren Abstand von den Taten immer noch äußerst wenig bekannt[5]: Die offenkundige Komplizenschaft und die Verwicklung von fehlgeleiteten Staatsapparaten – insbesondere der damaligen Spitzen der Geheimdienste – hat al-

---

4 Historischer Überblick u.a. b. *D. Della Porta*, Il terrorismo di sinistra. Bologna (Il Mulino) 1990.

5 Paradigmatisch für die außerordentliche Komplexität und die unglaubliche Länge des gerichtlichen Verfahrensgangs ist der quälende prozessuale Ablauf im Anschluss an die Anschläge an der Piazza Fontana, der im Verlauf von 30 Jahren in Form von rund tausend Strafverfahren abgewickelt wurde; gekennzeichnet waren diese Verfahren durch einen kontinuierlichen Wechsel von unterschiedlichen Untersuchungshypothesen, von Irreführungen seitens der Geheimdienste sowie letztlich von der Unfähigkeit der Untersuchungsorgane und der Rechtsprechung zur Ermittlung der Wahrheit zu und zur Entdeckung der für die Anschläge Verantwortlichen zu gelangen. Jüngere Rekonstruktion der justitiellen Vorgänge im Anschluss an die Anschläge an der Piazza Fontana z.B. b. *P. Barbieri / P. Cucchiarelli*, La strage con i capelli bianchi. La sentenza per Piazza Fontana. Rom (Editori Riuniti) 2003.

lerdings die „Strategie der Spannung“ als die tragische Reihe von sogenannten „Staatsanschlägen“[6] in die Geschichte eingehen lassen.

II.

Es kann nicht meine Aufgabe sein, in der kurzen Zeit dieses Vortrages zu versuchen, ein Deutungsangebot für die komplexe und dramatische Geschichte des Terrorismus in Italien zu unterbreiten; dafür haben die historische, die soziologische und die politologische Literatur schon seit langem eine Vielfalt von Interpretationen geliefert[7].

Eine zeitliche Koinzidenz ist allerdings von Anfang an äußerst kennzeichnend gewesen, wenngleich man sie gewiss nicht als Generalschlüssel zur Erklärung unseres Problems ansehen kann: Sowohl der linksextremistische Terror der Roten Brigaden als auch die Strategie der Spannung, die sich auf Anschläge neofaschistischer Prägung stützte, entwickeln sich und erreichen ihren Höhepunkt in der politischen Epoche des sogenannten Historischen Kompromisses (*compromesso storico*), das heißt zu einer Zeit, als die Kommunistische Partei Enrico Berlinguers in einer kurzen Allianz mit der Democrazia Cristiana Aldo Moros zum ersten Mal an der Schwelle zur Teilnahme an der nationalen Regierung Italiens stand; und dies löste Angst und Feindseligkeit sowohl im Bereich der extremen konservativen Rechten als auch im Bereich der neuen außerparlamentarischen Linken aus[8].

Abgesehen von dieser kurzen einführenden Bemerkung geschichtlich-politischer Art werde ich mich in diesem Beitrag auf die Beschreibung der konkreten Erfahrung bei der Bekämpfung des Terrorismus in Italien beschränken.

---

6 Diese Bezeichnung wurde zum ersten Mal mit Bezug auf die Anschläge an der Piazza Fontana und in offenkundig provokatorischer Absicht verwendet in: *E. M. Di Giovanni / M. Ligini*, La strage di Stato. Rom (Samonà e Savelli) 1970.

7 Zusammenfassende Beschreibung b. *D. Della Porta*, Il terrorismo, a.a.O. (Fn. 1), S. 373–375.

8 *G. Pasquino*, Sistema politico bloccato e insorgenza del terrorismo: ipotesi e prime verifiche, in: G. Pasquino (Hrsg.), La prova delle armi. Bologna (Il Mulino) 1984, S. 220, bemerkt, dass „ein blockiertes politisches System“ – wie es nach einer verbreiteten Einschätzung jener Zeit das politische System der ersten Italienischen Republik war, das in den 70er Jahren zum „historischen Kompromiss“ zwischen Kommunisten und Christdemokraten gelangt war – „in seinem Innern einige Keime des Terrorismus enthält, aber nicht ohne weiteres als die einzige und ausschließliche, nicht einmal als die grundlegende Ursache der terroristischen Erhebung bezeichnet werden kann“.

Im Hinblick auf jene terroristische Erscheinung, die als „Strategie der Spannung“ in die Geschichte eingegangen ist – also im Hinblick auf die Massenmorde mit offensichtlich neofaschistischem ideologischem Hintergrund – hat sich die Abwehr durch die Staatsorgane während des gesamten Zeitraums, in dem diese kriminelle Strategie praktiziert wurde, als absolut unwirksam erwiesen; völlig anders muss hingegen die Bewertung ausfallen, wenn es um die Erscheinung des roten Terrorismus geht, gegen den von der Mitte der siebziger Jahre bis zur Mitte der achtziger Jahre eine breite und vielfältige Palette von rechtlichen Instrumentarien und Abwehrmaßnahmen in Stellung gebracht worden ist; diese haben in ihrem Zusammenwirken einen beachtlichen Grad von Wirksamkeit erwiesen und haben in der Gesetzgebung, in der Kriminalpolitik, in der Gerichtspraxis und in der Situation des Strafvollzuges eine sehr deutliche Spur hinterlassen, was am Ende auf grundlegende Weise das Erscheinungsbild der italienischen Rechtsordnung selbst geformt hat.

Um die historische und effektive Wirklichkeit der Bekämpfung des Terrorismus zu beschreiben, müsste man nun tatsächlich die Tätigkeit zahlreicher Staatsorgane untersuchen, von den Geheimdiensten bis hin zur Polizei und zu den Gerichten[9]; ich werde mich aber besonders (oder nur) auf den Aspekt der Gesetzgebung konzentrieren, mit besonderer Berücksichtigung des Strafrechts und Strafprozessrechts[10].

Die terroristische Phase wird in Italien gerade am Ende eines Jahrfünfts am Anfang der siebziger Jahre sichtbar, das nach allgemeiner Auffassung die Periode mit der größten Ausdehnung der rechtsstaatlichen Garantien und des Gedankens der Resozialisierung des Täters im Bereich der Strafgesetzgebung gebildet hatte[11]; es sind die Jahre, in denen aufgrund einer Reihe gesetzlicher Reformen und Eingriffe des Verfassungsgerichtshofes eine beachtliche Ausweitung der Spielräume der Verteidigung im Strafprozess (1968–1972), eine Mil-

---

9 Vgl. dazu *S. Rodotà*, La risposta dello Stato al terrorismo: gli apparati, in: G. Pasquino (Hrsg.), La prova delle armi, a.a.O. (Fn. 8), S. 77 ff.

10 Historischer Überblick über die Entwicklung der Antiterrorismus-Gesetzgebung in Italien b. *M. Bouchard / G. C. Caselli*, Stichwort „Terrorismo“, in: Enc. giur. (= Enciclopedia giuridica), Band XXX, 1. Rom (Treccani) 1994, S. 1 ff.; *M. Laudi*, Stichwort „Terrorismo (dir .intern.)“, in: Enc. Dir. (Enciclopedia del Diritto), Band XLIV, Mailand (Giuffrè) 1992, S. 355 ff.; *D. Falcinelli*, Stichwort „Terrorismo (profili sostanziali“), in: Dig. Disc. Pen. (= Digesto delle Discipline Penalistiche), Aggiornamento, Band N–Z, Turin (UTET) 2005, S. 1604 ff.; *E.. Rosi*, Stichwort „Terrorismo internazionale“, in: Dig. Disc. Pen., Aggiornamento, Band N–Z, Turin (UTET) 2005, S. 1638 ff.; *R. Minna*, Crimini associati, a.a.O. (Fn. 1), S. 73 ff.

11 So z.B. *V. Grevi*, Sistema penale e leggi dell'emergenza: la risposta legislativa al terrorismo, in: G. Pasquino (Hrsg.), La prova delle armi, a.a.O. (Fn. 8), S. 17.

derung der repressiven Strenge des Codice Rocco, des aus der Zeit des Faschismus stammenden Strafgesetzbuches, durch eine Reform verschiedener Rechtsinstitute des Allgemeinen Teils, welche den Spielraum richterlichen Ermessens im Sinne der Milderung erweitern (1974) und schließlich eine eindeutig von der verfassungsrechtlichen Forderung nach Resozialisierung des Verurteilten inspirierte Reform des Strafvollzugswesens (1975) festzustellen sind.

III.

Das Jahr 1975 kann als Jahr der Wende in der italienischen Kriminalpolitik angesehen werden, denn damals wurden die ersten und wichtigsten Spezialgesetze erlassen, mit denen der Gesetzgeber sich auf den Weg einer deutlichen Verschärfung der Bekämpfung und Prävention von Kriminalität – und ganz speziell der Bekämpfung des politischen Terrorismus – begab, indem er eine Reihe von sektorialen und begrenzten Eingriffen vornahm, die sich unter dem Begriff der sog. „Ausnahmegesetzgebung" (*legislazione dell'emergenza*) zusammenfassen lassen[12].

Die gesetzgeberische Maßnahme, mit der diese neue Phase des *law and order* in der italienischen Kriminalpolitik eingeleitet wurde, war das Gesetz vom 22. Mai 1975 (Nr. 152) (die sogenannte *Lex Reale*, benannt nach dem damaligen Justizminister): ein Gesetz mit starkem politischem Einschlag und mit symbolischer Bedeutung; es löste eine intensive und leidenschaftliche Diskussion in der italienischen Strafrechtslehre aus[13] und wurde schließlich im Jahre 1978 auf Initiative der Radikalen Partei (*Partito Radicale Italiano*) einer Volksabstimmung mit dem Ziel seiner Abschaffung unterworfen; es erfuhr jedoch im Gegenteil die entschiedene Bestätigung einer durch jahrelangen terroristischen Ausnahmezustand beeinflussten Wählerschaft. Die bedeutendste Neuerung der Lex Reale bestand in einer Ausweitung der Höchstgrenzen der Untersuchungshaft, in einer Ausdehnung der Befugnisse der Polizeiorgane zu Festnahme von Tatverdächtigen und zur Durchsuchung von Personen und Fahrzeugen auf der Suche nach Waffen und Sprengstoffen und schließlich in der Ausdehnung der Bedeutung des Rechtfertigungsgrundes des rechtmäßigen Waffengebrauchs durch Polizeibeamte, der in Art. 53 des Codice Rocco schon seit 1931 geregelt ist.

---

12 *F. C. Palazzo, La recente legislazione penale*, 3. Aufl., Padua (CEDAM) 1985, S. 18.

13 Vgl. für alle *F. Bricola*, Politica criminale e politica penale dell'ordine pubblico (a proposito della legge 22 maggio 1975 n. 152), in: *Quest. Crim.* (= La questione criminale) 1975, S. 221 ff.

Die Lex Reale zielte demnach auf eine Verschärfung traditioneller Rechtsinstrumente zum Schutz der öffentlichen Ordnung, ohne besondere Kennzeichen eines Kampfes gegen den Terrorismus aufzuweisen; doch in den unmittelbar darauf folgenden Jahren gelangte der italienische Gesetzgeber zu der Überzeugung, dass es notwendig sei, auf ein gesetzliches Arsenal zurückzugreifen, das ausdrücklich auf einige besondere Aspekte des Phänomens Terrorismus ausgerichtet war – dies auch deshalb, weil in der Zwischenzeit die wachsende Zahl von Anschlägen und anderen schweren Straftaten mit umstürzlerischem Hintergrund deutlich gemacht hatten, dass der Terrorismus nicht mehr als eine begrenzte Ausnahmeerscheinung angesehen werden konnte, die sich innerhalb eines kurzen Zeitraums erschöpfen würde[14].

IV.

Nach einer Reihe weiterer gesetzgeberischer Maßnahmen in den Jahren 1976 und 1977 und einer tiefgreifenden Reform der Geheimdienste infolge der schwerwiegenden Fehltritte, die während der Untersuchungen über den Massenmord an der Piazza Fontana zutage getreten waren, erließ der italienische Gesetzgeber in einem Umfeld der Erregung und der gesellschaftlichen Alarmstimmung nach dem Anschlag in der Via Fani und der Entführung Aldo Moros das erste wirkliche Antiterrorismus-Gesetz. Nur fünf Tage nach dem Anschlag erließ die Regierung das Gesetzesdekret vom 21. März 1978 (Nr. 59), das mit beachtlichen Änderungen in das Gesetz vom 18. Mai 1978 (Nr. 191) überführt wurde. Hierbei handelte es sich um eine sehr weit reichende gesetzliche Regelung, die neben Bestimmungen, die offenkundig den Polizeiorganen und den Justizbehörden die Arbeit bei der präventiven und repressiven Bekämpfung der terroristischen Kriminalität erleichtern sollten, auch einige Bestimmungen allgemeiner Art enthielt, welche tiefe Einschnitte in das Prozessrecht im Sinne einer Verminderung der individuellen Garantien vor allem im Bereich der Verfolgung schwerer Straftaten brachten.

Mit einem neuen Straftatbestand, dem der Fall Moro als Vorbild gedient hat, hielt der Begriff „Terrorismus“ erstmals in den offiziellen gesetzlichen Sprachgebrauch Italiens Einzug. Es handelt sich um den Tatbestand der „Freiheitsberaubung zu terroristischen oder umstürzlerischen Zwecken“ (*sequestro di persona a scopo di terrorismo o di eversione*) (Art. 289bis des Codice penale)[15].

---

14 *V. Grevi*, Sistema penale (Fn. 11), S. 29.

15 Vgl. dazu insb. *R. Dalia*, I sequestri di persona a scopo di estorsione, terrorismo od eversione, 2. Aufl. 1982; *ders.*, Sequestro di persona a scopo di terrorismo o di eversione, in: Enc. Dir. Band XLII. Mailand (Giuffrè) 1990, S. 221 ff.

Der neue Straftatbestand brachte eine außerordentliche Ausweitung der Strafrahmen gegenüber der gewöhnlichen Freiheitsberaubung (Freiheitsstrafe von 25 bis zu 30 Jahren statt Freiheitsstrafe von 6 Monaten bis zu acht Jahren nach Art. 605 Codice Penale), und er führte andererseits zum ersten Mal eine spürbare Verminderung der Strafe (Gefängnis von 2 bis zu 8 Jahren) zugunsten von Teilnehmern ein, die sich von den anderen losgesagt hatten, wenn sie sich in einer Weise betätigt hatten, welche dazu führte, dass das Opfer einer Freiheitsberaubung die Freiheit wiedererlangte. Obwohl diese Vorschrift mit Belohnungscharakter (die zugleich auch für die Freiheitsberaubung zum Zwecke der Erpressung, Art. 630 Codice Penale, eingeführt wurde), nicht dazu gedient hätte, das Leben Aldo Moros zu retten, bildete sie doch einen ersten beachtlichen Schritt zu einer neuen kriminalpolitischen Strategie, indem sie versuchte, den Hebel bei einer inneren Uneinigkeit der terroristischen Gruppen anzusetzen, um so deren anscheinend monolithischen Charakter vor oder nach der Ausführung krimineller Pläne zu zersetzen. In prozessualer Hinsicht führte das Gesetzesdekret von 1978 eine neue Regelung der Telefonüberwachung ein und gab den Polizeibehörden die Befugnis, „summarische Informationen“ von verdächtigen Personen, die auf frischer Tat festgenommen oder verhaftet worden waren, „auch in Abwesenheit eines Verteidigers“ zu gewinnen – allerdings nur zu Untersuchungszwecken und ohne Verwertbarkeit im Strafverfahren.

V.

Die Richtung der Rechtspolitik, welche durch das Gesetzesdekret von 1978 eingeschlagen worden war, wurde am Ende des folgenden Jahres nach einer neuen Welle schwerer terroristischer Anschläge beibehalten und weiterentwikkelt durch das Gesetzesdekret vom 15. Dezember 1979 (Nr. 625), später transformiert in das Gesetz vom 6. Februar 1980 (Nr. 15), die sogenannte Lex Cossiga (benannt nach dem damaligen Innenminister und späteren Staatspräsidenten)[16]. Bereits die Überschrift des Gesetzes („Dringende Maßnahmen zum Schutz der demokratischen Ordnung und der öffentlichen Sicherheit“) will zum Ausdruck bringen, dass es um eine Erwiderung auf jenen „Angriff auf das

16 Vgl. dazu insb. *G. A. De Francesco*, Commento agli art. 1–3 d.l. 15 dicembre 1979, n. 625, in: Legisl. pen. (= La legislazione penale) 1981, S. 36 ff. und 49 ff.; *T. Padovani*, Bene giuridico e delitti politici, in: Riv. it. dir. proc. pen. (= Rivista italiana di diritto e procedura penale) 1983, S. 3 ff.; *D. Pulitanò*, Le misure del governo per l'ordine pubblico, in Dem. Dir. (= Democrazia e Diritto) 1980, S. 19 ff.; *Ders.*, Misure antiterrorismo. Un primo bilancio, in: Dem. Dir. 1981, S. 77 ff.; ferner die Monographie von *E. Gallo / E. Musco*, Delitti contro l'ordine costituzionale. Bologna (Zanichelli) 1984.

Herz des Staates" ging, den die Roten Brigaden mit der Entführung und Ermordung Aldo Moros unternommen hatten. Es handelt sich um den härtesten gesetzgeberischen Eingriff der gesamten Phase der Ausnahmegesetzgebung, der zugleich den Höhepunkt der politischen und wissenschaftlichen Debatte über problematische Verhältnisse zwischen Strafrechtssystem, Bekämpfung des Terrorismus und rechtsstaatlichen Garantien kennzeichnet[17]. In jenen Normenbestand von Straftaten gegen die Persönlichkeit des Staates, den die Republik *en bloc* vom faschistischen Gesetzgeber übernommen hatte, und der ohnehin schon reich an Vereinigungsdelikten und Unternehmensdelikten war[18], wurden zwei neue Straftatbestände eingeführt: die „Vereinigung mit terroristischer und auf die Beseitigung der demokratischen Ordnung gerichteter Zielsetzung" (*associazione per finalità di terrorismo e di eversione dell'ordine democratico*») (Art. 270bis Codice Penale) und der „Anschlag mit terroristischer oder umstürzlerischer Zielsetzung" (*attentato per finalità terroristiche o di eversione*) (Art. 280 Codice Penale).

Neben diesen neuen Straftatbeständen wurde ein neuartiger Strafschärfungsgrund (mit einer Strafschärfung um die Hälfte) für jede Straftat eingeführt, die „mit terroristischer oder auf die Beseitigung der demokratischen Ordnung gerichteter Zielsetzung" begangen wird (Art. 1 Gesetzesdekret 1979, Nr. 625)[19]. Hier handelt es sich um einen Super-Strafschärfungsgrund, der der richterlichen Strafzumessung entzogen ist und die allgemeine Regelung der Strafzumessungsfaktoren nach Art. 69 Codice Penale außer Kraft setzt, denn die von ihm angeordnete Strafschärfung kann unter keinen Umständen durch etwaige Strafmilderungsgründe aufgewogen werden; er greift somit massiv in die Bestrafung jeder Straftat ein, wenn sie nur terroristischen Zielsetzungen dient. Trotz der weitreichenden schweren Folgen wird die terroristische Zielsetzung vom Gesetzgeber nicht einmal ansatzweise definiert – weder in der Strafschärfungsvorschrift noch in den erwähnten speziellen Straftatbeständen. Auch für den strafprozessualen Umgang mit den betreffenden Beschuldigten wurde eine Spezialregelung eingeführt: Obligatorische Haft, Verbot der Aussetzung des Haftbefehls, Verlängerung der Höchstgrenzen für die Untersuchungshaft um ein Drittel. Damit wurden prozessuale Instrumentarien zur Anwendung ge-

17 Vgl. z.B. *D. Pulitanò*, Sui garantismi. Per una reimpostazione del dibattito, in: Dem. Dir. 1980, S. 677 ff.

18 Vgl. insb. *G. A. De Francesco*, I reati di associazione politica. Storia, costituzione e sistema nell'analisi strutturale della fattispecie. 1985; ferner den Sammelband „Il delitto politico dalla fine dell'ottocento ai giorni nostri". Rom (Sapere 2000), 1984.

19 Vgl. dazu *P. L. Vigna*, La finalità di terrorismo ed eversione. Mailand (Giuffrè) 1981.

bracht, wie sie für ein Strafverfahren mit kriminalpolitischen Zielsetzungen typisch sind.

Eingeführt wurde ferner eine Ausweitung der Befugnisse der Polizei im Bereich der Prävention: Mit einer Gesetzesformel von besonderer Unklarheit und Unbestimmtheit wurde vorgeschrieben, dass im Verlauf von Polizeiaktionen, die präventiven Zwecken dienen, bei absoluter Notwendigkeit und Dringlichkeit die öffentlichen Sicherheitsorgane zur Festnahme von Personen schreiten können, „denen gegenüber wegen ihrer Einstellung und unter Beachtung der zeitlichen und örtlichen Umstände die Feststellung geboten ist, ob Verhaltensweisen und Handlungen vorliegen, die zwar nicht die Merkmale der versuchten Straftat aufweisen, die jedoch auf die Begehung der Straftaten der Bildung einer kriminellen Vereinigung (Art. 416 C.P.), der politischen Verschwörung mittels einer Vereinigung (Art, 305 C.P.) oder anderer terroristischer Straftaten gerichtet sind“.

Neben diesen präventiven und repressiven Maßnahmen, die stark in die persönliche Freiheit eingreifen, hat der italienische Gesetzgeber erstmals auch den Weg des Erlasses von „Prämien“-Maßnahmen zugunsten derjenigen beschritten, die, obwohl sie Täter von – auch schweren – terroristischen Taten sind, Verhaltensweisen an den Tag legen, die im Gegensatz zu den begangenen Straftaten stehen, oder doch konkret zeigen, dass die Betreffenden Einsicht in den umstürzlerischen Charakter gewonnen haben und ihre Distanzierung von der Organisation, der sie angehören haben, demonstrieren. Zu dieser Kriminalpolitik mit „Zuckerbrot“ und „Peitsche“ gehört vor allem eine besondere Figur der „tätigen Reue“ für die Täter von Straftaten mit terroristischen Zielsetzungen oder mit dem Ziel der Beseitigung der demokratischen Ordnung. In den Fällen, in denen diese Personen, nachdem sie die betreffende Straftat begangen haben, freiwillig den Eintritt des Erfolges abgewendet haben, beschränkte die neue Regelung sich nicht darauf, die Strafe nach Maßgabe der allgemeinen Regelung des Art. 56 C.P. zu mildern, sondern ging so weit, die Strafbarkeit sogar auszuschließen, falls der Terrorist auch Beweismittel lieferte, „die für die genaue Rekonstruktion der Tat und für die Ermittlung etwaiger Teilnehmer ursächlich sind“. Diese gesetzgeberische Entscheidung, die eine starke Ungleichbehandlung zwischen gewöhnlichen Beschuldigten und Beschuldigten, denen terroristische Taten vorgeworfen werden, mit sich brachte, rief sogleich heftige Diskussionen in der Wissenschaft hervor. Es muss indes realistisch, vor allem im Lichte der Erfahrungen der auf die Einführung der Regelung folgenden Monate, eingeräumt werden, dass diese zu Formen der Zusammenarbeit zwischen Untersuchungsorganen und Vertretern des Terrorismus, auch solchen aus der ersten Reihe, geführt hat, wie sie bis dahin schwer vorstellbar gewesen wären. Sie hatte zur Folge, dass bedeutsame Resultate im Kampf gegen den Terrorismus erzielt werden konnten.

Mit dem Gesetzesdekret von 1979 hatte die antiterroristische Ausnahmegesetzgebung ihren Höhepunkt erreicht. Auch dieses Gesetz passierte – ebenso wie die bereits erwähnte Lex Reale – unbeanstandet die Kontrolle des Verfassungsgerichtshofes und wurde 1981 in einem Volksentscheid von einer großen Mehrheit der Wähler gebilligt.

VI.

Mit Beginn der 80er Jahre wurde die Behandlung der „reumütigen Terroristen“ (*terroristi pentiti*) zum beherrschenden Thema der Ausnahmegesetzgebung[20]. Mit dem Gesetz vom 29. Mai 1982 (Nr. 304) wurde „zur Verteidigung der Verfassungsordnung“, wie das Gesetz betitelt war, eine organische Regelung all jener Fälle erlassen, die sich allgemein auf den Bereich des sog. „Pentitismus“ zurückführen lassen. Eine besondere begünstigende Behandlung wurde denjenigen vorbehalten, die mit terroristischer Zielsetzung lediglich Straftaten im Sinne von Vereinigungsdelikten begangen hatten, welche nicht im Zusammenhang mit schweren Straftaten standen (oder zumindest deren Begehung verhindert hatten) und von der kriminellen Vereinbarung Abstand genommen hatten oder aus der kriminellen Vereinigung oder Bande ausgetreten waren oder deren Auflösung bewirkt hatten. In solchen Fällen wurde die Strafbarkeit der Täter von Vereinigungsdelikten aufgehoben, und diese Wohltat wurde auch auf eine lange Reihe von damit verbundenen Straftaten (beispielsweise leichtere Straftaten im Bereich von Waffen- und Sprengstoffdelikten) ausgedehnt, ferner auf Straftaten der Unterstützung und Begünstigung eines für nicht strafbar erklärten Angeklagten.

Bei jenen Terroristen hingegen, die schwerer Gewalttaten schuldig waren, unterschied das Gesetz zwischen bloßem „Austritt“ und der echten „Zusammenarbeit“ mit den Justizbehörden. Unter *Austritt* verstand man ein Verlassen der Organisation vor der Verurteilung, begleitet von einem vollständigen Geständnis der eigenen Taten und dem Bemühen, deren Folgen zu beseitigen oder zu mildern oder die Begehung von mit ihnen verbundenen Straftaten zu verhindern; ein Fall der *Zusammenarbeit* lag hingegen vor, wenn zum Verlassen der

20 Vgl. dazu insb. *T. Padovani*, La soave inquisizione. Osservazioni e rilievi a proposito delle nuove ipotesi di ravvedimento, in: Quest. crim. 1981, S. 529 ff.; ferner den Sammelband „La legislazione premiale. Mailand (Giuffrè) 1987; in der jüngsten Literatur *C. Ruga Riva*, Il premio per la collaborazione processuale. Mailand (Giuffrè) 2002.

Organisation und zum Geständnis der eigenen Taten das Angebot konkreter Beiträge zur Beweisaufnahme hinzutrat, welche zur Ermittlung und Ergreifung der Täter von terroristischen Taten führten. Bei Vorliegen dieser Voraussetzungen schrieb das Gesetz vor, dass die lebenslange Freiheitsstrafe (*ergastolo*) durch eine Gefängnisstrafe von zehn bis zu zwölf Jahren ersetzt wurde und alle anderen Strafen um die Hälfte gemindert wurden, ferner eine weitere Milderung um ein Drittel, wenn die Zusammenarbeit zu „außergewöhnlich bedeutsamen“ Ergebnissen führte.

Hier handelte es sich um eine Regelung mit offenkundigem Ausnahmecharakter, wie sich schon aus der strengen zeitlichen Begrenzung seiner Wirksamkeit ergibt. Die neuen belohnenden Maßnahmen waren nämlich nur auf Straftaten anwendbar, welche bis zum 31. Januar 1982 begangen worden waren, obwohl die Verhaltensweisen, welche das Gesetz als Voraussetzungen für die Anwendbarkeit dieser Maßnahmen verlangte, innerhalb von 120 Tagen nach dem Inkrafttreten des Gesetzes vorgenommen worden sein mussten – eine Frist, die später auf weitere 120 Tage ausgedehnt und endgültig im Februar 1983 auslief.

Diesem gesetzgeberischen Eingriff lag eine realistische Kosten/Nutzen-Rechnung im Hinblick auf die wesentliche Zielsetzung einer Verteidigung der demokratischen Institutionen gegen terroristische Angriffe zugrunde; in diese Rechnung waren einerseits einzubeziehen die unleugbare Ungleichbehandlung im Sanktionsbereich, zu der eine solche Regelung unvermeidlich führte, und damit die konkreten Gefahren des Missbrauchs dieser Regelung und des später denn auch beklagten prozessualen Sittenverfalls, andererseits gab es gewichtige Vorteile, die aus dieser Regelung gegenüber der Herausforderung des Terrorismus sowohl im Hinblick auf die Ergebnisse strafrechtlicher Verfolgung begangener Taten als auch im Hinblick auf die Verhinderung zukünftiger schwerer Taten gezogen werden konnten. Die Geschichte hat bewiesen, dass sowohl die Erwartung der Kosten als auch diejenige der Vorteile begründet war, wenngleich es unvermeidlich auf Schwierigkeiten stößt, festzustellen, wie groß der Anteil der Belohnungsgesetzgebung für Reumütige am nachfolgenden Auseinanderbrechen der terroristischen Organisationen wirklich war, und welchen Anteil das offenkundig gewordene politische Scheitern hatte.

Jedenfalls ist das Jahr 1982 ein Wendejahr. Die Welle der antiterroristischen Gesetzgebung, die so grundlegend die zweite Hälfte der 70er Jahre geprägt hatte, erschöpfte sich zumindest für die historische Phase der „bleiernen Jahre“, und es begann die Zeit der großen Prozesse gegen diejenigen, die der Begehung von schweren Straftaten mit terroristischer oder umstürzlerischer Zielsetzung beschuldigt wurden. Nicht erschöpft, sondern auf neue Objekte gerichtet war freilich der Drang zur Ausnahmegesetzgebung: Nach der Ermordung des kommunistischen Abgeordneten Pio La Torre in Palermo wurde General Carlo Alberto Dalla Chiesa, der bereits ein erstrangiger Protagonist im Kampf gegen den Terrorismus gewesen war, mit dem Auftrag nach Sizilien gesandt, die Untersuchungen gegen die Mafia zu koordinieren. Wenige Monate später wurde auch er das Opfer eines Mafia-Anschlages mitten im Zentrum von Palermo. Die Reaktion des Gesetzgebers erfolgte im Handumdrehen mit dem Erlass des Gesetzes vom 13. September 1982 (Nr. 646), das den neuen Straftatbestand der „mafiosen Vereinigung" (Art. 416bis C.P.) in das Strafgesetzbuch einfügte sowie eine Reihe weiterer Maßnahmen einführte, die zum Teil aus der Antiterrorismus-Gesetzgebung abgewandelt waren[21]. Auch die Gesetzgebung über Reumütige wurde später auf den Bereich der organisierten Kriminalität und des Kampfes gegen die Mafia ausgedehnt. Das Ergebnis ist, alles in allem, eine Art Ausbreitung und Institutionalisierung der Notstandsgesetzgebung: Entstanden für den speziellen Zweck der Bekämpfung des Terrorismus, wird sie Schritt für Schritt zur Bekämpfung immer neuer Notstände angewandt, von der Mafia-Kriminalität bis zur Korruption usw. Der Begriff geht allmählich in den allgemeinen Sprachgebrauch über – so sehr, dass es inzwischen sogar schon besondere Schriftenreihe zu diesem Thema gibt[22] – und auch die öffentliche Meinung scheint sich an den Gedanken eines Lebens mit Notstandssituationen und mit *ad hoc*-Gesetzen zur Bekämpung der Konsequenzen des Notstandes gewöhnt zu haben.

VII.

Damit sind wir in unserer Zeit angelangt. Nach dem Anschlag auf die *twin towers* am 11. September 2001 ist auch in Italien der internationale Terrorismus zum neuen großen Notstandsfall geworden. Einen Monat nach dem New Yorker Anschlag wurde der italienische Gesetzgeber tätig, um die bereits erprobten gesetzlichen Regelungen der Antiterrorismus-Gesetzgebung an die neuen Formen des „globalen Terrorismus" anzugleichen. Mit dem Gesetzesdekret vom 18. Oktober 2001 (Nr. 374), übernommen durch Gesetz vom 15. Dezember 2001 (Nr. 438), wird der bereits erwähnte Tatbestand des Verei-

---

21 Vgl. unter den ersten Kommentaren *F. Bricola*, Premessa al commento alla l. 13 settembre 1982, Nr. 646, in: Legisl. pen. 1983, S. 237 ff.; *G. Fiandaca*, *Commento all'art. 1 l. 13 settembre 1982, n. 646*, in: Legisl. pen. 1983, S. 257 ff.; *G. Neppi Modona*, Il reato di associazione mafiosa, in: Dem. Dir. 1983, S. 41 ff.; ausführlicher die Monographie von *G. Spagnolo*, L'associazione di tipo mafioso. Mailand (Giuffrè) 1997.

22 So die Schriftenreihe „La legislazione dell'emergenza" im Verlag Giuffrè; erstes Werk war die schon zitierte Monographie von *P. L. Vigna*, La finalità, a.a.O. (Fn. 13).

nigungsdelikts (Art. 270bis C.P.) neu formuliert; in der Überschrift wird nunmehr die „terroristische oder auf Umsturz der demokratischen Ordnung gerichtete Zielsetzung“ ausdrücklich erwähnt, und im Tatbestandstext wird klargestellt, dass diese Zielsetzung auch Gewalttaten einschließt, welche die Vereinigung „gegen einen ausländischen Staat oder eine internationale Institution oder einen internationalen Organismus“ begehen will[23].

Die Einfügung der international-terroristischen Zielsetzung in den Tatbestand entspringt der Notwendigkeit, auf italienischem Staatsgebiet die Tätigkeit terroristisch geprägter krimineller Vereinigungen auch dann zu bekämpfen, wenn sie ihre operative Tätigkeit außerhalb der Staatsgrenzen entfalten wollen. Derartige Verhaltensweisen waren nämlich vorher nicht durch den am Ende der 70er Jahre eingeführten Tatbestand erfasst. Die Rechtsprechung des Kassationshofes hatte mehrfach ausgesprochen, dass, „wenn die Zielsetzung des Umsturzes und des Terrorismus, welche das Programm der Verletzungshandlungen prägt, nicht die italienische Verfassungsordnung betrifft, dies außerhalb des durch Art. 270bis C.P. geschützten Rechtsgutes liegt“[24].

---

23 Zur Neuformulierung des Art. 270bis C.P. durch die Novelle vom 2001 vgl. *L. Bauccio*, L'accertamento del fatto reato di terrorismo internazionale. Aspetti teorici e pratici. Mailand (Giuffrè) 2005; *Canepa*, Circa il delitto di associazione con finalità di terrorismo ed eversione, in: Foro it. (= Foro italiano) 2004, II, 28 ff.; *C. Cupelli*, Il nuovo art. 270bis c.p.: emergenze di tutela e deficit di determinatezza, in: Cass. pen. (= Cassazione penale) 2002, S. 897 ff.; *Dagnino*, Associazioni con finalità eversive e libertà costituzionali: un coniugio non sempre agevole, in: Cass. pen. 2004, S. 1254 ff.; *G. Fiandaca / A. Tesauro*, Le disposizioni sostanziali: linee, in: G. Di Chiara (Hrsg.), Il processo penale tra politiche della sicurezza e nuovi garantismi. Turin (Giappichelli) 2003, S. 117 ff.; *L. Filippi*, Terrorismo internazionale: le nuove norme interne di prevenzione e repressione. Profili processuali, in: Dir. pen. proc. (= Diritto penale e processo) 2002, S. 163 ff.; *A. Gamberini*, Gli strumenti penali di contrasto al terrorismo internazionale: alcuni interrogativi sulla tecnica e sull'oggetto di tutela della nuova fattispecie di cui all'art. 270 bis c.p., in: Crit. Dir. (= Critica del diritto) 2004, S. 69 ff.; *G. Insolera*, Reati associativi, delitto politico e terrorismo globale, in: Dir. pen. proc. 2004, S. 1325 ff.; *R. Minna*, Terrorismo 2001, in: Legisl. Pen. 2002, S. 1020 ff.; *C. Piemontese*, Disposizioni urgenti per contrastare il terrorismo internazionale. Commento agli artt. 1 e 2 D.l. 18 ottobre 2001, n. 374, convertito con modificazioni in l. 15 dicembre 2001, n. 438, in: Legisl. Pen. 2002, S. 777 ff.; *S. Reitano*, Le misure di contarsto al terrorismo internazionale tra Unione Europea e normativa italiana di adattamento, in: Ind. pen. (= L'indice penale) 2004, S. 1173 ff.; *E. Rosi*, Terrorismo internazionale: le nuove norme interne di prevenzione e repressione. Profili di diritto penale sostanziale, in: Dir. pen. proc. 2002, S. 150 ff.

24 Kassationsgerichtshof Abt. VI, 1. Juni 1999, in: Dir. pen. proc. 1999, S. 966 e 2000, S. 485, mit Anmerkung *A. Peccioli*, Associazione a base italiana con finalità eversiva di un ordinamento straniero; Kassationsgerichtshof, Abt. VI, 17. April 1996, in: Cass. pen. (= Cassazione penale) 1997, S. 51; Kassationsgerichtshof, Abt. VI, 30. Januar 1996, in: Giust. pen. (= Giustizia penale) 1997, S. 158; Kassationsgerichtshof, Abt. VI, 26. Mai

Der betrachtete Tatbestand definiert weder in seiner alten „nationalen" noch in seiner neuen internationalen Fassung den Begriff des „Terrorismus", eben so wenig die entsprechende Zielsetzung[25]. Bei der Anwendung hatte die Rechtsprechung der vorangegangenen Jahre niemals die Notwendigkeit erblickt, über allgemeine Definitionen hinauszugehen; sie meinte beispielsweise, dass für den Ausdruck „Terrorismus" der Wille kennzeichnend sei, durch Handlungen mit wahllosen Opfern Panik in der Bevölkerung zu verbreiten, durch Handlungen also, „die nicht gegen einzelne Personen, sondern gegen das, was sie repräsentieren, gerichtet sind [...], Schrecken zu verbreiten, indem sie das Vertrauen in die Verfassungsordnung erschüttern und ihre Strukturen schwächen[26]. Tatsächlich bedurfte der Terrorismus der 70er Jahre, den die Gruppen mit umstürzlerischen Zielsetzungen im Italien der „bleiernen Jahre" praktizierten, keiner besonderen gesetzlichen Definitionen, denn es handelte sich um einen Terrorismus, der sich selber als solchen bezeichnete, der seine systemfeindliche und kämpferische Identität offen bekannte und dessen Mitglieder, wenn sie verhaftet wurden, sich regelmäßig stolz als „politische Gefangene" bezeichneten[27].

Mit dem Auftreten des neuen internationalen Terrorismus ist die Situation sehr viel komplizierter, nuancierter und ungreifbarer geworden[28]; sowohl die gesetzlichen Formulierungen als auch die aus den vorhergehenden Jahren überkommenen Stellungnahmen der Rechtsprechung erwiesen sich als ziemlich unpassend. Anfang 2005 erregte ein Richter am Mailänder Landgericht beachtliches Aufsehen, als er feststellte, dass „Gewalt- und Guerilla-Aktivitäten in kriegerischen Kontexten auch dann keine terroristischen Handlungen darstellen, wenn sie von bewaffneten Kräften vorgenommen werden, die keine institutionellen sind". Infolgedessen, so der Richter, falle „unter Art. 270bis C.P. nicht eine kämpfende islamische Organisation, die mit einer eigenen, auf Bürgerkrieg ausgerichteten Miliz ausgestattet ist, auch wenn sie von Gruppen

---

1998, in: CED Cass. (= Centro elettronico di documentazione della Corte di Cassazione) Nr. 212161.

25 Vgl. dazu *A. Gioia*, Terrorismo internazionale, crimini di guerra e crimini contro l'umanità, in: Riv. dir. int. 2004, S. 5 ff.; *A. Valsecchi*, Il problema della definizione di terrorismo, in: Riv. it. dir. proc. pen. 2004, S. 1127 ff.

26 Kassationsgerichtshof., Abt. I, 11. Juli 1987, in: Cass. pen., 1989, S. 41.

27 Vgl. dazu z.B. *G. Bianconi*, Mi dichiaro prigioniero politico. Storie delle Brigate Rosse. Turin (Einaudi) 2003.

28 Vgl. dazu u.a. *R. Giuolo*, Jihad e „violenza sacra", sowie *A. Spataro*, Le forme attuali di manifestazione del terrorismo nella esperienza giudiziaria: implicazioni etniche, religiose e tutela dei diritti umani, beide in: C. De Maglie / S. Seminara (Hrsg.), Terrorismo internazionale e diritto penale. Padova (CEDAM) 2007, S. 1 ff. und 163 ff.

finanziert wird, die sich in Europa niedergelassen haben und sich im Bereich des islamischen Fundamentalismus bewegen, ohne jedoch terroristische Zielsetzungen zu besitzen, die vielleicht oder wahrscheinlich nur einige ihrer Mitglieder verfolgen“. (Speziell die „Zellen“, um die es ging, besaßen als vorrangigen Zweck die Finanzierung und – allgemeiner – die Unterstützung von Strukturen paramilitärischer Ausbildung in mittelöstlichen Gebieten, vermutlich im Norden des Irak, und zu diesem Zweck waren Sammlung und Versand von Geld sowie die Anwerbung von Freiwilligen – durchweg Ausländer und alle islamisch-fundamentalistisch ausgerichtet – organisiert worden, die sich in die genannten mittelöstlichen Regionen begaben und dort in kriegerischem Kontext eingesetzt werden sollten)[29].

VIII.

Auch als Antwort auf die Unsicherheiten der Rechtsprechung griff der Gesetzgeber schon bald darauf mit einer weiteren Novelle ein (Gesetzesdekret vom 17. Juli 2005, Nr. 144, mit Änderungen umgewandelt in das Gesetz vom 31. Juli 2005, Nr. 155)[30]. Darin definierte er zum ersten Mal in unserer

29 Tribunale Milano, G.i.p. (= Giudice per le indagini preliminari), 24. Januar 2005, in: Dir. Giust. (= Diritto & Giustizia) 2005, S. 92 ff., Foro it. 2005, II 219 ff., und Giur. mer. (= Giurisprudenza di merito) 2005 II, S. 895 ff. und 1347 ff., mit Anmerkungen von *O. Villone*, Il reato di associazione sovversiva con finalità di terrorismo internazionale e la nozione di terrorismo negli strumenti normativi e nelle convenzioni internazionali, und *M. Mantovani*, Brevi note in materia di terrorismo internazionale. Für die Gegenrichtung vgl. aber – zeitgleich mit der Entscheidung des Mailänder Richters – Tribunale Brescia, G.i.p., 31. Januar 2005, in: Dir. Giust. 2005, S. 53 ff., Foro it. 2005, II 218 ff., und Giur. mer. 2005, II S. 895 ff. e 1347 ff.: Die Gewaltaktionen, auch unter Anwendung von „Kamikaze“-Aktionen, von Vertretern extremistischer islamischer Ideologien gegenüber in Asien eingesetzten militärischen Einheiten (darunter auch ein itlienisches Kontingent) können nicht als Akte legitimer und gerechtfertigter „Guerilla“ qualifiziert werden, sondern werden selbstverständlich in jeder Hinsicht als „terroristische“ Akte bezeichnet. Derselben Meinung kürzlich auch der Kassationsgerichtshof, Abt. I, 11. Oktober 2006, in: Guida Dir. (= Guida al Diritto) 2007, Heft 17, S. 95 ff., in: Dir. pen. proc. 2008, S. 4 ff., mit Anmerkung von *E. Rosi*, sowie in: Foro it. 2007, II 77 ff. und 2008, II 43 ff., mit Anmerkung von *A. Gamberini / C. Preziuso*, La capacità espansiva della definizione di terrorismo, fra violenza in tempo di guerra ed atti eversivi.

30 Zu dieser jüngsten Gesetzesnovelle vgl. *R. Bartoli*, Lotta al terrorismo internazionale. Turin (Giappichelli) 2008; *L. D. Cerqua*, La nozione di „condotte con finalità di terrorismo“ secondo le fonti internazionali e la normativa interna, in: C. De Maglie / S. Seminara (Hrsg.), Terrorismo internazionale, a.a.O. (Fn. 28), S. 55 ff.; *M. Donini*, Lo status di terrorista: tra il nemico e il criminale, in: Crit. Dir. 2008 (im Druck); *G. Flora*, Profili penali del terrorismo internazionale: tra delirio di onnipotenza e sindrome di autocastrazione, in: Riv. it. dir. proc. pen. 2008, S. 62 ff.; *L. Foffani / R. Orlandi*, Landesbericht Italien, in: W. Gropp / A. Sinn (Hrsg.), Organisierte Kriminalität und

Rechtsgeschichte die „Straftaten mit terroristischer Zielsetzung“ (Art. 270^sexies C.P.), indem er zu ihnen – mit einer Definition, die an Art. 2 der Konvention der Vereinten Nationen aus dem Jahre 1999 und den EU-Rahmenbeschluss vom 13. Juni 2002 (2002/475/GAI) erinnert – „alle Verhaltensweisen“ zählt, „die, ihrer Natur oder den Umständen nach, schweren Schaden für ein Land oder für eine Internationale Organisation bewirken können und zu dem Zwekke begangen werden, die Bevölkerung einzuschüchtern oder die Staatsgewalt oder eine Internationale Organisation zu zwingen, eine Handlung zu begehen oder nicht zu begehen, oder die politischen Grundstrukturen, die Verfassungs-, die Wirtschafts- oder die Gesellschaftsstrukturen eines Landes oder einer Internationalen Organisation zu erschüttern, ferner andere Verhaltensweisen, die durch Konventionen oder andere für Italien verbindliche Normen des Völkerrechts als terroristisch oder als mit terroristischer Zielsetzung begangen definiert sind“.

Das Vereinigungsdelikt wird noch flankiert von zwei neuen subsidiären Straftatbeständen, über die „Anwerbung mit terroristischer, auch internationaler, Zielsetzung“ (Art. 270^quater C.P.) und über die „Ausbildung für Tätigkeiten mit terroristischer, auch internationaler, Zielsetzung“ (Art. 270^quinquies C.P.); mit ihnen sollen unter anderem besonders Verhaltensweisen erfasst werden wie diejenigen, welche die gerade erwähnte Mailänder Rechtsprechung zum Straferlass im Auge hat.

Neben diesem umfangreichen Bündel von Vereinigungsdelikten führte diese durch den Notstand des internationalen Terrorismus ausgelöste Welle gesetzgeberischer Maßnahmen auch zur Herausbildung eines neuen Typus von Unternehmensdelikt (Art. 280bis Codice Penale: „Terroristische Handlung mit

---

kriminelle Organisationen. Präventive und repressive Maßnahmen vor dem Hintergrund des 11. September 2001. Baden-Baden (Nomos) 2006, S. 221 ff.; *R. Kostoris / R. Orlandi*, Contrasto al terrorismo interno e internazionale. Turin (Giappichelli) 2006; *G Insolera*, Terrorismo internazionale tra delitto politico e diritto penale del nemico, in: Dir. pen. proc. 2006, S. 895 ff.; *S. Reitano*, Riflessioni in margine alle nuove fattispecie antiterrorismo, in: Riv. it. dir. proc. pen. 2007, S. 217 ff.; *E. Rosi*, in: Dir. Giust. 2005, Heft 6, S. 84 ff.; *Ders.*, Stichwort „Terrorismo internazionale“, a.a.O. (Fn. 9), S. 1638 ff.; *Ders.*, Terrorismo internazionale: le recenti soluzioni della giurisprudenza di legittimità alla ricerca di un bilanciamento tra esigenze di anticipazione della tutela penale e garanzie giurisdizionali, in: Dir. pen. proc. 2008, S. 455 ff.; *G. Salvini*, L'associazione finalizzata al terrorismo internazionale: problemi di definizione e prova della finalità terroristica, in: Cass. pen. 2006, S. 3366 ff.; *F. Viganò*, Il contrasto al terrorismo di matrice islamico-fondamentalistica: il diritto penale sostanziale, in: C. De Maglie / S. Seminara (Hrsg.), Terrorismo internazionale, a.a.O. (Fn. 28), 125 ff.; *Ders.*, Terrorismo, guerra e sistema penale, in: Riv. it. dir. proc. pen. 2006; *Versch. Autoren:* Commento al d.l. 27.7.2005, n. 144, conv. in l. 31.7.2005, n. 155, Misure urgenti per il contrasto del terrorismo internazionale, in: Legisl. pen. 2005, S. 419 ff.

tödlichen oder explosiven Sprengkörpern“, eingeführt durch das Gesetz vom 14. Februar 2003, Nr. 34); er soll den bereits bestehenden Tatbestand des „Anschlages mit terroristischer oder umstürzlerischer Zielsetzung“ (Art. 280 Codice Penale) flankieren. Während dieser seit 1979 zur italienischen Rechtsordnung gehörende Straftatbestand denjenigen bestraft, „der mit terroristischer oder auf Umsturz der demokratischen Ordnung gerichteter Zielsetzung einen Anschlag auf das Leben oder die körperliche Unversehrtheit einer Person unternimmt“, dehnt der neue Straftatbestand die für jedes Unternehmensdelikt typische Vorverlegung des Strafschutzes von Personen auf Sachen aus, indem er jeden mit Strafe bedroht, „der mit terroristischer Zielsetzung eine Handlung begeht, welche direkt auf die Schädigung fremder beweglicher oder unbeweglicher Sachen gerichtet ist und unter Anwendung von explosiven oder sonstwie tödlichen Stoffen geschieht“.

IX.

Was diese letzte und jüngste Phase angeht, so lässt sich sagen, dass mit ihr die Rekonstruktion der komplexen und mühseligen Geschichte der Antiterrorismus-Gesetzgebung in Italien abgeschlossen ist. Es ging mir bis hierher um eine möglichst deskriptive und objektive Beschreibung; doch kann man sich einigen abschließenden Bewertungen bei einem so spannungsvollen und historisch-politisch bedeutenden Thema nicht entziehen. Das Gemälde der Antiterrorismus-Gesetzgebung in Italien ist komplex und dramatisch. Wegen der Realität, die ihm zugrunde liegt, ist es mit dunklen Farben gemalt, doch ist es immerhin reich an Licht und Schatten.

Nach einer nicht nur unter Juristen, sondern auch unter Politikern in Italien sehr verbreiteten Einschätzung der Tragödie des Terrorismus hat man in den „bleiernen Jahren“, ungeachtet der tiefgreifenden Spannungen und Spaltungen, welche Gesellschaft und Institutionen durchzogen, letztlich doch eine „substantielle Aufrechterhaltung“ des demokratischen Systems und seiner Strafrechtsordnung feststellen können; sie sei alles in allem in den Verfassungsgrundsätzen verankert geblieben.

Dies ist eine Einschätzung, die man insgesamt teilen kann; doch ist der dafür gezahlte Preis sehr hoch gewesen.

Wir können uns nämlich nicht verhehlen, dass die Ausnahmegesetzgebung eine tiefgreifende Veränderung im Gleichgewicht unseres Strafjustizsystems bewirkt hat, sowohl im materiellrechtlichen Bereich als auch im Bereich des Strafverfahrens und der Strafvollstreckung: mit einer systematischen Vorverlegung des Strafrechtsschutzes, mit einer verstärkten Ausweitung von Vereinigungsdelikten und Unternehmensdelikten, mit einem bedenkenlosen Gebrauch der Untersuchungshaft als Mittel der Sozialverteidigung, mit einer grundlegenden Ausrichtung des Strafrechtssystems an einer Tätertypologie (dem Terroristen) statt an speziellen Tattypologien, mit der Einführung von Sonderregelungen im Strafvollzugssystem[31] usw.

Verglichen mit der beschriebenen Lage zu Beginn der siebziger Jahre mit ihren an den Werten individueller rechtsstaatlicher Garantien geprägten Reformen, hat man wenige Jahre danach eine beträchtliche Tendenzumkehr hervorgebracht, die ganz entschieden darauf ausgerichtet ist, den Bedürfnissen der sozialen Verteidigung gegen die Kriminalität – die terroristische wie die nichtterroristische – den Vorrang einzuräumen, so dass schließlich die Räume für den Schutz der Rechte des Einzelnen bis auf ein Minimum reduziert worden sind, mitunter sogar über jene Grenzen hinaus, die durch ein vernünftiges Verfassungsverständnis gezogen sind[32].

Richtig ist freilich auch, dass diese Gesetzgebung sich im Grunde im Rahmen der Verfassung und unter grundsätzlicher Beachtung der in ihr enthaltenen Forderungen der Gesetzlichkeit gehalten hat, und dass man nicht radikalen Forderungen nachgegeben hat, die in breiten Schichten der öffentlichen Meinung erhoben worden sind. So sind beispielsweise niemals ernsthaft Vorschläge erwogen worden, die Todesstrafe wieder einzuführen oder den inneren Kriegszustand auszurufen[33]; auch ist niemals an die Einrichtung von Sondergerichten oder außerordentlichen Gerichtsverfahren gedacht worden.

Man kann noch hinzufügen, dass – vielleicht als heilsame Konsequenz der Verrechtlichung des Kampfes gegen den Terrorismus – in Italien keine schweren Vorgänge von „schmutzigem Krieg" gegen den Terrorismus stattgefunden haben: Wir haben in Italien glücklicherweise weder Guantanamo noch den Skandal des GAL noch die unheimlichen Schatten der Zellen von Stammheim gehabt.

---

31 Vgl. in diese Richtung für alle, *F. Bricola*, Considerazioni introduttive a Il codice Rocco cinquant'anni dopo, in: Quest. crim. 1981, S. 21 ff.

32 So z.B. *V. Grevi*, Sistema penale, a.a.O. (Fn. 11), S. 67 ff.

33 Nur die rechtsextreme Partei *Movimento sociale italiano (MSI)* hatte – während der blutigsten Phase der „bleiernen Jahre" – durch eine Volksinitiative vorgeschlagen, den inneren Kriegszustand auszurufen und dadurch das Militärkriegsstrafgesetzbuch – das damals die Todesstrafe vorsah – anwendbar zu machen; zu diesem Vorschlag und zur darauffolgenden Debatte vgl. die kritische Stellungnahme von *D. Pulitanò*, Ergastolo e pena di morte. Le „massime pene" tra referendum e riforma, in: Dem. Dir. 1981, S. 155 ff.

All dieses wird natürlich zu den Aktivposten der Schlussbilanz der Antiterrorismus-Gesetzgebung gerechnet; ebenso wird *a posteriori* dieser Gesetzgebung – in ihrem sehr italienischen *mix* von Zuckerbrot und Peitsche, Repression und Belohnung, Strenge und Gnade[34] – zugestanden, dass sie einen beachtlichen hohen Grad an Wirksamkeit besessen hat, welcher den Gesetzgeber im Verlauf der achtziger Jahre und später dazu veranlasst hat, die Ausnahmegesetzgebung auf verschiedene Fälle der Mafia und der organisierten Kriminalität zu übertragen. Gerade hier allerdings liegt eine der schweren Gefahren dieser Art von Gesetzgebung: Im ständigen Rückgriff auf sie als ein stets gegen irgend einen neuen kriminalpolitischen Notstand einsetzbares Modell, wird der Ausnahmezustand allmählich zur Normalität[35].

Es ist schließlich, gleichsam um den Ausnahmecharakter der Antiterrorismus-Gesetzgebung zu mildern, gesagt worden, der Gesetzgeber habe sich ja im Grunde darauf beschränkt, traditionelle Instrumente des Strafrechts an die neue kriminalpolitische Wirklichkeit anzupassen, wie zum Beispiel die Vereinigungsdelikte und die Unternehmensdelikte – die in der italienischen Gesetzgebungsgeschichte bereits bestens bekannt gewesen seien und von denen es im Strafgesetzbuch, dem Codice Rocco, reichlich viele gebe.

Gerade hier aber liegt bei näherem Hinsehen der größte Mangel dieses Feindstrafrechts *made in Italy*: Die Ausnahmegesetzgebung hat nichts anderes getan, als nach 30 Jahren praktischer Nichtanwendung einen Titel des Besonderen Teils des Codice Rocco – nämlich denjenigen über die Straftaten gegen die Persönlichkeit des Staates –zu revitalisieren, der bis heute die Grundlinien der Staatsideologie des Faschismus getreulich widerspiegelt. Und damit ist schließlich der Finger in die Wunde gelegt: Der wirkliche Skandal ist nicht so sehr die Ausnahmegesetzgebung an und für sich, als vielmehr die Tatsache, dass diese in ein Strafgesetzbuch eingefügt worden ist, das immer noch in seinen Grundlagen und in seiner Gesamtarchitektur das Strafgesetzbuch des faschistischen Italiens ist, der sogenannte Codice Rocco. Weite Bereiche des Besonderen Teils dieses Gesetzbuchs, der eben mit den Straftaten gegen die Persönlichkeit des Staates beginnt – sind niemals wirklich dem Geiste und den Werten der republikanischen Verfassung entsprechend überarbeitet worden, sondern einfach durch punktuelle schönheitschirurgische Eingriffe des Gesetzgebers oder des Verfassungsgerichtshofes – zu einer bescheidenen „*maquillage*" umformuliert worden, um wenigstens jene Punkte zu beseitigen, die am

34 Vgl. dazu *D. Pulitanò*, Rigore e premio nella risposta alla criminalità organizzata, in: C. Filippi (Hrsg.), I reati associativi. Mailand (Giuffrè) 1998, S. 145.

35 Exemplarisch in dieser Sinne der Titel einer Monographie von *S. Moccia*, La perenne emergenza. Tendenze autoritarie nel sistema penale. Napoli (ESI) 2000.

meisten und am offenkundigsten mit den Verfassungsgrundsätzen im Widerspruch standen.

Das Ergebnis ist ernüchternd: Nach der dauernden und rituellen Neueinsetzungen von Ministerialkommissionen zu Beginn jeder neuen Legislaturperiode, die bisher vergeblich mit der Aufgabe befasst sind, den Entwurf eines neuen Strafgesetzbuches zu erarbeiten, dem es gelingt, das Licht der Welt zu erblikken[36], haben wir es heute immer noch mit einem Strafgesetzbuch zu tun, das – zumindest in seinem Besonderen Teil – nicht ein Strafgesetzbuch ist, welches zu einer reifen Demokratie passt, sondern ein Strafgesetzbuch autoritären und faschistischen Ursprungs, das nur mühsam und Schritt für Schritt demokratisiert wird, also nicht ein wirklich und vollständig *demokratisches* Strafgesetzbuch, sondern ein bloß *demokratisiertes* Strafgesetzbuch. Der Unterschied mag feinsinnig erscheinen, er ist jedoch von grundlegender Bedeutung, denn er zeigt uns allen, Bürgern und Strafrechtlern, dass die historische Herausforderung der Schaffung eines neuen Strafgesetzbuches – grundlegender und unverzichtbarer Bestandteil einer „rechtlichen Transformation von Diktaturen in Demokratien"[37] – dass diese Herausforderung, die der deutsche Gesetzgeber bereits in den siebziger Jahren (1974) erfolgreich in Angriff genommen hat und später der portugiesische Gesetzgeber in den achtziger Jahren (1982) und ferner der spanische Gesetzgeber gleichermaßen mit dem Erlass des *Código penal de la democracia* (1995) bestanden hat[38], heute in Italien immer noch eine drängende und ungelöste Herausforderung darstellt. Man kann sich nur wünschen, dass diese Herausforderung schließlich noch von unserer Generation gemeistert werden kann und nicht erst die Ankunft der nächsten abgewartet werden muss.

---

36 Allein im letzten Jahrhundertviertel haben wir schon den Entwurf *Pagliaro* (1992: Allgemeiner und Besonderer Teil), den Entwurf *Riz* (1994), den Entwurf *Grosso* (2000: nur Allgemeiner Teil), den Entwurf *Nordio* (2006) und den Entwurf *Pisapia* (2007) erlebt. Keiner von diesen Entwürfen ist jedoch zur Diskussion im Parlament gelangt.

37 Nach dem Titel der Tagung von Sevilla.

38 Noch schneller war die Schaffung eines neuen Strafgesetzbuches in den osteuropäischen Ländern vor und nach der Jahrtausendewende nach dem Ende der kommunistischen Regierungen.

DEUTSCHLAND

Winfried Hassemer

Das Strafrecht nach einem politischen Systemwechsel. Am Beispiel der Bundesrepublik

I. Erfahrungen

1. Eine moderne Frage

Unsere Frage, welche Rolle das Strafrecht spielen kann, wenn sich in einem Staat ein Systemwechsel ereignet, wenn sich also ein neues politisches System durchgesetzt hat, ist nur auf den ersten Blick naheliegend, selbstverständlich oder gar klassisch. Zwar ist es richtig, dass überall auf unserem Globus immer wieder radikale Veränderungen politischer Systeme stattgefunden haben und weiter stattfinden und dass das jeweilige Strafrecht sowohl vor als auch nach diesen Veränderungen existiert hat und weiter existiert; also müsste man annehmen, dass die Verbindung von Systemwechsel und Strafrecht zum Alltag der mondialen politischen Erfahrung gehört, dass es darüber verlässliche wissenschaftliche Erkenntnisse gibt und dass die Diskurse über dieses Phänomen schon lange andauern, dass sie normal und iterativ sind.

So ist es aber nicht. Unsere Frage nach der Rolle des Strafrechts bei einem Wechsel des politischen Systems ist keineswegs klassisch; sie ist vergleichsweise modern. Das hat verschiedene Gründe; an diesen Gründen kann man etwas lernen über die Struktur des Strafrechts, seine Entwicklung in der Zeit und in unterschiedlichen politischen Kulturen, aber auch über diese politischen Kulturen selbst. All das werde ich hier nicht ausleuchten können. Ein wenig aber will ich bei diesen Gründen verweilen und mit Ihnen zusammen überlegen, warum die Frage nach der Rolle des Strafrechts bei politischem Systemwechsel keine normale, sondern eine eher außergewöhnliche Frage ist. Einige der Gründe liegen auf der Hand, einige muss man sich erst erschließen.

2. „Systemwechsel"

Auf der Hand liegt ein Umstand, dessen Betrachtung uns zugleich schon mit unserem Gegenstand etwas vertrauter machen kann; es ist der Begriff „Systemwechsel". Diesen Begriff sollte man natürlich, wie bei jeder Begriffsbestimmung, nicht nur so präzise wie möglich bestimmen. Viel wichtiger ist, dass man ihn eng, genauer: dass man ihn anspruchsvoll fassen muss. Gelingt das nicht und gerät der Begriff zu weit und zu großzügig, so werden allzu viele historische Konstellationen mit in den Blick genommen; dies wiederum muss dazu führen, dass der Gegenstand, auf den der Begriff „Systemwechsel“ dann angewendet wird, zerfließt und seine Tauglichkeit einbüßt, zu genauen und verlässlichen Ergebnissen zu führen. Insbesondere unsere Frage nach der Rolle des Strafrechts lässt sich dann nicht mehr vernünftig traktieren:

Die Frage nach der Rolle des Strafrechts wäre – bei einem weiten, wenig anspruchsvollen Begriff von „Systemwechsel“ – angesichts eines bloßen Wechsels etwa von der früheren Regierung zur früheren Opposition nach einer politisch und verfassungsrechtlich unauffälligen Wahl normalerweise absolut unergiebig: Wenn nicht mehr gewechselt hat als die Regierung oder deren Koalition, so sind für das Strafrecht, wenn überhaupt, eher marginale Veränderungen zu erwarten; die Frage nach seiner Rolle und deren Veränderung macht dann keinen Sinn.

Sinn macht sie erst, wenn der Begriff „Systemwechsel“ sowohl empirisch als auch normativ anspruchsvoll gefasst wird: Nicht schon der Regierungswechsel reicht hin, sondern erst der Umsturz der bisherigen Regierungsstruktur und der Normen, die sie gestützt haben und die von ihr generiert wurden; erst dann nämlich stürzt bei einem Wechsel „das System“ zusammen und wird es sinnvoll, nach der Rolle des Strafrechts zu fragen. Wann ein solcher Umsturz sich jeweils konkret ereignet hat, wird sich freilich abstrakt und abschließend kaum hinlänglich bestimmen lassen; dazu ist die besondere historische Situation eines Staates, sind seine jeweilige Kultur, seine Traditionen, seine geschriebene Verfassung und seine tatsächliche Verfassungswirklichkeit zu unterschiedlich und zu gewichtig, wenn man nach einem „Systemwechsel“ fragt. Man muss diesen wichtigen Besonderheiten ihr Recht belassen und ihnen einen Raum geben, in dem sie ihre besondere Botschaft zur Geltung bringen können.

In Deutschland beispielsweise haben nach dem Zweiten Weltkrieg weder die Beendigung einer langjährigen konservativen Regierung noch die Einrichtung einer Großen Koalition einen „Systemwechsel“ in dem anspruchsvollen Sinne bewirkt, in dem der Begriff hier gefasst wird. Das geschah nur mit dem Ende der Nazi-Herrschaft 1945 und mit der Wiedervereinigung 1989/90. Erst zu diesen historischen Wendepunkten hat sich Deutschland empirisch und normativ fundamental gewandelt: von einer Parteiendiktatur zu einer sich öffnenden Demokratie, von einer zerstörten oder gefesselten Justiz zu einem Rechtsstaat. Erst bei diesen Ereignissen macht es auch Sinn, nach der Rolle des Strafrechts im Zusammenhang mit Systemwechseln zu fragen.

Ein Systemwechsel also ist nach meinem Verständnis eine Erfahrung, die für eine Gesellschaft nicht alltäglich ist; er ist eine Ausnahme und gehört nicht zum gängigen Repertoire der Strafrechtstheorie. Dies mag Teil einer Erklärung dafür sein, dass wir es hier mit einer modernen Fragestellung[1] zu tun haben.

Unter Gesichtspunkten einer exakten Wissenschaft mag man bedauern, dass es keinen schneidigen verallgemeinerten Begriff von „Systemwechsel" geben soll, der eine gleichsam blinde, automatische Deduktion auf die jeweiligen Verhältnisse in einem Staat, seiner Tradition und Kultur erlauben würde. Unter Gesichtspunkten der Fülle des Materials, das wissenschaftlich betrachtet werden muss, und der historischen Besonderheiten eines Staates, die in die wissenschaftliche Beurteilung einbezogen werden müssen, sieht die Sache hingegen anders aus. Hier verspricht schon die rationale und kundige Diskussion der Frage, ob bestimmte Ereignisse den Topos „Systemwechsel" tragen oder nicht, fruchtbare Erkenntnisse zur jeweiligen historischen und aktuellen Entwicklung von Staat, Recht und Gesellschaft; diese Erkenntnisse wären verschlossen, wenn man nicht gezwungen wäre, sich in jedem einzelnen Fall um die sachgerechte Konkretisierung des Begriffs „Systemwechsel" anhand der jeweiligen historischen, kulturellen und politischen Besonderheiten zu bemühen.

3. Varianz

Ein zweiter Umstand begründet etwas umfänglicher, warum der Begriff „Systemwechsel" relativ offen und zugleich anspruchsvoll gefasst werden sollte; dieser Umstand beginnt überdies schon mit der Antwort auf die Frage, warum die Rolle des Strafrechts nach einem Systemwechsel eher neu ist als überkommen. Dieser Umstand besteht in der Erfahrung, dass nicht nur die Erscheinungsweisen eines Systemwechsels, sondern auch die Folgen dieses Systemwechsels, einschließlich der rechtlichen und auch der strafrechtlichen Folgen, auf einer breiten Skala variieren[2]; und der Umstand führt uns zugleich zu den Gründen, die man als für diese Varianz bestimmend vermuten darf[3].

a) Erscheinungsweisen

Aufs Ganze gesehen, ergibt sich das Bild einer außerordentlichen Vielfalt in Erscheinungsweisen und Folgen eines Systemwechsels, und die Gründe dieser Varianz reichen bis in die politischen und kulturellen Wurzeln der Völker und

---

1 Oben I.1.

2 Unten I.3.a.

3 Unten I.3.b.

Staaten hinab. Das Freiburger Max Planck-Institut für ausländisches und internationales Strafrecht hat in den vergangenen Jahren unter Beteiligung ausländischer Strafrechtler und Sozialwissenschaftler eine umfangreiche Bestandsaufnahme von Systemwechseln und deren Folgen, insbesondere für das Strafrechtssystem, erarbeitet und die Ergebnisse in vielen Einzelbänden vorgelegt[4]. Daraus kann man lernen, wie vielfältig und wie tief begründet die Wechsel eines politischen Systems jeweils sind und wie weit die Reaktionen auseinander liegen, mit denen eine politische Kultur auf diesen Wechsel antwortet.

Der Einsatz des Strafrechts ist, wenn man dieses Ganze im Blick behält, keineswegs die einzige oder auch nur die nächstliegende oder häufigste Reaktion auf den Systemwechsel. Es gibt eine große Zahl politischer Kulturen, die überhaupt keine formelle staatliche Reaktion zeigen; sie verarbeiten den Sturz des Alten und den Schock des Neuen offenbar auf anderen Ebenen und mit anderen Mitteln (die wiederum variant zu anderen nicht-formellen Reaktionen sind): man wird vermuten dürfen, dass bei diesen nicht-formellen Verarbeitungsprozessen zahlreiche und ganz unterschiedliche Determinanten am Werke sind, welche die nationale Kultur der Zusammengehörigkeit, der gemeinsamen Erinnerung, der Friedens- und der Gewalterfahrung ausmachen.

Viele Reaktionen auf einen Systemwechsel aber sind formalisiert und bedienen sich rechtlicher, insonderheit auch strafrechtlicher Instrumente. Neben der normativen Wiedergutmachung und der ökonomischen Entschädigung der Opfer des früheren Systems als Antwort auf ungerechte Bestrafung, Enteignung, Disziplinierung und Zurückstufung scheinen es in den Rechtskulturen, die auf den Systemwechsel formell antworten, vor allem zwei miteinander eng verbundene Interessen zu sein, welche die Reaktionen auf Systemunrecht anleiten: Aufklärung und Versöhnung. Das Interesse an Lustration, an Aufklärung über die früheren Aktionen wenigstens derjenigen Personen, die nunmehr eine wichtige Rolle spielen in Staat und Gesellschaft, wie man es etwa in den neuen osteuropäischen Demokratien antrifft, ist nicht nur verständlich, naheliegend

4 Die Reihe erscheint unter dem Titel „Strafrecht in Reaktion auf Systemunrecht/Criminal Law in Reaction to State Crime“ und ist bislang in elf Bänden erschienen. Herausgeber waren bis Band 7 *Albin Eser* und *Jörg Arnold*; seit Band 8 ist *Ulrich Sieber* hinzugekommen. Das Forschungsprojekt geht in seinem Programm „der Frage nach, auf welche Weise unterschiedliche Rechtsordnungen auf staatsgesteuertes Unrecht reagieren, das vor einem politischen Systemwechsel begangen wurde“. Die Forschungen erstrecken sich auf über 20 Rechtsordnungen aus Europa, Lateinamerika, Afrika und Asien. Nach einem ersten Band 2000, der ein einleitendes Kolloquium dokumentiert, sind (bis November 2007) die Untersuchungen zu Transitionsprozessen in den folgenden Ländern veröffentlicht worden: Deutschland; Argentinien; Griechenland; Polen, Ungarn; Mali, Ghana; Russland, Weißrussland, Georgien, Estland, Litauen; Südafrika; China; Südkorea; Chile, Uruguay. Die Reihe ist eine Fundgrube.

und politisch hilfreich; sie ist auch eine wichtige Voraussetzung jeglicher Versöhnung, die, wie etwa in Südafrika, von „Wahrheitskommissionen" vorbereitet und begleitet wird: Aussöhnung setzt Aufklärung, Friede setzt Wissen voraus.

Gewiss trifft man, wie vor allem etwa in Deutschland[5], auch das Strafrecht häufig an als normative Antwort auf Verbrechen des untergegangenen Systems und seiner Repräsentanten; gewiss ist also unsere Frage nach der Rolle des Strafrechts keineswegs marginal. Aber selbst in Deutschland, wo die strafrechtliche Verarbeitung von Systemunrecht, international gesehen, eine vergleichsweise große Rolle spielt, kamen, vor allem im Kontext der Wiedervereinigung, Instrumente zum Einsatz, die nicht so spektakulär waren wie Strafprozesse, die aber für die betroffenen Menschen und ihre Umgebung äußerst einschneidend ausfallen konnten: die Aufklärung über die Aktivitäten zahlreicher Funktionsträger aus den teilweise geretteten Unterlagen der früheren „Staatssicherheit", die Wiedergutmachung und Entschädigung für die Opfer rechtsstaatswidriger Verfolgung oder auch vielfältige ausgleichende Konsequenzen aus dem Recht des öffentlichen Dienstes, aus dem Arbeits- oder dem Sozialrecht[6].

Die Vorstellung, die Verarbeitung von Systemswechseln sei vor allem ein strafrechtliches Problem, ist falsch. Das Strafrecht ist in einigen Kulturen das am besten sichtbare Instrument für eine Verarbeitung, mehr nicht.

b) Gründe

Fragt man nach den Gründen dieser außerordentlichen Varianz in den Folgen eines Systemwechsels, so gerät man wiederum alsbald in unwegsames Gelände. Fraglos verlieren sich schon die unterschiedlichen tatsächlichen Gründe und Anlässe, weswegen es überhaupt in einem Staat zu dieser Zeit zu einem Systemwechsel dieser Art gekommen ist, im Dunkel der politischen und kulturellen Überlieferungen der Gesellschaften und in der Kontingenz historischer Zuspitzungen, aus denen der Funke des Umsturzes überspringt und sich zu einem Feuer entwickelt. Und jedenfalls liegt die Hypothese nahe, dass die späteren Folgen des Systemwechsels nicht ganz unberührt von dessen Grund, An-

---

5 Ausführlicher dazu hier unter I.4.

6 Ein – natürlich selektiver, im Ganzen aber lehrreicher – Überblick ergibt sich aus der Sammlung von Entscheidungen des Bundesverfassungsgerichts zur Rechtsprechung in Fragen der deutschen Wiedervereinigung: Federal Constitutional Court (ed.), Decisions of the Federal Constitutional Court – Federal Republic of Germany –, vol. 3: Questions of Law Arising from German Unification 1973–2004, 2005.

lass und Erscheinungsweise sich entwickeln werden: Mit dem Wechsel eines politischen Systems beginnt die Welt nicht gänzlich neu; es ist nicht plausibel, dass frühere – selbst die im Systemwechsel überwundenen – Strukturen ihre Wirkmächtigkeit, so oder so, immer und gänzlich einbüßten. Es liegt vielmehr nahe anzunehmen, dass einige Ursachen, Anlässe und Folgen nach dem Wechsel, so oder so, noch für eine gewisse Zeit miteinander zusammen wirksam sein werden.

Mehr als dieser strukturelle Zusammenhang wird sich auf dieser fundamentalen Ebene mit wissenschaftlicher Ernsthaftigkeit nicht behaupten lassen. Begründete Vermutungen über die außergewöhnliche Varianz der Erscheinungsweisen und Folgen von Systemwechseln – Vermutungen, die sich einer professionellen Prüfung und Kritik dann natürlich stellen müssen – lassen sich aber formulieren:

Zu diesen Gründen gehört sicherlich die Erschütterung, die einen Wechsel des politischen Systems im Staat und seinen Institutionen, in der Gesellschaft, ihrem Zeitgeist und ihren Entwicklungsprozessen und auch im Leben der Menschen, in ihren Hoffnungen und Ängsten auslöst. Es steht typischerweise kein Regelwerk bereit, das bei der Bewältigung der Erschütterung und ihrer Verlängerung in neue Institutionen, in neues Denken und neuen Alltag verlässlich helfen könnte; die Zerstörung alter Regelwerke ist dem Systemwechsel ja geradezu eigen. Und die entscheidende Frage, ob die alten Regeln zugleich auch die falschen waren, beantwortet sich nicht leicht, wie man gerade bei rechtlichen Regeln hat studieren können: War das gesamte Rechtssystem vor dem Systemwechsel korrupt, oder gab es nicht wenigstens heile Inseln wie das alltägliche Straßenverkehrsrecht oder den ideologisch unverdächtigen, behördlich beglaubigten Eigentumsübergang? Wer sich an die Berichte über informelle, aber praktisch wirksame Regeln zu dem Gebot, wer im Dritten Reich wem auf dem Bürgersteig Platz zu machen hatte, oder an die Beraubung der Juden durch Druck und Enteignung erinnert, wird mit der Antwort zögerlich sein.

Im Ganzen wird man vorläufig festhalten dürfen, dass der Wechsel eines politischen Systems schon dank der Bedingungen, unter denen er typischerweise möglich wird, dank der Erscheinungsweisen, in denen er auftritt, und dank der Folgen, die er zeitigt, kein gleichförmiges und prognostizierbares Ereignis sein kann. Zu diesem Phänomen gehört die Varianz gleichsam von selbst. Und zur Varianz gehört die Schwierigkeit, diese Situationen regelhaft zu beherrschen. Diese Schwierigkeit mag erklären, warum die Frage nach der Rolle des Strafrechts nach einem Wechsel des politischen Systems immer wieder eine neue Frage sein wird[7].

4. Das Beispiel Bundesrepublik

Obwohl doch mein gesamter Beitrag vom Beispiel Bundesrepublik handelt – schon deshalb, weil ich für weiter ausgreifende Überlegungen weder Raum noch Informationen habe –, obwohl ich also hier mit besonderem Nachdruck darauf angewiesen bin, dass die jeweiligen nationalen Experten der Politik, der Gesellschaftslehre und des Strafrechts meine Behauptungen an ihren eigenen nationalen Erfahrungen prüfen, soll doch in einigen groben Strichen die Situation der Bundesrepublik eigens nachgezeichnet werden, die im letzten Jahrhundert zweimal die Rolle des Strafrechts nach einem Systemwechsel nachdrücklich erlebt und später wissenschaftlich sorgfältig erforscht hat. Diese Nachzeichnung soll nicht mehr als den Rahmen beleuchten, in dem ich die Tatsachen anschaue und aus ihnen Schlüsse ziehe; Ansprüche auf Vollständigkeit wären unbegründet, Ansprüche auf Ausgewogenheit und gerechte Beurteilung freilich nicht.

Beide Systemwechsel, 1945 nach den Nazis und 1989/90 nach der Wiedervereinigung, haben Deutschland in staatlichen, gesellschaftlichen und persönlichen Bereichen nachdrücklich beschäftigt und intensiv geformt. Die Forschungen und ihre Ergebnisse sind praktisch kaum noch überschaubar, und ich mache nicht den Versuch, aus ihnen eine Summe zu ziehen. Nur einige Züge sollen hervorgehoben werden, welche die Besonderheiten unterstreichen, mit denen eine Strafrechtsordnung nach einem Systemwechsel zu rechnen hat. Diese Besonderheiten unterscheiden sich bei beiden deutschen Systemwechseln nur graduell, und auch diese graduellen Unterschiede sind regelmäßig aus der jeweiligen historischen Situation gut erklärbar. Dass sie in ihrer Gestalt und in ihrem Typ also übereinstimmen, ermutigt dazu, einige vorläufige verallgemeinernde Schlüsse zu ziehen auf die Probleme jeglichen Strafrechts mit einem Wechsel des politischen Systems.

Nach dem Ende der Naziherrschaft[8] stand die deutsche Strafjustiz vor einer Fülle von Hürden und Fallen. Es fehlte schon die normative Orientierung als

---

7 Oben I.1.

8 Einen Einstieg und weiterführende Hinweise findet man vor allem in den folgenden Veröffentlichungen: Die Verfolgung nationalsozialistischer Straftaten im Gebiet der BRD seit 1945 (ed. Bundesministerium der Justiz), 1964, insbes. S. 39 ff.; Bericht des Bundesministers der Justiz über die Verfolgung nationalsozialistischer Straftaten vom 24.2.1965, Bundestags-Drucksache (BT-Drs.) IV/3124; *Adalbert Rückerl*, NS-Verbrechen vor Gericht, 2. Aufl. (1984), mit statistischen Angaben im Anhang,

Grundlage einer „neuen", rechtsstaatlichen Strafrechtsordnung und Strafrechtspraxis. Dass die Nationalsozialisten „gesetzliches Unrecht" geschaffen und angewendet hatten, führte die rechtsphilosophischen Überzeugungen von Gesetzespositivismus und Gesetzesgehorsam in eine Sackgasse: Warum sollte man Gesetzen jetzt noch folgen, und nach welchen Kriterien – wenn nicht nach dem demokratischen Mehrheitsprinzip – ergaben sich die Maßstäbe ihrer Gerechtigkeit? Ein entschlossener Griff zu naturrechtlichen Gewissheiten, die das Recht hinter den Gesetzen verkünden sollten, erwies sich alsbald als Holzweg, weil es spätestens seit der Aufklärung ein solches allgemeines Naturrecht nicht mehr gibt. Dass die Alliierten Strafprozesse gegen NS-Täter nach ihrer eigenen Rechtskultur führten, erweckte Kritik aus dem Rückwirkungsverbot und dem Bestimmtheitsgebot für Strafgesetze und ihre Anwendung und machte, unter anderem, alsbald das böse Wort von der „Siegerjustiz" stark.

Die deutsche Strafrechtspraxis, das konnte man schon früh sehen, hatte keinen Grund, sich der alliierten Praxis überlegen zu fühlen. Ihre Probleme waren manifest, und es waren die zentralen Probleme einer Strafrechtsordnung nach einem politischen Systemwechsel:

- Die Strafverfolgung erfasste von den vielen möglichen Tätern nur eine sehr kleine Anzahl, und sie war überdies selektiv:
- das quantitative Verhältnis von Ermittlungsverfahren zu Verurteilungen war zugunsten der Ermittlungsverfahren gründlich verzerrt, was ein schlechtes Licht auf die Gleichmäßigkeit und auch die Effektivität dieser Strafrechtsordnung wirft;
- angesichts massenhafter Straftaten eines einzelnen Täters war das Strafquantum im Einzelfall, etwa für die Tötung eines Menschen, kaum zu vermitteln;
- die Einteilung strafrechtlicher Haftung in Täterschaft und Beihilfe, die nur die Granden der Schreckensherrschaft als Täter sah und den großen Rest als Gehilfen entlastete, verschob die Gewichte der Zurechnung;
- der restriktive Umgang mit dem Tatbestand der Rechtsbeugung in Strafrechtswissenschaft und -praxis führte zu einer fast vollständigen strafrechtlichen Freistellung von NS-Juristen;

S. 329 ff.; *Michael Greve*, Der justitielle und rechtspolitische Umgang mit den NS-Gewaltverbrechen in den sechziger Jahren, 2001, mit einer Auswertung von Literatur bis zum Februar 2000 und statistischen Angaben in der Einleitung, S. 11 ff.

- die Strafjustiz kam nur langsam voran und geriet mit der Zeit unter den wachsenden Druck einer öffentlichen Meinung, die immer lauter ein Ende der strafrechtlichen Aufarbeitung forderte.

Nach der Wiedervereinigung[9] hat sich – wenn auch graduell gemildert – die Malaise des Strafrechts bei der Verarbeitung eines Systemwechsels wiederholt. Obwohl der Anlass dazu mit der alliierten Intervention in den Jahren nach 1945 kaum vergleichbar war, hat sich der Vorwurf der „Siegerjustiz" alsbald wieder etabliert, hat er die Strafjustiz madig gemacht und sie symbolisch geschwächt. Das strafrechtliche Verfassungsrecht stand mit dem Rückwirkungsverbot Wache, es gab zu seltene und selektive Strafverfolgung.

Aus vielem aber hat die deutsche Strafjustiz gelernt: Zahlreiche und stabile internationale Vereinbarungen, die zwischenzeitlich zum Schutz der Menschenrechte etabliert worden waren, machten die Zuflucht zu einem abstrakten Naturrecht überflüssig oder doch weniger dringlich, weil sie übergesetzliche Maßstäbe anboten, die man früher suchen musste. Die Juristen blieben diesmal nicht gänzlich ungeschoren. Die Herrschaftsverteilung zwischen den Hintermännern im Zentralkomitee und den „Mauerschützen" an der Grenze wurde in der strafrechtlichen Beteiligungsdogmatik und den Strafquanten lebensnäher abgebildet. Die Strafjustiz brauchte nicht mehr so viel Zeit (obwohl auch diesmal der Ruf „Schluss jetzt!" unüberhörbar war).

Alles in allem: Die Verarbeitung des zweiten Systemwechsels ist dem deutschen Strafrecht weitaus besser gelungen als die des ersten. Das war wohl an manchen Stellen, aber keineswegs überall der Verdienst des deutschen Strafrechts; auch die gewandelten Umstände waren ihm günstig.

II. Erklärungen

1. Beschaulichkeit

Die Frage, warum wir es hier mit einer eher modernen als einer klassischen Fragestellung zu tun haben[10], lässt sich erst jetzt befriedigend beantworten, wenn wir nach Erklärungen suchen, aus welchen sich die Tauglichkeit des

---

9 Einen Einstieg und weiterführende Hinweise findet man jetzt in der kleinen Schrift von *Marxen / Werle / Schäfter* (ed.), Die Strafverfolgung von DDR-Unrecht. Fakten und Zahlen, 2007; sie ist die Frucht umfangreicher Forschungen von Marxen und Wehrle, die in sechs Bänden seit 2000 dargestellt sind: Wahlfälschung; Gewalttaten an der deutsch-deutschen Grenze; Amtsmissbrauch und Korruption; Spionage; Rechtsbeugung; Straftaten aus dem Ministerium für Staatssicherheit.

10 Oben I.1.

Strafrechts beurteilen lässt, auf einen politischen Systemwechsel hinreichend zu reagieren.

Um das Ergebnis vorwegzunehmen: Die Tauglichkeit zur Verarbeitung eines politischen Systemwechsels ist im klassischen Strafrecht in verschiedenen Hinsichten entscheidend reduziert. Dieses Strafrecht war zu einer angemessenen Antwort auf einen Systemwechsel sowohl theoretisch als auch praktisch weithin außerstande – ganz abgesehen von den Schwierigkeiten für Prognose und regelhafte Beherrschung, die jeglichen Systemwechsel kennzeichnen[11]. Erst die Erfahrungen, die wir im vergangenen Jahrhundert machen mussten, und deren weltweite Verbreitung haben das Strafrecht, wie übrigens auch andere Rechtsgebiete, herausgefordert, sich der Notwendigkeit einer auch rechtlichen Verarbeitung eines Wechsels im politischen System zu stellen; dabei hat sich auch das Strafrecht verändert, es hat seinen Horizont entscheidend erweitert, es ist lebensklüger geworden.

Wie man nicht nur in Deutschland in den Zeiten nach dem Zusammenbruch des Nazisystems, aber auch noch nach der Wiedervereinigung studieren konnte, war das jeweilige deutsche Strafrecht in fast allen seinen Teilen – vom strafrechtlichen Verfassungsrecht über Grundfragen der Strafziele, die Institutionen der Zurechnung von Unrecht und Schuld bis hin zum Strafverfahren, zur Strafzumessung und zur Kriminologie – nicht viel mehr als ein Instrument zur sorgfältigen Bearbeitung von inländischer Alltagskriminalität; es war nicht vorbereitet auf den Einbruch eines nicht-alltäglichen Schreckens, auf die Kriminalität der Mächtigen (Herbert Jäger), die Systemkriminalität, den massenhaften Rechtsbruch.

Diese Art Kriminalität lag nicht im strafrechtlichen Fokus; sie brach in die ruhige, nur selten gestörte Beschaulichkeit der Strafrechtspflege ein – wobei sich diese Beschaulichkeit nicht nur von stetiger Alltäglichkeit des Strafrechtsbetriebs, sondern auch von Vergessen und Wegsehen nährte, wie man etwa an den systematischen Menschenrechtsverletzungen des Kolonialstrafrechts sehen kann, die, hätte man sie gekannt, verbreitet und diskutiert, durchaus alarmierend hätten wirken können. Die Strafprozesse und die Diskussionen aus jenen Zeiten belegen jedenfalls die Überraschung, ja das Erschrecken darüber, wie schlecht man vorbereitet war, mit strukturellen Unrechtserfahrungen zurechtzukommen.

11 Oben I.3.b.

2. Strafrechtssystem

Im System des Strafrechts fand sich kaum eine Institution, die gültige Antworten für eine Verarbeitung von Systemkriminalität bereitgehalten hätte; fast überall gab es stattdessen eher Fragen und Irritationen. Selbst die Straftatbestände des Besonderen Teils, die das Kernstrafrecht ja gleichsam in Stein gemeißelt hatten – und um dieses Kernstrafrecht ging es, nicht um Randbereiche oder Ordnungswidrigkeiten –, waren nicht vorbereitet auf mörderische, aber auch nicht auf nötigende, beleidigende, benachteiligende oder auf eigentumsentziehende Formen von Systemkriminalität.

Im strafrechtlichen Verfassungsrecht ging es nach 1945 und ging es nach 1990 um – bis heute ungelöste – Probleme rückwirkender Gesetzesanwendung, es ging um Strafdrohungen und Bestrafungen, die mit unseren Bestimmtheitsanforderungen nur schwer zu vereinbaren waren. Das Wort von der „Siegerjustiz" wird im öffentlichen Diskurs bis heute zu oft und zu nachdrücklich zurückgewiesen, als dass man annehmen dürfte, die Sache habe sich endgültig erledigt.

Die Vorstellungen vom Sinn der Strafe, die das Strafrecht von Anbeginn begleitet, die es gerechtfertigt und kritisiert haben, haben auf die strafrechtliche Verarbeitung von Systemkriminalität nicht gepasst. Den klassischen Straftheorien von Vergeltung und Sühne stand die Monstrosität der begangenen Verbrechen im Wege. Was man sich bei einem zehnfachen Mord allenfalls noch zurechtlegen konnte: dass das rechtsstaatliche Strafrecht eben nicht mehr verhängen kann als lebenslange Einsperrung, war bei tausendfachem Mord ins Unendliche, ins Unvorstellbare verflüchtigt.

Noch sperriger waren die „modernen" Straftheorien von der Resozialisierung des Täters und der Abschreckung aller anderen: Man musste zugestehen, dass die allermeisten Täter von Systemkriminalität zur Zeit ihrer Aburteilung besser integriert waren als der normale Räuber und Betrüger, und man wusste keine Antwort auf die Frage, wie man sich vorstellen sollte, dass die Wiederkunft der Nazizeit durch Strafrecht zu verhindern sein solle. Erst die Empfehlungen der „positiven Generalprävention", die das Strafrecht darauf verpflichten wollen, das Normvertrauen der Menschen durch stetige und gerechte Antwort auf den Rechtsbruch zu begründen, zu sichern und zu festigen, haben hier viel später eine Tür geöffnet, um der strafrechtlichen Reaktion auch auf Systemkriminalität einen straftheoretischen Sinn zu geben.

3. Selbstverständnis des Strafrechtssystems

a) Politikferne

Das waren keine zufälligen, das waren strukturelle Defizite der Strafrechtsordnung angesichts von Systemkriminalität; sie zogen sich wie ein roter Faden durch Theorie und Praxis des Kriminalrechts.

Also muss man nach Erklärungen hinter diesen Erklärungen aus dem System selber[12] suchen, nach Erklärungen nämlich, die das System erklären. Bei der Suche nach Erklärungen dafür, warum sich das Strafrecht – jenseits aller strafrechtsfernen Hürden[13] – mit der Verarbeitung von Systemwechseln so schwer tut, stößt man auf ein Selbstverständnis des Strafrechtssystems, das von der Strafrechtswissenschaft über die strafrechtliche Praxis bis hin zu den gesellschaftlichen kriminalpolitischen Diskursen verbreitet war und das man mit einem Motto zuspitzen und auf den Punkt bringen könnte: Das Strafrecht hat sich von Politik fern zu halten.

Die deutsche Strafrechtswissenschaft war auf dem Höhepunkt ihrer internationalen Reputation keine Sozialwissenschaft; sie war geisteswissenschaftlich fundiert, strukturiert und begrenzt; Alltag und Praxis lagen ihr fern. Wer etwas auf sich hielt, konzentrierte sich auf die Allgemeinen Lehren und fundierte diese mit Ontologie, Erkenntnistheorie, philosophischer Anthropologie und Normphilosophie. Allein die Rechtsgeschichte hatte hie und da noch Betreiber. Der Besondere Teil des Strafgesetzbuchs, das Strafverfahrensrecht, die Kriminalpolitik oder gar die Kriminologie – also diejenigen Bereiche des Strafrechts, die sach- und welthaltig waren, in denen Wirklichkeit wissenschaftlich zur Diskussion stand und wo es auch vordringlich um Institutionen und Grundrechte ging, also um das strafrechtliche Verfassungsrecht – waren wissenschaftlich verdunkelte und benachteiligte Randbereiche, und so sah auch die Ausbildung der Studenten aus. Das Erkenntnisinteresse des geisteswissenschaftlichen Strafrechts richtete sich nicht auf den sozialen Wandel, sondern auf das Auffinden „sachlogischer Strukturen“, also nicht auf die realen Prozesse und deren Hintergründe, die mit der Entwicklung des Strafrechts überall auf der Welt in einem permanenten Entwicklungszusammenhang stehen, sondern auf geschichts-, politik- und praxisferne Denkfiguren.

Für den starken Einfluss dieser Phase des Strafrechts, die erst im letzten Drittel des vergangenen Jahrhunderts zu Ende ging, gibt es gute Gründe, die auch mit den Systemwechseln, um die es hier geht, in einem einsichtigen Zusammen-

12 Oben II.2.

13 Oben I.3.

hang stehen; so ist die Politik- und Praxisferne eines geisteswissenschaftlich strukturierten Strafrechts eine nahe liegende Antwort auf Irritationen nach dem Zusammenbruch des Systems und auf die kritische Frage nach den Beiträgen des Strafrechts und seiner Vertreter, die dieses System möglicherweise gestützt und gefördert haben.

Wichtiger für unsere Frage sind aber nicht die Gründe, sondern die Wirkungen des strafrechtlichen Selbstverständnisses für seine Tauglichkeit, auf einen Systemwechsel angemessen zu antworten: Es ist genau dieses Selbstverständnis geschichts-, politik- und praxisvergessener Wissenschaft, welches das Strafrecht dieser Zeit von Anfang an daran gehindert hat, sich den Herausforderungen der neuen Zeit mit den Mitteln, die das Strafrechtssystem zur Verfügung hat, zu stellen. Die Stelle, an die sich die konkreten Fragen nach der Antwort des Strafrechts auf Systemkriminalität gerichtet haben, war nach dem Systemwechsel nicht besetzt; das Strafrecht war anderweitig beschäftigt und erst Jahrzehnte später – nämlich ab der Mitte der sechziger Jahre – an dieser seiner Stelle wieder anzutreffen[14].

b) Legibus solutus

Ein weiterer Faktor des strafrechtlichen Selbstverständnisses mag in dieselbe Richtung deuten. Er ist, wenn ich das richtig sehe, wissenschaftlich wenig erforscht und muss deshalb mit Vorsicht eingeschätzt werden.

In der neuen Diskussion um die „Kriminalität der Mächtigen" klingt zuweilen – und immer kritisch – an, dass diese gesellschaftliche Gruppe vor dem Zugriff des Strafrechts von vorneherein besser geschützt sei als andere. „Die Kleinen hängt man, die Großen lässt man laufen" oder „Nach seinen Traditionen ist das Strafrecht nicht auf den Großbetrüger konzentriert, sondern auf den Eierdieb" – das sind die Sprich-Wörter, in denen dieser Faktor sich popularisiert. (Dass diese Wörter nicht erst von gestern sind, sondern uns schon lange begleiten und irritieren, mag man auch daran erkennen, dass Eierdiebe heutzutage kriminologisch nicht mehr zu den relevanten Gruppen zählen.)

Auch Vorstellungen, die Regierenden machten Politik und keine Kriminalität, man müsse deshalb einen Kernbereich politischen Entscheidens und Handelns rechtlich frei halten, was schon in der spätantiken Parömie „princeps legibus

14 Eine Fülle von teils handfesten, teils subtilen Belegen mit Bezug auf die Nazizeit findet sich in einer Serie von Interviews mit Theoretikern und Praktikern des Strafrechts über ihre Sicht, ihre Gründe und ihr Handeln bei der Aufarbeitung der NS-Kriminalität: *Horstmann / Litzinger*, An den Grenzen des Rechts. Gespräche mit Juristen über die Verfolgung von NS-Verbrechen, 2006.

solutus" zur Erscheinung gekommen ist, könnten erklären, warum das Strafrecht sich gerade mit der Verarbeitung von Systemkriminalität schwer tut.

So diffus das Phänomen der Exemtion bestimmter Gruppen von strafrechtlicher Haftung ist, so klar ist die Antwort auf seine Botschaft: Gewiss gibt es im gewaltenteilenden Rechtsstaat Räume exekutiven Handelns, aus denen sich die Kontrolle der Justiz bis zu einer bestimmten Grenze heraushalten muss, weil die Exekutive sonst nicht handeln könnte; ein Beispiel sind etwa Handlungsspielräume, die die Gerichte der Regierung im Bereich der Außenpolitik belassen. Ebenso gewiss aber ist, dass zu diesen freien Räumen nicht Kriminalität gehört. Es mag für das Bewusstsein vieler Menschen schwer zugänglich sein, dass Regierungshandeln strafbares Handeln sein kann – und mit dem Zusammenbruch dieses Regierungssystems faktisch auch verfolgbar werden wird. Gerade die Ereignisse in Deutschland nach 1945 und nach 1990 sind – ebenso wie die Installationen internationaler Strafgerichte mit ihren Organisationsgesetzen – ein Motor zur Veränderung dieses Bewusstseins. In einem Rechtsstaat steht niemand außerhalb des Rechts.

III. Konsequenzen

Am Beispiel der Bundesrepublik Deutschland kann man studieren, dass die politische und die strafrechtliche Ordnung aus Fehlern lernen, dass sie Fortschritte machen kann, wenn sie Lehren aus ihren Erfahrungen zieht[15]. Dieser Lernprozess, der dahin geführt hat, dass die Fehler nicht in toto beseitigt, aber doch gemildert worden sind, weil sie teilweise auf Strukturen beruhen und teilweise auf langfristig angelegten Entwicklungen, gibt uns zum Schluss zugleich an, in welche Richtung ein Strafrecht sich bewegen sollte, das auf Systemwechsel vorbereitet ist und mit ihnen zurechtkommen kann, wenn sie eintreten. Es sollte sich, in meiner Sicht, in etwa so entwickeln wie die großen Ströme des deutschen Strafrechts nach den Erfahrungen der Nazizeit und deren strafrechtlicher Verarbeitung danach – und es sollte nach Möglichkeit dessen Fehler vermeiden. Das heißt insbesondere zweierlei:

Das Strafrecht und seine Wissenschaft – das ist das erste – sollten den Kontakt zu ihrer Welt systematisch pflegen und ihn nicht mehr verlieren. „Ihre Welt" kann ihnen wissenschaftlich vermittelt werden (und ist ihnen überdies durch sorgfältige Beobachtung alltäglich zugänglich): Kriminologie, Rechtsgeschichte, Rechtsvergleichung und die Theorie und Praxis der Kriminalpolitik gehören zum „Gesamten Strafrecht" und sind nicht erst seit heute unverzicht-

15 Oben I.4.

bar für eine stetige und verlässliche Weiterentwicklung des strafrechtlichen Selbstverständnisses[16]. Das ist natürlich kein Votum gegen die Geisteswissenschaften im Strafrecht, sie sind unverzichtbar. Aber philosophische Fundierung und sozialwissenschaftliche Orientierung schließen einander nicht aus.

Diese Erweiterung der strafrechtlichen Orientierung aber reicht nicht hin. Sie muss in Zeiten der Internationalisierung und Globalisierung, die auch das Strafrecht prägen, ergänzt werden durch ein systematisches Interesse am mondialen Rechtsgüterschutz. Wie in den Jahrzehnten nach dem Zweiten Weltkrieg das dringende, aber hilflose Bedürfnis nach naturrechtlicher Vergewisserung Schritt für Schritt ersetzt wurde durch internationale Vereinbarungen über den Schutz der Menschenrechte und durch Institutionen, die diesem Schutz verschrieben waren, so ist diese Entwicklung auch heute glücklicherweise noch nicht zu Ende. Das nationale Strafrecht muss diese Entwicklung systematisch zur Kenntnis nehmen und verarbeiten. Es muss das „Nationale" im klassischen Verständnis der Strafrechtswissenschaft, das gerade in Deutschland typischerweise eine Verengung des Blicks bedeutet hatte, auflösen in Richtung einer wissenschaftlichen Betrachtung inter- und supranationaler Normordnungen, Systeme und Institutionen.

Viel schwieriger dürfte die zweite Konsequenz zu erreichen sein; sie ist freilich eher noch wichtiger als die erste: Jede normative Beurteilung eines politischen Systems steht nach dessen Zusammenbruch unausweichlich vor einem Dilemma, nämlich der Aufgabe, das richtige Maß zu halten. Alle Diskussionen, jegliche Rechtsprechung nach einem Systemwechsel haben dieses Dilemma gespiegelt. Die Extreme, die vermieden werden müssen, sind zwei Seiten derselben Medaille, und sie liegen bisweilen nicht weit auseinander: die relativierende, matte Hinnahme des früheren Unrechts in dem Bewusstsein, auf dieses Unrecht nicht kraftvoll antworten zu können, ohne unverzichtbare Rechtsgrundsätze wie etwa das Vertrauensprinzip, den Rechtsfrieden oder das Rückwirkungsverbot in Gefahr zu bringen, und in der Erwartung, über dieses frühere Unrecht werde alsbald sowieso das Gras wachsen, einerseits; und andererseits die aggressive normative Abgrenzung gegenüber denen, die das frühere Unrecht begangen haben, in dem kurzschlüssigen Bedürfnis, ihnen jetzt mit denselben Ungerechtigkeiten zu antworten, die sie selber, als sie die Macht hatten, verübt hatten.

Beides ist maßlos, beides gefährdet den Rechtsstaat im Kern. Gegen die verzagte Relativierung des Rechts muss er die historische Chance nutzen, gerade in Zeiten moralischen Erschreckens über das Geschehene und normativer Des-

16 Oben II.3.

orientierung das richtige Recht auszuformulieren, zu verteidigen und anzuwenden. Gegen die normative Ausgrenzung der Übeltäter muss der Rechtsstaat den modernen Traum von der Einheit des Rechts für alle Menschen und von seiner eigenen Überlegenheit über den Rechtsbruch bewahren, er muss verhindern, dass die Rechtsgemeinschaft in „Bürger“ und „Feinde“ auseinanderbricht, und er muss versuchen, einen Raum des Rechts freihalten, in dem alle wieder miteinander existieren können.

Thomas Vormbaum

Die rechtliche Transformation Deutschlands nach dem Zweiten Weltkrieg

Ich teile mein Referat entsprechend der Thematik dieses Kongresses in zwei Abschnitte auf:

I. Die Transformation der Rechtsordnung der NS-Diktatur in die Rechtsordnung der Bundesrepublik Deutschland;

II. Die rechtliche Aufarbeitung der nationalsozialistischen Vergangenheit.

I. Transformation der Rechtsordnung der NS-Diktatur in die Rechtsordnung der Bundesrepublik Deutschland

Für die Transformation des NS-Rechts in das Recht eines Rechtsstaats waren zunächst nicht deutsche Stellen zuständig. Deutschland war in vier Besatzungszonen aufgeteilt. In diesen Besatzungszonen besaßen Militärregierungen weitgehende Autonomie; allerdings übte die oberste Regierungsgewalt formell der Kontrollrat der alliierten Siegermächte aus; und vor allem in den Jahren bis zum Beginn des Kalten Krieges besaß er eine wichtige Koordinierungsfunktion.

Aber unabhängig von der Zuständigkeit musste über die Methode entschieden werden, mit der die Transformation erfolgen sollte. Sollten sämtliche Normen, die zwischen dem 30. Januar 1933 und dem 8. Mai 1945 erlassen worden waren, aufgehoben werden? Diese Lösung ist niemals ernsthaft erwogen worden. Vielmehr sollte ein *Teil* dieser Normen aufgehoben werden, ein *anderer* Teil in Kraft bleiben. Und dies verstand man so, dass *nationalsozialistisches* Recht aufgehoben werden sollte, *nicht-nationalsozialistisches* Recht aber bestehen bleiben sollte. Ob dies eine sinnvolle Unterscheidung war, will ich hier nicht näher untersuchen. Aber zweifellos gab es einige Vorschriften, die man ohne große theoretische Überlegungen als nationalsozialistisch bezeichnen konnte[1].

---

1 Vgl. *Thomas Vormbaum,* Il confronto con il diritto penale nazionalsocialista, in: Critica del diritto 2005, S. 129 ff.

Während diese *formelle* Auseinandersetzung mit dem nationalsozialistischen Recht durch Aufhebung von Rechtsnormen und durch Aufhebung von Urteilen nach wenigen Jahren beendet war, hält die *materielle* Auseinandersetzung bis heute an. Sie steht unter den Stichwörtern „Kontinuität“ und „Diskontinuität“ und betrifft die Bemühungen, das Verhältnis des heutigen Rechts und Rechtsverständnisses zum nationalsozialistischen Recht und Rechtsverständnis – vor allem im Strafrecht, aber zum Beispiel auch im Arbeitsrecht – zu thematisieren und zu problematisieren. Auf Einzelheiten kann ich heute nicht eingehen. Ich habe dies an anderer Stelle getan, möchte aber vor allem auch auf das verweisen, was Joachim Vogel auf der deutschen Strafrechtslehrertagung 2003 dazu ausgeführt hat[2].

Zunächst also kurz zur *Transformation durch Aufhebung von Gesetzen*[3].

Der Alliierte Kontrollrat hob eine Reihe von Gesetzen auf, die er als typisch nationalsozialistisch und/oder rechtsstaatswidrig ansah. Gleich mit seinem ersten Gesetz beseitigte er das Ermächtigungsgesetz, das die Herrschaft Hitlers formell begründet hatte, das Gesetz gegen die Neubildung von Parteien, mit dem das Monopol der NSDAP begründet worden war, und das Gesetz über die Geheime Staatspolizei, ferner die Rassegesetze und andere diskriminierende Gesetze; mit weiteren Gesetzen wurden diskriminierende Bestimmungen des Ehegesetzes, des Erbrechts, des Arbeitsrechts, des Landwirtschaftsrechts und des Film- und Presserechts beseitigt.

Vor allem der Zustand des *Strafrechts*, wie er sich am Ende der nationalsozialistischen Herrschaft darstellte, konnte nicht beibehalten werden. Es stellte sich die Aufgabe, das bestehende Strafrecht formell *so* „aufzuarbeiten“, daß man es ruhigen Gewissens der Praxis eines – wenn auch zunächst unter Besatzungsherrschaft stehenden – rechtsstaatlichen Gemeinwesens überlassen konnte. Der Alliierte Kontrollrat und die Militärregierungen versuchten auch hier, in einer Mischung aus Einzelgesetzen und allgemeinen Grundsätzen Strafgesetze zu beseitigen, die als untragbar empfunden wurden. Aufgehoben wurden u.a. Gesetze und Verordnungen, die der Erhaltung der Kriegsmaschinerie, der Kriegs- und Rüstungswirtschaft, der nationalsozialistischen Propaganda, der Verfol-

---

2 *Joachim Vogel*, Einflüsse des Nationalsozialismus auf das Strafrecht. (Schriftenreihe Juristische Zeitgeschichte. Kleine Reihe. Bd. 12) Berlin 2004.

3 S. dazu *Matthias Etzel*, Zur Aufhebung von nationalsozialistischen Gesetzen durch den Alliierten Kontrollrat 1945 bis 1948. Tübingen 1992; *Jürgen Welp*, Die Strafgesetzgebung der Nachkriegszeit (1945 bis 1953), in: Thomas Vormbaum / Jürgen Welp (Hrsg.), Das Strafgesetzbuch. Sammlung der Änderungsgesetze und Neubekanntmachungen. Supplementband I: 130 Jahre Strafgesetzgebung – eine Bilanz. Berlin 2004, S. 139 ff.

gung von sog. Volksschädlingen, der Unterdrückung von Polen und Juden gedient hatten; die in Kraft gebliebenen Normen durften nicht mehr nach „nationalsozialistischen Lehren" ausgelegt werden, insbesondere wurde Bestrafung aufgrund von Analogie oder unter Berufung auf „gesundes Volksempfinden" verboten. Todesstrafen, die nach 1933 eingeführt worden waren, durften nicht mehr verhängt werden; die vor dem 30. Januar 1933 geltenden Höchststrafen durften nicht überschritten werden. Im Strafgesetzbuch wurden förmlich aufgehoben das 1935 eingeführte Analogiegebot, das gesamte Staatsschutzstrafrecht, sowie das Strafrecht zum Schutz der Wehrmacht.

So viel kurz zur formellen Auseinandersetzung mit der Strafgesetzgebung der NS-Zeit.

Eben so kurz nun zur Transformation durch Aufhebung von Urteilen.

Hier waren es in erster Linie die in der Zeit der Nazi-Herrschaft ergangenen Strafurteile, die einer Überprüfung bedurften. Durch alliierte Gesetzgebung, wurden unter Beteiligung der neu gegründeten Bundesländer teils Gesetze teils Verordnungen erlassen, wonach – teils von Amts wegen, teils auf Antrag – schwere, als unverhältnismäßig empfundene Strafen, die durch die Gesetzgebung der NS-Zeit ermöglicht worden waren, herabgesetzt, in vielen Fällen auch Urteile insgesamt aufgehoben werden konnten. Letzteres galt insbesondere für die Verurteilung von Widerstandkämpfern gegen den Nationalsozialismus. Überhaupt wurde tendenziell auf die antinazistische Gesinnung der Verurteilten größerer Wert gelegt als auf das objektive Unrecht, z.B. in Form der Unverhältnismäßigkeit, der ergangenen Urteile. Erst mehr als 50 Jahre nach dem Ende der NS-Herrschaft, im August 1998, erging ein Bundesgesetz, das als Grundsatz die Aufhebung aller Urteil, die gegen elementare Grundsätze der Gerechtigkeit verstoßen hatten, verfügte. Voraussetzung bleibt allerdings, dass das begangene Justizunrecht spezifisch nationalsozialistisches Unrecht gewesen ist. Bei der Beantwortung dieser Frage hilft der Gesetzgeber mit einigen weiteren Kriterien sowie durch einen Katalog von insgesamt 59 Gesetzen der NS-Zeit, bei deren Anwendung diese Voraussetzung als gegeben angesehen wird.

So viel in aller Kürze zur Transformation der Rechtsordnung, insbesondere der Strafrechtsordnung.

II. Rechtliche Aufarbeitung der nationalsozialistischen Vergangenheit

Ich komme zum 2. Teil meines Referats, zur rechtlichen Aufarbeitung der nationalsozialistischen Vergangenheit.

Natürlich war auch das, was ich bisher geschildert habe, in einem weit verstandenen Sinne „Auseinandersetzung" mit der Vergangenheit oder „Aufarbeitung" der Vergangenheit. Und das, worauf ich jetzt noch eingehen werde, ist seinerseits in einem weit verstandenen Sinne Teil der Transformation. In der Tat überschneiden sich beide Bereiche.

Für den Zweck meines Referats verstehe ich unter juristischer Aufarbeitung der nationalsozialistischen Vergangenheit die Auseinandersetzung mit der speziellen Pathologie des NS-Systems[4].

Spezielle Pathologie unterscheide ich von der generellen Pathologie. Ein autoritäres bzw. totalitäres System oder Regime ist, gemessen am Maßstab eines Rechtsstaates, stets etwas Pathologisches. Friedensgefährdende Politik, Verfolgung politischer Gegner, ausgedehnte Polizeibefugnisse, Konzentrationslager, Rassismus sind Elemente dieser Pathologie. Derartige Elemente hat es in vielen Systemen, nicht nur des 20. Jahrhunderts, gegeben. Es waren dies Elemente, die es – wie Geschichte und Gegenwart zeigen – in vielen Gesellschaften, auch in demokratisch verfassten Gesellschaften, gibt. Vielleicht ist dies der Grund, warum man sie früher, d.h. vor der Entwicklung eines Völkerstrafrechts, nach einem Systemwechsel nicht für sanktionswürdig ansah, und *wenn* man sie im Nachhinein sanktionierte, dann deshalb, weil die früheren Machthaber politische Gegner waren, nicht aber, weil sie gegen gewisse Grundsätze von Menschlichkeit, Friedenswahrung, Demokratie und Rechtsstaat verstoßen hatten.

Eine Auseinandersetzung auf dieser Ebene mit der NS-Vergangenheit hat es auch in Deutschland gegeben; teilweise fällt sie mit der Transformation zusammen – ich denke an Entschädigung und Wiedergutmachung gegenüber den Juden und anderen Opfern des Nazi-Regimes, wie immer man ihre Ergebnisse bewerten mag.

Als *spezielle* Pathologie bezeichne ich die aus diesen Erscheinungen in einem schlimmen Sinne „herausragenden" Vorkommnisse, vor allem die Massenvernichtungsaktionen an psychisch Kranken (sog. Euthanasie-Aktion) und an den

---

4 *Thomas Vormbaum,* Einführung in die moderne Strafrechtsgeschichte. Heidelberg 2008, S. 215 ff.

Juden und anderen Völkerschaften (Polen, Zigeunern und Russen), sowie die Tätigkeit einer Justiz, vor allem Strafjustiz, die zu Recht als Justiz ohne Menschlichkeit bezeichnet worden ist.

Die Auseinandersetzung mit diesen Phänomenen ist in Deutschland von Anfang an als eine Aufarbeitung mit den Mitteln des Strafrechts betrieben worden. Und angesichts der quantitativen und qualitativen Dimensionen der Verbrechen des Nazi-Systems konnte eine andere Art der Aufarbeitung – etwa eine Versöhnungsstrategie – auch nicht ernsthaft erwogen werden[5].

Der erste Akt der strafrechtlichen Auseinandersetzung ist Ihnen allen bekannt. Es waren der Nürnberger Prozess gegen die Hauptkriegsverbrecher, der vor einem Internationalen Tribunal der vier Siegermächte stattfand, sowie eine Reihe von weiteren Prozessen in den vier Besatzungszonen, darunter vor allem die sog. 12 Nürnberger Nachfolgeprozesse in der amerikanischen Besatzungszone gegen Ärzte, Juristen, Angehörige von SS und Polizei, Industrielle und Bankiers, Militärs und Regierungsbeamte. Zahlreiche Angeklagte wurden zum Tode und zu langen Haftstrafen verurteilt. Als jedoch der Kalte Krieg einsetzte und man in Deutschland eine Stimmung zugunsten der Wiederbewaffnung fördern wollte, setzte zu Beginn der 50er Jahre das berühmte „Gnadenfieber" ein, das dazu führte, dass viele der zum Tode Verurteilten begnadigt wurden und gegen Ende der 50er Jahre keiner der zur Freiheitsstrafe Verurteilten mehr in Haft war.

Diese Amnestiebereitschaft gegenüber hochrangigen Staatsverbrechern war sozialpsychologisch keine günstige Voraussetzung für die Strafverfolgung der Verbrecher in den unteren Rängen. Hinzu kam, dass die Verfolgung der alten und neuen Staatsfeinde – der Kommunisten – als wichtiger angesehen wurde. Und sie geschah zu einem guten Teil durch Staatsanwälte und Richter, die das Verfolgen solcher Staatsfeinde in der Nazi-Zeit eingeübt hatte. Erst spektakuläre Ereignisse[6] führten dazu, dass die Verfolgung von NS-Verbrechen intensiviert und die Arbeit der Staatsanwaltschaften durch die Einrichtung einer Zentralstelle in Ludwigsburg organisatorisch unterstützt wurde.

---

5 Einen Vergleich zwischen Deutschland und dem postrassistischen Südafrika unternimmt *Bettina Lang*, Strafrechtsbezogene Vergangenheitspolitik. Politischer Wille und Strafrechtsrealität im Spannungsverhältnis am Beispiel von Deutschland und Südafrika. (edition iuscrim) Freiburg 2005; s. dazu meine Bespr. in: Goltdammer's Archiv für Strafrecht 2006, 754–756.

6 Im Bereich der Gewaltverbrechen der sog. Ulmer Einsatzgruppen-Prozess, im Bereich des Justiz-Unrechts die von der DDR betriebene „Braunbuch"-Kampagne.

Normgeltung

Bei der Strafverfolgung der nationalsozialistischen Verbrechen war von Anfang an die Frage nach der Rechtsgrundlage zu beantworten. War nicht das, was man heute als Verbrechen ansah, damals Recht gewesen? Konnte, was damals Recht war, heute Unrecht genannt werden?[7] Das strafrechtsdogmatische (und verfassungsrechtliche) Schlagwort hieß: Rückwirkungsverbot. Und es wurde von den Verteidigern im Nürnberger Hauptkriegsverbrecherprozess nachdrücklich geltend gemacht. Das Nürnberger Tribunal zeigte sich hiervon wenig beeindruckt; es verwies darauf, dass die Angeklagten gegen die von allen Kulturvölkern der Erde anerkannten, zu allen Zeiten Geltung beanspruchenden Rechtsgrundsätze verstoßen hätten[8].

Als dann die bundesdeutsche Strafrechtswissenschaft und Strafjustiz (mit großer Verspätung, nämlich erst am Ende der 50er Jahre)[9] sich dieser Frage stellten, boten sich ihnen drei Möglichkeiten an, das Rückwirkungsverbot zu überwinden:

1. Man konnte sich auf ein immer geltendes Naturrecht berufen, also auf die ewig gültige Strafbarkeit jener Handlungen, die bis ins 17. und 18. Jahrhundert als *delicta in se* bezeichnet worden waren und die man in heutiger Terminologie einem „Kernstrafrecht" zuordnen würde. Von diesem Ausgangspunkt aus stellt sich kein Rückwirkungsproblem. Das, was damals Unrecht war, ist auch heute noch Unrecht. – So argumentierte das Nürnberger Hauptkriegsverbre-

---

7 In den 80er Jahren gab es in Deutschland eine intensive Diskussion über die Vergangenheit eines Ministerpräsidenten von Baden-Württemberg; dieser hatte, mit seiner Rolle als Marinerichter in der NS-Zeit und mit den damals von ihm verhängten Todesurteilen konfrontiert, sich damit gerechtfertigt, dass er nur das damals geltende Recht angewendet habe. In der Presse wurde der von ihm formulierte Satz „Was damals Recht war, kann heute nicht Unrecht sein" kolportiert. Der Schriftsteller *Rolf Hochhut* verfasste daraufhin das Schauspiel „Juristen", worin er diesen Politiker als „furchtbaren Juristen" bezeichnete. Dieser klagte vor den Zivilgerichten auf Widerruf, jedoch erfolglos. Die Wendung von Hochhut übernahm der Rechtshistoriker *Ingo Müller* als Titel seines Bestsellers *Furchtbare Juristen*, worin er die Rolle der Juristen in der Zeit der NS-Herrschaft und die teils versäumte, teils verspätete Aufarbeitung von deren Verbrechen kritisierte.

8 Der Text des Urteils von Nürnberg ist zugänglich in: *Das Urteil von Nürnberg 1946*. München (Deutscher Taschenbuch Verlag) 1977 (1. Aufl. 1961).

9 Zu den Gründen für diese Verzögerung s. *Norbert Frei*, Vergangenheitspolitik. Die Anfänge der Bundesrepublik und die NS-Vergangenheit. 2. Aufl. München 1997; *Gerhard Werle*, Die Bestrafung von NS-Unrecht in Westdeutschland, in: Klaus Marxen / Koichi Miyazawa / Gerhard Werle (Hrsg.), Der Umgang mit Kriegs- und Besatzungsunrecht in Japan und Deutschland. Berlin 2001, S. 137 ff.

cher-Tribunal, und dies war auch der Ausgangspunkt des Gesetzes Nr. 10 des Alliierten Kontrollrates[10], das den Nürnberger Folgeprozessen zugrunde lag.

2. Die extrem entgegengesetzte Position ist ein Rechtsbegriff, den man als „soziologischen“ bezeichnen könnte. Jeder, der es geschafft hat, seinen Anordnungen in einem Staat oder einer Gesellschaft Gehorsam zu verschaffen, schafft mit seinen Anordnungen auch „Recht“. In einer berühmten Arie aus der Oper „Die Kluge“ von Carl Orff heißt es:

> „Und wer die Macht, und wer die Macht hat,
> hat das Recht.
> Und wer das Recht, und wer das Recht hat,
> beugt es auch.
> Denn über allem herrscht Gewalt“.

Das unlogische Glied dieses Textes ist das mittlere, dass wer das Recht habe, es auch beuge; denn nach diesem Verständnis von Recht kann derjenige, der das Recht setzt, es gar nicht beugen, indem er es beugt, setzt er schon wieder neues Recht. Für die Vertreter dieser Auffassung hat der Strafrichter der Bundesrepublik Deutschland nur das Strafrecht der Bundesrepublik Deutschland anzuwenden. Und wenn das, was nach damaligen Recht rechtens war, nach heutigem Recht Unrecht ist, so wird – bei Vorliegen der Schuld – nach heutigem Recht, also nach dem Recht der Bundesrepublik Deutschland, verurteilt. Von hier aus konnte man entweder argumentieren, dass das Rückwirkungsverbot nur innerhalb des Rechtssystems der Bundesrepublik Deutschland gelte; oder man konnte sich zur Rückwirkung und das Rückwirkungsverbot durch Verfassungsänderung einschränken.

3. In der Praxis der strafrechtlichen Auseinandersetzung mit den nationalsozialistischen Gewaltverbrechen ist keiner dieser beiden Ansätze zugrunde gelegt worden. Vielmehr bediente man sich einer gemischten Argumentation. Man knüpfte an eine Äußerlichkeit an, nämlich daran, dass die einschlägigen Straftatbestände – Mord, Totschlag, Körperverletzung, Rechtsbeugung usw. – damals schon bestanden hatten; damit – so hieß es – stelle sich gar kein Problem der Rückwirkung. Aber wie wir von Horaz wissen:

Naturam expellas furca,
tamen usque recurret!

Das durch die Vordertür des Tatbestandes vertriebene Problem kehrte durch die Hintertür der Rechtswidrigkeit zurück. Konnten die Angeklagten sich darauf berufen, dass ihr (tatbestandsmäßiges) Verhalten damals *gerechtfertigt* ge-

10 Die wichtigsten Passagen des Textes dieses Gesetzes sind wiedergegeben in: *Vormbaum*, Einführung, S. 229 f.

wesen sei? Nachdem man bis an diesen Punkt (kryptisch) den zweiten – den „soziologischen“ – Ansatz befolgt hatte, kam nun der „naturrechtliche“ Ansatz wieder ins Spiel, und zwar in Form der sog. Radbruchschen Formel. Diese Formel ist so berühmt, dass ich sie hier wohl nicht in extenso zu zitieren brauche[11]. Sie gilt als Ausweis dafür, dass Radbruch, in der Zeit der Weimarer Zeit einer der Protagonisten des Rechtspositivismus, aufgrund der Erfahrungen der Nazi-Herrschaft das Naturrecht wieder entdeckt habe[12]. Dies halte ich für zweifelhaft. Ließt man die Formel genau, so beginnt sie mit dem Satz „Der Konflikt zwischen der Rechtssicherheit und der Gerechtigkeit dürfte dahin zu lösen sein, dass das positive, durch Satzung und Macht gesicherte Recht auch dann den Vorrang hat, wenn es inhaltlich ungerecht und unzweckmäßig ist“; danach erst folgt die Einschränkung für den Fall, dass „der Widerspruch des positiven Gesetzes zur Gerechtigkeit ein so unerträgliches Maß erreicht, dass das Gesetz als ‘unrichtiges Recht’ der Gerechtigkeit zu weichen hat“.

Darüber hinaus gibt es nach Radbruch die Fälle, in denen Satzungen nicht nur „unrichtiges Recht“, sondern „Nicht-Recht“ sind, nämlich jene Fälle, in denen „Gerechtigkeit nicht einmal angestrebt“ und die die Gleichheit, „die den Kern der Gerechtigkeit ausmacht“, bei der Setzung positiven Rechts „bewußt verleugnet wurde“[13] – keine besonders klare Abgrenzung; aber immerhin war damit ein pragmatischer Weg für die Lösung der problematischen Fälle in der Praxis gewiesen. Methodisch, rechtspolitisch und historisch war dieser Weg freilich problematisch. Methodisch täuschte er darüber hinweg, dass die geleugnete Rückwirkung eben doch praktiziert wurde; rechtspolitisch war es fatal, dass weder Naturrecht noch das Strafrecht der Bundesrepublik, sondern – zumindest im Ansatz – das Recht des NS-Staates den Entscheidungen zugrunde gelegt wurde; und historisch war es – worauf Werle zu Recht hingewiesen

11 Die ausführlichste Darstellung der Geschichte der Anwendung der Radbruchschen Formel findet sich b. *Giuliano Vassalli*, Formula di Radbruch e diritto penale. Note sulla punizione dei „delitti di Stato” nella Germania postnazista e nella Germania postcomunista. Mailand 2001 (dt. Übersetzung unter dem Titel „Radbruchsche Formel und Strafrecht” im Erscheinen).

12 Verstärkt wird diese Auffassung dadurch, dass Radbruch in demselben Aufsatz, in dem er die nach ihm benannte Formel dargestellt hat, den eben so bekannten – m.E. zweifelhaften – Satz formuliert hat, der Positivismus habe mit seiner Überzeugung „Gesetz ist Gesetz“ den deutschen Juristenstand wehrlos gemacht gegen Gesetze willkürlichen und verbrecherischen Inhalts (a.a.O., S. 10) – Vgl. die Hinweise b. *Christoph M. Scheuren-Brandes*, Der Weg von Nationalsozialistischen Rechtslehren zur Radbruchschen Formel. Untersuchungen zur Geschichte der Idee vom „Unrichtigen Recht“, Paderborn, München, Wien, Zürich 2006.

13 A.a.O., S. 11.

hat – einfach unangemessen, ausgerechnet das NS-Recht zur Grundlage der Aburteilung von nationalsozialistischen Massenmorden zu machen[14].

Ein Beispiel dafür, wie eine solche Argumentation vor sich ging, bietet der Umgang mit den Tätern der sog. Euthanasie-Aktion[15]: Hitler hatte 1939 dem Leiter seiner Kanzlei Bouhler ein Schreiben ausgehändigt, in welchem Bouhler und Hitlers Begleitarzt Dr. Brandt beauftragt wurden, Ärzte zur Tötung von unheilbar Geisteskranken zu ermächtigen. Dieses Schreiben war auf einem Briefbogen der persönlichen Kanzlei Hitlers geschrieben, der oben das Wappen der Nazi-Partei trug, einen Adler, in seinen Krallen das Swastika-Symbol. Genau so sah damals das Wappen des Deutschen Reiches aus – mit dem einzigen Unterschied, dass der Adler nach rechts schaute, während der Adler des Wappens der Partei nach links schaute. Nach 1945 haben im Verfahren gegen Euthanasie-Ärzte die Staatsanwaltschaften argumentiert, der Befehl Hitlers habe das Handeln der Angeklagten nicht rechtfertigen können, da der Brief nicht das Wappen des Deutschen Reiches, sondern das Wappen der Partei getragen habe, also habe Hitler auch nach damaligem Recht nicht als Träger von Hoheitsrechten, sondern als Privatmann bzw. als Parteimann gehandelt[16]. Da der Tatbestand des Mordes erfüllt sei, hätten die angeklagten Ärzte sich strafbar gemacht.

Mir erscheint sehr zweifelhaft, ob diese Argumentation immanent (d.h. innerhalb des NS-Rechtssystems) zutreffend ist, denn die Nazi-Partei war nach damaligem Verständnis eine Körperschaft des öffentlichen Rechts, also Trägerin von Hoheitsrechten. Auch wenn man diesen Einwand mit dem Hinweis begegnet, dass die Partei für die Erlaubnis solcher Aktionen wie der Euthanasieaktion auch damals nicht zuständig gewesen sei, bleibt doch immer noch der Ein-

---

14 Dazu *Gerhard Werle*, Bestrafung (Fußn. 9).

15 Detaillierte Schilderung der Vorgänge durch den Generalstaatsanwalt von Frankfurt/M. (Fritz Bauer) in: *Institut für juristische Zeitgeschichte Hagen*, „Euthanasie" vor Gericht. Die Anklageschrift des Generalstaatsanwalts beim OLG Frankfurt/M. gegen Dr. Werner Heyde und andere vom 22. Mai 1962, hrsg. von *Thomas Vormbaum* (mit Anmerkungen von *Uwe Kaminsky* und *Friedrich Dencker*). Berlin 2005; s. auch *Vera Große-Vehne*, Tötung auf Verlangen (§ 216 StGB), „Euthanasie" und Sterbehilfe. Reformdiskussion und Gesetzgebung seit 1870, Berlin 2005, S. 126 ff.

16 Vgl. *Vera Große-Vehne*, Tötung auf Verlangen, a.a.O., sowie *dies.*, Die nationalsozialistischen Pläne für ein „Euthanasie-Gesetz", in: Journal der juristischen Zeitgeschichte 1 (2007), S. 2 ff.; krit. *Friedrich Dencker*, Anm. 62, in: *Institut für juristische Zeitgeschichte Hagen*, „Euthanasie" vor Gericht, a.a.O., S. 401.

wand, dass eine Aufspaltung der Person des Führers in eine Staatsperson und eine Partei- oder Privatperson damals nie akzeptiert worden wäre[17].

Verfolgungshürden

Innerhalb des so vorgegebenen Rahmens baute die bundesdeutsche Strafjustiz sich freilich selbst Hürden auf, die einen nicht unerheblichen Teil der Täter, wenn er denn vor Gericht gebracht wurde, straflos bleiben ließ. Ich will nur für den Bereich der Gewaltverbrechen und den der Justizverbrechen je ein Beispiel bringen:

Im Bereich der *Gewaltverbrechen* stellte sich die Frage, ob die Angeklagten als Täter oder als Gehilfen zu bestrafen seien. Hier entwickelte die Rechtsprechung die These, dass nach der – damals herrschenden – subjektiven Beteiligungslehre nur wenige führende Nationalsozialisten, Hitler allen voran, als Täter anzusehen seien, alle nachgeordneten Beteiligten im Zweifel als bloße Gehilfen. Eine Ausnahme wurde für sog. Exzesstäter gemacht, also vor allem für solche Täter, die mit sadistischen Handlungen oder mit Handlungen, die über einen erteilten Befehl hinausgingen, ihren vom System vorgegebenen Handlungsrahmen überschritten hatten. Weil aber mit der Beteiligungsform ganz wesentlich die Frage der Verjährung verbunden war (bzw. später verbunden wurde), führte dies zu zahlreichen Verfahrenseinstellungen wegen eingetretener Verjährung.

Im Bereich des *Justizunrechts* führten die Hürden, mit denen die Aburteilung der richterlichen Täter behindert wurde, zu einem bemerkenswerten Ergebnis: Kein einziger Richter – weder einer der Sondergerichte, noch des Volksgerichtshofes noch der Militärjustiz – ist von der bundesdeutschen Justiz für eines der zigtausend damals ergangenen Todesurteile strafrechtlich zur Verantwortung gezogen worden[18]. Angesichts jener Hürden, welche durch die Rechtsprechung errichtet worden sind, kann dieses Resultat im Rückblick nicht erstaunen. Die wichtigsten Hürden waren – kurz gesagt – folgende: Zum einen wurde argumentiert, es gebe ein sog. *Richterprivileg*; dieses bestehe darin, dass ein Richter wegen des Inhalts seines Urteils – also zum Beispiel wegen Tötung oder Freiheitsberaubung – nur dann strafrechtlich zur Verantwortung gezogen

---

17 S. die Nachweise zu den betreffenden Entscheidungen der bundesdeutschen Justiz sowie die scharfe Kritik b. *Jörg Friedrich*, Die stille Amnestie. NS-Täter in der Bundesrepublik. Frankfurt/M. 1984.

18 *Friedrich Dencker*, Die strafrechtliche Beurteilung von NS-Rechtsprechungsakten, in: Peter Salje (Hrsg.), Recht und Unrecht im Nationalsozialismus. Münster 1985, S. 294 ff.; *Jörg Friedrich*, Freispruch für die Nazi-Justiz. Die Urteile gegen NS-Richter seit 1948. Eine Dokumentation. Hamburg, 1983.

werden könne, wenn er zugleich den Tatbestand der Rechtsbeugung erfülle. Zugunsten dieses Richterprivilegs wurde angeführt, es schütze die richterliche Entscheidungsfreude und damit zugleich die richterliche Unabhängigkeit. Ich habe in den 80er Jahren im Rahmen meiner Habilitationsschrift alle mir erreichbaren Lehrbücher, Kommentare und Gerichtsentscheidungen aus der Zeit bis 1945 durchgesehen und habe keine einzige Stelle gefunden, an der von einem solchen Richterprivileg die Rede war[19]; mein Doktorand Carsten Thiel, der kürzlich die Geschichte des Rechtsbeugungstatbestandes seit dem 19. Jahrhunderts untersucht hat, hat einen weiteren, noch breiter angelegten Versuch unternommen und ist zu demselben negativen Ergebnis gelangt[20]. Es fällt schwer, die Vermutung zu unterdrücken, dass die frühe Justiz der Bundesrepublik mit Hilfe dieses Richterprivilegs die eigene Profession (und mitunter möglicherweise auch die eigene Person) hat schützen wollen[21].

Damit aber nicht genug, gab es noch eine weitere Hürde: Der Rechtsbeugungstatbestand kann nur vorsätzlich begangen werden. Nun kann man in allen Lehrbüchern lesen, dass, wenn nicht das Gesetz oder die Natur der Sache etwas anderes fordert, für den Tatbestandsvorsatz *dolus eventualis* ausreiche[22]. Für den Rechtsbeugungsvorsatz wurde jedoch *dolus directus* gefordert[23]. Da aufgrund der besonderen Struktur des Rechtsbeugungstatbestandes das Unrechtsbewusstsein faktisch mit dem Tatbestandsvorsatz zusammenfällt[24], konnten die angeklagten Richter sich darauf berufen, sie hätten ihr damaliges Handeln für rechtmäßig gehalten. Dies wurde ihnen von ihren Richtern durchweg geglaubt; je abgebrühter der richterliche Angeklagte erschien, desto glaubhafter war ja auch seine diesbezügliche Aussage[25]. Radbruchs problema-

---

19 Vgl. *Thomas Vormbaum*, Der strafrechtliche Schutz des Strafurteils. Untersuchungen zum strafrechtlichen Schutz des strafprozessualen Verfahrenszieles. Berlin 1985, S. 354 ff.

20 *Carsten Thiel*, Rechtsbeugung (§ 339 StGB). Reformdiskussion und Gesetzgebung seit 1870. Berlin 2005, S. 136 ff.

21 Vgl. *Jörg Friedrich*, Freispruch für die Nazi-Justiz, a.a.O. (Fußn. 18).

22 Vgl. *Thomas Fischer*, Strafgesetzbuch und Nebengesetze. Kommentar. 55. Aufl. München 2008, Rn. 5 zu § 14; *Ingeborg Puppe*, Rn. 108 zu § 15 StGB in: *Urs Kindhäuser, Ulfried Neumann, Hans-Ullrich Paeffgen* (Hrsg.), Strafgesetzbuch. Nomos-Kommentar, Bd. 1, 2. Aufl. Baden-Baden 2005.

23 Vgl. z.B. *Friedrich Dencker*, NS-Justiz vor Gericht, in: Jörg Requate (Hrsg.), Recht und Justiz im gesellschaftlichen Aufbruch (1960–1975). Bundesrepublik Deutschland, Italien und Frankreich im Vergleich. Baden-Baden 2003, S.. 93 ff., 95, 97.

24 Weil das „Recht" selbst hier ein Element des objektiven Tatbestandes ist.

25 Vgl. die Hinweise b. *Ursula Schmidt-Speicher*, Hauptprobleme der Rechtsbeugung. Unter besonderer Berücksichtigung der historischen Entwicklung des Tatbestandes.

tischer Satz von der Hilflosigkeit der deutschen Juristen gegenüber dem Rechtspositivismus mag ein übriges bewirkt haben. (Radbruch hatte übrigens bereits 1946 als einer der ersten, vielleicht sogar als der erste, die These vom Richterprivileg aufgestellt)[26].

Erwähnt sei allerdings, daß die Rechtsprechung in mehreren Fällen, in denen Todesurteile ergangen waren, die *Anzeigenerstatter* wegen Teilnahme oder gar (mittelbarer) Täterschaft an einem Tötungsdelikt verurteilte[27] – ein Tötungsdelikt, für das die vorsätzlich handelnden *Täter* nicht bestraft wurden!; als weiterer Annex sei erwähnt, daß ein Richter der *DDR*, der in den Westen geflohen war, dort wegen Tötung bzw. Freiheitsberaubung in Tateinheit mit Rechtsbeugung bestraft wurde; als dritter Annex sei erwähnt, daß der BGH sich vor einigen Jahren für seine Rechtsprechung gegenüber Richtern der NS-Zeit regelrecht *entschuldigt* hat – als es nämlich darum ging, Richter der DDR wegen Rechtsbeugung zu verurteilen[28].

Das Richterprivileg gibt es heute noch – es ist nach der deutschen Wiedervereinigung auch den Richtern der DDR zugute gekommen, obwohl diese erklärtermaßen keine unabhängigen Richter waren. Beim Rechtsbeugungsvorsatz hat sich allerdings inzwischen die herrschende Auffassung geändert. Man lässt heute, gestützt auf eine ausdrückliche Erklärung des Strafrechtsreformausschusses des Bundestages, *dolus eventualis* ausreichen.

Um nicht missverstanden zu werden, weise ich darauf hin, dass gute Gründe für die Annahme eines Richterprivilegs sprechen; und es gibt auch gute Gründe dafür, dass der Rechtsbeugungstatbestand nur mit *dolus directus* erfüllt werden kann. Auffällig ist jedoch, dass die Kumulation beider Elemente – verbunden mit einer sensiblen Anwendung des Grundsatzes *in dubio pro reo*, die man sich auch in manchem anderen Verfahren wünschen würde – damals, wie es Jörg Friedrich formuliert hat, zu einem „Freispruch für die Nazi-Justiz" führte[29]. Inzwischen verlangt die herrschende Meinung auch für den Tatbestand der Rechtsbeugung nur noch *dolus eventualis*[30]. Die Absenkung der Vorsatzschwelle für die Rechtsbeugung ist ein Preis, der für die Verfolgung von

---

Berlin 1982, S. 105 ff.; *Thomas Vormbaum*, Der strafrechtliche Schutz (Fußn. 19), S. 352, 374.

26 A.a.O., S. 15.

27 S. die Auflistung der 17 Urteile gegen Anzeigenerstatter beim Volksgerichtshof b. *Jörg Friedrich*, Freispruch für die Nazi-Justiz (Fußn. 18), S. 442.

28 *Bundesgerichtshof* in: *Neue Juristische Wochenschrift* 1961, S. 195 ff.

29 *Jörg Friedrich*, Freispruch für die Nazi-Justiz (Fußn. 18).

30 S. z.B. *Lothar Kuhlen*, Rn. 76 ff. zu § 339 StGB, in: Strafgesetzbuch. Nomos Kommentar (Fußn. 22).

Nazi-Richtern bezahlt worden ist – allerdings zu einer Zeit, als dieses Kapitel der Aufarbeitung der NS-Vergangenheit faktisch bereits beendet war[31].

Vergangenheitsbewältigung im Rechtsstaat

Mit dem Hinweis auf einen Preis, der für die Aufarbeitung der NS-Vergangenheit bezahlt worden ist, bin ich bei meinem letzten Punkt angelangt. Sie betreffen die rechtsstaatlichen *Grenzen* der Auseinandersetzung mit der NS-Vergangenheit einerseits, den *Preis*, der für die Auseinandersetzung gezahlt werden darf, andererseits.

Seit einer bekannten Monographie von Norbert Frei sprechen Historiker von „Vergangenheitspolitik"; und der Maßstab, den sie für die Bewertung einer Vergangenheitspolitik anlegen, ist eben der, ob es gelungen sei, die Vergangenheit aufzuarbeiten oder – wie man in Deutschland seit den 50er Jahren sagt – sie zu „bewältigen". Historiker verfallen regelmäßig in einen vorwurfsvollen Ton gegenüber Juristen, wenn sie von den Hürden sprechen, welche einer Verurteilung nationalsozialistischer Gewaltverbrecher entgegenstanden. Es heißt dann, die Justiz habe sich nicht intensiv genug um die Aufarbeitung der nationalsozialistischen Vergangenheit bemüht.

Die Enttäuschung und die Vorwürfe der Historiker sind weitgehend berechtigt, vor allem in der Frühzeit der Bundesrepublik ist in dieser Hinsicht viel versäumt worden; das habe ich ja bereits berichtet. Auch ist die Frage nach dem Gelingen der Aufarbeitung der Vergangenheit nicht nur für Historiker, sondern für alle, also auch für Rechtshistoriker und Juristen, eine berechtigte Fragestellung. Doch der Rechtshistoriker muss als Jurist, der er regelmäßig auch ist, eigene Erklärungen geben und eigene Fragen stellen: Er muss *erklären*, dass der Richter – und gerade der Strafrichter – zwar Zwangsmittel besitzt, um an Quellen zu gelangen, die dem Historiker nicht ohne weiteres zur Verfügung stehen, dass er aber andererseits kein Historiker ist und dass historische Aufklärung allenfalls ein Reflex seiner Tätigkeit, nicht aber das von ihm angestrebte Ziel sein kann[32]. Der Rechtsstaat muss auch seinen Feinden gegenüber

---

31 Die folgenden Gedanken habe ich inzwischen vertieft in: *Thomas Vormbaum*, Vergangenheitsbewältigung im Rechtsstaat, in: Festschrift für Knut Amelung. Berlin 2009, S. 783 ff.

32 Ich kann diese intensiv erörterte Frage nach dem Verhältnis von Richter und Historiker hier nicht näher diskutieren. S. dazu *Frei / Laak / Stolleis,* Geschichte vor Gericht. Historiker, Richter und die Suche nach Gerechtigkeit. München 2000; dazu Bespr. von *Hans-Eckhard Niermann,* Jahrbuch der juristischen Zeitgeschichte 2 (2000/2001), 214 ff.; ich selber habe mich mit dieser Frage auseinandergesetzt in: *Thomas Vormbaum*, Der

die rechtsstaatlichen Grundsätze einhalten – darüber besteht ja, wie die Diskussion über das „Feindstrafrecht" gezeigt hat, unter Juristen weitgehend Einigkeit. Und gerade weil dem Richter Zwangsmittel zur Verfügung stehen, sind seiner Tätigkeit rechtliche Grenzen gesetzt. Für viele Historiker ist dies ein enttäuschender Befund.

Die Kehrseite dieses Problems ist folgende: Ist die politische Lage für die Aufarbeitung der Vergangenheit ungünstig – oder möchte man, dass sie ungünstig sei – dann stehen Gesetzgeber und Richter meistens auf der Seite der Juristen; ändert sich die Situation und die Aufarbeitung der Vergangenheit gilt als politisch opportun (meistens dann, wenn es niemandem mehr politisch weh tut), dann nähern Gesetzgeber und Richter sich der Position der Historiker an. So war es auch in der Geschichte der Bundesrepublik Deutschland. Zunächst wurde die strafrechtliche Auseinandersetzung mit den nationalsozialistischen Gewalt- und Justizverbrechen versäumt oder nur sehr zögerlich geführt, und wenn es zu Strafverfahren kam, erwiesen die Gerichte sich – zum Beispiel bei der Frage der Verhandlungsfähigkeit oder der Haftfähigkeit der Angeklagten – als äußerst sensibel; als dann der Wind sich gedreht hatte, änderte sich auch diese Einstellung, und heute werden über 90jährige Greise als verhandlungsfähig beurteilt, und sie stehen vor dem Strafrichter für Taten, die sie vor mehr als 60 Jahren begangen haben.

Dies bringt mich zu einem weiteren Punkt: Zu der Zeit, als die den Angeklagten vorgeworfenen Taten begangen wurden, betrug die Verjährungsfrist für Mord 20 Jahre – jedenfalls bis zum Jahre 1942; dann erhielt die Staatsanwaltschaft die Ermessensbefugnis, Mordtaten auch nach Ablauf der regulären Verjährungsfrist zu verfolgen. Diese Regelung wurde zunächst nach 1945 wieder beseitigt. Als dann aber – nicht zuletzt wegen der zögerlichen Verfolgungstätigkeit der bundesdeutschen Gerichte in Verfahren wegen NS-Verbrechen – die Verjährung für Totschlag bereits eingetreten war und der Eintritt der Verjährung auch für Mord drohte, schob der Gesetzgeber in mehreren Schritten den Eintritt der Verjährung hinaus und beseitigte ihn 1979 völlig. Zweimal im 20. Jahrhundert wurde also die Verjährung für Mord beseitigt: beim ersten Mal durch die Nationalsozialisten, beim zweiten Mal durch den bundesdeutschen Gesetzgeber, um nationalsozialistische Verbrechen weiter verfolgen zu können. Das Bundesverfassungsgericht sah in der nachträglichen Verlängerung der Verjährungsfristen keinen Verstoß gegen das Rückwirkungsverbot, da sie nicht die (materiellrechtliche) *Strafbarkeit*, sondern nur die

---

strafrechtliche Schutz des Strafurteils, S. 122 ff.; *ders.*, Euthanasie vor Gericht – Gericht über Euthanasie (Einführung), in: Euthanasie vor Gericht (wie Fußn. 15), S. XV ff.

(prozessuale) *Verfolgbarkeit* betreffe. Unabhängig davon, ob man die Meinung des Verfassungsgerichtes teilt, dass das Rückwirkungsverbot nur für den Bereich des materiellen Strafrechts gelte und die Verjährung diesem nicht angehöre, kann die Frage gestellt werden, ob man sich zu einer solchen Änderung auch dann entschlossen hätte, wenn es nicht um die Weiterverfolgung von nationalsozialistischen Tätern gegangen wäre. Und unter dem Aspekt eines liberalen Strafrechts ist es problematisch, dass mit einer verhältnismäßig alten strafrechtlichen Tradition gebrochen wurde und für einen klassischen Straftatbestand, wenn auch für den schwersten von allen, die Verjährbarkeit aufgehoben wurde. (Für den Völkermord mögen hier andere Maßstäbe gelten)[33].

Anlässlich der Verfolgung von nationalsozialistischen Gewaltverbrechen ist ferner die Figur des „Schreibtischtäters mit Organisationsherrschaft" entwikkelt worden, um Mord-Funktionäre wie Adolf Eichmann als Täter zur Verantwortung ziehen zu können. Welche Eigendynamik solche dogmatischen Figuren entwickeln können, zeigt sich daran, dass die Figur der „Organisationsherrschaft" inzwischen im Wirtschaftsstrafrecht Karriere gemacht hat; und die Auswirkungen der aufgehobenen Verjährung für Mord machen sich gerade aktuell in Deutschland bemerkbar, da die Verfolgung terroristischer Anschläge aus den 70er Jahren wieder aufgenommen wird – merkwürdigerweise just zum 30. Jahrestag der Ermordung prominenter Personen im Herbst 1977. Die neuen Möglichkeiten der DNA-Analyse führen zur Wiederaufnahme der Verfolgung von Taten, die früher bereits seit Jahrzehnten verjährt gewesen wären. Und jüngst hat die Justizministerin von Nordrhein-Westfalen, die sonst nicht durch eine populistische Kriminalpolitik aufgefallen ist, eine „Gerechtigkeitslücke" darin entdeckt, dass Totschlag verjähre, Mord aber nicht. Sie will diese Ungerechtigkeit mit einer Gesetzesinitiative beseitigen – natürlich dadurch, dass auch für Totschlag die Verjährung beseitigt wird.

So berechtigt die Forderung war, die Verbrechen der Nationalsozialisten zu verfolgen – selbst Strafrechts-Abolitionisten werden ja mit der Entkriminalisierung nicht gerade bei „staatsverstärkter Kriminalität" beginnen – so sehr ist Sensibilität gefordert, wenn das Strafrecht und der Strafprozess zum Mittel der Überwindung oder Aufarbeitung eines abgelehnten politischen Systems gemacht werden sollen. Die Grenze zwischen der – berechtigten – Verfolgung von Staatsverbrechen zur – problematischen – Instrumentalisierung des Strafrechts zu politischen Zwecken kann auch im *demokratischen* Eifer überschritten werden.

---

33 Zur neueren Entwicklung der Mordverjährung s. *Thomas Vormbaum*, Festschrift für Günter Bemmann. Baden-Baden 1997, S. 481 ff.

Ich erwähne in diesem Zusammenhang auch den Tatbestand der „Holocaust-Leugnung", der seine Vorläufer nicht gerade in einem vorbildlichen Teil der Strafrechtstradition hat und in Deutschland und Österreich schon zu Strafen geführt hat, für die man sonst eine Bank überfallen müsste.

Ich hoffe dass diese letzten Ausführungen nicht stärker im Gedächtnis haften bleiben als die vorhergegangenen. Sie sollten nur eine Fußnote zu dem vorher Ausgeführten bilden – immerhin eine Fußnote, die zum Text gehört.

LATEINAMERIKA

Jaime Couso[*]

Übergang zur Demokratie und Post-Transitionsjustiz in Chile[**]

I. Die Menschenrechtserletzungen während der Pinochet-Diktatur

1. Ausmaß und Fallgruppen

Aus einer allumfassenden Perspektive waren die von der Diktatur begangenen Menschenrechtsverletzungen systematisch, institutionell gesteuert, massiv und schwerwiegend[1]. In quantitativer Hinsicht kann man folgende Zahlen als ausreichend zuverlässig betrachten[2]:

- 2 100 Ermordungen
- 1 080 Fälle gewaltsamen Verschwindenlassens von Personen
- 30 000 Fälle von Folter und/oder politischer Haft
- 3 Millionen willkürliche Festnahmen
- 1 424 Fälle von Landesverweisung

---

* Profesor Asociado, Facultad de Derecho, Universidad Diego Portales, Santiago, Chile. jaime.couso@udp.cl.

** Die Untersuchung, auf der dieser Artikel aufbaut, wurde während eines mit Hilfe der Alexander von Humboldt-Stiftung finanzierten Aufenthaltes des Autors an der Humboldt-Universität zu Berlin als Gast am Lehrstuhl für deutsches und internationales Strafrecht, Strafprozessrecht und juristische Zeitgeschichte von Prof. Dr. *Gerhard Werle* begonnen. Aus dem Spanischen von Dr. *Moritz Vormbaum* (Humboldt-Universität zu Berlin).

1 *Roberto Garretón*, zitiert nach Millaleo, Salvador, „Strafrecht in Reaktion auf Systemunrecht in Chile", in: Albin Eser; Ulrich Sieber, Strafrecht in Reaktion auf Systemunrecht. Vergleichende Einblicke in Transitionsprozesse, Band 11, Chile und Uruguay, Duncker und Humblot, 2007, S. 80.

2 Diese Informationen sind *Millaleo*, a.a.O., S. 100 ff., entnommen, auf Grundlage der Zahlen des Rettig-Berichtes, der Nationalen Vereinigung für Wiedergutmachung und Versöhnung, des Berichts der Nationalen Kommission zur Politischen Haft und Folter sowie des Vikariats der Solidarität.

- 225 000 Exilierte
- 270 000 Fälle von Hausfriedensbruch.

Um aber eine genauere Perspektive zu erhalten, möchte ich zwei von den vielen Fällen schwerwiegender Menschenrechtsverletzungen darstellen, die während Militärdiktatur durch die von Pinochet geleiteten Streitkräfte begangen wurden.

a) Die „Todeskarawane"

Nach dem Bericht der Nationalen Wahrheits- und Versöhnungskommission (dem sogenannten Rettig-Bericht) kam die Leitung der Zentralgewalt wenige Wochen nach dem Staatsstreich vom 11. September 1973

> „zu der Überzeugung, dass der Eifer bei ihrem eigenen militärischen Vorgehen Militäreingriff nicht jenem entsprach, den entgegen ihrer Vermutung die uniformierten Einheiten einiger Provinzen an den Tag legten, [...] [wo] man in einigen Situationen „Weichheit" und sogar Milde erlebte, die das Wiedererstarken des oppositionellen Widerstands hätten anregen können und die es notwendiger- und dringenderweise zu korrigieren galt. [...] In entsprechender Absicht wurde eine von einem hohen Heeresoffizier kommandierte Gesandtschaft eingesetzt, die das gesamte Land im September und Oktober 1973 auf dem Luftweg mit dem offenen und anscheinend offiziellen Ziel durchquerte, die Prozesse gegen politische Gefangene zu beschleunigen und strenger werden zu lassen, indem sie die örtlichen Stellen zu diesem Zweck instruierte. [...] Dies ging soweit, dass der Bürgermeister von Coquimbo dazu gedrängt wurde, ein neues Kriegsgericht einzusetzen, das eine Person zum Tode verurteilen sollte, die von einem früheren Gericht bereits durch ein Urteil zu einer geringeren Strafe verurteilt worden war.
>
> Parallel zu dieser offenen und bis zu einem gewissen Punkt regulären „Verhärtung", die der hohe Gesandte während seiner Reise erreichen sollte, gab es – begleitend dazu teilweise im Gefolge der Reisen – noch eine davon zu unterscheidende „Verhärtung".
>
> Einige der kurzen Aufenthalte dieses reisenden Gefolges fielen tatsächlich mit Hinrichtungen ohne Prozess zusammen; häufig [...] verschärft durch besondere Grausamkeit; verschleiert mit falschen Darstellungen; in vielen Fällen führten sie zur Nichtherausgabe und zum Verbergen der Leichen, sogar zu deren Vernichtung, wahrscheinlich um den Hass, der bei dem Verbrechen im Spiel war, verdeckt zu halten.
>
> Diese Hinrichtungen, die im Oktober 1973 stattfanden, [...] [summieren sich auf] 72 Tote, die sich auf 4 Hinrichtungen in Caquenes (4. Oktober), 15 in La Serena (16. Oktober), 13 in Copiapó (17. Oktober), 14 in Antofagasta (19. Oktober) und 26 in Calama (19. Oktober) verteilten"[3].

---

3 Bericht der Nationalen Wahrheits- und Versöhnungskommission (Rettig-Bericht), S. 107–108.

Nach dem Rettig-Bericht gab man bei fast allen Hinrichtungen das „Fluchtrecht“ als Grund an, das bedeutet, „die Tötung der Gefangenen, die – nach Angaben der Beamten – versuchten zu fliehen oder zu entkommen und die vorangegangenen Aufforderungen mündlicher Art oder durch Schüsse in die Luft etc., dies zu unterlassen, nicht befolgten“, oder man gab eine analoge Version vor, die darauf beruhte, dass „das Opfer – nach Angaben der Beamten – das Festnahme- oder Verhörpersonal angegriffen hatte oder versucht hatte, ihnen ihre Dienstwaffen wegzunehmen“[4].

Ich werde später noch die Gelegenheit haben, darzulegen, dass der Fall der „Todeskarawane“, der dadurch internationales Aufsehen erregte, dass er als Grundlage für die ersten Gewalttaten sowie das erste Strafverfahren vor chilenischen Gerichten gegen Pinochet diente, einer der paradigmatischen Fälle ist, um die Entwicklung, die Probleme und die Erfolge der chilenischen Transitions- und Post-Transitionsjustiz zu verstehen[5].

b) Die Ermordung des Journalisten José Carrasco und anderen militanten Kommunisten als Vergeltung für das missglückte Attentat auf Pinochet

Nach dem Rettig-Bericht wurde nur wenige Stunden nach dem missglückten Attentats auf Pinochet vom 7. September 1986, bei dem fünf Männer seiner Wachmannschaft starben, der Journalist José Carrasco zusammen mit drei militanten Kommunisten von schwerbewaffneten Personen aus ihren Häusern entführt – in einem Fall direkt vor den Augen von uniformierten Polizeibeamten – und wieder einige Stunden später hingerichtet. Der Bericht hebt hervor, dass der Minister Generalsekretär der Regierung in dieser Sache die öffentliche Meinung darüber informierte, man schließe nicht aus, dass es sich bei den

4 Ebd., S. 104–105

5 Die Verbrechen der Todeskarawane führten zu einer der umfangreichsten journalistischen Investigationen über einen Fall von Menschenrechtsverletzungen während der Diktatur, die durch Patrizio Verdugo im Jahre 1989, wenige Monate nach der Niederlage Pinochets im Plebiszit von 1988 aber zu Zeiten, an denen er noch an der Macht war, durchgeführt und veröffentlicht wurde. Vor dieser Untersuchung waren auf Gesuch einiger vereinzelter Beschwerdeführer einige strafrechtliche Aktionen in individuellen Fällen durchgeführt worden, aber erst nach Veröffentlichung gelangte die Verbindung zwischen verschiedenen individuellen Fällen, bei denen das durch Arellano Stark geleitete Gefolge eine Hauptrolle spielte, an die Kenntnis der Öffentlichkeit; vgl. *Collins*, Cath, Post-transitional Justice: Legal Strategies and Accountability in Chile and El Salvador, Dissertation, London, 2005 (zu der ich freundlicherweise durch die Autorin Zugang erhielt), S. 77. Diese Verbindung erlaubte es, mehr Beweise für das Verhalten von Pinochet selbst bei den Handlungen vorzubringen; s. *Verdugo*, *Patricia*, Los Zarpazos del Puma, Santiago de Chile, 1989.

Verbrechen um eine Säuberungsaktion unter Kommunisten handele. In dem Bericht erklärt die Wahrheits- und Versöhnungskommission indes, dass

> „sie zu der Überzeugung gekommen ist, dass es sich um Hinrichtungen aus politischen Motiven und unter der moralischen Verantwortung des Staates handele, sei es, weil diese Taten direkt von seinen Agenten ausgeführt oder weil sie stillschweigend geduldet oder toleriert wurden, womit die Tötungen Menschenrechtsverletzungen darstellen"[6].

Dieser Fall dümpelte viele Jahre ohne Fortschritt in der Justiz vor sich hin. Deshalb schlug die Nachricht besonders ein, dass am 11. November 2002 Luciano, ein Sohn des ermordeten José Carrasco, der sich nie von der schrecklichen Erfahrung erholt hatte, die er erlebte, als er im Alter von 14 Jahren der Entführung seines Vaters und dem Fund seiner Leiche einige Stunden später beiwohnte, sich umgebrachte, indem er sich vor einen Zug warf. Aus diesem Anlass erinnerte ein Zeitungsartikel mit dem Titel „Der Zweite Tod des José Carrasco" an die Szene, in der Luciano zugegen gewesen war, als man seinen Vater halb bekleidet herauszerrte, ohne ihn sich seine Schuhe zubinden zu lassen. „Die wird er nicht brauchen", rief einer der Mörder[7]. Gerade einmal vier Jahre später, im Dezember 2006, wurde der erste der Täter, die den Mord ausführten, verurteilt; sein Revisionsverfahren war während der Abfassung des vorliegenden Artikels noch anhängig.

---

6 Rettig-Bericht, S. 1009.

7 Vgl. den Artikel von *Ernesto Carmona* im "Diario La Nación" vom 13 November 2002, zu finden unter http://www.memoriaviva.com/Ejecutados/Ejecutados%20C/jose_humberto_carrasco_tapia.htm. Der Artikel setzt fort, indem er erklärt, dass sich nach der Ermordung seines Vaters „Luciano und sein Bruders Iván in eine immense politische Aktivität stürzten und den Weg Peppones weiterverfolgten. Luciano jedoch erholte sich nie wieder von dem, was er an diesem Morgen erlebt hatte. Fortan begleiteten ihn stets Depressionen. [...] Seine Tragödie hat mit dem Fehlen von Gerechtigkeit trotz der jahrelangen nur zu guten Kenntnis von den Schuldigen zu tun. Wenn man Gerechtigkeit wiederhergestellt hätte, hätte die Familie „außerdem" Anspruch auf eine Entschädigung des Staates gehabt. Dann hätte man eine angemessene Behandlung der chronischen Depression Lucianos bezahlen können. [...] Auch wenn es scheint, dass seine Entscheidung letztlich unnütz war und Schmerz bei den falschen Menschen verursachte (bei seiner Mutter, der Journalistin Olivia Mora, die seine Familie durchbrachte; bei seiner zehnjährigen Tochter; bei seinem Bruder Iván, bei seinen Freunden...), ist seine Opferung doch ein verzweifelter Schrei nach Gerechtigkeit, die die Gerichte nach 16 Jahren [...] und in einer Demokratie immer noch nicht anbieten."

2. Phasen und Strickmuster, denen die Menschenrechtsverletzungen folgten

a) Die ersten Monate nach dem Staatsstreich: Terroreinsatz als Politik zur Eliminierung jeglichen Widerstands

In den ersten Stunden und Tagen nach dem Staatsstreich nahm sich die Militärführung in erster Linie vor, das Kommando über das Territorium und die staatlichen Einrichtungen mit Waffengewalt, mit der Verhängung des Belagerungszustands und mit der Praxis von massiven Festnahmen gegen die mit der „Unidad Popular“ (der Koalition des beseitigten Präsidenten Allende) politisch und sozial verbundenen Mächtigen und Führern an sich zu reißen. Die Übernahme der militärischen Kontrolle wurde schnell und fast ohne Widerstand verwirklicht[8], mit Ausnahme von vereinzelten Aktionen bestimmter Gruppen bewaffneter Zivilisten, vor allem am Tag des Staatsstreiches selbst, wie im Falle der persönlichen Wache von Präsident Allende, die zusammen mit ihm einige Stunden lang versuchte, den Palast zu verteidigen, was von Beginn an zum Scheitern verurteilt war. Durch den Belagerungszustand wurden die öffentlichen Freiheiten aufgehoben, und den Bürgerrechten wurden strenge Beschränkungen auferlegt. Die Praxis massiver Festnahmen ohne Prozessgarantien folgte zwei Mustern. In vielen Fällen, wie etwa im Fall einer wichtigen, durch Militärs im Palacio de la Moneda Stunden nach dem Staatsstreich verhafteten Gruppe persönlicher Berater und Wachen von Präsident Allende, wurden die Gefangenen nicht zu einem Gefangenengelände gefahren, sondern an einen unbekannten Ort, an dem sie höchstwahrscheinlich Stunden oder Tage später hingerichtet wurden. Andere wurden in Gefangenenzentren interniert, die durch die Militärleitung geführt und im gesamten Land errichtet wurden, in denen die Gefangenen Verhören unterzogen wurden – in vielen Fällen unter Folter, die manchmal den Tod der Opfer verursachte. Um diese Verhaftungen durchzuführen, wurden Listen von Mitarbeitern der vorherigen Regierung erstellt, wobei manchmal auch Bürger beteiligt waren, die Arbeitskollegen oder Bekannte denunzierten.

In den Tagen direkt nach dem Staatsstreich und vor allem vom Monat Oktober an – dem Datum, an dem eine Verschärfung der von den bewaffneten Truppen angewandten Gewalt festzustellen ist[9] – richtete sich der Einsatz von Gewalt darauf, jeglichen Versuch von Widerstand, nicht nur militärischen, sondern auch politischen, gegen das neue Regime zu verhindern und zu verbieten, und

8 Rettig-Bericht, S. 94–95.

9 Ebd., S. 107.

darauf, die Loyalität der Militärführung mit Hilfe von demonstrativer Gewalt zu sichern[10].

Einige schwerwiegende Fälle von gewaltsamem Verschwindenlassen und von Hinrichtungen – wie etwa der erwähnte Fall der „Todeskarawane“ – ereigneten sich bereits in den ersten Monaten.

b) Die Phase der Terrorstrategie: 1974–1977

Diese Phase zeichnet sich grundlegend durch die Handlungen der Dirección de Inteligencia Nacional (DINA) unter dem Befehl des Heeresoberst Manuel Contreras aus, der, wie er später vor chilenischen Gerichten aussagte, „in seiner Eigenschaft als Exekutiv-Direktor der DINA nur Befehle von Seiten des Präsidenten der Republik erhielt, die er mit seiner Einrichtung erfüllen musste“; er wies darauf hin, dass die DINA „die Mission hatte, den extremistischen Marxismus auszurotten und zu beseitigen“, „indem er aufs Wort genau die Befehle auszuführen hatte, die ihm direkt vom Präsidenten der Republik erteilt worden waren, von dem er abhängig war“[11].

Dies ist „die Phase, in der es zu der größten Anzahl gewaltsamen Verschwindenlassens von Personen kam, der Methode, die hauptsächlich durch die DINA praktiziert wurde“, einem Verschwindenlassen, das im Gegensatz zu dem instrumentellen Charakter des noch in den letzten Monaten des Jahres 1973 praktizierten – das durchgeführt wurde, um die eigene Verantwortung an den Hinrichtungen zu verdunkeln – „dem Strickmuster eines vorhergesehenen Planes und einer zentralen Koordination entsprach, die in ihrer Gesamtheit einen Willen zum Auslöschen von bestimmten Kategorien von Personen enthüllten: nämlich denjenigen, denen ein hoher Grad an politischer Gefährlichkeit zugesprochen wurde“[12].

Für die Ausübung des Terrors verließ man sich auf eine Vielzahl von geheimen Gefängnis-, Folter- und Hinrichtungszentren, zu denen keine Staatsgewalt regulären Zugang hatte und die zu einer gezielten Strategie der Verdeckung

---

10 *Collins*, a.a.O., S. 68 ff.; vgl. auch Millaleo, a.a.O., S. 82 ff.

11 Um dann hinzuzufügen: „[...] deshalb weil, der Präsident genau weiß, was die Leitung der Dirección de Inteligencia Nacional und ihr Delegierter und Ausführender Direktor tun oder nicht tun [...] Contreras traf sich jeden Morgen mit Augusto Pinochet, den er über das nationale und das geheimdienstliche Geschehen informierte“. Der Text ist einem Auszug der gerichtlichen Beschlüsse entnommen, durch die Pinochet die Immunität entzogen wurde, entnommen: de http://www.radio.uchile.cl/notas.aspx?idnota=10319

12 Rettig-Bericht, S. 718.

und der Verheimlichung von Folter und Hinrichtungen gehörten[13]. Die DINA führte auch Hinrichtungen an anderen Plätzen durch; auch im Ausland, wie im Rahmen der „Operation Kondor“, bei der die Geheimdienste verschiedener Länder Lateinamerikas, die von antikommunistischen Diktaturen beherrscht wurden, sich abstimmten, um Geheimaktionen zur Unterdrückung und Hinrichtung von Dissidenten durchzuführen. Zu den bekanntesten Fällen zählt die Ermordung des Ex-Chefkommandanten des Heers Carlos Prats in Buenos Aires im Jahre 1974 und des Kanzlers Orlando Letelier in Washington im Jahre 1976. In diesen Zeitabschnitt fällt auch der Fall der „Operation Colombo“ (oder Fall der 119), bei dem die DINA versuchte, eben 119 Morde mit einer Desinformations-Aktion zu verschleiern, die in Brasilien und Argentinien durchgeführt wurde, wo zwei der von den dortigen Diktaturen kontrollierten Printmedien jeweils Listen von 59 und 60 militanten MIR-Kämpfern (MIR = Movimiento de Izquierda Revolucionaria – Bewegung der revolutionären Linken, *Anm. d. Übers.*) veröffentlichte, die angeblich bei einem bewaffneten Zusammenstoß im Rahmen interner Kämpfe ums Leben gekommen waren.

Gemeinsam mit dem Willen, die Feinde des neuen Regimes zu eliminieren, wurde in dieser Phase willkürlich Terror eingesetzt, um die Zivilbevölkerung fügsam zu machen. Der willkürliche und „strategische“ Gebrauch von Terror als Funktion für das Ziel, die gesamte Macht zu konzentrieren, wird durch Moulian in einer These bestätigt, die so plausibel wie schaurig ist:

> „Die Grausamkeit der chilenischen Militärdiktatur war unpersönlich. Sie erklärt sich dementsprechend nicht als Psychopathologie der Einzelnen oder als sadistische Neigung von ‚aus der Fassung geratenen Elementen'. Sie war die Notwendigkeit eines Regimes, eines Typus von Diktatur. Der Terror war eine absolute Notwendigkeit für die totale Macht, die Grausamkeit war nur eine funktionale Subjektivität, ohne die der Terror unrealisierbar gewesen wäre.“[14]

Diese Phase endete mit der Auflösung der DINA im August 1977 auf Grund von innerem und internationalem Druck[15].

Zusammen mit dem Beschluss, die DINA zu aufzulösen, beschloss die Regierung der Militärdiktatur durch das Gesetz 2.191 vom 19. April 1978 eine weitreichende Amnestie (gemäß den Bedingungen, unter denen man sie erließ, eine

13 Ebd., S. 978 und *Collins*, a.a.O., S. 69.

14 Zitiert nach *Moulian*, entnommen aus Fermandois, Joaquín, Verdad y Mito del Chile Actual, einer Rezension des Buches „Chile actual. Anatomía de un Mito“, von Tomás Moulian, in: Revista de Estudios Públicos, 69 (Sommer 1998), S. 423. Das Buch Moulians ist im Verlag LOM, 1997, erschienen.

15 *Collins*, a.a.O., S. 69.

Selbstamnestie) hinsichtlich aller Menschenrechtsverbrechen, die zwischen dem Staatsstreich und dem 10. März 1978 begangen worden waren.

c) Die Nasch-DINA Phase 1977–1990

Nach dem Rettig-Bericht unterscheidet sich diese Phase von den vorangegangenen in markanter Weise, auch wenn es wiederum zu zahlreichen schwerwiegenden Verletzungen von Menschenrechten kam. Während der ersten Jahre (1977–1979) orientierte sich das Unterdrückungsorgan, das die DINA ersetzte, die Central Nacional de Informaciones (CNI) eher an politischen Geheimdienstaktivitäten. Aber von 1980 an intensivierte die CNI auf Grund der heimlichen Rückkehr von militanten, zum bewaffneten Kampf gegen die Diktatur bereiten linken Gruppen ins Land ihre repressiven, gegen die Aufständischen gerichteten Handlungen, Fälle von Tötungen und gewaltsamem Verschwindenlassens eingeschlossen (letztere Fälle allerdings, wie der Rettig-Bericht erklärt, ohne den systematischen Charakter, den sie noch während der Tätigkeit der DINA besessen hatten)[16].

In anderen Fällen in dieser Phase, die von ganz unterschiedlicher Natur, aber in ihrer Anzahl und ihren politischen Konsequenzen sehr bedeutsam waren, töteten die bewaffneten Truppen vorsätzlich und auf Befehl, mit dem Ziel, die 1983 begonnenen Zeiten des Protestes und der gesellschaftlichen Bewegungen zu beenden, in denen nach der Reaktivierung der gegen die Diktatur gerichteten Parteien und Bewegungen versucht wurde, das Regime politisch unter Druck zu setzen und zu besiegen, um einen Übergang zur Demokratie zu erzwingen.

Schließlich gab es auch Vorgänge aus anderen Motiven – wie etwa aus Rache –, die sich aber durch die Situation des Machtmissbrauchs und des Fehlens rechtstaatlicher Regelungen erklären, in der die Geheimdienst- und Unterdrükkungsorgane operierten. So auch der Fall des Journalisten José Carrasco und der übrigen militanten Kommunisten, die als Repressalie für das gescheiterte Attentat an Pinochet, bei dem fünf seiner Wachen starben, ermordet wurden.

Ein bedeutender Aspekt für die Möglichkeiten der Übergangsjustiz ist, dass die Verbrechen dieses Zeitabschnitts nicht von dem erwähnten Amnestiegesetz gedeckt waren. Dies ermutigte die Gerichte jener Zeit zwar nicht, Gerechtigkeit herzustellen, aber es schlug sich in der Eröffnung einiger Verfahren nieder, bei denen einige schüchterne Untersuchungen angestellt wurden, die ausnahmslos aus Mangel an Beweisen wieder eingestellt wurden. Später aller-

16 Rettig-Bericht, S. 978.

dings, als es möglich war, eine unabhängige Untersuchung voranzutreiben, diente jene minimale gerichtliche Aktivität als Basis für die Wiederaufnahme von verschiedenen Fällen von Hinrichtungen und gewaltsamem Verschwindenlassen in dieser Zeit.

II. Der Übergang zur Demokratie in Chile und die (Post-) Transitionsjustiz

Der Übergang zur Demokratie in Chile wurde möglich durch eine Kombination von Faktoren, unter denen hervorzuheben sind: die von der Diktatur Pinochets selbst hervorgebrachte Institutionalisierung der Verfassung von 1980, die das Ziel hatte, eine bessere innere und internationale Legitimation zu erreichen, und damit endete, dass das Plebiszit von 1988 zu einem unübersehbaren Meilenstein der weiteren Entwicklung wurde – Verlust von Unterstützung für Pinochet im Innern, zum Teil gerade wegen der Menschenrechtsverletzungen; Verlust von internationaler Unterstützung für die Diktatur, vor allem von Seiten der USA, die aufgrund des Endes des Kalten Kriegs auf eine bessere Demokratisierung drängten, welche sich zumindest in einem sauberen Plebiszit im Jahre 1988 niederzuschlagen hatte; und Ausnutzung dieser Umstände durch eine starke politische und soziale Oppositionsbewegung, die für einen hoffnungsvollen Wechsel und die Rückkehr zu einer Tradition von Demokratie, Frieden und Einigkeit stand.

1. Die Übergangsbedingungen und ihre Auswirkung auf die Menschenrechtspolitik der neuen demokratischen Regierung

a) Politische Bedingungen

Die Natur des chilenischen Übergangs zur Demokratie erklärt sich zu einem guten Teil durch das Verhalten der neuen, von dem Christdemokraten Patricio Aylwin mit Hilfe einer Mitte-Links-Koalition geführten demokratischen Regierung, um den Menschenrechtsverletzungen der Diktatur, die im März 1990 die Regierung abgab, die Stirn zu bieten. Im Unterschied zu dem, was in Deutschland nach dem Zweiten Weltkrieg geschah, wo die Täter von ausländischen Mächten militärisch besiegt worden waren, die in das Land einmarschierten und den Deutschen Bedingungen auferlegten, welche es möglich machten, die Schuldigen vor Gericht zu stellen und zu verurteilen, aber auch im Unterschied zu Argentinien, wo die Niederlage im Falklandkrieg die Militärs hinreichend demütigte, um – in einem ersten Moment – einen Prozess gegen die Verantwortlichen in den hohen Rängen möglich zu machen, kann man die herrschende Auffassung in der demokratischen Koalition, die 1990 die Macht erlangte, in der folgenden Feststellung zusammenfassen, die 1992 von José Zalaquett, einem bekannten und angesehenen Spezialisten, der diese erste Regierung in ihrer Menschenrechtspolitik beriet, formulierte:

> „In Chile wurde der Übergang in Übereinstimmung mit den vereinbarten Spielregeln verwirklicht und mit vereinigten, nicht besiegten bewaffneten Truppen, die weiterhin bedeutende politische Unterstützung genossen, wenn auch als Minderheit“[17].

Auf der anderen Seite abzugrenzen ist der Fall Chiles von demjenigen Spaniens mit seiner Transition, die mit dem natürlichen Tod des Diktators begann und von regimenahen Politikern geleitet wurde, als die Schrecknisse nach über drei Jahrzehnten des Verdeckens und des Beschweigens bereits begraben schienen, was die relative Unsichtbarkeit dieses Themas bei der spanischen Transition erklärt. Die chilenische Transition wurde demgegenüber durch eine Wahlniederlage der Diktatur hervorgebracht, die diese zu leugnen versuchte, aber nicht anders anerkennen konnte – nicht zuletzt auf Druck der USA, nachdem der Kalte Krieg sein Ende gefunden hatte –, auch wenn sie ihre eigenen Bedingungen stellte. Es handelte sich außerdem um eine Wahlniederlage, die dem Regime durch eine demokratische Koalition beigebracht worden war, die im Verlauf der Wahl mitten in einer vorher nie dagewesenen Bürgerbewegung die moralische Zurückweisung der Menschenrechtsverletzungen durch den Großteil der Gesellschaft wachrief und aktivierte und dabei nicht zu verachtende (wenn auch zu Beginn nicht allzu starke) Forderungen nach Wahrheit und Gerechtigkeit hervorbrachte.

Große Erwartungen nach Gerechtigkeit und ein schwächlicher Rahmen, sie zu erreichen, sind zwei wichtige politische Bedingungen zur Erklärung der Entwicklung der Post-Transitionsjustiz in Chile.

b) Institutionelle Bedingungen

Abgesehen von der Bestimmung der Anordnung der faktischen Militärmacht, die es Pinochet und seinem Kreis von Mitarbeitern und Nahestehenden erlaubte, sich praktisch in „Unberührbare“ zu verwandeln, verkomplizierte eine

17 *Zalaquett, José*, Equilibrar Imperativos éticos y Restricciones Políticas. El dilema de las democracias nuevas que encaran violaciones de los derechos humanos ocurridas en el pasado, Mathew O. Tobringer-Vortrag, ursprünglich unter dem Titel “The Mathew O. Tobringer Memorial Lecture. Balancing Ethical Imperatives and Political Constraints: The Dilemma of New Democracies Confronting Past Human Rights Violations” veröffentlicht, Hastings Law Journal, Vol. 43, August 1992, Nr. 6, University of California/Hastings College of the Law, S. 1425–1438.

Reihe institutioneller Maßnahmen die Möglichkeit, andere Verantwortliche für die Menschenrechtsverletzungen während seiner Regierungszeit zu verurteilen und zu bestrafen:

- Die erste dieser Maßnahmen war das bereits erwähnte Selbst-Amnestiegesetz, das, wie gesehen, die in der blutigsten Phase des Terrors, vom 11. September 1973 bis zum 10. März 1978, begangenen Fälle umfasste, mit Ausnahme (auf Druck der USA) eines Falles, nämlich der Ermordung des Ex-Kanzlers Orlando Letelier in Washington.
- Eine zweite Bedingung war die Militärjustiz, die Pinochet und den bewaffneten Truppen treu ergeben war und Kompetenzen besaß, um praktisch jedes Verbrechen, das von den bewaffneten Truppen auf Befehl, „in Ausführung seiner Funktion" oder „auf militärischem Gelände" begangen worden war, zu verhandeln; letzteres Gelände erfuhr eine weite Auslegung, die im eigenen Verständnis der Militärjustiz praktisch jedes Gefangenenzentrum erfasste, das von Organen verwaltet wurde, die mit jenen Einrichtungen verbunden waren. Diese Tribunale wurden von Offizieren der bewaffneten Truppen im aktiven Dienst selbst gebildet, die hierarchisch in die Militärgewalt eingebunden waren[18].
- Ein drittes Bündel von Bedingungen stellten die sogenannten *leyes de amarre* (Fesselgesetze, *Anm. d. Übers.*) dar, die verschiedene gesetzliche und verfassungsrechtliche Vorschriften beinhalteten, die Pinochet, sein Gefolge und sein rechtliches und institutionelles „Vermächtnis" auf lange Zeit gegen feindliche Initiativen von Seiten des Gesetzgebers oder der Gerichte gegen seine Interessen absichern sollten. Zu diesen Bedingungen[19] zählten:
  - die Ernennung von acht Senatoren durch Pinochet selbst, was vor dem Hintergrund, dass im Rahmen des Gesetzgebungsverfahrens eine Annahme durch beide Kammern notwendig ist, acht bedingungslose Stimmen für Pinochet und seine Politik zu jenen 16 Stimmen hinzufügte, die er bereits von den ihm nahestehenden Parteien in den ersten Parlamentswahlen im Jahre 1989 erhalten hatte. Die pinochetistische Rechte konnte aufgrund dessen mit 24 Senatoren gegenüber den 22 der „Concertación de Partidos por la Democracia" (Pakt der Parteien für die Demokratie – *Anm. d. Übers.*) rechnen. Diese Situation machte es unmöglich, beispielsweise an die Annahme eines Aufhebungsgesetzes für

18 Vgl. *Couso, Jaime*, Competencia de la Justicia Militar. Una perspectiva político-criminal, in: Mera, Jorge (Hrsg.), Hacia una reforma de la Justicia Militar. Santiago, 2002, S. 73–145.

19 *Millaleo*, a.a.O.

das Amnestiegesetz, eine Maßnahme, die in dem Programm des neuen Präsidenten Patricio Aylwin vorgesehen war, auch nur zu denken.

- Der Verbleib Pinochets als Kommandant in der Heeresleitung für weitere acht Jahre (was ihm erlaubte, seinen Drohungen gegen den Rechtsstaat Glaubwürdigkeit zu verleihen), nach denen er das Amt des Senators auf Lebenszeit übernahm.
- Die Entscheidung Pinochets, wenige Monate bevor er die Macht übergab, eine große Anzahl von Richtern am Obersten Gerichtshof, die in den kommenden Jahren in den Ruhestand gegangen wäre, auszutauschen und durch andere zu ersetzen, die ihm bedingungslos ergeben waren und die in dieser Position bis zur Vollendung des 75. Lebensjahres bleiben sollten.
- Die Zerstörung der Archive der Geheimpolizei[20].

c) Der von Aylwin und der Concertación verfolgte Weg

In dem beschriebenen politischen und institutionellen Kontext war die Frage der Menschenrechte ein Problem, das die erste demokratische Regierung, wie Zalaquett selbst sagt, aus der Perspektive der „Verantwortungsethik" anzugehen beschloss, was im Weberschen Sinne bedeutete, „die voraussehbaren Folgen unserer Handlungen zu berücksichtigen", wenngleich diese Rücksichten ins Gleichgewicht zu bringen waren mit „den zu verfolgenden ethischen Grundsätzen und den tatsächlich zu beachtenden politischen Möglichkeiten und Einschränkungen, in der Weise, dass sich die Grundsätze effektiv in der bestmöglichen Weise erfüllen"[21]. Diese Herangehensweise wurde berühmt durch die Erklärung von Präsident Aylwin, in der er dem Land versprach, die Wahrheit über das Geschehene zu suchen und zu versuchen „Gerechtigkeit in dem möglichen Maße"[22] herzustellen.

In der Tat engagierte sich Aylwin ursprünglich persönlich mit Maßnahmen zur Ergründung der Wahrheit und Erlangung eines minimalen Maßes an Gerech-

---

20 *Collins*, a.a.O., S.80.

21 Ebd.

22 Ein Ausdruck, den er anscheinend zum ersten Mal in der Einführungsrede zur ordentlichen Legislaturperiode des National-Kongresses am 21. Mai 1990 benutzte: „Das Gewissen der Nation fordert, dass die Wahrheit aufgedeckt wird, man Gerechtigkeit im Rahmen des Möglichen herstellt – indem man die Kraft der Gerechtigkeit mit der Kraft der Besonnenheit vereint – und danach kommt die Stunde der Vergebung", zitiert nach *Atria, Fernando*, La hora del derecho: los 'derechos humanos' entre la política y el derecho, in: Estudios Públicos, invierno 2003, Santiago, S. 58.

tigkeit[23]. Die Wahrheit wurde durch die Schaffung der Nationalen Wahrheits- und Versöhnungskommission gesucht, die von dem angesehenen Juristen und Politiker Raúl Rettig geleitet wurde, der innerhalb von neun Monaten einen vollständigen Bericht über die Menschenrechtsverletzungen während der Diktatur abfasste, nachdem er Zeugenaussagen von tausenden Opfern erhalten und die Archive der Hauptorganisationen zur Verteidigung der Menschenrechte während der Diktatur durchgesehen hatte[24]. Der über 1300 Seiten lange Rettig-Bericht wurde dem Land zusammen mit einem weiteren 400seitigen Band mit Identifizierungen der Opfer am 8. Februar 1991 vorgestellt und hatte eine große nationale Wirkung, die durch die Rede, die Präsident Aylwin am selben Abend im nationalen Fernsehen hielt, noch vergrößert wurde, in der er mit gebrochener Stimme die Opfer und ihre Angehörigen im Namen des Staates Chile um Verzeihung bat. Die Suche nach Gerechtigkeit konzentrierte sich aufgrund des dadurch ausgelösten Impulses auf jene Fälle, die nicht von dem Amnestiegesetz gedeckt waren (wie etwa der Fall Letelier, der 1993 damit endete, dass der Ex-Chef der DINA Manuel Contreras zu sieben Jahren Haft verurteilt wurde, was die nationale Wahrnehmung änderte, wonach mit Pinochet an der Spitze des Heeres die Verurteilung eines Ex-Militärhierarchen unmöglich war). Zuletzt wurde eine gewisse Kombination aus Wahrheit und „Gerechtigkeit" durch die Formulierung einer bestimmten juristischen Doktrin gefördert, die Aylwin dem Obersten Gerichtshof bei der Übergabe des Rettig-Berichts öffentlich vorschlug – einer Doktrin, wonach der Anwendung des

23 *Collins*, a.a.O., S. 110. Tatsächlich schloss Aylwin bei der selben Rede am 21. Mai 1990 (zwei Monate nachdem er die Präsidentschaft der Republik erlangt hatte) bei den fünf ersten Prioritäten seiner Regierung ein, „die Wahrheit zu erhellen und Gerechtigkeit im Bereich der Menschenrechte herzustellen, als unumgängliche moralische Anforderung für die nationale Versöhnung", vgl. diesbezüglich Boeninger, Edgardo, Democracia en Chile, Santiago, 1997, S. 338.

24 Das umfangreichste dieser Archive war das des Vikariats der Solidarität, das durch den Kardenal der katholischen Kirche Silva Enríquez im Jahre 1974 geschaffen wurde, um die Arbeit des kurz zuvor aufgelösten Kooperationskomitees für den Frieden in Chile fortzusetzen, das verschiedene Kirchen mit derselben Zielrichtung einige Wochen nach dem Staatsstreich eingerichtet hatten. Vgl. hierzu *Couso*, Javier, La profesión Legal y la Defensa de los Derechos Humanos en Chile durante la era dictatorial y post-dictatorial, ein Vortrag, der auf der internationalen Konferenz *El "Efecto Pinochet" – A 10 años de Londres 1998* gehalten wurde, der an der Universidad Diego Portales, Santiago de Chile, 8. bis 10. Oktober 2008 stattfand, zitiert mit Erlaubnis des Autors, S. 6–12, der die dazu diametral entgegen gesetzte Haltung – virtueller Komplizenschaft – hervorhebt, die das Colegio de Abogados annahm im generellen Zusammenhang mit einem überraschenden Schweigen des „Berufsstand der Juristen". Vgl. auch zur Rolle des Komitees und des Vikariats *Garretón*, *Roberto*, El caso Pinochet. Una aproximación personal, ein Vortrag, der auf derselben Konferenz gehalten wurde, zitiert mit Erlaubnis des Autors, S. 2.

Amnestiegesetzes eine gerichtliche Untersuchung der Verbrechen und der persönlich Verantwortlichen voranzugehen habe, insbesondere bei den Fällen gewaltsamen Verschwindenlassens von Personen (das auf Grund seines „permanenten“ Charakters erst mit der Befreiung oder dem Tod des Entführten als beendet angesehen wurde, was eben durch die gerichtliche Untersuchung festgestellt werden sollte)[25]. Trotz der energischen Zurückweisung des Rettig-Berichts durch den Obersten Gerichtshof begannen einige Gerichte, die Aylwin-Doktrin anzuwenden, die viele Jahre später schließlich durch den Obersten Gerichtshof selbst, nachdem die Richter im Jahre 1998 weitgehend ausgetauscht worden waren, aufgegriffen wurde. Eine letzte Aufgabe, die Aylwin sich vornahm, um der Justiz einen gewissen Impuls zu geben – die aber im National-Kongress scheiterte –, war die Reduzierung der Kompetenzen der Militärgerichtsbarkeit, um die Strafsachen zur Kenntnis von unabhängigen und unparteiischen Zivilrichtern zu bringen[26].

Trotz dieses ersten Impulses im Interesse der Wahrheit und der Gerechtigkeit (im „möglichen Maße“) sah Aylwin die Drohsignale, die Pinochet – der auch nach seiner Wahlniederlage Kommandant der Heeresleitung blieb – gegen die Regierung abgab, als sich die Möglichkeit andeutete, dass die Justiz Schritte gegen „einen der Seinen“ einleiten würde, mit extremer Besorgnis. So erlebte die Regierung die *erjercicios de enlace* („Einsatzbereitschaftsübungen“ – *Anm. d. Übers.*) des Heeres vom 19. Dezember 1990 und den *Boinazo* (benannt nach den Baskenmützen – „boinas“ – der Truppen – *Anm. d. Übers.*) vom 28. Mai 1993 als eine kaum versteckte Androhung eines Staatsstreiches – zwei Episoden von Truppenmobilisierungen, die als Vorwarnung eines möglichen Militärschlages durchgeführt wurden, deren Auslöser jeweils die parlamentarische und gerichtliche Untersuchung gegen einen Sohn Pinochets wegen Betrugs waren (sogenannter „Pinocheques“-Fall). Genau in diesem Kontext fällt auch

25 *Atria, Fernando*, a.a.O., S. 56, wo kritisch analysiert wird, welchen Effekt diese Strategie der Politisierung der Justiz auf das Recht ausüben kann, soweit es sich um ein System dreht, das auf formellen Differenzierung von Kompetenzen beruht.

26 Der Mangel an Unparteilichkeit der Militärjustiz kann exemplarisch daran gezeigt werden, dass ihre Mitglieder, Offiziere im aktiven Dienst und der hierarchischen Ordnung unterworfen, nicht nur Waffenbrüder und in vielen Fällen Untergebene der Angeklagten waren, sondern die Verstrickung sogar soweit ging, dass sie selbst wegen Verbrechen während der Diktatur beschuldigt und bestraft wurden. So kam etwa in einer aktuellen Entscheidung des Obersten Gerichtshofes, die zum ersten Mal eine Strafe im Fall der „Todeskarawane“ bestätigte – genauer gesagt wegen der oben geschilderten Geschehnisse von San Javier –, heraus, dass es sich bei dem Täter der Ermordungen um den Kapitän des Heeres Carlos Romero Muñoz handelte, dem das Amt des Militärstaatsanwalt übertragen worden war und dem die Führung der Strafprozesse vor den Militärgerichten oblag, von denen die Staatsanwälte als Beamten abhängige waren.

die berühmte Bekräftigung Pinochets aus dem Jahre 1993, dass „wenn sie einen meiner Männer anfassen, es mit dem Rechtsstaat vorbei ist".

Auf der anderen Seite brachten weitere öffentliche Vorkommnisse unmöglich zu übersehende Impulse zu Gunsten der Erfüllung der Versprechen von Wahrheit und Gerechtigkeit, wie sie im Programm des Präsidenten formuliert waren, hervor: dazu zählen insbesondere die Verbreitung des erwähnten Buches der Journalistin Patricia Verdugo über die „Todeskarawane", das 1989 veröffentlicht wurde, und der Fund im Jahr 1990 von Dutzenden, und im Jahr 1991 von etwa hundert Skeletten festgenommener Verschwundener, die heimlich an einem Ort im Norden und im Zentralfriedhof von Santiago vergraben worden waren[27] und deren Fotografien auf den Titelseiten der nationalen Zeitungen abgedruckt wurden, sowie die Eigendynamik der Wahrheitserforschung, die durch die Regierung angestoßen worden war.

Sicherlich waren es diese Geschehnisse der ersten Jahre, die verhinderten, dass die politischen und institutionellen Hindernisse, die Pinochet bei der Suche nach Wahrheit und Gerechtigkeit errichtete, zu einem voreiligen Entschluss, einen Schlussstrich zu ziehen, führten. Dies entnimmt man vor allem dem Umstand, dass selbst Aylwin bei den Verhandlungen mit den Militärs, zu denen sich die Regierung nach dem *Boinazo* von 1993 gezwungen sah, Widerstand leistete und deren Drängen auf Erlass eines neuen Amnestiegesetzes für die Verbrechen der Militärregierung nicht nachgab, wenn er auch in andere Forderungen einwilligte, wie derjenigen nach Schaffung eines Spezialgefängnisses für verhaftete Militärs und nach Abstandnehmen von dem Entwurf der Reform der Militärjustiz sowie von der Aylwin-Doktrin.

Alles in allem unternahm die erste demokratische Regierung nach dem Ende der Diktatur inmitten von komplexen Bedingungen eine engagierte Suche nach der Wahrheit, unterließ aber (musste unterlassen?) zu einem guten Teil die Suche nach Gerechtigkeit. Mit all der weitreichenden Kenntnis der Wahrheit, wie man später sehen wird, und ihrer öffentlichen Anerkennung, die „den Rang der akzeptablen Lügen"[28] drastisch reduzierte, wurde eine Dynamik hervorgebracht, die in Begleitung anderer Faktoren viele Jahre später ein bis dahin unvorstellbares Maß an Gerechtigkeit hervorbrachte.

---

27 *Collins*, a.a.O., S. 110, hebt diese Taten als Marksteine hervor, die das Thema Menschenrechte in der öffentlichen Wahrnehmung in den ersten Jahren nach der Transition am Leben hielten.

28 *Michael Ignatieff*, zitiert nach Correa, Cristián, El caso Pinochet y la Justicia Transicional en Chile, Vortrag auf der internationalen Konferenz *El "Efecto Pinochet" – A 10 años de Londres 1998*, an der Universidad Diego Portales, Santiago de Chile, 8. bis 10 Oktober 2008, zitiert mit Erlaubnis des Autors, S. 1.

2. Post-Transitionsjustiz in Chile

Wie Collins erklärt[29], macht es unter analytischen Gesichtspunkten Sinn, zwischen „Transitionsjustiz", die sich an der Schaffung von minimalen Bedingungen für die Demokratie ausrichtet und in deren Rahmen Maßnahmen der Zurückweisung von Forderungen an die Gerechtigkeit durch eine vom neuen demokratischen Staat aus gesteuerte Politik hervorgebracht werden können, und der „Post-Transitionsjustiz" zu unterscheiden, welche Bewegungen von längerem Atem aufnimmt, die unterschiedlichen Ursprungs sind – einschließlich Aktionen von nichtstaatlichen Einheiten und sogar auf internationaler Ebene –, bei der die Fragen von demokratischer Perfektionierung, Gerechtigkeit und Erinnerung durch „lebensnahe" oder „verantwortliche" Politiken der Regierung auftauchen.

Dieselbe Autorin stellt die These auf[30], dass die in Post-Transitionsprozessen erzielten Ergebnisse verwurzelt sind in einer Kombination aus:

1) der *Transitions-Hinterlassenschaft*, definiert nach dem Begriff aus der Natur der Menschenrechtsorganisationen, auf die man sich während der Zeit, in der die Menschenrechtsverletzungen begangen wurden, verließ, sowie nach dem Übergangstyp, der in dem jeweiligen Land entwickelt wurde, und

2) der Art der Entwicklung, welche die Handelnden, die Strategie und die institutionellen Kontexte, in welche die Antworten auf Gerechtigkeitsforderungen eingebettet sind, weiter erfuhren.

Im Fall Chiles kann man die „institutionelle Erbschaft" wie folgt charakterisieren: Die Menschenrechtsorganisationen leisteten während der Diktatur eine starke und koordinierte rechtliche Arbeit bei der Suche nach Gerechtigkeit, die eine sehr gute „logistische Basis" für die Zukunft darstellte, sowohl wegen der akribischen Dokumentation, die sie über jeden Fall erstellten (und die in späteren Untersuchungen benutzt wurde) als auch die frühe Justizialisierung der Fälle, die es in tausenden von Fällen erlaubte, diesen Fällen zumindest eine Existenz zuzusprechen und damit Verjährungsfristen zu durchbrechen.[31] So war zum Beispiel der Fall der „Todeskarawane" im Jahre 1985 Objekt eines Strafantrags und einer gerichtlichen Untersuchung, die, auch wenn sie damals wegen der Unmöglichkeit (und/oder des mangelnden Willens), Beweise zu erlangen, eingestellt wurde, 13 Jahre später, auf der Basis jener minimalen ge-

---

29 *Collins*, a.a.O., S. 24.

30 *Collins*, a.a.O., S. 230.

31 Ebd., S. 231 ff.

richtlichen Tätigkeit während der Diktatur, wiederaufgenommen wurde. Die Aktivitäten der Menschenrechtsorganisationen trugen auch dazu bei, die Verletzung dieser Rechte international und national sichtbar zu machen, was zu einem großen Maße der Thematisierung der Menschenrechte in dem Plebiszit von 1988 – der Gelegenheit, bei der sich, wie gesehen, eines der großen Argumente gegen die Diktatur bildete – Glaubwürdigkeit verlieh.

Im Hinblick auf den in Chile entwickelten Übergangstypus habe ich bereits hervorgehoben, dass er ausgehandelt wurde, während er genauestens aus der Nähe (nämlich von der Chefkommandatur des Heeres) vom Ex-Diktator überwacht wurde, und komplexen politischen und institutionellen Bedingungen unterworfen war.

a) Spätere Entwicklung: Akteure, Strategien und institutionelle Zusammenhänge

Auf der Grundlage der gerade beschriebenen „Übergangserbschaft" waren im Fall Chiles nach Collins bestimmte Marksteine entscheidend, die in unterschiedlichen Momenten – ohne einer bestimmten dauerhaften Politik des Staates zu entsprechen – auftauchten, nämlich die von den Beteiligten, die Wahrheit und Gerechtigkeit suchten, bekleidete Rolle sowie die Wechsel, welche die rechtsprechende Gewalt erfuhr[32].

Diese Entwicklungen wurden in verschiedenen wichtigen Bereichen hervorgebracht, die normalerweise mit der (Post-) Transitionsjustiz in Verbindung gebracht werden: Wahrheitsfindung, Verurteilung der Verbrechen, Entschädigung der Opfer, institutionelle Reformen, um derartige Taten in Zukunft zu vermeiden, sowie Gruppen- und öffentliche Akte des Gedenkens an das Geschehene[33]. In vielen Fällen sind sie allerdings eher „Erschütterungen" geschuldet, die durch bestimmte einschneidende Geschehnisse ausgelöst werden, auf die die Akteure reagieren, als einer bestimmten konstanten Politik; tatsächlich scheint die einzige Konstante in der Regierungspolitik – zumindest nach den Episoden militärischer Bedrohung von 1991 und 1993 – die Entscheidung gewesen zu sein, sich darauf zu beschränken, das Problem zu „verwalten" anstatt ihm ins Auge zu blicken, angesichts der Unmöglichkeit und/oder des fehlenden Willens, eine radikale Lösung anzustoßen, die bei den

32 Ebd.

33 S. diese Systematisierung bei *Correa*, a.a.O. S. 1.

bewaffneten Truppen oder bei den Beteiligten, die Gerichtsverfahren und Strafe forderten, ohnehin auf Hindernisse stoßen würden[34].

An dieser Stelle ist es weder möglich noch notwendig, diese Geschehnisse in systematischer Weise nachzuerzählen. Aber es scheint doch wichtig, sich auf einige von ihnen zu beziehen, welche Fragen von politischer Ethik und bedeutende juristische Dilemmata, die im chilenischen Prozess auftraten, aufwerfen.

b) Transformationen in der Justiz; Wechsel in der Rechtsprechung des Obersten Gerichthofes

Das langsame und schwache Handeln der Justiz in den ersten Jahren des Übergangs ging als Ergebnis der von der Regierung und von den Aktiven von „pro accountability“ bewirkten Faktoren in einen größeren – wenn auch immer noch sehr eingeschränkten – Aktivismus über.

1992 und 1993 wurden 50 Fälle von den zivilen (und nicht Militär-) Gerichten wiedereröffnet, für die der Rettig-Bericht seine Überzeugung erklärt hatte, dass es sich um Menschenrechtsverletzungen handelte, die von Agenten des Staates begangen worden waren. In verschiedenen von ihnen wandte man die Aylwin-Doktrin an, unabhängig davon, dass der Oberste Gerichtshof diese Doktrin bis 1997/1998 nicht bestätigte[35]. Und wenn auch die Militärjustiz der Ziviljustiz mit der eindeutigen Absicht, die in die Fälle verwickelten Militärs zu beschützen, Kompetenzstreitigkeiten bereitete, begann der Oberste Gerichtshof zu Gunsten der ordentlichen Gerichtsbarkeit zu entscheiden, besonders nachdrücklich, nachdem im Jahre 1993 eine im National-Kongress formulierte Verfassungsklage gegen einen Richter des Obersten Gerichtshofes erfolgreich war, der die Überweisung einer Menschenrechtssache angeordnet hatte und der letztlich mit Hilfe einiger Abgeordneter der Rechten seines Amtes enthoben wurde (vor allem wegen der Verbindung des Richters mit Korruptionshandlungen)[36].

---

34 *Collins*, a.a.O., S. 108.

35 *Couso, Jaime / Mera, Jorge*, El rol uniformador de la jurisprudencia de la Corte Suprema, Estudio empírico, Revista Ius et Praxis, Jahrgang 13, Nr. 1, S. 336–337. Vgl. ebenfalls Hilbink, Lisa, Change and Continuity in the Judicial Role in Chile: What “Londres” Did and Did Not Do, S. 14–15, Vortrag auf der internationalen Konferenz *El “Efecto Pinochet” – A 10 años de Londres 1998*, an der Universidad Diego Portales, Santiago de Chile, 8. bis 10. Oktober 2008, zitiert mit Erlaubnis der Autorin, S. 14–15.

36 Gleichwohl ergingen auch nach diesem Datum noch Entscheidungen, in denen der Oberste Gerichtshof entschied, Menschenrechtsfälle unter der Kompetenz der Militärjustiz zu belassen. Ein wichtiges Beispiel ist der Fall Almonacid Arellano und andere v.

Aber die entscheidendsten Veränderungen wurden im Jahre 1998 hervorgebracht, als die Reform des Obersten Gerichtshof die Anzahl der Richter von 17 auf 21 anhob, was gemeinsam mit der Ersetzung verschiedener Richter im selben Jahr erlaubte, insgesamt mit elf neuen Mitgliedern zu rechnen. Diese Reform schlug sich außerdem darin nieder, dass der Sonderkammer für Strafrecht, die im Jahre 1995 gegründet worden war[37], nun mehrheitlich Richter angehörten, die in der Demokratie ernannt worden waren. In diesem Zusammenhang verwandelte sich die Aylwin-Doktrin in eine relativ stabile Auffassunng der Rechtsprechung, nach der mangels sicherer Kenntnis über Tod oder Freilassung des Entführten weder Amnestie (weil die Entführung bis zu einem Zeitpunkt angedauert haben könnte, der nach dem durch sie abgedeckten Zeitraum lag) noch Verjährung (weil man den Zeitpunkt des Beginns der Verjährungsfrist nicht bestimmen konnte) zur Anwendung gelangen konnte, so dass diese Auffassung die Anzahl der Fälle, die eingestellt wurden, grundlegend verkleinerte. Dies verhinderte aber nicht, dass mit gewisser Häufigkeit andere Fälle mit einer Einstellung des Verfahrens endeten – manchmal, weil Zufallsmehrheiten für die Anwendung der Amnestie ohne Untersuchung ein aus ihren Augen günstiges Urteil erlangten; in anderen Fällen, weil, auch wenn man die Amnestie anwandte, man doch die strafbare Handlung als verjährt ansah; und in einer dritten Fallgruppe, weil es sich um Delikte handelte, die als Tötungsdelikte und nicht als Entführungsdelikte qualifiziert wurden, bei denen somit feststand, dass sie von der Amnestie gedeckt oder verjährt waren[38]. Die Aylwin-Doktrin hatte (und hat) deshalb eindeutige Grenzen; sie ist eine Doktrin, die es erlaubt, den Verdächtigen grundlegend dazu zu zwingen, bei der Suche nach Wahrheit mitzuhelfen. (Nur wenn er sagt, wo die Körper der Verschwundenen sich befinden, wird er zeigen können, dass die Entführung nicht länger andauerte als das Ende der durch das Amnestiegesetz umfassten Periode oder dass jedenfalls die Verjährung bereits seit dem Todestag anfing zu laufen). Dagegen ist sie keine Doktrin, die ursprünglich dazu gedacht war, zu verurteilen (vielmehr kann man zur Verhängung einer Strafe auch dann gelangen,

---

Chile, der im Jahre 2006 eine Verurteilung Chiles durch den Interamerikanischen Gerichtshof für Menschenrechte provozierte (Urteil vom 26. September 2006), sowohl wegen der Anwendung der Amnestie in diesem Fall, als auch wegen des Umstandes, dass man die Kompetenz den Militärgerichten übertragen hatte, die „nicht die Standards im Hinblick auf Kompetenz, Unabhängigkeit und Unparteilichkeit erfüllen", die von der Amerikanischen Menschenrechtskonvention garantiert würden (Leitsatz 133).

37 *Couso*; *Mera*, a.a.O., S. 315 ff.

38 Zu diesen unterschiedlichen Thesen der Rechtsprechung und Rechtsprechungspolitik der Strafkammer in dieser Materie in dieser Periode vgl. *Couso*; *Mera*, a.a.O., S. 337–342.

wenn man radikal ihr Gegenteil anwendet, wie es ab dem Jahr 2003 geschehen ist).

Die signifikantesten Veränderungen in der Rechtsprechung und in dem Maß an Gerechtigkeit, das durch die Gerichte erreicht wurde, traten jedoch nach der Verhaftung Pinochets in London im Oktober 1998 ein. Eine derartige Bekräftigung, dass Menschenrechtsverletzungen nicht amnestiefähig und unverjährbar sind, wurde bis dahin nicht mal angedeutet[39].

c) Der „Garzón-Effekt“[40]

Auch wenn zu Recht hervorgehoben wurde, dass die Verhaftung Pinochets in London auf ein Gesuch des spanischen Richters Baltazar Garzón hin mit dem Ziel, ihn nach Spanien auszuliefern, um ihm den Prozess wegen Verbrechen gegen die Menschlichkeit zu machen, nicht der Grund, sondern nur ein Beschleuniger für die chilenische Gerichtstätigkeit hin zu einem höheren Maß an *accountability*[41] gewesen ist, weil sich schon in den Monaten vor diesem Zwischenfall einige Fortschritte in den Menschenrechtsfällen angedeutet hatten (die Reform des Obersten Gerichtshofes, die ersten Beschwerden gegen Pinochet und die erste Einscheidung der Strafkammer, die es verbot, das Amnestiegesetz anzuwenden, solange nicht die Untersuchungsmöglichkeiten zur Bestimmung der Taten und ihrer Verantwortlichen ausgeschöpft waren), gibt es doch einige Hinweise, dass es sich um einen extrem bedeutenden Katalysator handelt.

---

39 Tatsächlich reicht die bekannte Entscheidung der Strafkammer im Fall Poblete Córdova vom 9. September 1998 (Rol Nr. 469–98), die die Anwendbarkeit der Genfer Konventionen in den Fällen der Menschenrechtsverletzungen während der Diktatur anerkennt, nicht dahin, den nichtamnestierbaren und unverjährbaren Charakter der Delikte zu bestätigen, sondern schließt, in Einklang mit der Aylwin-Doktrin die Anwendung der Amnestie in diesem Fall punktuell aus, weil „es möglich ist, wenn man bis zu jenem Datum das Ziel und den Aufenthaltsort von Pedro Poblete Córdova ignoriert, dass die Tat(en), die bewiesen hätten werden müssen, den zeitlichen und substantiven Bereich der Anwendung des Amnestiegesetzes 2.191 überschreiten würden”, und beschließt daraufhin, dass die Taten dringend erhellt und das Datum und die Identität der Verantwortlichen bestimmt werden müssten, „ohne die man jegliche prozessuale Maßnahme treffen könne (mit offensichtlichem Bezug auf die endgültige Einstellung durch Amnestie) bis dieses Ziel erreicht sei“.

40 Dieser Ausdruck stammt von *Garretón*, a.a.O.

41 Wie *Collins* hervorhebt, a.a.O., S. 231, die bestätigt, dass wenn auch „certainly had an influence on the pace and outcomes of subsequent accountability claim-making [...] the 1998 arrest of Pinochet was not itself the major trigger for the domestic re-irruption of the accountability debate“.

Was das Ausmaß an Gerechtigkeit angeht, hat Garretón hervorgehoben, dass im Vergleich zu den gerade mal drei Verurteilungen wegen während der Diktatur begangener Menschenrechtsverletzungen in den ersten Übergangsjahren, bei denen es sich allesamt um Fälle handelte, die nicht unter das Amnestiegesetz fielen, die Periode nach der Verhaftung Pinochets aus Gründen, die man als direkt mit der von diesem Meilenstein ausgelösten Dynamik in Verbindung bringen kann (wie etwa die Bestimmung von „Spezialrichtern" auf Antrag des „Mesa de Diálogo"), „einen beeindruckenden Fortschritt bei den Untersuchungen und Sanktionen der Verbrechen der Diktatur"[42] hervorbrachte. Die Bilanz dieses Fortschritts bis zum heutigen Tag (22. September 2008) ist die folgende:

Die Faktoren, die diesen Effekt nach der Verhaftung Pinochets in London hervorgerufen haben, kann man zwei Kategorien zuordnen: die einen sind symbolische Faktoren, die anderen institutionelle.

In symbolischer Hinsicht brachte der „Garzón Effekt" auf nationalem Niveau mittelfristig etwas ähnliches hervor, wie es der „Pinochet Effekt" auf internationalem Niveau erzeugte: „Er erweiterte das Universum des Möglichen"[43]. Es ist wahr, dass Pinochet bereits im Januar und Juni 1998 (einige Monate vor seiner Verhaftung in London) Objekt mehrerer Beschwerden war, die unter anderem wegen der „Todeskarawane" gegen ihn eingereicht worden waren, aber es ist auch klar, dass für jene Anwälte, die diese Prozesse betrieben, die Erfolgsaussichten sehr schlecht waren – was so weit ging ging, dass viele direkt nach der Verhaftung Pinochets dachten, es sei, gerade wegen der unsicheren Zukunft der heimischen Fälle, besser, ihm im Ausland den Prozess zu machen[44]. Tatsächlich präsentierte einer der bedeutendsten Anwälte für Menschenrechtsfälle, Roberto Garretón, ein *affidávit* vor dem britischen House of Lords, in dem er behauptete, dass, obwohl es keine rechtlichen Hindernisse hierfür gebe, „Pinochet tatsächlich in Chile nicht verurteilt werden könnte", und hob außerdem hervor, dass die Entscheidung vom September 1998, die zum ersten Mal klar die Amnestie für unanwendbar erklärte, bis man nicht die verantwortlichen Personen bestimme, zu Gunsten derer die Amnestie angewendet werden sollte, seiner Ansicht nach keinen besonderen Wechsel in der

42 *Garretón*, a.a.O., S. 10

43 Der Ausdruck stammt von Naomi Roth-Arriaza, in ihrem Buch "The Pinochet-Effect: Transnational Justice in the Age of Human Rights", University of Pennsylvania Press, 2004, das sie in ihrem Beitrag auf der internationalen Konferenz *El "Efecto Pinochet" – A 10 años de Londres 1998*, an der Universidad Diego Portales, Santiago de Chile, 8. bis 10. Oktober 2008, anführt, zitiert mit der Erlaubnis der Autorin, S. 4.

44 *Couso, Javier*, a.a.O., S. 13.

Rechtsprechung dieses Gerichts bringen würde[45]. Diese Auffassung unter den Anwälten für Menschenrechte änderte sich wenig später als Folge des Garzón-Effektes[46].

In anderer Hinsicht traf der Garzón-Effekt die chilenischen Richter tief in ihrem Selbstbewusstsein, schien es doch so, als ob es ihnen auf Grund ihrer Unfähigkeit (Aylwin sprach in einer Erklärung vom „Mangel an moralischer Courage", bezog sich dabei allerdings auf die Zeit der Diktatur und der ersten Übergangsjahre) untersagt worden wäre, Forderungen nach Gerechtigkeit aufzugreifen, deren moralische Grundlage nach dem Urteil der Öffentlichkeit doch so wichtig war. Dies hätte sie wäre Pinochet erst einmal nach Chile zurückgekehrt, veranlasst, zu versuchen, die Judikative von diesem Stigma zu befreien, indem sie ihren „übertriebenen Formalismus" der Vergangenheit mit einer Kompromisslösung bei den bis dahin noch nicht eröffneten Menschenrechtsfällen ausgeglichen hätten[47]. Javier Couso sieht in einer sehr kritischen Schrift über die chilenische Justiz in dieser Kehrtwendung nur den Ausdruck des angepassten Charakters der chilenischen Richter im Verhältnis zu den momentanen sozio-politischen Bedingungen, was eine Konstante in ihrer Geschichte sei[48]; damit lässt er nach Collins aber außer Betracht, dass der Enthusiasmus der chilenischen Judikative in dieser Materie immer noch bei weitem die Wünsche der Exekutive übertraf[49] (die eindeutig im Jahre 1998 und in den darauffolgenden Jahren ein viel niedrigeres Niveau an *accountability* bevorzugte). In jedem Fall hatte der Umstand, dass die Justiz im alten Europa mit ihrer langen Tradition der Anhänglichkeit an die *Rule of Law* – im Falle Großbritanniens – die strafrechtliche Verantwortlichkeit Pinochets Ernst nahm, einen klaren Einfluss auf die Wahrnehmung der chilenischen Richter hinsichtlich der Möglichkeit und Berechtigung, diejenigen abzuurteilen, die bis vor kaum einigen Monaten die gesamte militärische Macht in ihren Händen gehalten und sich als unantastbar angesehen hatten, und dass es infolge dessen vollends möglich erschien, „jeden von ihnen abzuurteilen".

Aus eher praktischen Gründen brachte die Verhaftung Pinochets einen weiteren sehr signifikanten Effekt in den Fortschritten der Justiz hervor. Während seines langen Aufenthaltes in London und während unter der Leitung von Präsident Frei versucht wurde, die Justiz und die Regierung Großbritanniens da-

45 *Garretón*, a.a.O., S. 6.

46 *Couso, Javier*, a.a.O., S. 13.

47 *Hilbink*, a.a.O., S. 19, der *Alejandra Huneeus* zitiert.

48 Zitiert nach *Collins*, a.a.O., S. 171.

49 Ebd.

von zu überzeugen, dass in Chile der Wille und die Möglichkeit bestehe, die strafrechtliche Verantwortlichkeit Pinochets zu untersuchen und zu verfolgen, wurde eine Instanz des Dialogs zwischen Bürgern und Militärs geschaffen, die versuchte, Fortschritte bei der Wahrheitsfindung zu erlangen, vor allem in Verbindung mit dem Ort der Leichen der festgenommenen Verschwundenen: die *Mesa de Diálogo.* Auch wenn ihre Ergebnisse im Vergleich mit diesem Ziel entmutigend waren, so war doch eines ihre Anregungen zur Beschleunigung der Prozesse wegen Menschenrechtsverletzungen (woran insoweit die beklagten Militärs selbst auch Interesse hatten, damit sich die offenen Verfahren gegen sie nicht in unbestimmte Länge zogen) die Einsetzung von Richtern, die sich ausschließlich und vorrangig mit dieser Art von Fällen beschäftigen sollten[50]. Diese Maßnahme verlieh den Fällen eine erneuerte Dynamik und erlaubte ein in zeitlicher Hinsicht bis dahin nicht dagewesenes Maß an Anklagen und Verurteilungen.

Tatsächlich gab es nach einer vor kurzem von Garretón vorgelegten Bilanz

> „bis zum 31. August [2008] 345 offene Prozesse, in denen die Lage von 1138 hingerichteten oder verschwundenen Opfern untersucht wird. Man hat Verfahren gegen 686 Militärs und Polizisten eingeleitet, davon 39 Generale oder Admirale. 85 Täter wurden letztinstanzlich rechtskräftig verurteilt, einige in mehreren Fällen. Dennoch verbüßen nur 38 eine Freiheitsstrafe, da einige von ihnen entweder ihre Strafe bereits verbüßt haben oder sich auf Grund der Reduzierung der Strafen unter vergünstigten Haftbedingungen befinden“[51].

Unter den Urteilen, die unter dem Garzón-Effekt ausgesprochen wurden, muss das erste Urteil über ein amnestierbares Verbrechen hervorgehoben werden, das gegen den Ex-Direktor der DINA Manuel Contreras und andere Agenten jener Organisation wegen qualifizierter Entführung von Miguel Sandoval Rodríguez (Fall „Villa Grimaldi“) gefällt wurde. Das Urteil, das im April 2003 von einem Richter des Berufungsgerichts mit vorrangiger Befassung des Falles gesprochen wurde, wurde durch den Obersten Gerichtshof am 17. November 2004 bestätigt. Es ist der erste Fall, in dem die Aylwin-Doktrin deshalb in eine Strafe umgesetzt wurde, weil auf radikale Weise ihr Gegenteil angewandt wurde: solange man nicht den Körper gefunden noch Sicherheit über die Umstände seines Todes erlangt hatte, musste man anerkennen, dass das Entführungsverbrechen (Dauerdelikt) weiterhin andauerte. In diesem Fall stand außer Zweifel, dass die Entführung stattgefunden hatte; zudem wurde weder der Leichnam des Opfers (ein verschwundener Festgenommener) gefunden noch wurde eine andere Art von Hinrichtung des Festgenommenen oder seine Frei-

---

50 *Collins*, a.a.O., S. 172.

51 *Garretón*, a.a.O., S. 10.

lassung innerhalb der Amnestieperiode festgestellt; deshalb wurde angenommen, dass das Dauerdelikt nicht beendet worden war, zumindest nicht bis zum Abschluss der genannten Periode; abgesehen davon wurde aus ähnlichen Gründen auch die Verjährung der strafbaren Handlung zurückgewiesen (obwohl heute implizit angenommen wird, dass das Delikt weiter andauert, bis die Tatausführung vollzogen worden ist, so dass die Verjährungsfrist nicht einmal teilweise angefangen hätte zu laufen – eine relevante Frage um festzustellen, ob eine Strafmilderung auf Grund „halber Verjährung" in Betracht kommt).

Mit Sicherheit fiel der Garzón-Effekt auch in signifikanter Weise auf Pinochet selbst zurück. Auch wenn er im Dezember 2006 starb, ohne verurteilt worden zu sein, wurde ihm doch vom Obersten Gerichtshof die Immunität entzogen, und er wurde einem Prozess wegen der „Todeskarawane", wegen der „Operation Colombo" und wegen 37 anderer Fälle qualifizierter Entführung sowie wegen 27 Fällen von Folter unterworfen; zudem wurde er zu diesem Zeitpunkt bereits wegen Betrugs gegen den Fiskus und Steuerflucht, die nach US-amerikanischen Untersuchungen der Geheimkonten Pinochets bei der Bank Riggs aufgedeckt wurden, strafrechtlich verfolgt. Die anfängliche Entscheidung des Obersten Gerichtshofs (aus dem Jahre 2002) im Fall der „Todeskarawane", Pinochet, bei dem eine Altersdemenz diagnostiziert worden war, wegen seiner Unfähigkeit, vor Gericht zu erscheinen, in Freiheit zu belassen, wurde später für die folgenden Fälle modifiziert, indem (auf Grundlage neuer Beweise) angeführt wurde, dass Pinochet diese nur fingiert habe, um seiner Verantwortung zu entgehen. Der Tod überraschte ihn mit 91 Jahren, als er einem Prozess wegen all jener Fälle unterworfen war und in Untersuchungshaft saß, ohne die Möglichkeit, gegen Kaution frei zu kommen, da er „eine Gefahr für die Gesellschaft darstellen könnte", wenngleich diese Maßnahme auf Grund seines hohen Alters in Form des „Hausarrestes" durchgeführt wurde.

Ein letzter signifikanter Ausdruck des Garzón-Effektes, der allerdings besser „Riggs-Effekt" genannt werden müsste, war die Distanzierung von Pinochet durch dem Ex-Diktator traditionell nahe stehende politische und soziale Kreise. Es sind sogar geistige Veränderungen im Heer selbst wahrzunehmen, das, ohne seine Identifizierung mit dem „Werk Pinochets" aufzugeben, zu einem guten Teil aufhörte, sich mit der Unterdrückung und dem Staatsterrorismus sowie mit der persönlichen Ausnutzungen seiner Macht zu identifizieren[52] – was dazu führte, dass ein regelrechte Legende um seine Rechtschaffenheit gesponnen wurde, die sich im Land verbreitete. Die historische Geste, mit der der Chefkommandant des Heeres im November 2004 die Verantwortung für die

52 *Politzer*, a.a.O., S. 6.

während der Diktatur begangenen Menschenrechtsverletzungen übernahm, die sich in seinen Worten „nie mehr“ wiederholen dürften, waren von einem politischem Gewicht, das der Versuchung entgegenwirken dürfte, in Zukunft in den Reihen der bewaffneten Truppen etwas Vergleichbares wieder zu erleben[53]; der Umstand, dass diese Geste mitten aus einer Institution hervorgebracht wurde, die immer noch pinochetistisch in dem Sinne war, dass sie Pinochet als ungerecht behandelt ansah und ihn weiterhin verehrte und sein Werk schätzte, schmälerte nicht ihren Wert – vielleicht erhöht sie ihn sogar –, er erschwerte aber die Übertragung der „theoretischen Anerkennung des Terrors“ in die Anerkennung dieses Terrors „als eigenen“; zumal „man ihn nicht wirklich als Politii des Staates anerkennt, sondern den Terror dem Geheimdienst zurechnet, dem man eine unantastbare und vollständie Autonomie zuschreibt“[54].

d) Amnestie und Verjährung nach der Verurteilung Chiles im Fall Almonacid

Am 26. September 2006 verurteilte der Interamerikanische Gerichtshof für Menschenrechte den Staat Chile wegen der Anwendung des Amnestiegesetzes in einem Fall, in dem es um Totschlag durch Polizeitruppen fünf Tage nach dem Staatsstreich ging. Es handelte sich um einen Fall, der nicht von der Aylwin-Doktrin gedeckt sein konnte, da es sich nicht um eine Entführung, gefolgt von einem Verschwindenlassen handelte, sondern um eine Hinrichtung un-

---

53 An der einschlägigen Stelle lautet die Erklärung von *General Juan Emilio Cheyre*: „Das Heer Chiles hat die harte aber irreversibele Entscheidung gefasst, die Verantwortung auf sich zu nehmen, die ihm als Institution in all den strafbaren und moralisch inakzeptablen Taten der Vergangenheit zufällt. Außerdem hat es die Übertretungen und Verbrechen, die in wiederholten Fällen durch Personal begannen wurde, das in seiner direkten Abhängigkeit stand, anerkannt; es hat diese Fälle gerügt und öffentlich kritisert und hat dauerhaft mit den Gerichten kooperiert, um im möglichen Maße zu Wahrheit und Versöhnung beizutragen. Gleichermaßen hat es das Leiden der Opfer dieser Gewalt bedauert und anerkannt, dass sie eine Behandlung erfuhren, die nicht mit der ständigen und historischen Doktrin des Heeres vereinbar ist. Es sind Gewalttaten, die sich nicht rechtfertigen lassen und hinsichtlich derer es konkrete Anstrengungen unternommen hat und weiter unternehmen wird, damit sie sich niemals wiederholen“ („Ejército de Chile: el fin de una visión“, Erklärung von *General Juan Emilio Cheyre*, Chefkommandant des Heeres vom 5 November 2004. Abrufbar unter:http://www.lanacion.cl-/prontus_noticias/site/artic/20041105/pags/20041105090447.html)

54 *Politzer*, *Patricia*, De la incredulidad al malestar con la justicia, Vortrag auf der internationalen Konferenz *El "Efecto Pinochet" – A 10 años de Londres 1998*, an der Universidad Diego Portales, Santiago de Chile, 8. bis 10. Oktober 2008, zitiert mit Erlaubnis der Autorin.

mittelbar nach der Festnahme des Opfers, dessen Leichnam nicht versteckt wurde.

Das Urteil im Fall Almonacid behandelt das Delikt als Verbrechen gegen die Menschlichkeit, bei denen eine Amnestie – insbesondere die „Selbstamnestie" durch das Amnestiegesetz – gegen den *corpus iuris* des Völkerrechts und insbesondere gegen die Amerikanische Menschenrechtskonvention verstößt. Es bestätigt auch, dass diese Art von Verbrechen unverjährbar ist und dass diese Unverjährbarkeit durch das Allgemeine Völkerrecht (*ius cogens*) anerkannt ist. Als Folge hiervon wurde Chile verurteilt und es wurde darauf hingewiesen, dass weder die Amnestie, noch die Verjährung, noch irgendeine anderes Rechtsinstitut zum Absehen von Verfolgung der strafrechtlichen Verantwortlichkeit wegen während der Diktatur begangener Verbrechen gegen die Menschlichkeit und von der Bestrafung der Verantwortlichen, die schuldig erklärt worden sind, angewendet werden dürfe. Außerdem ordnete es an, dass der Staat Maßnahmen ergreifen müsse, um sicherzustellen, dass das Amnestiegesetz nicht weiterhin ein Hindernis bei der Aburteilung und im gegebenen Fall bei der Sanktionierung der Verbrechen darstellen dürfe, die im Fall Almonacid oder in anderen Fällen begangen wurden.

Der Oberste Gerichtshof hat ein zögerliches Verhalten im Zusammenhang mit der Anwendung von Amnestie und Verjährung an den Tag gelegt.

In den ersten Monaten nach dem Urteil im Fall Almonacid schien es so, als sei der Oberste Gerichtshof zu einer einheitlichen Doktrin gelangt, die der Anwendung von Amnestie und Verjährung entgegenstand. Trotzdem war in vielen Fällen die Grundlage weiterhin die Aylwin-Doktrin, die in Wahrheit nur eine Rechtsauffassung war, die nicht Gültigkeit und Anwendbarkeit der Amnestie verleugnete, sondern die nur deren Reichweite bei Entführungen mit anschließendem Verschwindenlassen einschränkte. Außerdem handelte es sich auf der anderen Seite aus faktischer Sicht um eine zu guten Teilen contraintuitive These, die, um die Absolution durch Amnestie und vor allem durch Verjährung (von zehn Jahren bei Entführungen) zu umgehen, einen Gedankengang folgenden Tenors erfordert: „…in keinem Fall können diese Rechtsinstitute angewendet werden, da der verbrecherische Zustand, in dem die Entführungen stattfanden, nicht unterbrochen worden ist, denn das Unrecht ist aufrecht erhalten worden"[55], eine Argumentation, die darauf hinausläuft, dass dem Angeklagten der Nachweis auferlegt wird, dass die Entführung nach der Festnahme

55 So die Argumentation der Mehrheit der Strafkammer in ihrem Urteil vom 22. August 2007, das den Angeklagten wegen Entführung von Víctor Olea Alegría und Mario Carrasco Díaz verurteilte.

in all den Jahren, die der Tathandlungen folgten, nicht weiter begangen worden ist, wodurch das Gericht von der Notwendigkeit befreit wurde, die Überzeugung zu erlangen, dass es tatsächlich so geschah[56]. Gegenüber dieser Forderung wurde von abweichenden Richtern der Strafkammer argumentativ einfacher und klarer der Einwand erhoben, dass „die Figur der Entführung verlangt, dass die festgenommenen oder eingesperrten Personen ihre Freiheit nicht wiedererlangt haben und dass sie nachvollziehbarerweise unter diesen Bedingungen stehen oder heute, im Jahre 2007, weiterhin festgenommen oder eingesperrt bleiben und sich in der Macht derer, die die Festnahme oder die Haft ausführten und/oder von Dritten befinden. [...] Im gegebenen Fall gibt es keine Beweise, die effektiv und tatsächlich glaubhaft machen, dass der Zustand der Festnahme oder der Haft fortdauert oder aufrechterhalten wird...“[57], ein Argument, an das sich gelegentlich eine zufällige Mehrheit klammerte, die zum Freispruch wegen Amnestie und Verjährung gelangte.

Andere Urteile dagegen verließen die Aylwin-Doktrin und erkannten den nichtamnestierbaren und unverjährbaren Charakter von Menschenrechtsverletzungen während der Diktatur rechtlich an, soweit es sich um Verbrechen gegen die Menschlichkeit oder Kriegsverbrechen handelte[58]. So wurde in einem Urteil der Strafkammer vom 13. November 2007 wegen der Entführung von Carlos Contreras Maluje angeführt, Chile habe sich nach dem Staatsstreich in einem Zustand des inneren Krieges befunden, weshalb Art. 3 der Genfer Konventionen angewendet wurde, wonach dem Staat zur Garantie der Sicherheit der Gefangenen das Verbot eines Eigen-Haftungsausschlusses bzgl. der Verbrechen gegen die Gefangenen auferlegt ist; dieses Verbot – fährt die Begründung des Gerichtes fort – müsse mit Blick auf das Ausmaß der Verletzungen, um die es sich handelt, ausgelegt werden, wobei die generalpräventive Funktion der Strafe im Auge behalten werden müsse, soweit sie erfordere, dass die in der Norm enthaltene Drohung in jedem Moment effektiv bleibe, weshalb we-

56 Vgl. diesbezüglich *Mañalich, Juan Pablo*, El secuestro como delito permanente ante el DL de amnistía, REJ, Revista de Estudios de la Justicia, Nr. 5, 2004, S. 15.

57 Minderheitenvotum zweier Minister der Strafkammer (gegen gerade einmal der Mehrheit von dreien), in demselben Urteil der Strafkammer des Obersten Gerichtshof vom 22. August 2007 wegen Entführung von Víctor Olea Alegría und Mario Carrasco Díaz.

58 Hinsichtlich des Falls Almonacid und relative kritisch bzgl. der Argumentation des Interamerikanischen Gerichtshof (allerdings nicht bzgl. der Ergebnisse, zu denen dieser gelangt) hebt Zalaquett hervor, dass es eher um ein Kriegsverbrechen – auf das die Genfer Konventionen anwendbar seien – denn um ein Verbrechen gegen die Menschlichkeit handele, vgl. *Zalaquett, José*, El caso Almonacid. La Noción de una Obligación Imperativa de Derecho Internacional de Enjuiciar Ciertos Crímenes y la Jurisprudencia Interamericana sobre Leyes de Impunidad, Anuario de Derechos Humaos 2007, Centro de Derechos Humanos, Universidad de Chile, Santiago de Chile, S. 192.

der Amnestie noch Verjährung anwendbar seien[59]. Dasselbe Urteil arbeitet im Folgenden eine parallele Argumentation heraus, wonach die Taten jetzt als Verbrechen gegen die Menschlichkeit zu behandeln sind, was es verbiete, auf sie Amnestie oder Verjährung anzuwenden, weil – so das Gericht – „die Normen des humanitären Völkerrechts als Teil des *ius cogens* für die Staaten obligatorisch sind, [...] da ihre Geltung aus ihrem gewohnheitsrechtlichen Charakter hervorgeht.“ Es ist in jedem Fall bedeutsam, dass diese Kehrtwende hin zum Völkerrecht, mit der der Oberste Gerichtshof die Amnestie (und die Verjährung), ohne den der Aylwin-Doktrin eigenen Umschweif machen zu müssen, rechtlich unangewendet lässt, dem selben Gerichtshof (im selben Fall) nicht verbietet, bei den Verurteilten die – sehr signifikant – mildernde „Halbverjährung“ anzuwenden, hinsichtlich derer es „weder eine verfassungsmäßige Beschränkung, noch eine solche aus Gesetz, Völkervertragsrecht oder aus *ius cogens* [...]“ gebe, so dass ihre Anwendung obligatorisch sei, mit dem Ergebnis, dass bei den schuldig Gesprochenen Strafen von nur drei Jahren und einem Tag Zuchthaus verhängt wurden, die bei fast allen von ihnen unter alternativen Maßnahmen der Freiheitsentziehung erfüllt werden durften.

Auf der anderen Seite verneinten einige wenige Urteile aus dieser Periode schlicht, dass Chile sich im Kriegszustand befunden habe, weshab die Genfer Konventionen nicht zur Anwendung kamen, die die Anwendung der Verjährung verhindert hätten, die von dem Moment an zu laufen begann, in dem man von dem Entführten keine Wahrnehmung mehr hatte.

Immerhin hat der Oberste Gerichtshof in zahlreichen neueren Urteilen im Jahre 2008 Strafen von bis zu 15 Jahren Haft verhängt. Ein am 15. Oktober 2008 erlassenes Urteil verhängte sechs Jahre effektiver Haft (ohne Vergünstigungen) gegen General a.D. Sergio Arellano Stark wegen des Zwischenfalls von San Javier während der „Todeskarawane“, der zu Beginn des Beitrags erwähnt worden ist.

3. Einige Debatten und Dilemmata der Post-Transition

a) Verantwortlichkeit von Zivilisten

Die Post-Transitionsjustiz in Chile hat sich nicht mit der Verantwortlichkeit von Zivilisten beschäftigt. Die Diktatur Pinochets wurde bis zuletzt von zivilen

59 Das Gericht fügt hinsichtlich der Verjährung hinzu, dass „dieselbe konzipiert ist, um in einem friedlichen Sozialstaat zu operieren und nicht in Situationen, in denen alle Institutionen, auf denen sich dieser Staat aufbaut, verletzt werden, und schon gar nicht zu Gunsten derer, die genau diese Gesetzesbrüche zu verantworten haben, in anderen Worten, dass das von denselben begangene Verbrechen unverjährbar ist.“

Fachleuten und Politikern unterstützt, die sich zur Rechten bekannten, von denen einige verantwortungsvolle Posten in den ministerialen Kabinetten besetzten und gelegentlich in Vorfälle verwickelt waren, die man als Mittäterschaft, Beihilfe oder Begünstigung von Verbrechen einstufen könnte, für die viele Militärs verurteilt worden sind. Es gab auch unter den Richtern einige, die ein Verhalten an den Tag legten, das man als Begünstigung hätte qualifizieren können.

Hinsichtlich ersterer lohnt es sich darzulegen, welche Rolle im Zusammenhang mit dem bereits erwähnten Fall der Ermordung von José Carrasco und drei anderen militanten Kommunisten im September 1986 der damalige Minister Generalsekretär der Regierung Francisco Javier Cuadra spielte. Viele Jahre später gestand Cuadra selbst, dass er damals, als Stunden nach dem Attentat auf Pinochet – bei dem fünf seiner Wachen starben – die ersten Leichen auftauchten, den ernsthaften Verdacht gehegt habe, dass die Toten mit einer Racheaktion des Sicherheitsorganismus zusammenhingen, der soweit reichte, dass man parallel mobilisieren ließ, um zu versuchen, einige der potentiellen Opfer zu retten (unter ihnen auch Ricardo Lagos, der Jahre später Präsident der Republik werden sollte), indem befohlen wurde, sie durch die Polizei festzunehmen, die sie zum CNI bringen sollten, was auch tatsächlich mit einer großen Anzahl von Oppositionsführern geschah, unter ihnen auch Lagos selbst, ohne dass in irgendeinem Moment eine Verbindung zwischen diesen Festnahmen und dem Auftauchen dieser Leichen gezogen wurde. Am Tag nach dem Ermordungen jedoch erklärte Cuadra als Regierungssprecher der Presse, dass die Toten vermutlich mit einer Säuberungsaktion unter Kommunisten in Verbindung ständen – eine Erklärung, die dazu beitrug, das Verbrechen zu verdecken, weswegen er im Jahre 2005 durch einen Untersuchungsrichter befragt wurde, ohne aber angeklagt oder verurteilt worden zu sein[60].

Im Zusammenhang mit den Richtern, kann man auf einen Zwischenfall hinweisen, der eine Ausblick auf das Ausmaß der Verantwortung gibt, die viele von ihnen, die ja über die Tatumstände Bescheid wussten, auf sich nehmen müssen: es handelt sich um die Antwort, die der Richter des Obersten Gerichtshof Rafael Retamal im Jahre 1975 Patricio Aylwin gab, als dieser ihn mit Informationen über Menschenrechtsverletzungen aufsuchte und sich über die Passivität in dieser Hinsicht beschwerte: „Schau mal, Patricio, die Extremisten

60 In jedem Fall rief die Enthüllung, dass er tatsächlich von dem Racheaktion gewusst hatte, eine energische Zurückweisung hervor, vor allem unter denen, die wie ich als Professor an der Universidad Diego Portales angestellt sind, von der Cuadra Rektor war. Als Folge von alledem, sah sich Cuadra einige Tage später gezwungen, von diesem Posten zurückzutreten.

werden nicht alle töten. Vor diese Realität gestellt lassen wir sie den dreckigen Teil machen. Danach wird die Stunde des Rechts kommen“[61].

Aus welchem Grunde auch immer, die Verantwortlichkeit der Zivilisten konnte nicht gerichtlich verfolgt werden, weder im politischen System noch im juristischen System. Das post-transitionale politische System hat sich auf der Grundlage einer beiderseitigen Akzeptanz der Eliten „der einen und der anderen Seite“ aufgebaut, so dass alte Minister und Berater Pinochets sich seit dem Ende der Diktatur in vollwertige Gesprächspartner der Politiker der Regierungskoalition verwandelt haben, was Vereinbarungen, Glaubwürdigkeit und mit der Zeit sogar professionelle Sympathien und Freundschaft hervorbrachte. In irgendeiner Weise muss dieses der politischen Sphäre eigene Phänomen zur relativen rechtlichen Immunität, die bis heute beibehalten wird, beigetragen haben.

b) Die Rolle der Politik und des Rechts

Eine der Besonderheiten der chilenischen Post-Transitionsjustiz liegt darin, dass die demokratische Politik nicht dazu fähig war, eine wirksame politische Initiative hinsichtlich der Art und Weise voranzutreiben, Lösungen für die Probleme anzubieten, die die Menschenrechtsverletzungen der Vergangenheit bereiteten. Verschiedene Versuche, dies zu tun, scheiterten[62], egal ob es bei den Vorschlägen um Prozess und Bestrafung, um Versöhnung, um Vergessen oder um Erinnerung ging[63]. Aus diesem Grunde hat, wie Atria gezeigt hat, „das Scheitern einer Initiative nach der anderen den generellen Eindruck erweckt, dass die einzige Initiative, die irgendeine Aussicht auf Erfolg hat, die ist, *überhaupt keine* Entscheidung diesbezüglich zu treffen, was in Wahrheit bedeutet, dass wegen dieses Beiseiteschieben eine Lösung nur in gerichtlichen Einzelentscheidungen gefunden wird“; und tatsächlich hat sich bis zum Oktober 2008 die Prognose dieses Autors aus dem Jahre 2003 zu einem guten Teil erfüllt: „Es ist nicht schwierig vorauszusehen, was wahrscheinlich passieren wird: mehr Forderungen nach einer ‚politischen Lösung‘ und mehr offene Zurückweisungen *jeglicher Art* politischer Lösung zur Setzung eines – zumindest impliziten – ‚Schlusspunktes‘“[64].

---

61 Zitiert nach *Atria*, a.a.O., S. 52–53.

62 *Atria*, a.a.O., S. 51.

63 Vgl. diesbezüglich, *Millaleo*, a.a.O., der einige Bemerkungen zu den verschiedenen Bemühungen in der chilenischen Transition und ihrem teilweisen und ganzen Scheitern abgibt.

64 *Atria*, a.a.O., S. 51.

Atria beklagt, dass in diesem Zusammenhang die Heranziehung der Justiz zur Lösung eines unstrittig politischen Problems das Risiko einer Politisierung der Justiz (oder einer „Justizialisierung der Politik") birgt, die das Recht vulgarisiere, indem sie die Richter, die allein dem Gesetz unterworfen sein müssten, in politische Akteure verwandele, die ebenso aufmerksam für die Notwendigkeiten der Übergangsjustiz, wie unfähig seien, eine Lösung anzubieten. Diese Verschiebung des Problems von der politischen auf die rechtliche Ebene bekomme sowohl den Menschenrechten als auch dem Recht an sich schlecht. Der Schlüssel zu einer Diagnose liegt in Atrias Behauptung, dass die „Menschenrechtsverletzungen", die ein unpassender Name seien, um das „radikale Böse" zu benennen, ein eigenes Problem der „außergewöhnlichen Zeiten" gewesen seien, für deren Lösung es kein geeignetes Instrument in gewöhnlichen Tagen gebe[65]. Das Recht im Allgemeinen und das Strafrecht im Besonderen mit seiner Sprache, seinen Etikettierungen, seiner individuellen Verantwortlichkeit und seinen generalpräventiven Zielen, sei hinsichtlich des Terrors, der unaussprechliche Ausmaße erreicht habe, weder fähig, eine symbolische Botschafts auszusenden, noch sich ernsthaft präventive Wirksamkeit vorzunehmen[66]. Ein Problem dieses Ausmaßes erfordere politische Maßnahmen, die sich an der Wiederherstellung der politischen Gemeinschaft orientierten, wodurch man sich grundlegend mit dem heiligen Wert des Lebens identifiziere; dies sei die einzige Form, wie die Erklärung „Nie wieder!" ein Minimum an Festigkeit erhalten könne[67].

Atria gibt selbst zu, dass nicht klar ist, wie man diese Wiederherstellung erreichen kann – wenn er auch eine gewisse Sympathie für die Philosophie übrig hat, die die südafrikanische *Truth and Reconciliation Commission* inspirierte – und schließt nicht aus, dass hinsichtlich der konkreten Unmöglichkeit, sie zu erreichen, keine andere Option übrigbleibe, als weiter auf das zu hoffen, was die Gerichte in Begriffen von „Wahrheit und Gerechtigkeit" als Bedingung (die vielversprechender ist als das Vergessen) für die Versöhnung anzubieten hätten. Aber man darf auch nicht den Grund übersehen, der diese große Leere demokratischer Politik unterstützt, die man in der chilenischen Transition wahrnimmt, das Fehlen von überlegten Entscheidungen der nationalen Gemeinschaft darüber, wie wir einem solchen außerordentlichen Problem begegnen sollen. Es scheint auch, dass von Zeit zu Zeit die Kunstgriffe, die die Justiz anwenden musste, um diese politisch-historische Aufgabe zu erfüllen, etwas von der formalistisch-liberalen Tradition individueller Verantwortlichkeit des

65 Ebd., S. 46–47.

66 Ebd.

67 Ebd., S. 86–87.

Strafrechts aufs Spiel setzte, etwa dann, wenn sich zu der Annahme gezwungen sieht, dass die vor 35 Jahren begangenen Entführungen bis in die heutigen Tage fortdauern, nur um dem politischen Problem der Unmoral der Selbstamnestie oder der grausamen Ironie einer Verjährungsfrist zu begegnen, die gegen das Opfer während der Jahre weiterläuft, in denen es schlicht unmöglich ist, Gerechtigkeit bei den Gerichten zu suchen.

Was Atria bei alledem aber anscheinend nicht genügend berücksichtigt hat, ist die Frage, ob nicht vielleicht das Völkerrecht im Allgemeinen und das Völkerstrafrecht im Besonderen im Gegensatz zum Recht des Inlands ein Instrument bereithält, eben um außergewöhnlichen Zeiten zu begegnen, und ob die nationalen Gerichte bei der Anwendung dieses Rechts für außergewöhnlichen Zeiten nicht vielleicht eine wichtige Rolle spielen. Und in der Tat: Von der Definition der Strafzwecke – *Vergeltung* als Zwang der Justiz, gegen das radikale Böse, *Prävention*, nicht ausschließlich mit Blick auf die nationale Gemeinschaft, sondern mit Blick auf die Menschheit[68], wo das, was Chile heute hinsichtlich der Auslieferung Fujimoris entscheidet[69], in Zukunft einen Militär- oder Zivilführer eines anderen lateinamerikanischen Landes zweimal darüber nachdenken lassen kann, bis wohin er bereit ist zu gehen, um seine Ziele zu erreichen, und schließlich weitere einzelne Prozessziele, wie die Untersuchung der historischen Wahrheit[70] – bis hin zur Konstruktion seiner juristisch-operativen Prinzipien – wie der nicht amnestierbare und unverjährliche Charakter der Verbrechen gegen die Menschlichkeit, gerade um politische Alibis und Manipulationen des Diktators hinsichtlich rechtlicher Institutionen, die heute nur für gewöhnliche Zeiten gedacht sind, in außergewöhnlichen Zeiten zu vermeiden – über die Charakterisierung der Verbrechen nach Völkerrecht – die wie Völkermord und Ausrottung „einen Kontext systematischer oder massenhafter Gewaltanwendung“[71] voraussetzen – letztlich in all seinen Dimensionen ist das Völker(straf)recht dazu gedacht, mit minimalen und unverzichtbaren Maßnahmen der Wahrheit und Gerechtigkeit auf das radikale Böse zu antworten, ohne dass es dadurch aufhört, „Recht“ zu sein, zumal es sich dabei um ein Recht handelt, das mit einem Problem nicht zu bestreitender politischer

---

68 *Werle, Gerhard,* Völkerstrafrecht, 2. Aufl, Rn. 94–96.

69 *Anm. d. Übers.*: Am 7. November 2005 wurde Alberto Fujimori auf Grund eines internationalen Haftbefehls wegen Menschenrechtsverletzungen in Santiago de Chile verhaftet und später unter Hausarrest gestellt. Am 22. September 2007 wurde er dann nach einer Entscheidung des chilenischen Obersten Gerichtshofs an Perú ausgeliefert, wo ihm der Prozess gemacht wurde.

70 *Werle, Gerhard,* Völkerstrafrecht, 2. Aufl, Rn. 97.

71 Ebd., Rn. 90.

Konnotationen kämpfen muss, weil, wie Peña zeigt, „vielleicht kein anderes Gebiet existiert, in dem das Recht genauer seine enge Verwandtschaft mit der Politik zeigt, wie bei der Transitionsjustiz“[72].

Trotzdem ist klar, dass die Probleme, die Menschenrechtsverletzungen einer politischen Gesellschaft aufgeben, welche sich durch diese zerbrochen sieht, aufgeben – und die gerade mit der Notwendigkeit zu tun haben, sich um heilige Werte, von denen man sich selbst verspricht, sie nicht wieder zu verleugnen, herum wiederaufzubauen – sich nicht auflösen, auch nicht mit jenen minimalen Maßnahmen der Wahrheit und Gerechtigkeit, sonders jenes grundlegende Element fordern, von dem Atria beklagt, dass die Anwendung des Völkerstrafrechts es zu leisten nicht in der Lage ist. Mehr noch, man kann nicht die Gefahr beiseite schieben, dass die Anwendung (des Völkerstrafrechts), vor allem wenn sie von den Überlebenden eines internen Konfliktes als fremde Einmischung empfunden wird, am Ende viel mehr Hindernisse bei der Erreichung dieses grundlegenden Elements aufbaut. Vielleicht ist einer der größten Glücksfälle – unter so vielen Unglücksfällen – bei der chilenischen Post-Transition, dass das Eingreifen der internationalen Gemeinschaft bei der Anwendung des Völkerstrafrechts als Recht für außergewöhnliche Zeiten (ich beziehe mich natürlich auf die Verhaftung Pinochets in London) gerade in dem rechten Maße geschah, dass die Mitglieder unserer Gesellschaft reagierten und den Beginn ihrer eigenen Verantwortlichkeit anerkannten. Die Anerkennung der Menschenrechtsverletzungen der Diktatur als nichtamnestierbare und unverjährbare Verbrechen gegen die Menschlichkeit oder Kriegsverbrechen durch die Gerichte, die ein vorher unvorstellbares Maß an Gerechtigkeit hervorbrachte; die Verkündung des Versprechens „nie wieder!“ durch den Chefkommandanten des Heeres und seine Anerkennung der institutionellen Verantwortung des Heeres, dem bis dahin unerreichte institutionelle und geistige Veränderungen folgten; die (lauwarme, aber effektive) Anerkennung der „Exzesse“ der Militärregierung durch die politische Partei, die sich auf die Zivilisten stützt, die am engsten mit der Diktatur verbunden waren (die UDI); dies alles und mehr waren Marksteine, die in bedeutender Weise als Reaktion auf das beeindruckende Beben des moralischen Gewissens hervorgebracht wurden, welches die Aktivierung des Völkerstrafrechts aus dem – uns historisch

72 *Peña, Carlos*, El caso Pinochet, Vortrag auf der internationalen Konferenz *El "Efecto Pinochet" – A 10 años de Londres 1998*, an der Universidad Diego Portales, Santiago de Chile, 8. bis 10. Oktober 2008, zitiert mit Erlaubnis des Autors, S. 6.

betrachtet, recht nahen – Ausland ausgelöst hat und das uns an unsere offenen Rechnungen mit der Geschichte erinnerte[73].

73 Auch wenn, wie *Peña* zeigt, aus „Ironie der Übergangsjustiz" eines dieser Länder, Spanien, zu einem guten Teil als Konsequenz der Rolle, die es im Falle Pinochet eingenommen hat, sich am Ende auf sich selbst und die eigenen noch offenen Rechnungen mit der Geschichte besann, a.a.O., S. 7.

Roberto Bergalli

Der Übergang vom Unrechtsregime zum Rechtsstaat: Vergessen oder Erinnerung? – Ein Vierteljahrhundert nach dem Ende der argentinischen Militärdiktatur*

Der folgende Text umreißt, warum und in welcher Weise es 25 Jahre nach der Wiederherstellung der demokratischen politischen Ordnung in Argentinien möglich war, Verfahren wiederaufzunehmen oder neu einzuleiten gegen die Verantwortlichen des Genozids**, der während der letzten Militärdiktatur verübt wurde. In rechtlicher Hinsicht ist die Grundlage dieser Verfahren, dass die Prinzipien des konstitutionellen Rechtsstaats wieder in Kraft gesetzt wurden. Von einem ethisch-philosophischen Standpunkt aus lassen sich die Verfahren am besten als Neubegründung eines gesellschaftlichen Zusammengehörigkeitsgefühls, als Ausdruck eines kollektiven Gedächtnisses der argentinischen Gesellschaft begreifen. In diesem Zusammenhang schlägt der Beitrag vor, den Begriff des kollektiven Gedächtnisses neu zu bestimmen und verwirft aus epistemologischen und methodischen Gründen den Begriff der so genannten historischen Erinnerung, da dieser einen irreführenden Pleonasmus darstellt.

Nach dem Zweiten Weltkrieg und dem Holocaust hat in der westlichen Welt eine Vielzahl von politischen Transitionsprozessen und Systemwechseln stattgefunden, in deren Rahmen repressive, das Volk unterdrückende Diktaturen von politischen Ordnungen abgelöst wurden, die durch den Volkswillen legitimiert sind. Unter den verschiedenen Ansätzen, die diese Transitionsprozesse zu erklären versuchen, überzeugt vor allem derjenige, der den Wandel der politischen Kultur und der Rechtskultur hervorhebt. Er lässt sich am besten unter das Schlagwort des „gesellschaftlichen Konstitutionalismus“ fassen. Die damit bezeichnete Richtung der modernen Verfassungsgeschichte charakterisiert sich durch die Verabschiedung von Verfassungen mit einer Reihe von bestimmten Kennzeichen. Sie betrifft insbesondere solche Gesellschaften, deren Bedürfnis

---

* Aus dem Spanischen von *Boris Burghardt*.

** Anm. des Übers.: Der Autor verwendet durchgehend den Begriff Völkermord, um die Verbrechen der argentinischen Militärjunta zu kennzeichnen. Der völkerrechtlichen Definition des Verbrechens entspricht diese Kategorisierung nicht, da die als „Subversive“ verfolgten Personen keine Gruppe i.S.d. Tatbestands bilden. In der Gesetzgebung und Rechtsprechung einiger Staaten, darunter auch Argentinien und Spanien, ist der Tatbestand indes teilweise abweichend bestimmt worden. Objekt der völkermordspezifischen Zerstörungsabsicht können danach auch politische und sonstige soziale Gruppen sein, vgl. z.B. Audiencia Nacional, Urteil vom 5. November 1998, in Auszügen abgedruckt in: 119 ILR (2002), S. 331 (340 ff.); Tribunal Oral Federal No. 1 de La Plata, Urteil v. 19. September 2006 (Miguel Etchecolatz). Siehe dazu näher *G. Werle*, Völkerstrafrecht, 2. Aufl., Tübingen 2007, Rn. 722.

nach stabilen und gesicherten politischen Institutionen und Organisationen besonders groß ist, nachdem die bestehenden Strukturen durch das vorangegangene autoritäre Regime entweder kompromittiert oder schlicht beseitigt wurden. Die Festigung dieser Institutionen und Organisationen konnte in zweifacher Weise erfolgen: In den Ländern mit kontinentaleuropäischer Rechtstradition, zu denen auch die lateinamerikanischen Staaten zählen, gelang dies durch die Etablierung des Rechtsstaats als zentraler politischer Ordnungsidee. Kennzeichnend ist dabei die strikte Begrenzung des Handlungsspielraums der politischen Mächte auf jenen Rahmen, der in den geschriebenen Verfassungsurkunden vorgesehen ist. In den Ländern der Rechtskultur des *Common Law* bildet dagegen der Grundsatz der *Rule of Law* den Kern dieses Prozesses. Entscheidend ist dabei die strenge Befolgung der Grundsätze des ungeschriebenen Gewohnheitsrechts, das einen von der Rechtsprechung immer wieder betonten Geltungsvorrang vor jeder willkürlichen Entscheidung der Verwaltung über die Bürger genießt. In beiden Fällen verleiht der staatsbürgerliche Gehorsam den staatlichen Institutionen und Organen eine Legitimität, die diese im Rahmen von autoritären Regierungen nie besitzen können, da sie ungeachtet der von diesen Regimen etablierten *de facto*-Legalität erkennbar außerhalb der rechtlich-politischen Ordnung handeln, die durch die Zivilgesellschaft vereinbart oder ratifiziert worden ist.

I. Übergang und Systemwechsel: Der Fall Argentinien

Gerade weil Transitionsprozesse auf autoritäre Regime und zum Teil außergewöhnlich brutale Diktaturen folgen, sind Übergangsgesellschaften gezwungen, sich mit Menschenrechtsverletzungen auseinanderzusetzen. Die Diskussion um Menschenrechte hat sich auf völkerrechtlicher Ebene mit der Verabschiedung der Allgemeinen Erklärung der Menschenrechte durch die Vereinten Nationen von 1948 etabliert. Zumindest in der westlichen Welt bildete sich dank dieses Dokuments so etwas wie ein neues Bewusstsein. Die Urteile der Militärgerichtshöfe in Nürnberg und Tokio, die nach dem Zweiten Weltkrieg von den alliierten Siegermächten eingerichtet wurden, legten Richtlinien und Grundsätze fest, die, obgleich die Gerichtshöfe selbst gegen einige wesentliche Prinzipien des modernen, rechtsstaatlichen Strafrechts verstießen[1], dennoch den zukünftigen Umgang mit massiven Menschenrechtsverletzungen prägen sollten. Dazu gehören zum Beispiel die Kategorien der Verbrechen gegen die Menschlichkeit und des Völkermords. Nachfolgende Prozesse gegen Macht-

1 Vgl. *Jiménez de Asúa*, Tratado de Derecho Penal Bd. II, 3. Aufl., Buenos Aires 1964, S. 1253–1285.

haber späterer Regime wegen massenhaften Gräueltaten, so genannten *mass atrocities*[2], wurden auf dieser Grundlage durchgeführt. Das Verfahren, in dessen Rahmen die für den Staatsstreich 1964 verantwortlichen griechischen Militärs verurteilt wurden, war ohne Zweifel das erste, das unter Berücksichtigung dieser Richtlinien und Grundsätze stattfand, auch wenn dieses Verfahren sich hinsichtlich einiger Charakteristika unterschied. Diese Unterschiede betreffen die rechtsprechenden Gerichte (in diesem Fall handelte es sich um Militärgerichte), die Tatbestände, auf der die Verurteilungen beruhten (Hochverrat und Auflehnung gegen die bestehende Rechtsordnung Griechenlands) und schließlich die Art der ausgeurteilten Strafen (in einer Vielzahl von Fällen wurden Todesurteile ausgesprochen, wenngleich diese in lebenslange Freiheitsstrafen umgewandelt wurden). Aus der jüngeren Vergangenheit sticht als geradezu paradigmatisches Beispiel der „Fall Argentinien" heraus, d.h. jene Verfahren, die nicht nur gegen die an vorderster Front tätigen Handlanger und Vollstrecker sondern auch und gerade gegen die gemeinhin als „intellektuellen Urheber" der Humanitätsverbrechen (vgl. Art. 7 Rom-Statut des Internationalen Strafgerichtshofs, A/Conf. 183/9 vom 17. Juli 1998) bezeichneten Personen. Für eine Darstellung dieser Verfahren bietet es sich an, zwei Zeitabschnitte zu unterscheiden:

Der erste dieser Zeitabschnitte beginnt mit dem Urteil gegen die Mitglieder der drei Militärjuntas, die nach dem Staatsstreich des 23. März 1976 die Macht in Argentinien übernahmen. Dieses Urteil stellt mit Sicherheit das Ereignis dar, das die größten Erwartungen und Hoffnungen weckte, Wahrheit und Gerechtigkeit in der Auseinandersetzung mit dem Staatsterrorismus der Juntas zu erreichen. Dass dieses Urteil ergehen konnte, stellt nach allgemeiner Auffassung einen der großen Erfolge der seit dem 10. Dezember 1983 wiederhergestellten demokratischen Ordnung in Argentinien dar. Die breite Mehrheit, welche die von Raúl Alfonsín angeführte Partei „Radikale Bürgerunion" (*Unión Cívica Radical*) in den Wahlen erringen konnte, gründete sich auf das beständige Bekenntnis zu den Menschenrechten. In Erfüllung des Versprechens, im Rahmen der Verfassungsordnung jene vor Gericht zu stellen, die für den Völkermord, die Folter, das zwangsweise Verschwindenlassen und die unbegrenzten Verhaftungen von Tausenden von Staatsbürgern und im Land lebenden Ausländern verantwortlich waren, wurde die Nationale Kommission über das Verschwinden von Personen (*Comisión Nacional de Desaparición de Personas*, CONADEP) ins Leben gerufen. Die Untersuchungen dieser Kommission flossen schließlich in einen Abschlussbericht ein, der unter dem Titel „*Nunca*

2 Zu diesem Begriff siehe die hervorragende Studie von *Osiel*, Mass Atrocity, Collective Memory, and the Law. New Brunswick, NJ 1997.

Más" („Nie wieder!") publiziert wurde und zu Berühmtheit gelangte. Eigentlich sollte die Arbeit der Kommission lediglich den Ausgangspunkt und Probelauf für Strafverfahren bilden, in deren Rahmen die strafrechtliche Verantwortlichkeit und Schuld der neun Oberbefehlshaber der bewaffneten Streitkräfte und von mehr als tausend Offizieren und Unteroffizieren hätte geklärt werden sollen. Tatsächlich wurden von der Staatsanwaltschaft indes allein die neun Befehlshaber als Verantwortliche der schweren Verbrechen der Militärdiktatur angeklagt. Die Staatsanwaltschaft rechtfertigte diese zahlenmäßig außerordentlich begrenzten und weit hinter den Empfehlungen der CONADEP zurückbleibenden Strafverfolgungsanstrengungen damit, dass eine größere Zahl von Anklagen die Verfahrensdauer um unbestimmte Zeit verlängert hätte (als ob sich diese inzwischen, im Zuge der Wiedereröffnung der Verfahren nach Beseitigung der Amnestiegesetze, nicht ohnehin auf mehr als ein Vierteljahrhundert verlängert hätten). Die Gründe für diese Strafverfolgungspraxis habe ich in zahlreichen Analysen ebenso zu erklären versucht[3], wie die Motive für das am 9. November 1985 ergangene Urteil des Bundesgerichts (*Cámara Federal*). In diesem Urteil wurden zwar einige der angeklagten Befehlshaber verurteilt, zugleich aber bot es mit dem unter der Ziffer 30 des Urteils ausgeführten, umstrittenen Grundsatz des „gebotenen Befehlsgehorsams" (*obediencia debida*) die Rechtfertigung für Hunderte von Militärangehörigen, von denen viele direkt in die Begehung des Völkermords verwickelt waren[4]. Von da an erlaubten immer weitere Zugeständnisse der von Alfonsín geleiteten Regierung dem Militär, seine Stellung wieder zunehmend zu festigen und politischen Einfluss zurückzugewinnen. Die zahlreichen Rückschritte der Menschenrechtspolitik der demokratischen Regierung gipfelten dann zunächst in der Verabschiedung von zwei zu trauriger Berühmtheit gelangten Gesetzen, dem so genannten Schlusspunkt-Gesetz (*ley de punto final*) vom Dezember 1986 (Gesetz 23.492) und dem Gesetz über den „gebotenen Befehlsgehorsam" (*ley de obediencia debica*) vom Juni 1987. Unter der nachfolgenden, von Carlos S. Menem angeführten Regierung, wurden schließlich die pauschalen Begnadigungen erklärt, von denen neben den verurteilten Junta-Generälen auch die selbsternannten Anführer der oppositionellen Guerillagruppen profitierten.

3 Vgl. insbesondere *Bergalli*, Argentina: cuestión militar y discurso jurídico del olvido, in: DOXA-Cuadernos de Filosofía del Derecho 4 (1987), S. 381–395.

4 Siehe dazu statt vieler die im Sammelband der CIDOB[0] (Centro d'Informació de Relacions Internacionals i Desenvolupament) publizierte Untersuchung von *Bergalli*, Argentina: aspectos de una sentencia y sus repercusiones, Afers Internacionals tardorhivern, n° 7 (1985), S. 121–124.

1. Das umstrittene Gedächtnis

So kommt es, dass sich für sämtliche neuen politischen Ordnungen, die in der westlichen Welt aus einem Transitionsprozess hervorgegangen und durch demokratische Wahlen legitimiert worden sind, die paradoxe Frage stellt: Vergessen oder Erinnerung? Die Art der Fragestellung legt nahe, dass es sich bei den aufgezeigten Alternativen um Gegensätze handelt. Indes stellen beide Eigenschaften der menschlichen Psyche dar, wenngleich sie sozusagen an den jeweils entgegengesetzten Enden stehen. Von einem neurobiologischen Standpunkt aus erlaubt das Gedächtnis als die Fähigkeit zu erinnern die Speicherung, Aufbewahrung, Rückgewinnung und Wiederverwertung einmal erworbener Informationen über bestimmte Ereignisse, Gegenstände und Personen.[5] Aus psychologischer Perspektive ergeben sich zahlreiche Fragen, so hinsichtlich der Lokalisierung von Erinnerung und Gedächtnis, welche Einflüsse aufgenommen werden, welcher Natur die Spuren sind, die erlangte Informationen hinterlassen, und welche Unterschiede zwischen dem Lang- und dem Kurzzeitgedächtnis bestehen, einer Unterscheidung, die von höchster Wichtigkeit für die Psychoanalyse ist. So bezieht sich Sigmund Freud in seinen Schriften immer wieder auf das Gedächtnis (obgleich er sehr viel öfter den Begriff der Erinnerung verwendet, um die entsprechende Fähigkeit zu bezeichnen).

Das Gedächtnis stellt mithin ein Thema von unbezweifelbarer Wichtigkeit in der Diskussion um verhaltensbezogene und kognitive Erklärungsansätze desselben dar. Von den erstgenannten ist insbesondere die psychologische Assoziationslehre zu nennen, die angeborene Fähigkeiten des Geistes verneint und daher verschiedene Lerntechniken vorangetrieben hat, so zum Beispiel durch freie Assoziation von Silben ohne Sinn (wie sie Ebbinghaus 1885 vorschlug[6]), oder auch durch Assoziation von Worten mit Bedeutung (der von Galton 1883 vorgeschlagenen Technik folgend[7]). Allerdings ist die Bedeutung nicht der einzige Aspekt, der für die Wirksamkeit des Anreizes zu berücksichtigen ist. Denn in diesem Zusammenhang ist zu beachten, dass der Inhalt des Gedächtnisses nicht eine bloße Kopie der Wirklichkeit ist, sondern ein verwandeltes Bild oder eine Darstellung derselben. Die Weiterentwicklung der zwei genannten Techniken hat inzwischen zu einer Vielzahl von Arten geführt, mit

---

5 Vgl. *Kandel*, In Search of Memory. The Emergence of a New Science of Mind, New York 2006.

6 Vgl. *Ebbinghaus*, Über das Gedächtnis, Leipzig 1885, abgedruckt in: *Herrnstein* / *Boring*, A Source Book in the History of Psychology, Harvard 1965.

7 Vgl. *Galton*, Inquiries into Human Faculty and its Development, London 1883, abgedruckt in: *Herrnstein* / *Boring*, A Source Book in the History of Psychology, Harvard 1965.

denen das Gedächtnis untersucht wird, die aber an dieser Stelle nicht näher dargestellt werden sollen. Namentlich genannt werden soll noch die Psychologie der Fähigkeiten, die davon ausgeht, dass der Geist eine bestimmte Anzahl von Fähigkeiten aufweist, unter denen sich auch die Erinnerung befindet. Laut Hilgard[8] vernachlässigen die Psychologen der Assoziationslehren die angeborenen Fähigkeiten des Geistes, indem sie davon ausgingen, dass sich der Inhalt des Geistes allein aus solchen Ideen zusammensetzt, die durch Sinneseindrükke erworben und mittels solcher Prinzipien wie Ähnlichkeit und Gegensatz verbunden werden. So werde die gesamte geistige Tätigkeit mittels Assoziationen von Ideen erklärt.

Vergessen kann dagegen nicht allein das Löschen von Erinnerung oder Amnesie bedeuten. Wenn der Gegenstand des Vergessens in einer unrechten, kriminellen Handlung besteht, muss auf die Amnestie als den juristisch-politischen Weg zurückgegriffen werden, um diesen Löschungsprozess zu vollbringen. In der Amnestie deutet sich aber gerade das an, was aus der Perspektive einer Phänomenologie des Gedächtnisses das Gegenteil von Vergessen im Sinne eines bloßen Löschens darstellt: die Verzeihung. Während sich das Vergessen als Antwort auf die Schwierigkeit, Gedächtnis zuzulassen, die Schwierigkeit eines ehrlichen Umgangs mit der Vergangenheit begreifen lässt, gehört zur Verzeihung das Bekenntnis zur Schuld und die Versöhnung mit der Vergangenheit.[9] Das Vergessen lässt sich auch als vorläufige Nichtbeachtung, als Auf- und Wegschieben der Auseinandersetzung mit der Erinnerung und dem Gedächtnis verstehen, und folglich als eine Macht, die ein späteres Wiederaufflammen des Rufes nach Gerechtigkeit auslösen kann. In diesem Fall kann es sein, dass das zeitweise Vergessen von Menschenrechtsverletzungen, die sich unter einem Unrechtsregime ereignet haben, ausnahmsweise eine stabilisierende Wirkung für die Etablierung der nachfolgenden demokratischen Ordnung entfaltet. Als Beispiel lässt sich der Beginn der spanischen „*Transición*“ nach dem Tod *Francos* nennen, deren Gestaltung, obwohl sie seinerzeit von der öffentlichen Wahrnehmung gebilligt und gefordert wurde, auch nach 30 Jahren Demokratie und Rechtsstaat in Spanien noch immer für Diskussionen sorgt, wie auch die vor kurzem erfolgte Verabschiedung des umstrittenen Gesetzes über das historische Gedächtnis (*Ley de Memoria Histórica*, dessen korrekte Bezeichnung lautet „Gesetz über die Ausdehnung der Rechte von den Opfern des Bürgerkriegs und der Diktatur“, 52/2007 vom 26. Dezember, veröffentlicht in dem spanischen Gesetzblatt BOE Nr. 310 vom 27. Dezember) zeigt. Ebenso

8 Vgl. *Hilgard*, Introduction to Psychology, New York 1966.

9 Vgl. dazu *Ricoeur*, La mémoire, l’histoire, l’oubli, Paris 2000, S. 539.

gut ist es aber möglich, dass eine solche aufgeschobene Auseinandersetzung mit der Erinnerung das Schließen (und damit auch das erneute Öffnen) der Wunden verhindert und so die Stabilisierung der neuen Institutionen nachhaltig behindert. Beispiele für diesen Verlauf der Dinge sind Argentinien und Chile. So hat in Chile der paradigmatische Fall *Pinochet* viele Zweifel an dem politischen System geweckt, und erst in letzter Zeit scheint die chilenische Demokratie eine gewisse Konsolidierung erreicht zu haben.

2. Das kollektive Gedächtnis

Die bedeutsamsten soziologischen Studien zum Gedächtnis[10] haben gezeigt, dass ausschließlich kollektive Prozesse das Gedächtnis verständlich machen. Mittels kollektiver Prozesse lassen sich nicht nur soziale Gruppen identifizieren; vielmehr sichert ein kollektives Gedächtnis auch den Fortbestand solcher Gruppen. Daher stellen alle Entscheidungen, die es erlauben, Untersuchungen zu vertiefen, Nachforschungen zu betreiben, Beziehungen zwischen Tätern, Teilnehmern und den Opfern festzustellen, anonyme Verbrechen zuzurechnen, kurz: Entscheidungen, die es möglich machen, rechtliche Verantwortlichkeit genau zu bezeichnen, Anstrengungen dar, die nicht allein das Gedächtnis wach halten, sondern eben doch, jedenfalls langfristig, die neu entstandenen, demokratischen Strukturen der Gesellschaft stärken und stützen. Das gilt zumindest dann, wenn diese Entscheidungen das Ergebnis kollektiver Diskussionsprozesse sind und sich im Rahmen des geltenden Rechts bewegen. Gründliche Studien über die rechtsförmige Untersuchung und Aburteilung von massiven Menschenrechtsverletzungen, die auch den Fall Argentinien berücksichtigen, zeigen, dass die juristische Aufarbeitung das kollektive Gedächtnis stärkt, ein solches kollektives Gedächtnis aber wiederum den sozialen Zusammenhalt fördert.[11]

Ich habe bereits einleitend angedeutet, dass ich nicht das Adjektiv „historisch" oder „geschichtlich" im Zusammenhang mit dem Gedächtnis verwenden werde, mit dem ich mich beschäftige. Obgleich der Zusatz auf den ersten Blick

---

10 *Halbwachs*, Les cadres sociaux de la memoire. Paris 1925, Neuaufl. 2004 (dt.: Das Gedächtnis und seine sozialen Bedingungen, Berlin und Neuwied 1966); *ders*., La mémoire collective, Paris 1950, Neuaufl. 1997 (dt.: Das kollektive Gedächtnis, Frankfurt a.M. 1985).

11 Vgl. *Osiel*, Dialogue with Dictators: Judicial Resistance in Argentina and Brazil, in: Law & Social Inquire-Journal of the American Bar Foundation 20 (2005), S. 481–560; *ders*. Ever Again: Legal Remembrance of Administrative Massacre, in: University of Pennsylvania-Law Review 144 (1995), S. 463–704; *ders*. The Banality of Good: Aligning Incentives Against Mass Atrocity, in: Columbia Law Review 105 (2005), S. 1751–1862.

den Eindruck erwecken mag, das damit bezeichnete „Gedächtnis“ werde mit größerer Genauigkeit bezeichnet, meine ich, dass damit lediglich eine schädliche Redundanz entstünde, da der Begriff „Gedächtnis“ ohnehin auf Erinnerungen verweist, die notwendig der Geschichte und Vergangenheit angehören. Zudem findet sich ein solcher, durch den unnötigen Gebrauch des Adjektivs entstehender Pleonasmus nicht in der Fachsprache und auch nicht in den ersten soziologischen Theorieansätzen zum Gedächtnis. Weder Durkheim[12], der als erster die Kategorie des kollektiven Gedächtnisses verwendete, die er aus den grundsätzlichen Konzepten der Solidarität und des kollektiven Bewusstseins ableitete, noch – um nur den bekanntesten zeitgenössischen Wissenschaftler zu nennen, der sich mit dieser Frage auseinander gesetzt hat – der bereits zuvor erwähnte Ricoeur[13] haben von dieser überflüssigen Hinzufügung des Adjektivs Gebrauch gemacht. Um diese Ansicht weiter zu untermauern, soll es an dieser Stelle genügen, auch noch auf die Arbeiten des ebenfalls bereits zitierten Maurice Halbwachs zu verweisen und einige Ausführungen desselben wiederzugeben, in denen Halbwachs das kollektive Gedächtnis unzweifelhaft von dem Konzept des historischen Gedächtnis unterscheidet.[14] Mehr noch, Halbwachs selbst fällt mit dieser Unterscheidung zwischen historischem und kollektivem Gedächtnis in eine begriffliche Redundanz, wenngleich er den Ausdruck „historisches Gedächtnis“ in anderer Weise verwendet als in jener Weise, die bereits als irrtümliche Bezeichnung des Konzeptes von dem kollektiven Gedächtnis gekennzeichnet wurde[15]. Zu meiner Überraschung scheint die Ver-

---

12 Vgl. *Durkheim*, De la division social del trabajo, Bd. I, Barcelona 1985, S. 94.

13 *Ricoeur*, La mémoire, l'histoire, l'oubli, Paris 2000.

14 Vgl. *Halbwachs*, Das kollektive Gedächtnis, Stuttgart 1967, S. 68: „Das kollektive Gedächtnis unterscheidet sich von der Geschichte in zumindest zweierlei Hinsicht. Es ist eine kontinuierliche Denkströmung – von einer Kontinuität, die nichts Künstliches hat, da sie von der Vergangenheit nur das behält, was von ihr noch lebendig und fähig ist, im Bewusstsein der Gruppe, die es unterhält, fortzuleben. Per definitionem erstreckt sich das kollektive Gedächtnis nicht über die Grenzen dieser Gruppe hinaus. Sobald eine Epoche aufhört, die darauf folgende Epoche zu interessieren, ist es nicht dieselbe Gruppe, die einen Teil ihrer Vergangenheit vergisst: es bestehen in Wirklichkeit zwei Gruppen, die einander folgen. Die Geschichte teilt die Folge der Jahrhunderte in Perioden ein, so wie man den Stoff einer Tragödie über mehrere Akte verteilt.“

15 Vgl. *Halbwachs*, Das kollektive Gedächtnis, Stuttgart 1967, S. 35f.: „Mehr noch, das Tätigsein des individuellen Gedächtnisses ist nicht möglich ohne jene Instrumente, die durch die Worte und Vorstellungen gebildet werden, die das Individuum nicht erfunden und die es seinem Milieu entliehen hat. Nichtsdestoweniger trifft es zu, dass man sich allein an das erinnert, was man zu einem bestimmten Zeitpunkt gesehen, getan, gefühlt, gedacht hat – das heißt, dass unser Gedächtnis nicht mit dem der anderen verwechselt werden kann. Es ist räumlich und zeitlich ziemlich eng begrenzt. Das kollektive Gedächtnis ebenfalls – aber seine Grenzen sind nicht dieselben. Sie können gedrängter, aber auch sehr viel weiter gespannt sein. Im Laufe meines Lebens ist die nationale

wendung des Begriffs „historisches Gedächtnis“ dennoch allgemeine Verbreitung in den Diskursen um das kollektive Gedächtnis gefunden zu haben, ohne dass dies irgendeine epistemologische oder methodische Rechtfertigung fände. Als Beispiele können die Ansätze in Spanien oder Katalonien genannt werden, die sich um eine erneute Beschäftigung mit all jenen Ereignissen und Geschehnissen, den damals gefällten Entscheidungen und den an der Entscheidungsfindung beteiligten Personen bemühen, die Teil einer besonders angespannten und umstrittenen Vergangenheit bilden und deren Erinnerung durch Vergessen oder Verbergen, Vortäuschen oder Fälschung verzerrt worden sind.

II. Bewegungen aus der Gesellschaft: Mütter, Großmütter, Kinder

Die vorangegangenen Überlegungen sollen hervorheben und zeigen, wie sehr die Aktivität, die in der argentinischen Republik von den gesellschaftlichen Bewegungen der Angehörigen der Opfer des staatlichen Terrorismus geleistet wurde, nicht nur das kollektive Gedächtnis an den Genozid wach gehalten hat, sondern auf diese Weise auch den demokratischen Institutionen neue Kraft und neues Leben einzuflößen vermochte. Jene Institutionen hatten sich zuvor nämlich als offenkundig schwach gegenüber einer Machtausübung erwiesen, die zwar in legitimer Weise erfolgte, aber doch die Geringschätzung eben dieses Gedächtnisses nicht verhehlen konnte.

Damit spiele ich natürlich auf jene in ethischer Hinsicht beispielhaften Aktivitäten der Mütter der Plaza de Mayo (insbesondere der Gründungsgeneration, Línea Fundadora), der Großmütter von der Plaza de Mayo, der Organisation der Kinder von Verschwundenen, H.I.J.O.S. (*Hijos por la identidad y la justicia contra el olvido y el silencio*), und all der anderen Vereinigungen an, die

---

Gruppe, der ich angehöre, der Schauplatz einer bestimmten Anzahl von Ereignissen gewesen, von denen ich behaupte, dass ich mich an sie erinnere, die ich jedoch nur aus Zeitungen kenne oder durch die Zeugnisse jener, die unmittelbar in sie verwickelt gewesen sind. Sie nehmen im Gedächtnis der Nation einen bestimmten Raum ein. Aber ich habe ihnen nicht selbst beigewohnt. Wenn ich sie wiederaufleben lasse, bin ich genötigt, mich völlig auf das Gedächtnis der anderen zu verlassen, das hier nicht das meine ergänzt oder verstärkt, sondern das die alleinige Quelle dessen ist, was ich mir von ihnen vergegenwärtigen will. [...] Es bestünde also die Veranlassung, tatsächlich zweierlei Gedächtnisse zu unterscheiden, deren eines man, wenn man so will, innerlich oder intern und deren anderes man äußerlich nennen würde, oder auch persönliches Gedächtnis und soziales Gedächtnis. Das erste würde das zweite zur Hilfe nehmen, da schließlich die Geschichte unseres Lebens zur Geschichte allgemein gehört. Aber das zweite würde naturgemäß sehr viel umfassender sein als das erste. Andererseits würde es uns die Vergangenheit nur in gedrängter und schematischer Form vergegenwärtigen, während die Erinnerung an unser eigenes Leben uns ein sehr viel zusammenhängenderes und dichteres Bild ergeben würde.“

innerhalb Argentiniens und im Ausland während 25 langer Jahre den Kampf gegen die Straflosigkeit getragen und stets fortgesetzt haben. Das Ergebnis dieses Kampfes hat sich in den Spiegel verwandelt, in dem sich ebenso die Verderbtheit und Schande einiger Regierungen, insbesondere der beiden von 1966 bis 1973 und der von 1976 bis 1983 herrschenden Militärdiktaturen, reflektiert als auch die Konnivenz mancher Gesellschaftsschichten und -bereiche Argentiniens gegenüber der schändlichen, brutalen Unterdrückung politischer Gegner. In diesem Zusammenhang genügt der Verweis auf die Veranstaltung der Fussball-Weltmeisterschaft in Argentinien im Jahr 1978, um die mehr oder weniger bewusste Duldung der Militärdiktatur durch weite Teile der argentinischen Gesellschaft zu zeigen. Diese das Junta-Regime unterstützenden Gesellschaftsschichten bezeichneten sich unter Verwendung einer beschämenden Paraphrase als „aufrecht und human“ (*derechos y humanos* statt *derechos humanos* = Menschenrechte, Anmerkung d. Übersetzers), um die von Exil-Argentiniern ins Leben gerufene Kampagne „Argentinien der Folterrepublik“ zu konterkarieren, die große Wirkung auf die internationale Meinung entfaltete.

Ein Vierteljahrhundert nach dem Ende der letzten illegitimen, bloß faktischen Regierung, die zugleich die blutigste und unerbittlichste war, können alle Argentinier, insbesondere die Jungen, davon ausgehen, dass dank der hartnäckigen Klage und dem Ruf nach Wahrheit die gegenwärtigen und zukünftigen Generationen ohne Umschweife und Tabus von dieser dunklen Etappe der nationalen Geschichte sprechen können. Zwar sind unter den ersten beiden Regierungen der wiedererrichteten Demokratie die bereits erwähnten Rückschritte zu verzeichnen. Später aber gelang es den Großmütter der Plaza de Mayo, unterstützt durch eine Schar fähiger Juristen, in unermüdlicher Arbeit den Beweis zu führen, dass die von Jorge Videla und Emilio Massera angeführte Juntas-Regierung, insbesondere die Kriegsmarine, einen finsteren Plan ins Werk gesetzt hatte, der darin bestand, Neugeborene zu unterschlagen, die von entführten und verschleppten, schwangeren Frauen in Gefangenschaft zur Welt gebracht worden waren. Mehr als 500 Kinder ereilte dieses Schicksal, dank der Arbeit der Großmütter von der Plaza de Mayo konnten bis heute immerhin 88 von ihnen ausfindig gemacht werden. Diese Verbrechen waren unerklärlicherweise weder von der Staatsanwaltschaft noch von dem Bundesgericht (*Cámara Federal*), das im November 1985 Strafen gegen die militärischen Oberbefehlshaber verhängte, beachtet worden. Mehr noch: Die Anstrengungen der Großmütter um Aufklärung erwiesen sich schließlich als so wirksam, dass sich sogar einige Teile der Richterschaft als offen für die Rufe nach Untersuchung und Strafverfolgung erwiesen. Das war umso erstaunlicher, als sich die Richterschaft stets in fataler Nähe und Abhängigkeit von der politischen Macht befunden hatte, wie auch die Manipulationen zeigen, denen insbesondere das Bundesverfassungsgericht (*Corte Suprema de Justicia*) und die Bundesgerichtsbarkeit, insbesondere unter der Regierung Menem, ausgesetzt gewesen war. Unter den Richtern, die nun für Ermittlung und Strafverfolgung eintraten, fanden sich auch solche, die zuvor keineswegs diese Neigung an den Tag gelegt hatten. So kam es zu der Einleitung neuer Verfahren, dem Verhängen von Hausarrest und inzwischen zunehmend auch der Inhaftierung von den geistigen Urhebern und Hintermännern dieser Taten, die zuvor noch von dem Straferlass profitiert hatten.

III. Die globale Gerechtigkeit der Menschenrechte

Diese neue Situation in Argentinien ist auch das Ergebnis der intensiven Strafverfolgungsbemühungen von spanischer Seite. Am Anfang dieser Bemühungen stand die Anzeige eines Verbandes von Staatsanwälten, der Asociación Progresista de Fiscales, unter ihrem Generalsekretär Carlos Castresana, der sich sogleich weitere Menschenrechtsorganisationen anschlossen. Geführt wurden die spanischen Verfahren dann durch das 5. Untersuchungsgericht unter Baltasar Garzòn sowie durch die Audiencia Nacional. Dieses von verschiedenen Organisationen eingeleitete Verfahren richtete sich schließlich gegen insgesamt 178 Angehörige des argentinischen Militärs. Ähnliche, vielleicht sogar noch größere Wirkung hatten mehrere in Italien durchgeführte Verfahren, die meisten von ihnen vor dem Berufungsgericht (*Corte d'Assise*) von Rom.[16] Im Rahmen dieser unter Berufung auf das Weltrechtsprinzip geführten Verfahren wurden in einem Fall, neben weiteren Angehörigen des argentinischen Militärs, auch die als Hauptverantwortliche bekannten, ehemaligen argentinischen Offiziere Guillermo Suárez Mason (inzwischen verstorben) und Santiago Omar Riveros in Abwesenheit zum *ergastolo*, der lebenslangen Freiheitsstrafe als absoluter Höchststrafe des italienischen Strafrechts, verurteilt. In einem anderen Prozess verhängte das Gericht die gleiche Strafe gegen die in trauriger Weise zu Berühmtheit gelangten Mitglieder der als Folterzentrum berüchtigten Militärschule der Marine ESMA (Escuela Mécanica de la Armada), Jorge Eduardo Acosta, Beiname „Tiger" (Tigre), Alfredo Ignacio Astiz alias „Engelsgesicht" (Cara de Ángel), Antonio Vanel, Héctor Antonio Febres (der vor kurzem ermordet in den großzügigen Wohnanlagen der nationalen Meerespräfektur [Prefectura Nacional Marítima] aufgefunden wurde, die er bewohnte) und Jorge Raúl Vildaoza. In jüngster Vergangenheit hat die zuständige Richte-

16 Siehe dazu statt vieler *Miglioli*, Desaparecidos. La sentenza italiana contro i militari argentini, Roma 2001.

rin des Gerichts in Rom, Luisiana Figliola, auf Verlangen des Staatsanwalts Giancarlo Capaldo internationale Haftbefehle gegen mehr als 140 Angehörige des argentinischen, chilenischen, paraguayischen, bolivianischen und brasilianischen Militärs erlassen. Diese Personen werden verdächtigt, in den 70er Jahren zu den Organisatoren und Ausführenden des so genannten Plans „Operation Kondor" zu gehören, der eine wahrhaft multinationale staatsterroristische Verschwörung mit dem Ziel war, unliebsame Personen verschwinden und beseitigen zu lassen.[17]

Das Weltrechtsprinzip, aufgrund dessen Verbrechen gegen die Menschlichkeit seit dem Übereinkommen der Vereinten Nationen über die Nichtanwendbarkeit gesetzlicher Verjährungsfristen auf Kriegsverbrechen und Verbrechen gegen die Menschlichkeit vom 26. November 1968 durch jedwede Gerichtsbarkeit und ohne Rücksicht auf das Recht des Tatortstaats verfolgt und abgeurteilt werden können, findet sich sowohl im spanischen[*] als auch im italienischen Recht. Dieser Umstand, der als Frucht einer über den Nationalstaat hinaus denkenden Verfassungs-, Gesellschafts- und Demokratieidee betrachtet werden kann, ehrt und zeichnet diese beiden Rechtsordnungen aus. Die bereits nach dem Fall der Militärdiktatur in verfassungsgemäßer Weise gewählten argentinischen Regierungen weigerten sich dagegen, den Rechtshilfeersuchen der spanischen Audiencia Nacional nachzukommen und die von der italienischen Gerichtsbarkeit ausgeurteilten Strafen zu vollstrecken. Sie bewies damit ihrerseits eine enge, auf die Begründung von Gerichtsbarkeit nach dem Territorialprinzip begrenzte Sichtweise, die kennzeichnend für eine Idee des Nationalstaats ist, die im Kontext der europäischen Staatenbildung des 19. Jh. steht und im Zuge der Entkolonialisierung und dem Gewinn der Unabhängigkeit auch die südamerikanischen Staaten erreichte. Dieser Typ des Nationalstaats beruht nicht zuletzt auf dem Prinzip der Souveränität nach innen, einem Prinzip also, das durch die Globalisierung auch der Rechts- und Gerechtigkeitsvorstellungen zunehmend in Frage gestellt wird. Dieses Phänomen, das sich bis zum 2. Weltkrieg nicht vorausahnen ließ, stellt sich heute als ein Kennzeichen für die Idee einer globalisierten Welt dar. Erstaunlicherweise ist sie aber keine Antwort auf die technologischen Revolutionen, die Internationalisierung des Handels oder die weltumspannende Mobilität des Kapitals oder auch nur auf die Impulse einer supranationalen Macht. Die Entwicklung universeller

---

17 Vgl. *Blixen*, Operación Cóndor, Del archivo del Terror y el asesinato de Letelier al caso Berríos, Barcelona 1998; *Tognato*, Caccia al Condor, si parte in Italia, in: Il Manifesto v. 27. Dezember 2007).

* *Anm. d. Übers.* Inzwischen ist eine Gesetzesreform ergangen, die das Weltrechtsprinzip erheblich einschränkt.

Rechts- und Gerechtigkeitsvorstellungen mag also auf den ersten Blick als eine Fehlentwicklung erscheinen. Sie ist aber im Gegenteil die logische Konsequenz der Rationalität der Menschenrechte, die ihrerseits den Ursprung und die Grundlage der Moderne und des aufklärerischen Denkens bilden. Kann daher überraschen, dass sich gerade jene Staaten, die besonders zögerlich sind, den Schutz der Menschenrechte wirksam auszugestalten, dem Römischen Statut, in dem die Errichtung des Internationalen Strafgerichtshofs beschlossen wurde, am hartnäckigsten widersetzen? Namentlich können hier die USA und China als die wichtigsten der sieben Länder genannt werden, die das Statut von Beginn an abgelehnt haben. In Anbetracht der Informationsfülle, die den interessierten Beobachter heute aus allen Teilen der Erde erreicht, ist es nicht mehr möglich, schwerste, oftmals geradezu barbarische Menschenrechtsverletzungen ungerührt zur Kenntnis zu nehmen, die im internationalen Zusammenhang (z.B. die Grausamkeiten, die in Folge der falschen „humanitären Intervention" der NATO im Balkan) oder aber innerhalb der Nationalstaaten von staatlichen Sicherheitskräften begangen werden (z.B. von den Polizeikräften von Los Angeles oder New York[18]). Inzwischen hat die Welt von den außergesetzlichen Verhaftungen von als „feindlichen Kombattanten" bezeichneten Personen in den Gefängnislagern von Guantánamo erfahren müssen, von der Folter und den Grausamkeiten, die im Gefängnis Abu Ghraib in Bagdad (Irak) verübt wurden und von der außerordentlich beschämenden Praxis der *extraordinary renditions*, also der Verbringung von Personen durch die CIA über europäische Flughäfen in Geheimgefängnisse, zum Teil innerhalb der Europäischen Union, in denen diese gefoltert wurden, bevor man sie schließlich in Guantánamo internierte[19].

IV. Die neue institutionelle Infrastruktur in der Demokratie

Der zweite Zeitabschnitt, den ich für den Fall Argentinien unterscheiden möchte, beginnt mit der neuen institutionellen Infrastruktur der Demokratie, die sich in Argentinien im Nachklang zu der tief greifenden Wirtschafts- und

18 Vgl. *Chevigny*, Edge of the Knife. Police violence in the Americas, New York 1995.

19 Siehe dazu den von dem Mitglied des Europäischen Parlaments Claudio Fava herausgegebenen Bericht, der als Bestandteil der Arbeit des entsprechenden Untersuchungsausschusses, geleitet von dem schweizerischen Abgeordneten der Parlamentarischen Versammlung des Europarats, *Dick Marty*, erschien, vgl. Resolution on the alleged use of European countries by the CIA for the transportation and illegal detention of prisoners, adopted midway through the work of the Temporary Committee (2006/2027(INI)) 6th July 2006; Temporary Committee on the alleged use of European countries by the CIA for the transport and illegal detention of prisoners, Brüssel 2006, abrufbar unter: http://www.europarl.europa.eu/comparl/tempcom/tdip/default_en.htm.

Gesellschaftskrise der Jahre 2000 und 2001 herausgebildet hat. Die schnellen Wechsel von Staatspräsidenten, die sich alle stets nur auf einen höchst fragilen institutionellen Unterbau stützen konnten, verschaffte kleineren politischen Bewegungen Möglichkeiten und führte schließlich Néstor Kirchner, einen früheren Regierungspräsidenten der Provinz Santa Cruz, ins Zentrum der politischen Szenerie. Gestützt auf die sogenannte „Einheitsfront für den Sieg" (*Frente para la Victoria*), eine Vereinigung von Splittergruppen der peronistischen „Gerechtigkeitspartei" (*Partido Justicialista*, PJ) und außerparteilichen Kräften. Die PJ selbst wurde zu diesem Zeitpunkt nicht nur von innerparteilichen Spannungen zwischen den verschiedenen Flügeln zerrissen, die jeweils das peronistische Erbe für sich beanspruchten, sondern auch von der Wahlgerichtsbarkeit überprüft. Kirchner verstand es, Einvernehmen mit den linken Flügeln der „Radikalen Bürgerunion" (*Unión Cívica Radical*) sowie mit weiteren Teilen der demokratischen Linken herzustellen und präsentierte sich als Kandidat der argentinischen Präsidentschaftswahl am 25. Mai 2003. Nach einem zweiten Wahlgang, zu dem die hinter Carlos S. Menem versammelten Kräfte nicht mehr antraten, folgte Kirchner schließlich Eduardo Duhalde in das Präsidentenamt, nachdem Duhalde, der das Amt von dem vorzeitig zurückgetretenen de la Rúa übernommen hatte, seinerseits die Präsidentschaft vor Ende der Amtszeit aufgab. Kirchner blieb so nicht nur seine eigene vierjährige Amtszeit Präsident der argentinischen Republik, sondern auch die wenigen verbleibenden Monate des unvollständigen Mandats von Ex-Präsident de la Rúa.

1.

Einer der stärksten Gründe, für den Zuspruch, den Kirchner nicht nur unter seinen Wählern, sondern auch in weiten Teilen der sonstigen argentinischen Gesellschaft erhielt, war die energische und konsequente Politik im Sinne der Menschenrechte, auf die er seinen Wahlkampf gestützt hatte. Die Aufhebung der schändlichen „Gesetze des Vergessens" bildeten ein festes Desiderat dieses politischen Programms. Dabei muss allerdings erwähnt werden, dass der Boden bereits in hinreichender Weise bestellt worden war, um dieses politische Ziel erreichen zu können. Insbesondere war eine beträchtliche Zahl von jenen Strafverfahren archiviert worden, die seinerzeit gegen die militärischen Befehlshaber und ihre Untergebenen wegen schwerster Menschenrechtsverletzungen (Verhaftungen und das Verschwindenlassen der Verhafteten, Folter, Rechtsverletzungen jeder Art) eingeleitet, dann allerdings unter Berufung auf das „Schlusspunktgesetz" und das „Gesetz über den gebotenen Gehorsam" eingestellt worden waren. Ein erster Meilenstein war zudem die Aufhebung dieser beiden Gesetze durch das argentinische Parlament am 24. März 1998, dem Jahrestag des Staatsstreichs 1976, gewesen. Darüber hinaus verabschiedete das Parlament in diesem Zusammenhang das Gesetz 24.592, dem zufolge kein Angeklagter unter Berufung auf den Grundsatz des gebotenen Gehorsams gegenüber Befehlen für die unter der Militärdiktatur begangenen Verbrechen entschuldigt werden durfte. Besagter Grundsatz war bereits in juristischen Doktorarbeiten seines willkürlichen und begünstigenden Charakters entlarvt worden.[20] Entscheidend für die endgültige Beseitigung der Hindernisse, die einer Aburteilung der für die kriminellen Barbareien der Militärdiktatur Verantwortlichen entgegenstanden, war schließlich das Urteil des Bundesrichters Gabriel R. Cavallo vom 6. März 2001, das in einem Verfahren erging, in dem der gebotene Gehorsam als Entschuldigungsgrund vorgebracht wurde. Der Fall führte schließlich zu einer Entscheidung des Verfassungsgerichts (*Corte Suprema*, Fallos 310–1162, causa no. 44). Darin wurden das Schlusspunktgesetz über die beschleunigte Verjährung und das Gesetz über den gebotenen Gehorsam als Sonderregelungen bezeichnet, die dem Rechtsstaat fremd seien und im Widerspruch zu den Verfassungsgrundsätzen stünden, insofern sie ihrer Wirkung nach zu einer verfassungswidrigen Amnestie im eigentlichen Sinne führten.

Doch obgleich sich auf der rechtlichen Bühne immer klarer der Wille zeigte, Schwierigkeiten für eine tiefer gehende strafrechtliche Untersuchung der schweren Menschenrechtsverletzungen zu beseitigen, stand die Aufhebung der Hindernisse, die eine endgültigen Beurteilung der Menschlichkeitsverbrechen erschwerten, noch bevor. Immerhin wurden auch zu diesem Zeitpunkt schon die Verfahren wegen Kindesentziehungen, der Unterschlagung von in Gefangenschaft geborenen Kindern und der Übergabe dieser in Adoptivfamilien, fortgesetzt, weil diese Taten nicht von den Amnestiegesetzen erfasst wurden. Erst mit der Nichtigerklärung der beiden schändlichen Gesetze durch das Abgeordnetenhaus verwandelte sich das Urteil des Richters Cavallo sowie eine weitere, ganz ähnliche Entscheidung des Richters Bonadío zu der gängigen Rechtsprechung, die auch auf alle anderen Situationen übertragen wurde. Das geschah am 25. August 2003. Schließlich erklärte das Verfassungsgericht am 14. Juni 2006 in einem historischen Urteil mit einer Mehrheit von sieben zu drei Stimmen die Straflosigkeitsgesetze für verfassungswidrig. Am 13. Juli

---

20 Vgl. *D. Baigún*, La obediencia debida en el art.514 del Código de Justicia Militar, in: Doctrina Penal.Teoría y práctica en las ciencias penales. Buenos Aires (Depalma) 9 (1986, H. 33–36), S. 377–395, 2. Aufl. 2000; *Rivacoba / Rivacoba,* Incongruencia e inconstitucionalidad de la llamada ley argentina de obediencia debida, in: Doctrina Penal-Teoría y Práctica en las Ciencias Penales, Buenos Aires (Depalma) 10 (1987, H. 37–40), S. 525-537.

2007 stellte das Verfassungsgericht auch den Straferlass zugunsten des ehemaligen Generals Santiago Omar Riveros für verfassungswidrig und erklärte die Nichtigkeit des Dekrets 1002, mit dem Präsident Menem 1990 den Straferlass auf 37 weitere Angehörige des Militärs sowie neun Anführer der bewaffneten Organisation der „Montoneros" erstreckt hatte. Obwohl der Straferlass nach der argentinischen Strafgesetzgebung allein die Strafe und ihre Wirkungen aufhebt und daher von der Rechtsprechung nur im Bezug auf konkrete Verbrechen und individuelle Personen erklärt wurde, hatte die Nichtigkeitserklärung des Verfassungsgerichts letztlich Konsequenzen für alle anderen Situationen, in denen Militärs oder Angehörige anderer Sicherheitskräfte, die für während der Militärdiktatur begangene Verbrechen verurteilt worden waren, von Straferlass profitiert hatten. So ebneten Gesetzgebung und Rechtsprechung schrittweise den Weg für die Wiederaufnahme der in Anwendung der Gesetze des Vergessens und der Straflosigkeit einst archivierten Verfahren, die gegenwärtig mit Urteilen abgeschlossen werden. Dazu kommen neu eingeleitete Verfahren, die, ebenfalls durch diese Entwicklung ermutigt, wegen bis 1983 begangener schwerster Menschenrechtsverletzungen gegen andere Mitglieder der bewaffneten Streitkräfte und anderer Sicherheitsorgane angestrengt wurden.

2.

Bis heute ist es im Zusammenhang mit der soeben geschilderten Entwicklung zur Verurteilung von einigen wenigen Tätern gekommen. Zu nennen sind Julio Simón, Etchecolatz und von Wernich. Diese Verurteilungen werden von einer breiten gesellschaftlichen Zustimmung getragen. Dennoch können einige Stimmen und Forderungen nicht überhört werden, die fragen, warum die Gesetze und Urteile allein auf die Menschenrechtsverletzungen abzielen, die von Mitgliedern der bewaffneten Streitkräfte, der staatlichen Sicherheitsorgane und anderer ziviler Organisationen begangen wurden, die auf der Seite der Militärdiktatur kämpften, nicht hingegen die Taten jener Anführer und Mitglieder militanter, bewaffneter Organisationen, die gegen die Militärdiktatur kämpften. Mit diesem Einwand sollen sich die folgenden Überlegungen befassen.

Im Rahmen dieses Beitrags ist es allerdings nicht möglich, die Natur der Verbrechen, die in den Verfahren gegen die angeklagten Militärs verhandelt werden, ausführlich zu diskutieren. Es handelt sich aber jedenfalls um schwerste Menschenrechtsverletzungen und Verbrechen gegen die Menschlichkeit, und damit um solche Verbrechen, auf die in verschiedenen völkerrechtlichen Konventionen und Verträgen Bezug genommen wird, insbesondere im Übereinkommen über die Nichtanwendbarkeit gesetzlicher Verjährungsfristen auf

Kriegsverbrechen und Verbrechen gegen die Menschlichkeit vom 26. November 1968. Eben dieses Übereinkommen bestimmt in seinem Artikel 2, dass als Täter dieser Verbrechen nur Repräsentanten der Staatsgewalt sowie die unmittelbar an der Begehung der Verbrechen beteiligten in Betracht kommen.[21] Dies entspricht der Auslegung und Anweisung des argentinischen Generalbundesanwalts (*Procurador General de la Nación Argentina*) an alle Staatsanwälte, wonach als Verbrechen gegen die Menschlichkeit allein Verbrechen des Staatsapparats betrachtet werden können. Dieses Verständnis hat auch die erste Kammer des Landgerichts Buenos Aires (*Cámara Federal de Buenos Aires*) in einem Verfahren geteilt, in dem sich sieben Mitglieder einer bewaffneten Gruppe für einen Bombenanschlag auf eine Kantine des polizeilichen Hauptquartiers zu verantworten hatten. Bei der Explosion kamen 24 Menschen ums Leben, zahlreiche Personen wurden verletzt. Das Gericht berief sich auf drei Entscheidungen des Verfassungsgerichts (*Corte Suprema*), nämlich zum einen die 2004 und 2005 ergangenen Entscheidungen im Fall des Agenten des chilenischen Geheimdienstes DINA, Enrique Arancibia Clavel (dabei ging es um die Ermordung des ehemaligen chilenischen Innenministers unter der Regierung Allende, Generals Prats und seiner Gattin Sofía Cuthbert, in Buenos Aires), die Entscheidung im Fall Julián „Turco" Simón (u.a. wegen der Entführung, Folter und Ermordung von José Poblete) und die Entscheidung, in der die Auslieferung des der Beteiligung an Anschlägen in Spanien verdächtigten ETA-Mitglieds Jesús Lariz Iriondo verweigert wurde. All diese Entscheidungen folgten der Rechtsprechung des Interamerikanischen Menschenrechtsgerichtshof im Fall „Barrios Altos".

Folgt man dieser Auslegung, ist es also ausgeschlossen, die Mitglieder der während der Militärdiktatur aktiven, oppositionellen Gruppen für ihren bewaffneten Kampf wegen Kriegsverbrechen oder Verbrechen gegen die Menschlichkeit zur Verantwortung zu ziehen. Das leuchtet ein, weil die Aktivitäten dieser Gruppen, auch wenn sie Anschläge mit nicht wieder gutzumachenden Schäden umfassten, weder die Dauer noch die Intensität eines internen bewaffneten Konflikts erreichten. Im übrigen gibt es im argentinischen Strafrecht keinen Deliktstatbestand des Terrorismus, und auch die diesen bewaffneten Organisationen zugeschriebenen Taten legen diese Qualifikation

21 Artikel II des Übereinkommens lautet: „Wenn eines der in Artikel I genannten Verbrechen begangen wird, finden die Bestimmungen dieser Konvention auf Vertreter der Staatsmacht und auf Privatpersonen Anwendung, die als Täter oder Mittäter solche Verbrechen begehen oder die andere Personen unmittelbar aufhetzen, solche Verbrechen zu begehen, oder die sich verschwören, um sie zu begehen, ungeachtet des Grades der Vollendung, sowie auf Vertreter der Staatsmacht, die zulassen, dass sie begangen werden." (englische Fassung abgedruckt in ILM 8 [1969], S. 68).

nicht nahe. Es hat allerdings durchaus Stimmen gegeben, die eine gegensätzliche Auslegung vertraten. So z.B. durch den Generalstaatsanwalt der Provinz Rosario und Santa Fe, Claudio Palacín, und den Richter Germán Luis Antonio Sutter Schneider, die in einem Verfahren gegen Mitglieder der Revolutionären Volksarmee (*Ejército Revolucionario del Pueblo*, ERP) wegen der Entführung und des Todes des Obersts Argentino del Valle Larrabure 1974 die Ansicht vertraten, die Taten seien als Völkerrechtsverbrechen zu werten, begangen im Rahmen eines internen bewaffneten Konflikts. Diese These wird heute unter dem Motto „vollständige Gerechtigkeit" von Kreisen vertreten, die mit dem repressiven Militärregime sympathisieren. Sie kann als eine Variante der uralten Versuche der Dämonisierung des Bösen verstanden werden. Danach werden die beiden gegnerischen Parteien in besonders düsteren Farben gezeichnet. Dies geschieht in dem Wunsch, das Böse möglichst weit außerhalb der zivilen Gesellschaft zu verorten und auf diese Weise zu verbergen, dass auch die so genannten Terroristen und die Folterknechte der Militärs nicht irgendwo her kamen, sondern aus der Mitte der argentinischen Gesellschaft stammten. In dieses Bild voller Widersprüche passen auch die Entscheidungen und Haltungen von einigen Richtern. Während sich die verfassungsrechtlich legitimierten Regierungen in unserer Zeit stabilisieren, legen jene Richter eine den inhaftierten Verbrechern der Militärdiktatur sehr wohlwollende Haltung an den Tag. Ein Beispiel ist der Fall des Richters Bisordi, vom nationalen Berufungsgericht in Strafsachen (*Cámara Nacional de Casación Penal*). Diese Situation erinnert an die Lage unmittelbar nach der Wiederherstellung der Demokratie 1983. Damals entschied sich der demokratische Präsident Alfonsín dafür, die Richter, die bereits unter der Militärdiktatur als solche tätig gewesen waren, nicht ihres Amtes zu entheben, obgleich er dazu nach der Verfassung berechtigt gewesenen wäre, sondern sie in ihrer Funktion zu bestätigen. Er erteilte der Richterschaft damit nicht nur den Persilschein für die Demokratie, sondern ermöglichte auch die Ermittlungen und Verfahrenseinleitungen gegen die verbrecherischen Militärs, die sich so vor jenen verantworten mussten, die sie selbst zu Richtern ernannt hatten.[22] Ein gutes Beispiel für eine solche systemübergreifende Karriere ist der Staatsanwalt Julio C. Strassera. Bevor er für die Anklage der neun militärischen Befehlshaber der drei, Argentinien seit 1976 beherrschenden Militärjuntas verantwortlich war, war Strassera unter der Militärdiktatur Amtsrichter (*juez de sentencia*) gewesen. Die Militärregierung selbst hatte ihn zum Staatsanwalt am Bundesberufungsgericht (*Cámara Federal de Apelaciones*) ernannt. Nachdem Strassera beantragt hatte, die Mitglieder

22 Vgl. dazu *Bergalli*, Argentina: aspectos de una sentencia y sus repercusiones, Afers Internacionals tardor-hivern, n° 7 (1985), S. 121–124.

des Juntas-Regimes zu verurteilen, stand ihm der Weg als diplomatischer Vertreter der Regierung von Raúl Alfonsín offen. Strassera gelang es also, seine Laufbahn als politischer Beamter bruchlos fortzusetzen und sich durch seine Tätigkeit als Staatsanwalt gegen die Junta-Generäle gleichsam von seiner eigenen dunklen Vergangenheit frei zu kaufen. Seit der Verfassungsrefom im Jahre 1994 verfügen der argentinische Bundesstaat und seine Provinzen über Regierungsorgane, die für die Personalverwaltung der Justiz zuständig sind. Diese Beamtenschaftsräte (*Consejos de la Magistratura*) sind die einzigen Stellen, die Entscheidungskompetenz in Fragen des Disziplinarrechts und der Verantwortung der Richter besitzen. Es steht zu hoffen, dass sie dieser Aufgabe auch im Hinblick auf die Richter gerecht werden, die noch heute ihre Verbundenheit mit der Vergangenheit der Militärdiktatur bezeugen.

Am Ende dieser Ausführungen bleibt festzustellen, dass sich im Rahmen des schwierigen, mehr als 25 Jahre andauernden und von vielen Rückschlägen und Verzögerungen gekennzeichneten, juristisch-politischen Transitionsprozesses, den die Republik Argentinien durchlaufen hat, schließlich das Bekenntnis zu den Menschenrechten durchgesetzt hat. Das gilt für die Stimmen aus der Wissenschaft ebenso wie für die Rechtsprechungspraxis. Der argentinische Transitionsprozess bestätigt und bekräftigt also jene Bemühungen, die in der Etablierung eines Völkerstrafrechts nach dem 2. Weltkrieg ihren Anfang genommen haben. Die Versuche der juristischen Aufarbeitung erlauben den schrittweisen, langsamen und mühseligen Aufbau von Solidarität und gesellschaftlichem Zusammenhalt, die Grundlage und Nährboden eines kollektiven Gedächtnisses in Argentinien sind, auch wenn es noch immer Teile der Gesellschaft geben mag, die dies zu verhindern suchen.

*Jaime Malamud Goti**

Schuldzuweisung und Viktimisierung**

Dieser Aufsatz verbindet die Begriffe Opferrolle und Schuldzuweisung und zeigt ihr Gewicht in der Politik der Wiedergutmachung des Missbrauchs staatlicher Gewalt auf. Die zentrale Aussage ist, dass eine Schuldzuweisung – ob sie nun große Gruppen oder Individuen adressiert – die Realität dadurch vereinfacht, dass sie die Schuldigen als hinreichende Ursache für das Unheil darstellt. Dieser Prozess beinhaltet, dass andere für das Ergebnis relevante Beiträge aus dem Blickfeld entfernt werden. In Strafprozessen, Wahrheitskommissionen und im Rahmen von öffentlichen Schuldanerkenntnissen ist die Schuldzuweisung ein nützliches Mittel, um Opfer des Missbrauchs staatlicher Gewalt in ihre eigene Gesellschaft zu reintegrieren. Verzögerte Schuldzuweisung jedoch verfälscht die Realität und verhindert einen breiten Konsens über die Bewertung des vergangenen Geschehens.

I. Einführung

Im Jahr 2005 haben sich Bundesanwälte – in Übereinstimmung mit den Forderungen der argentinischen Regierung nach Gerechtigkeit und Wahrheit bei der Bewertung der jüngsten Geschichte des Landes – zusammengetan, um Verfahren gegen hunderte Militäroffiziere einzuleiten. Diese waren angeblich in den sogenannten „Dirty War" der siebziger Jahre verwickelt gewesen – die meisten von ihnen waren inzwischen im Ruhestand, einige verstorben. Zwischen 1976 und 1983 hatte sich die Armee unter vier aufeinanderfolgenden Militärjuntas daran gemacht, das Land von „subversiven Elementen" zu säubern. Dabei waren zehntausende Bürger von Soldaten, Polizisten und Paramilitärs ermordet, gefoltert und entführt worden. Diese Taten prägten für fast ein Jahrzehnt das Bild der staatlich protegierten Gewalt. Allein zwischen 1974 und 1976 ermor-

---

* Als führender Berater des Präsidenten (1983–1987) war Jaime Malamud Goti einer der zwei Initiatoren der Verfahren gegen die Militärjunta, die in Argentinien zwischen 1976 und 1983 herrschte. Er betätigte sich auch als beratender Anwalt vor dem Argentinischen Obersten Gerichtshof (1987–1988) und war ein MacArthur Peace Fellow und Harry-Franck Guggenheim Stipendiat. Goti hatte einen Lehrstuhl für Strafrecht an der Universidad de Buenos Aires inne und koordinierte das „Program on Applied Ethics" an der University of Arkansas. Zur Zeit lehrt er Ethik an der Universidad de San Andres in Buenos Aires. Der Autor möchte seinem Freund Patrick Bucley für die Verdeutlichung seiner Ansichten Dank aussprechen. Er möchte außerdem Phil Haberthur für sein kluges Urteil und seinen geduldigen Rat danken.

** Aus dem Englischen übersetzt von *Nadeschda Wilkitzki* und *Martin Asholt.*

deten, folterten und entführten paramilitärische und gewerkschaftliche Gruppen mit dem Segen der rechten Peronista-Regierung hunderte Studenten, Künstler, Autoren und Politiker.

Zwischen 1983 und 1987 wurden unter einer neuen, gewählten Regierung, ungefähr dreißig oder vierzig Offiziere der Armee, der Marine und der Luftwaffe strafrechtlich verfolgt und einige von ihnen zu Gefängnisstrafen zwischen vier Jahren und lebenslänglich verurteilt. Infolge des Drucks von Militäroffizieren niedrigeren Ranges gingen die Prozesse zurück, nachdem der Kongress auf Initiative der Zivilregierung zwei Statuten erlassen hatte, die heute als „Impunidad-Gesetze" bekannt sind. Das erste normierte eine Frist für zukünftige Anklagen, das zweite privilegierte Offiziere unter dem Rang eines Generals, indem sie sich damit verteidigen konnten, nur Befehlen gehorcht zu haben.

Um heute neue Strafverfolgungen zu ermöglichen, erwägt Argentiniens Oberster Gerichtshof, die von einigen niedrigeren Gerichtshöfen erkannte Annullation der Impunidad-Gesetze aufrechtzuerhalten[1]. Im Großen und Ganzen sind die Entscheidungen der Gerichte eine Reaktion auf eine Einschüchterungskampagne des Militärs, die darauf abzielte, den Kongress dazu zu zwingen, die Prozesse abzubrechen. Die Instabilität, die durch die Drohungen verursacht wurde, bedrängte die Mitglieder des Kongresses derart, dass die darauffolgenden Impunidad-Gesetze ihren eigentlichen Zweck nicht erfüllen konnten. Eine Annullations-Entscheidung des Supreme Courts würde also die Wiederaufnahme von hunderten Strafverfahren fördern.

Der Drang, die Fälle staatlich verübter Verbrechen, die zwischen 1976 und 1983 – also vor mehr als 25 Jahren – begangen wurden, wiederaufzunehmen, ist zum Teil Konsequenz der Politik des Präsidenten, die Erwartungen von Menschenrechtsorganisationen erfüllen zu wollen. Diese Organisationen und ihre politischen Verbündeten nehmen für sich in Anspruch, die Opfer der Menschenrechtsverletzungen zu repräsentieren. Die Erwartung neuer Prozesse hat die öffentliche Meinung jedoch in zwei Lager geteilt. Viele Argentinier glauben, dass die Offiziere angeklagt werden sollten, um für ihre Verbrechen zu büßen. Das entgegengesetzte Lager umfasst neben einer kleinen extrem rechten Minderheit, die der Meinung ist, dass das Militärregime das Recht hatte, sich gegen die gewalttätigen Linksradikalen zu wehren, auch Argentinier mit anderen politischen Ansichten, die ebenso befürworten, dass die Zeit für

---

1 Die Annullation ist unabdingbar, da das verfassungsrechtliche Verbot rückwirkender Strafgesetze die einfache Erklärung der Unvereinbarkeit mit der Verfassung nicht genügen lässt. Das Rückwirkungsverbot wird regelmäßig so ausgelegt, dass ein einziger Absatz eines Gesetzes, der ein bestimmtes Verhalten nicht verbietet, den Handelnden vor Anklage und Verurteilung schützt.

eine Verfolgung der Taten trotz der unentschuldbaren Brutalität des Regimes lange vorbei ist. Sie glauben, dass die Wiederaufnahme der „Dirty War"-Prozesse eine politische Kluft und neue unnötige Spannungen hervorrufen würde. Neue Prozesse seien angesichts zunehmender politischer und ökonomischer Krisen in Argentinien unangebracht, da sonst nicht genügend Kraft übrig bleibe, um die demokratischen Institutionen aufrecht zu erhalten.

Auch ich unterstützte die Ablehnung neuer Prozesse, wenn auch aus anderen Gründen, und werde versuchen, zu erklären, warum offizielle Schuldfeststellungen – hauptsächlich für ernsthafte Verstöße – zu einer politischen Schwarz-Weiß-Konzeption führen. Die Verwirklichung der binären Täter-Opfer Logik, der die Exekutive derzeit anhängt, fördert eine opportunitätsorientierte Politik[2]. Obwohl diese Verwirklichung zu gegebener Zeit sicherlich von einmaliger therapeutischer Bedeutung war, ist ihre Ausweitung in den Bereich der Politik einer pluralistisch-rechtsstaatlichen Gesellschaft abträglich. Vor allem schadet stark verzögerte Schuldzuweisung der Schaffung einer Gesellschaft von verantwortlichen Bürgern. Mein Argument ist nicht auf den Fall Argentiniens begrenzt, sondern gilt auch für andere Gesellschaften, die aus extremer Gewalt und grober Ungerechtigkeit hervorgehen.

Seit dem Übergang Argentiniens zum Verfassungsstaat in der Mitte der achtziger Jahre wurden Menschenrechtsprozesse und Wahrheitskommissionen im großen Umfang eingerichtet, um offizielle Schuldzuweisungen vorzunehmen. Schuldzuweisungen für grobe Missbräuche und Ungerechtigkeiten, die mit staatlicher Autorität begangen wurden, sind Ländern, Regierungen, ethnischen Gruppen und Einzelnen widerfahren. Die Schuldzuweisung war dabei „eng" oder „weit", je nachdem ob sie sich an Individuen, Gruppen oder an den Staat richtete. Nach dem Ende des Zweiten Weltkrieges entwickelte sich ein Konsens in der Praxis der Schuldzuweisungen an Einzelne und mächtige Vereinigungen. Jedoch gibt es eine neue Bewegung in der westlichen Welt, tausende ehemalige Staatsmänner, Militärs und hochrangige Polizisten „auf die Abschussliste" zu setzen. Diese Entwicklung hat wichtige moralische und politische Konsequenzen. Eine von ihnen ist, nach Ansicht eines breiten Publikums, dass diejenigen, die unter den Taten der potentiellen Angeklagten gelitten haben, nunmehr auch offiziell zu ihren Opfern erklärt werden müssen. Jedoch

2 Obwohl ich einer der beiden Initiatoren der Menschenrechtsprozesse der achtziger Jahre war, sah ich diese und ihren Einfluss auf die argentinische Gesellschaft später kritisch. Vgl. *Jaime Malamud Goti*, Game Without End, in: State Terror and the Politics of Justice, 1996, S. 141–145. Dieser Artikel versucht weitere Gründe für die Skepsis gegenüber der Ausweitung der Strafverfolgung von Menschenrechtsverletzungen über eine bestimmte Zeitspanne nach der Begehung der Tat hinaus aufzuzeigen.

gibt es Millionen von Opfern. Ebenso wie diejenigen, die unter großer Instabilität und Angst lebten, ist auch eine große Zahl von Verwandten und Bekannten der Verschwundenen und Gefolterten ebenso – wenn auch indirekt – als Opfer zu betrachten. Die zunehmende Praxis der Schuldzuweisungen und die aus ihr resultierende Zahl der Opfer scheinen heute unseren Blickwinkel auf die Politik zu verändern. Während es bis in die achtziger Jahre in Uruguay, Chile und Argentinien üblich war, die Verantwortung für ihr Schicksal den Gefolterten und Getöteten zuzuschreiben[3], haben Schuldzuweisung und Opferrolle nunmehr die Bewertung der Ursächlichkeit umgekehrt. Es wird großer Wert auf die Tatsache gelegt, dass die Verantwortlichkeit der Opfer in weitem Umfang von unserer moralischen Bewertung der Vergangenheit ausgeblendet werden soll. Sie sind nunmehr Opfer und als solche schlicht Objekte der Tat eines anderen.

Das ist das Thema dieses Beitrages: Öffentliche Schuldzuschreibung und die Opferrolle in der Politik, insbesondere die sich aus Wahrheitkommissionen und Menschrechtsverfahren ergebende Schuldzuschreibung. Ich beabsichtige das daneben bestehende politische Ziel anzusprechen, groben Ungerechtigkeiten und Menschenrechtsverstößen, die gegen ethnische, kulturelle und religiöse Minderheiten begangen wurden, sowie staatlich getragener politischer Verfolgung abzuhelfen. Unglücklicherweise sind die Beispiele dieser Praktiken zahllos. Sie umfassen eine weite Bandbreite von Sklaverei und diskriminierender Politik in Amerika, Australien und Neuseeland bis hin zur Versklavung ganzer Völker durch die Nazis in Europa und die Japaner während des Zweiten Weltkrieges; vom Völkermord gegen die amerikanischen Ureinwohner über das Vorgehen gegen die Armenier bis hin zu dem gegen die Juden und Zigeuner im Zweiten Weltkrieg und bis hin zu dem Massaker an Kambodschanern durch ihre eigenen Sippen; von den Massentötungen von Tutsi in Ruanda, und von Afrikanern im Sudan bis zum Mord an Moslems, Kroaten und Serben auf dem Balkan. Ein weiteres Beispiel dieser Praktiken ist die Brutalität, die von den diktatorischen Regimes in der zweiten Hälfte des zwanzigsten Jahrhunderts in Lateinamerika, Asien und Afrika ausgeübt wurde. Die Aufzählung ließe sich beliebig verlängern.

Hier interessiert mich die kollektive und offizielle Schuldzuschreibung – im „weiten" und im „engen Sinne" –, die diese Missbräuche in der regionalen und der Weltgemeinschaft erfahren haben. Trotz ihrer Mängel ist die Praxis kol-

---

3 *Ich* behandle diese „Beschuldigung der Opfer" („blaming the victim") in: Game Without End, in: State Terror and the Politics of Justice, wie Fußnote 2, S. 141–145. Für eine umfassende Analyse dieses Phänomens vgl. *Susan J. Brison*, Aftermath: Violence and the Remaking of a Self, Kap. 4–5, 2002.

lektiver Schuldzuschreibungen, jedenfalls an einem bestimmten Punkt der Geschichte, für die Entstehung einer toleranten Gemeinschaft äußerst wirksam. Die deutlichste Form der Schuldzuschreibung im „engen Sinn“ ist die in Strafverfahren und einigen Wahrheitskommissionen anzutreffende. In einem allgemeineren Sinne entspringt die Schuldzuschreibung aus der offiziellen Anerkennung von Fehlhandlungen. Dies ist ein „weites“ Verständnis von Schuldzuschreibung. Institutionalisierte Schuldzuschreibung misst vergangenem Geschehen eine neue Bedeutung bei und schafft über dessen moralischen Wert breiten Konsens. Ich nehme an, dass dies ein wichtiger Schritt ist, um ein höheres soziales Ziel zu erreichen, namentlich das der Schaffung eines kollektiven Bewusstseins für Bürgerrechte und Verantwortung und schließlich der Entwicklung einer ganzheitlichen, pluralistischen und rechtsstaatlichen Gesellschaft.

Allerdings ist ein zu großer Zeitablauf für die öffentliche Schuldzuschreibung schädlich. Wenn sie über einen bestimmten Zeitrahmen hinaus ausgedehnt wird, ist eine Politik, die auf öffentlich geteilter Schuldzuschreibung basiert, einer umfassenden Analyse der Faktoren der Brutalität abträglich. Es ist die autoritative Schuldzuschreibung für rohe Verbrechen, die dazu führt, dass der Umfang relevanter sittlicher Handlungen und der sich daraus ergebenden Verantwortlichkeiten begrenzt wird. Die Politik der öffentlichen Schuldzuschreibung und die damit zusammenhängende Opferrolle zieht nicht nur Folgerungen aus einer Erkenntnis der politischen Welt, sondern fördert ebenso ein spezielles Verständnis dieser Welt. Die duale Täter-Opfer Logik verhindert ein komplexes, nuanciertes Verständnis sittlichen Handelns und die damit verbundene Bestimmung von Verantwortung, die nötig ist, um eine ganzheitliche, rechtsstaatliche Gesellschaft zu formen. Die Schaffung eines ausreichend weiten Verständnisses individueller und gemeinsamer Verantwortlichkeit ist, wie wir sehen werden, nicht mit einer Täter-Opfer-Logik zu vereinbaren.

Mein zentrales Anliegen ist daher einfach: Schuldzuschreibung und Viktimisierung gehören zu den am besten geeigneten politischen Mitteln, um eine ganzheitliche, gerechte und pluralistische Gesellschaft zu etablieren. Ich beziehe mich dabei auf eine Gesellschaft, die in scharfem Kontrast zu den diktatorischen Regimes und anderen rohen und bösartigen politischen Systemen steht, die sich mit einem Schleier der Geheimhaltung umgeben. Aber die Praxis der Schuldzuschreibung und Viktimisierung ist häufig von zu langer Dauer. In diesem Fall vereinfacht die Täter-Opfer-Logik die soziale Realität. Aus einem sittlichen und politischen Blickwinkel beeinträchtigt sie eine ausreichend breite Erfassung und Bewertung der in die Gewalt verwickelten Einzelnen und Gruppen. Sie übersieht ebenfalls den politischen und sozialen Kontext, der die

Gewalt erst ermöglichte. Zunächst werde ich die Wechselwirkung der Begriffe Schuldzuschreibung und Opferrolle ansprechen und dann die Grundlagen erörtern, aus denen sich ergibt, warum und wann diese ein wertvolles politisches Mittel darstellen. Dabei argumentiere ich, dass – aus der gleichen sittlichen und politischen Perspektive – eine Begrenzung der sich auf die Täter-Opfer-Logik stützenden Politik zu einer Förderung einer pluralistischen und rechtsstaatlichen Gesellschaft führt.

II. Das Verhältnis von Schuldzuschreibung und Opfereigenschaft

In einem ersten, weiten Sinn sprechen wir von Opfern als Individuen und Gruppen, denen unverdient Leid widerfährt. Das Leid ist beispielsweise unverdient, wenn es aus Geschehnissen resultiert, die jenseits der Kontrolle dessen liegen, der es erduldet[4]. Daher können wir – in diesem weiten Sinne – Opfer von menschlichen Handlungen und natürlichen Ereignissen werden, wie zum Beispiel Erdbeben und Krankheiten[5]. Individuen und Gruppen sind Opfer, wenn ihr Leiden die Folge von Unglück ist, von Abläufen, die jenseits ihrer Kontrolle stattfinden, unabhängig davon, ob sie in der Lage sind, diese Geschehnisse vorherzusehen. In diesem „weiten Sinn“ verstehen wir die Opfereigenschaft im alltäglichen Sprachgebrauch[6]. Wir sind daher in diesem ersten Sinne Opfer einer kosmischen Katastrophe, wenn unser ganzer Planet – was selbstverständlich uns alle einschließt – mit einem Asteroiden im Februar 2010 kollidiert. Die Vorhersehbarkeit ändert nichts daran, dass Glück ein Element der Ereignisse und unserer Opferrolle ist. Wir sind die Opfer von Ereignissen, auch wenn sie zufällig eintreten.

In diesem Aufsatz behandle ich die Bedeutung des Opferbegriffs in einem zweiten, engeren Sinn. Ich konzentriere mich auf Individuen, die wir als Opfer der Handlungen anderer Personen betrachten. Dies setzt voraus, dass diese

4 Ich habe diesen, das Glück betreffenden Aspekt, entwickelt in: *Jaime Malamud Goti*, Rethinking Punishment and Luck, 39 TUL. L. REV 861, 2004.

5 Es ist wahr, dass man auch ein Opfer von unverdientem Leid sein kann, das man selbst gewählt hat. George P. Fletcher hat gezeigt, dass in einer Reihe von Sprachen ein „Opfer“ eine menschliche Gabe an Gott ist, wie es beispielsweise die Sündenböcke im antiken Griechenland waren. In diesem Sinne wird das Leiden, das man sich aussucht zu erdulden, unverdient, aber dennoch das Ergebnis des eigenen Willens sein. *George P. Fletcher*, Basic Concepts of Legal Thought, 1996.

6 Ich übergehe die Opfer in dem Sinne, an den uns George P. Fletcher erinnert hat, nämlich diejenigen die Teil eines Opferrituals sind. Obwohl wir möglicherweise noch immer glauben, dass diese Opfer unverdient Schmerz erdulden, könnten sich diejenigen ihr Schicksal selbst ausgesucht haben. Im letzteren Falle erleiden die Opfer nur das, was sie – ein einem weiten Sinne – gewählt haben.

Handlungen bis zu einem gewissen Grad auch freiwillig vorgenommen werden und darüber hinaus, dass sie zumindest prima facie moralisch verwerflich sind. Hierbei konzentriere ich mich auf diesen begrenzten Begriff der handlungsgebundenen Opfereigenschaft und behaupte, dass diese mit Handlungen in Verbindungen steht, die in einem großen Ausmaß Schuldzuweisungen hervorrufen, insbesondere solche, die wir in der Gesellschaft teilen. Mein Interesse ist insofern noch enger: der Aspekt, den ich betonen möchte, bezieht sich auf Opfer, die unter rohen Misshandlungen und Ungerechtigkeiten leiden, die überwiegend staatlich zugefügt sind, so wie auf politische, ethnische Fehlhandlungen und andere verletzende Handlungen. Ich beziehe mich also primär auf Opfer absichtlicher Misshandlungen und eventuell auch auf Opfer rohen rücksichtslosen Unrechts. Deshalb verbindet die Opfereigenschaft, in diesem zweiten Sinne, unverdientes Leid mit der Handlungen anderer.

Lassen Sie mich klarstellen: Man könnte zum Beispiel sagen, ich war das Opfer eines zufälligen Geschehens, das von jemandem verursacht wurde, dem man keine Schuld zuschreibt, nicht einmal prima facie. Man könnte beispielsweise glauben, dass die Kugel, die mich traf, unvermeidbar war, weil sie nach dieser Ansicht zufällig getroffen hat. In diesem Fall, in dem sich der Schuss aus der auf mich gerichteten Pistole unerklärlich auslöst, wäre mein Leiden nicht wirklich handlungsbasiert. In diesem Fall bin ich nur in dem ersten, weiteren Sinne, Opfer eines Kausalvorganges, der mich zufällig betraf. Strenggenommen bin ich dann kein Opfer fremden Handelns[7]. Wir behaupten nicht, das Opfer des Verhaltens eines anderen zu sein, wenn wir nicht auch zugeben, dass diese Person einen bestimmten Grad an Kontrolle über dieses Ereignis hatte. Wenn das wahr ist, betrachten wir niemanden als das Opfer einer Person, wenn diese nicht auch die Ereignisse willentlich steuern konnte, die zu der Verletzung führten (oder die es unterließ, eine angemessene Kontrolle auszuüben, um dies abzuwenden). Mit anderen Worten bin ich nur das Opfer einer anderen Person, wenn ich dieser infolge der willensgesteuerten Handlung eine Schuld zuweise, für das, was mir widerfahren ist. In diesem engen Sinn impliziert die Opferrolle eine Täterschaft. Von diesem Aspekt können wir, glaube ich, interessante moralische und politische Folgerungen ableiten.

---

7 Dies liegt, wie wir sehen werden, daran, dass tadelnswürdige aktive Täterschaft aus der Feststellung eines hinreichenden Grundes hervorgeht. Dies ist sicherlich nicht der Fall bei Unterlassungen. Die Tatsache, dass wir, in Übereinstimmung mit Kofi Annan, die Vereinten Nationen dafür beschuldigen, das Massaker 1994 in Ruanda erlaubt zu haben, schließt keinesfalls die aktiven Handlungen anderer Menschen als hinreichende Ursache für die selbe Tat aus. U.N. Chief Rues Rwanda Genocide Response, ABC News Online, (27. März 2004), abrufbar unter http://www.abc.net.au/news/newsitems/s1075138.htm (zuletzt abgerufen: 3. Juli 2005).

Die Verbindung zwischen Opferrolle und Schuldzuweisung ist für moralische und politische Überlegungen wichtig, weil die Schuldzuweisung die soziale Praxis radikal vereinfacht. Im Falle der Opferrolle im engen Sinne, in dem sie eine aktive Täterschaft betrifft, sanktioniert die Schuldzuweisung monokausale Erklärungsmuster über moralische, politisch sensible Themen wie die Verletzungen, die einige Gruppen und Individuen anderen zufügen. Wenn ich einen bestimmten Täter T für die Verursachung der Leiden eines Opfers O verantwortlich mache, so deute ich an, dass die Suche nach weiteren Erklärungen für Os Lage nicht mehr erforderlich ist. Dies schließt natürlich die Relevanz von eigenen Handlungen des O ein. Zu behaupten, dass im 17. Jahrhundert die Inka Opfer der spanischen Konquistadoren waren, unterstützt den Glauben, dass wir abgesehen von den Taten der Spanier alle anderen Einflussfaktoren vernachlässigen können, also auch die Handlungen der anderen Menschen. In diesem Fall meine ich, dass die Schuldzuweisung, indem sie einen Grund für eine Verletzung konstruiert, es uns erlaubt, zusätzliche Informationen zu vernachlässigen.

Daher bedeutet die Schuldzuweisung eine doppelte Vereinfachung der Realität. Zum einen suggeriert sie, dass das Verhalten einer Person oder einer Gruppe, die wir beschuldigen, unter Zugrundelegung bestimmter Hintergrundbedingungen eine hinreichende Erklärung für ein bestimmtes Unheil bietet. Die Erkenntnis, dass ich die Schuldzuweisung für die missliche Lage einer Person verdiene, liefert dem Glauben Vorschub, dass ich keinen weiteren Schritt unternehmen muss, um festzustellen, wie ihr jetziger Zustand entstanden ist. Diese Person ist mein Opfer, weil ich mein Verhalten gegen ihr Leben, gegen ihren Körper und gegen ihre Interessen gerichtet habe und das macht die Beschäftigung mit ihren eigenen Handlungen oder denen anderer Menschen überflüssig. Zum anderen und noch wichtiger führt eine Schuldzuweisung zum Verblassen, ja zum Freispruch. Eine Konsequenz, die aus dem monokausalen Erklärungsmuster der Schuldzuweisung resultiert, ist die Entfernung anderer Handlungen oder Ereignisse aus der Suche nach Verantwortung. Obwohl die Handlungen des Opfers Motivationen für das Handeln des Täters liefern können, genügt das letztere, um das Ergebnis (allein) zu erklären[8]. Das ist in ei-

8 Ich leugne natürlich nicht, dass wir bisweilen mehrere Individuen für eine Handlung verantwortlich machen, und dass auch Eigenschaften des Opfers zu seinem Leiden beitragen können. In Bezug auf das Erstere weisen wir entweder die Schuld der Gruppe als solcher zu, oder wir stellen den Handelnden als für das Leiden hinreichend ursächlich dar. In Verbindung mit dem Letzteren ist es das Leiden, das jenseits ihrer Kontrolle liegt, das mich interessiert. Man ist das Opfer einer Folter, auch wenn das eigene vorhergehende Verhalten für die Festnahme maßgeblich gewesen sein könnte. Umgekehrt ist man nicht das Opfer eines Casino-Angestellten, wenn er den Wetteinsatz nimmt.

nem Strafverfahren deutlich, in dem, in Bezug auf die Notlage des Opfers, der Fokus auf der Handlung des Täters liegt. Handlungen Dritter sind in diesem Zusammenhang so interessant für unsere Schlussfolgerungen wie es Naturereignisse sind.

Ich konzentriere mich auf den Zusammenhang zwischen Opferrolle und Schuldzuweisung, weil ich glaube, dass gewisse politische Ereignisse öffentliche Verurteilungen und Schuldzuweisungen hervorrufen; diese tragen dazu bei, unsere moralische und politische Realität, sowie unsere Wahrnehmung sozialer Ereignisse zu formen. Durch die Konstruktion eines individuellen oder kollektiven Opfers in dem gerade beschriebenen Sinne ist Schuldzuschreibung – so will ich hervorheben – ein wichtiges Mittel, um die soziale Realität zu formen[9]. Sie hat die besondere Macht, unser Verständnis der Vergangenheit neu auszurichten. Die Erinnerung an eine Erfahrung, die ich mit jemand anderem geteilt habe, wird zum Beispiel völlig verändert, wenn ich meiner Partnerin vorwerfe, unehrlich zu sein. Die Erkenntnis, dass sie nicht die Art von Gesellschaft war, die ich erwartet hatte, weil sie absolut unaufrichtig war, berührt die Natur der Erfahrung. Geteilte Momente der Vergangenheit erlangen eine radikal andere Bedeutung, sobald man herausfindet, dass es nicht Freundschaft, sondern ein Interesse an dem sozialen Stand oder dem Geld war, dass sie mir nahe brachte. Öffentlich geteilte Schuldzuweisungen rufen für die Interpretation vergangener Ereignisse radikale Veränderungen hervor. Sie bringen uns dazu, diese in einem neuen, anderen Licht zu sehen. Die Erkenntnis, dass die Ereignisse eine unterschiedliche, neue Bedeutung haben, kann sogar die Selbsteinschätzung einer Person beeinflussen: als geeignet oder ungeeignet für Freundschaft, als wahrhaft großzügig oder leichtgläubig etc. Diese Veränderungen betreffen unsere Selbsteinschätzung und die Bewertung unserer Erlebnisse, sobald wir angefangen haben, andere für unseren Zustand verantwortlich zu machen; denn wir beginnen uns als Opfer der Gewalt oder der Gerissenheit eines anderen zu betrachten. Der bekannte Fall der koreanischen „Comfort Women" dient uns als anschauliches Beispiel.

Nach ihrer Freilassung durch die japanische Armee nach dem Zweiten Weltkrieg sahen sich die taiwanesischen und koreanischen Zwangsprostituierten,

---

9 Wegen dieser Realität ist die Schuldzuweisung häufig Objekt großer Konfrontationen. Diejenigen, die es schaffen, ihre Schuld anderen zuzuschreiben, haben auch die Macht, eine Bedeutung von Ereignissen zu etablieren und die Realität zu formen. *Saul Belows* „The Victim" beschreibt meisterlich den Protagonisten Leventhal, einen anständigen Menschen, der beinahe den unberechtigten und weithergeholten Schuldzuweisungen des gefühllosen Allbee erliegt. Wenn Allbee gewinnt, wird Leventhal die Tatsachen aus dessen Sicht interpretieren und dann gezwungen sein, die Vielzahl der Lasten auf sich zu nehmen, die Allbees Leben heimsuchen, (Penguin Books 1996), 1947.

die als „Comfort Women“ bekannt geworden sind, nach ihrer Rückkehr mit einer unfreundlichen Umgebung konfrontiert. Die Ablehnung, sie als vollwertige Mitglieder ihrer eigenen Gesellschaft zu akzeptieren, entstammte aus der kulturell bedingten sexuellen Befangenheit, aufgrund derer ihnen zugeschrieben wurde, an ihrem eigenen Schicksal aktiv mitgewirkt zu haben. Wie wir sehen werden, ist eine Schuldzuschreibung regelmäßig an diejenigen gerichtet, von denen wir annehmen, dass sie zu ihrem Verhalten beitragen. Umgekehrt wird eine Schuldzuschreibung häufig abgeschwächt, wenn uns etwas unvermeidlich erscheint. Wir erleben dies jeden Tag, wenn wir unsere Kinder dafür zurechtweisen, einen gefährliches Viertel aufgesucht zu haben und sich so einer gewalttätigen Situationen ausgesetzt zu haben.

Es war erst eine jüngst begonnene Kampagne einiger Regierungen und internationaler Organisationen, die die japanische Regierung und die japanische Armee beschuldigte, für die Lage der „Comfort Women“ verantwortlich zu sein. Bis diese Sichtweise sich durchzusetzen begann, wurden die Überlebenden der Zwangsprostitution als mitschuldig an ihrem eigenen Schicksal betrachtet und diese Wahrnehmung berührte ihre Würde und ihr Selbstbewusstsein in tiefgreifender Weise[10]. Die Autorität der Schuldzuschreibungen an die Japaner neutralisierte die sexuellen Befangenheiten und damit auch die Selbstbeschuldigungen und die Vorwürfe der Herkunftsgesellschaft der Frauen. Bis zu diesem Zeitpunkt waren nur wenige von ihnen aufgestanden und hatten sich selbst verteidigt, indem sie ihre Peiniger anklagten. Es war also die Schuldzuschreibung an die Japaner, die es den überlebenden „Comfort Women“ und deren Nachfahren ermöglichte, die Akzeptanz ihrer Herkunftsgesellschaften zurückzugewinnen.

Wesentlich hierfür war die autoritäre Aussage, dass den Frauen (einseitiges) Unrecht zugefügt worden war, dass es nicht ihre eigenen Handlungen gewesen waren, die zu ihrer Misere geführt hatten, weil ihr Schicksal Resultat fremder Kontrolle war. Anders gesagt war es die Schuldzuweisung an ein ungerechtes Regime, die ihre Opferrolle bestätigte und damit auch ihre Unschuld. Im nächsten Abschnitt werde ich versuchen, die Vorteile aufzuzeigen, die es mit sich bringt, Menschen zu Opfern der Handlungen anderer zu machen, indem man letzteren die Schuld für ihr Leid zuweist. Dies ist das weite Verständnis von Schuldzuweisung, in diesem Sinne schließen Schuldzuweisungen an Regierungen und Länder stets eine große Anzahl anonymer Handelnder ein.

---

10 S. *Elazar Barkan*, The Guilt of Nations, in: John Hopkins (Hrsg.), Restitution and Negotiating Historical Injustices, 2000.

III. Die Vorteile von Schuldzuweisungen und Opferrolle

Das Beispiel der „Comfort Women“ zeigt die Effekte der weiten Schuldzuweisung. Diese konnten die Akzeptanz ebenso wiedererlangen wie Selbstwertgefühl und Respekt. Die vergangenen Jahrzehnte waren Zeuge einer neuen Entwicklung hin zu weiten und engen institutionellen Schuldzuschreibungen für staatlich protegiertes Unrecht. In Europa, Lateinamerika und Südafrika und vor den Sitzen internationaler Organisationen haben Menschen ihrer Empörung über die von einigen Regierungen begangenen Gräueltaten auf den Straßen Luft gemacht. Sie zwangen Nachfolgeregierungen und internationale Foren dazu, die Verderbtheit früherer Funktionäre und Staatsmänner bloßzulegen. Wir sind, so nehme ich an, mitten in einer neuen Ära politisch gestützter Schuldzuschreibungen für das Leid von Millionen.

Gerichte und bisweilen Wahrheitskommissionen sind Inbegriff bzw. Quelle der „engen Schuldzuschreibung“, also von Schuldzuschreibungen an einzelne Handelnde oder eine bestimmte Gruppe Handelnder. Aber sie sind nicht die einzige Grundlage institutionalisierter Schuldzuschreibung. Die üblicherweise weitläufig geteilten Selbstbeschuldigungen autoritärer Körperschaften tragen ebenso zur Sanktionierung der Opfer bei. Seit Mitte der Achtziger Jahre und noch intensiver in den Neunzigern, haben hohe Beamte in Amerika, Mitteleuropa und Südafrika sich selbst und die politischen und ethnischen Gruppen, für die sie standen, für das Leid der politischen Dissidenten und der ethnischen und religiösen Minderheiten beschuldigt. Jedoch betreffen die Erkenntnisse, anders als bei Gerichtsverfahren und Wahrheitskommissionen, häufig weit zurückliegende Ereignisse. In diesem Sinn drückte Papst Johannes Paul II. seine Reue für die Kreuzzüge, die Inquisition und die Behandlung der Juden aus. Ebenso bekundeten nunmehr, annähernd eineinhalb Jahrhunderte nach dem Ende des Bürgerkriegs, einige Gruppen in den Vereinigten Staaten ihr Bedauern für die Zeiten, in denen die Sklaverei herrschte.

In Lateinamerika begannen die Schuldbekenntnisse, als die Militärregimes ihre Macht verloren, in Osteuropa nach dem Fall der Berliner Mauer. Der Hintergrund dieser Bekundungen ist regelmäßig dergestalt, dass die Zuwiderhandlungen während früherer Regime begangen wurden und auch diesen zugeschrieben werden konnten. Eine ähnliche Sichtweise haben auch einige nichtstaatliche Organisationen für Verbrechen einzelner ihrer Anhänger vertreten. Die Opfer sind Mitglieder ethnischer und religiöser Gruppen, ebenso wie politische Gegner außerhalb oder innerhalb der politischen Kreise der Täter[11]. In

11 Schweizer Banken drückten beispielsweise ihre Reue über die Veruntreuung von Gold aus, das ihnen von jüdischen Flüchtlingen, von denen einige erfolglos versuchten, poli-

Argentinien[12], Chile und Südafrika erkennen hohe Beamte, Militärkommandeure und hochrangige Polizeioffiziere an, dass unter ihrer Leitung stehendes Personal schlimme Verbrechen gegen bestimmte ethnische und religiöse Minderheiten sowie gegen politische Dissidenten begangen hat. Darüber hinaus haben in den Vereinigten Staaten verschiedene Bürgerrechtsorganisationen öffentlich ihr Bedauern für das Leid der amerikanischen Ureinwohner und die Nachfahren der amerikanischen Sklaven ausgedrückt.

Auf den ersten Blick sind einige Akte der Anerkennung, der Reue und der Entschuldigung verblüffend. Zu berücksichtigen ist jedoch, dass die jüngsten Selbstbeschuldigungen den Nachfahren der Sklaven afrikanischen Ursprungs über eineinhalb Jahrhunderte nach dem Bürgerkrieg übermittelt wurden. Einige Generationen sind seitdem vergangen und die unmittelbar Handelnden sind lange tot. Dies ist sicherlich bei der Empörung der Weltöffentlichkeit über die Ablehnung der türkischen Behörden der Fall, die Ermordung der Armenier 1915 anzuerkennen. Die hierin zutage tretende Erwartung ist in der Tat bemerkenswert, mit Blick auf die unmittelbaren Opfer des Fehlverhaltens und deren Nachkommen – sowie auf die Täter und deren Nachfahren – wird die moralische und politische Bedeutung dieser Akte nicht offengelegt.

Der Kern der institutionellen Entschuldigung liegt darin, dass diese Schuldzuschreibung versucht, dem Ungleichgewicht zwischen Tätern und Opfern, das durch das Fehlverhalten oder die Ungerechtigkeit erzeugt wurde, abzuhelfen. Schuldzuschreibung adressiert Ungleichheit und zielt darauf, sie umzugestalten. Diese Situation erfordert es, den Blickwinkel politischer Moralität einzunehmen; eine Sichtweise, die in Betracht zieht, wie die politischen Institutionen funktionieren und die die innergesellschaftlichen Beziehungen in den Blick nimmt, für die diese Institutionen geschaffen sind. Im folgenden beziehe ich mich auf das Beispiel der Afro-Amerikaner und versuche die Bedeutung der Schuldzuschreibungen zu beleuchten. Insgesamt versucht die Schuldzuschreibung, die Täter und ihre Opfer auf eine Ebene zu bringen.

Im Fall der Afro-Amerikaner ist es nur zu gut bekannt, dass diese Minderheit in der Regel schlechter gestellt ist als Menschen europäischer Abstammung. Erstere haben weniger Bildungs- und Arbeitsmöglichkeiten. Überproportional viele Afro-Amerikaner sind arbeitslos oder in Strafverfahren verwickelt. Und

---

tisches Asyl in der Schweiz vor dem zweiten Weltkrieg zu erlangen, anvertraut worden war, vgl. *Barkan*, wie Fußnote 10, S. 88.

12 Der zuständige Befehlshaber der Armee, General Martin Balza, erkannte die Grausamkeiten der Armee in den Siebziger Jahren des 19. Jahrhunderts im April 1995 an. Erklärung von General Martin Balza (veröffentlicht am 25. April 1995), ist verfügbar unter: http://www.nuncamas.org/document/militar/balza95.htm (zuletzt abgerufen 3. Juli 2005).

vor allem drängen die wirtschaftlichen und sozialen Nachteile der Minderheit und der sich hieraus ergebende Verlust von Selbstwertgefühl sie an den Rand der Gesellschaft. Unter diesen Umständen scheinen Entschuldigungen von Regierungsstellen und Bürgerrechtsorganisationen nur ein Mittel zu sein, um unser Gerechtigkeitsempfinden[13] und unsere Integrationsbestrebungen zu befriedigen. Ich glaube, die Entschuldigungen sind ein Mittel, um eine breiter angelegte amerikanische Gesellschaft zu schaffen. Sie sind ein offizielles Mittel, um der Person oder der Gruppe, die sie ausspricht, Schuld zuzuschreiben. Wie jede Zuschreibung von Schuld für aktive Fehlhandlungen, liefert – wie schon ausgeführt – eine Entschuldigung eine monokausale Erklärung für bestimmte Ergebnisse und den status quo[14]. Wenn wir einen Einzelnen oder eine Gruppe von Menschen für die heutige Lage einer Person beschuldigen, dann verwandeln wir diese in das Opfer eines anderen und erklären so den Täter oder die Gruppe zum hinreichenden Grund für das Leid. Im Fall der Afro-Amerikaner werden die weißen Amerikaner beschuldigt, die einen erheblichen Teil der amerikanischen Gesellschaft ausmachen. Bis zu einem bestimmten Zeitpunkt hat die Selbstbeschuldigung einen positiven Effekt auf das Opfer. Die Gefühle, die die Opfer erfahren, wie Scham und Abneigung, sind nunmehr weitgehend erklärbar und auch durch die Schuldzuschreibung gewollt: „Es waren US-Institutionen und Praktiken, die die Opfer in ihre Notlage brachten; sie waren es, die versagt haben.“ Insofern wir diese Prämisse akzeptieren, gibt es nun ein Opfer, das in keiner Weise für seinen Zustand verantwortlich ist. Die Verantwortung des Opfers verblasst also. Auf diese Weise beinhaltet die Schuldzuschreibung, um ein neues politisches Gleichgewicht zwischen den Gesellschaftsschichten zu erreichen, einen eindimensionalen Ursache-Wirkungs-

---

13 Ich möchte drei verschiedene Arten von Schuld unterscheiden. Zuerst die Schuld, die den Täter für seine Taten verfolgt, zweitens, die Schuld, die die Nachfahren des Täters durch den Genuss der unredlich erlangten Vorteile erfahren und drittens Schuld als ein Mitgefühl, das von denen, die leiden, bei denjenigen ausgelöst wird, die nicht leiden. Diese letzte Art rührt, so glaube ich, aus der Idee her, dass wir an der Schaffung einer Gesellschaft teilnehmen, die als solche zumindest einen ansatzweise egalitären Aufbau verlangt. Aus diesem Grund lehnen wir den üblichen Versuch ab, Ungerechtigkeiten dadurch zu rechtfertigen, dass wir über das Opfer sagen: „Sie wäre noch schlimmer dran gewesen, wenn sie, anstatt hierher zu ziehen, in ihrem Heimatland geblieben wäre.“

14 Diese Aussage bezieht sich allein auf „aktives“ oder „positives“ Fehlverhalten. Schuldzuschreibungen für Unterlassungen führen nicht zu den genannten Schlussfolgerungen, da sie genug Raum für andere Erklärungen lassen. Wenn die Schuld darin besteht, dass es misslungen ist, erlittenen Schaden abzuwenden, führt dies nicht zum Ausschluss wichtiger Ursachen, die für das Verständnis der Situation wichtig sind. Als der UN-Generalsekrtär Kofi Annan erklärte, dass die Vereinten Nationen versäumt hätten, den Völkermord in Ruanda im Jahr 1994 zu verhindern, bedeutete dies nicht, dass wir nicht weiter das aktive Fehlverhalten der Mitglieder der Hutu-Minderheit untersuchen könnten. Vgl. Rwanda Genocide Response, oben Fn. 7.

Zusammenhang zwischen vergangenen Ereignissen und ihren Ergebnissen. Das Opfer ist nunmehr in eben dieser Lage, gerade weil mein Verhalten dazu geführt hat, dass es nun an materiellen und sozialen Nachteilen leidet[15]. Außerdem erfährt das Opfer meinetwegen ein Gefühl der Unsicherheit, Wertlosigkeit etc.[16]. Die Auswirkungen der Handlungen unserer Institutionen formten das Schicksal des Opfers. Es war nicht seine Schuld, sondern nur Pech. Ein weiterer Erklärungsbedarf besteht nicht. Zu einem großen Teil liegt das uns interessierende Thema in der Natur der Schuldzuschreibungen für aktive Fehlhandlungen im Gegensatz zu Unterlassungen. Die zentrale Frage liegt nicht, wie einige Gelehrte behauptet haben, in der Unfähigkeit, die Wirkungen eines Fehlverhaltens zu beseitigen[17]. Die Gründe hierfür liegen in der Verletzung sowie in den Nachteilen, die das Opfer nun erdulden muss. Die Versuchung, das Problem dadurch zu vereinfachen, dass nur die noch anzutreffenden Ungerechtigkeiten behoben werden, bringt die größere, politische Frage hervor, warum man sich bei den Nachfahren der Sklaven, nicht aber bei anderen Minderheiten entschuldigen sollte, denen es noch schlechter geht[18]. In Frage stehen sicherlich nicht nur gegenwärtige Benachteiligungen. In der Tat kann die Beschäftigung mit dem Problem, wie der Schaden entstand, die Frage nicht beantworten, warum die Selbstbeschuldigung auf die Afro-Amerikaner beschränkt und nicht auch auf andere Gruppen erstreckt werden sollte, die auch unter einem niedrigen sozialen und wirtschaftlichen Status leiden. Wenn der Grund für diese Lage die gegenwärtige Ungleichheit in den Vereinigten Staaten wäre, sollte man sich vielleicht auch bei den zentralamerikanischen Einwanderern und ihren Nachfahren entschuldigen. Die Schuldzuschreibung ergibt insoweit Sinn, als wir inzwischen sensibler mit den vergangenen Zeiten

15 Interessanterweise steht dieser Begriff des Nachteils in engem Zusammenhang mit dem, was George P. Fletcher in seiner Opfer-zentrierten Rechtfertigung der Strafe ein Opfer nennt: Jemand, der in gewisser Weise unter der Beherrschung des Täters steht. Vgl. *George P. Fletcher*, The Place of Victims in the Theory of Retribution, 3 Buff. Crim. L. Rev. 51, 1999; vgl. auch *ders.*, Basic Concepts of Legal Thought, 1996.

16 Ein interessanter Ansatz findet sich in *Susan J. Brisons* autobiographischer Suche und ihren Überlegungen zur Opferrolle in Aftermath, in: Violence and the Remaking of a Self, 2002; Kapitel 1 und 2 sind am anschaulichsten.

17 Die Unterlassungsthese wurde in interessanter Form durch *Rahul Kumar* und *David Silver* dargelegt, The Legacy of Injustice. Wronging the Future, Responsibility for the Past, in: Lukas H. Meyer (Hrsg.), Justice in Time: Responding to Historical Injustice, Baden-Baden (Nomos Verlagsgesellschaft) 2004, S. 145–159

18 Einige Autoren denken, dass das Hauptanliegen der Afro-Amerikaner, in Bezug auf die Begleichung des durch die Sklaverei ausgelösten Leids, das Unterlassen der heutigen Generationen betrifft, das vergangene Unrecht nicht zu berichtigen. Vgl. für eine herausragende Verteidigung dieses Standpunkts, *Kumar* und *Silver*, wie Fußnote 17, S. 145–158.

der Sklaverei und dem erduldeten Leid und der Ungleichheit umgehen, die heute noch bestehen.

Historisch betrachtet, lastet das Fehlverhalten unserer Vorväter heute schwer auf uns; das daraus entstandene Unrecht – und das Versagen der nachfolgenden Generationen, es zu berichtigen – erklärt, wie es einem Afro-Amerikaner derzeit ergeht, der in den Siebziger oder Achtziger Jahren geboren wurde. Diese Ansicht, die ihren Ursprung im Zuschnitt der Schuldzuschreibungen, in Opferrollen und in der politischen Moral hat, behält ihre Anziehungskraft, wenn wir sie auf individuelle Handlungen und die mit ihnen verbundenen Ergebnisse üblicher Verbrechen extrapolieren. Die weite und die enge Variante der Schuldzuschreibung – und der Handlung – spielen ähnliche Rollen. Denn ohne Schuldzuschreibungen würden wir erneut auf alternative Erklärungen zurückgreifen, die sich wahrscheinlich auf psychologische, biologische und kulturelle Veranlagungen der Opfer und ihrer Gesellschaften stützten, Elemente, die in einem Verständnis der Gründe Notlage des Opfers münden könnten. Soweit wir (Selbst-)Beschuldigungen für das Ergebnis verantwortlich machen, sind solche Erklärungen überflüssig, da sich die Erklärung der misslichen Lage in dem Fehlverhalten meinerseits erschöpft.

Wie ich geschildert habe, legen die bisherigen Verfahren wegen Menschenrechtsverletzungen nahe, dass im Gegensatz zur Rache der auf Schuldzuschreibung basierende Prozess einen signifikanten Einfluss auf die Gefühle derer hat, von denen wir als Träger des Unrechts sprechen. In diesem Fall verstärkt es ihr Würdegefühl. Für uns, als Zeugen ihres Leids, versperrt die Schuldzuschreibung alle mögliche Erklärungen, die ihre eigene Person oder ihr Verhalten einbeziehen würden. Außerdem kann die Schuldzuschreibung Schuld und Scham mildern – und ich nehme an, dass dieser Effekt die Individuen und Gesellschaften mit Selbstwertgefühl erfüllt. Diese Praxis ermöglicht die Entstehung einer pluralistischen und integrativen Gesellschaft[19].

Monokausale Darstellungen von Ereignissen, wie in gerichtlichen Verurteilungen und in formellen Bedauernsbekundungen, haben die politische Funktion, Zustände zu erklären und ihre Bedeutung zu formen. Sowohl Strafe als auch Entschuldigungen bieten eine Erklärung dafür an, warum die Welt ist, wie sie

---

19 Für eine Diskussion dieser Frage im Bereich von Strafe und staatlicher Kriminalität vgl. *Jaime Malamud Goti*, The Moral Dilemmas about Trying Pinochet in Spain, in: Lukas H. Meyer (Hrsg.), Justice in Time: Responding to Historical Injustice, Baden-Baden (Nomos Verlagsgesellschaft) 2004, S. 299; *Christian Tomuschat*, Anm. zu: Jaime Malamud Goti, The Moral Dilemmas of Trying Pinochet in Spain, (wie vor), S. 315; *Jaime Malamud Goti*, *Emma Zunz*, Punishment and Sentiments, in: Quinnipiac L. Rev. 45, 2003, S. 22.

ist. Opfer eines spezifischen – kollektiven oder individuellen – Täters zu sein, ist das politische Mittel, um die soziale Realität zu formen. Schuldzuschreibung in einem Entwicklungsprozess ist stets vereinfachend. Die weite Form von Schuldzuschreibung wird durch die enge vermindert oder ausgeschlossen. Deshalb entschuldigt jeder neue Akt der Schuldzuschreibung diejenigen, die außerhalb des Fokus' dieser Zuschreibung bleiben. Wir mildern die Verantwortlichkeit von Nationen, wenn wir ein ausreichend großes Publikum davon überzeugen, dass es gerecht ist, die Schuld kleineren Gruppen zuzuschreiben und wir vermindern die Schuld dieser kleineren Gruppen, wenn wir uns überzeugend auf die Individuen konzentrieren[20]. Die Nation, deren Pilot ein ausländisches Flugzeug in Friedenszeiten abschießt, könnte ihre (weite) Verantwortlichkeit dadurch mindern, dass sie das Individuum, den Piloten, verfolgt und verurteilt.

Bisher habe ich die moralische Bedeutung und die Rolle der Schuldzuschreibung als ein Mittel dargestellt, die Opferrolle zu kreieren. Die Täter-Opfer Logik, so möchte ich betonen, ist ein ziemlich mächtiges Mittel, eine Schwarz-Weiß-Version der politischen Welt voranzubringen. Ihr Anreiz ist in Gesellschaften stärker, die schon durch die diktatorisch-politische Freund-Feind-Konzeption der Welt geteilt sind. Dies lässt sich an einer Reihe von Beispielen verdeutlichen. Ich denke dabei an den Fall der Hutus und Tutsi, der Serben und Moslems, der Kommunisten und Dissidenten in Osteuropa und, in Lateinamerika, an die militärischen „Kreuzritter" und die zivilen „Subversiven". Schuldzuschreibung stellt zwischen bestimmten Handelnden und denen, die unter deren Taten leiden, einen Ausgleich her. Allerdings kann sich dieser Vereinfachungsprozess mit der Zeit paradoxerweise als abträglich erweisen. Er könnte der Bildung einer pluralistischen Gesellschaft entgegenstehen, die versucht, den Gedanken von Gleichheit und Recht zu stärken. Um erfolgreich zu sein, setzt dieses Unterfangen einen ausgeprägten – starken und weiten – Sinn für individuelle und kollektive Verantwortlichkeit voraus. Die vereinfachenden Effekte der Schuldzuschreibungen entmutigen dieses Bewusstsein.

IV. Die Nachteile der Viktimisierung

Historiker und Sozialwissenschaftler sind häufig kritisch in Bezug auf die beschränkte Weise, in der Strafverfahren und Wahrheitskommissionen ein Bewusstsein der Vergangenheit schaffen. Das durch Wahrheitskommissionen erlangte Wissen sollte zum Beispiel deren Zuhörern einen differenzierteren und

20 *Joel Feinberg*, The Expressive Function of Punishment, in: Doing and Deserving, S. 105 (1970).

reichhaltigeren Blickwinkel eröffnen. Ein solcher erfordert mehr als die Herstellung einfacher Handlungszusammenhänge von Individuen und Gruppen und mehr als die Beschreibung des Leidens derer, die die Missbräuche ertragen mussten. So weit ist diese Erklärung vergangener politischer Ereignisse bestenfalls ein ärmliches historisches Zeugnis der relevanten Geschehnisse und schlimmstenfalls eine verzerrte Darstellung der Vergangenheit. Wir werden nicht genug über die Umstände, die die Missbräuche hervorgebracht haben, lernen, um Lehren daraus zu ziehen und um zukünftige ähnliche Ungerechtigkeiten dadurch zu verhindern, indem wir uns nur eine Gruppe von Tätern ansehen, die ihre Tötungen zugeben oder ihre Strafe in südafrikanischen Gefängnissen verbüßen. Es reicht nicht, einerseits die Charakterzüge und Motive kennenzulernen, die die Mörder und Protagonisten abscheulicher Institutionen geleitet haben und andererseits die Seite ihrer Opfer. Genauso wenig können wir den Rachefeldzug gegen die argentinischen „Subversiven" verstehen, indem wird den Bericht der argentinischen Wahrheitskommission lesen. Eine ausreichend realistische Erklärung vergangener Geschehnisse erfordert einen weiteren Zugang, der reichere, kontextuelle Erklärungen darüber einbezieht, wie Macht und Interessen sich verbinden, um einen Konflikt und diktatorische Machenschaften hervorzurufen[21]. Die Vertreter der Notwendigkeit, einen derartigen Blickwinkel anzustreben, sind zahllos.

Um den argentinischen Fall zu verstehen, bezieht sich Greg Grandin beispielsweise auf die Notwendigkeit, die institutionellen und ökonomischen Faktoren zu erfassen, die die militärische Machtübernahme 1976 ermöglicht haben, sowie die Machtstruktur des Landes und weitere Faktoren zu erörtern[22]. In einer ähnlichen Weise erinnert uns Charles S. Maier an die eklatante Missachtung komplexer institutioneller Umstände und sozialer Entwicklungen durch die Wahrheitskommissionen[23]. Die Kritiker der Wahrheitskommissionen und der Verfahren gegen Staatskriminalität haben einerseits Recht, andererseits Unrecht. Maier hat Recht, wenn er darauf hinweist, dass die institutionelle Schuldzuschreibung durch die Gerichte und die Wahrheitskommissionen üblicherweise zu einem blinden Fleck bezüglich wichtiger Faktoren führt, die

21 Vgl. z.B., *Greg Grandin*, The Instruction of Great Catastrophe, in: Truth Commissions, National History, and State Formation in Argentina, Chile and Guatemala, The Am. Hist. Rev. 46, 2005, 110. Wie ich, diskutiert Grandin die Vereinfachung der Wahrheit, die sich aus den Strafverfahren und Wahrheitskommissionen ergeben hat.

22 Ebd., S. 8–9.

23 *Charles S. Maier*, Doing History, Doing Justice: The Narrative of the Historian and of the Truth Commission, in: Robert I. Rotberg & Dennis Thompson (Hrsg.), Truth v. Justice: The Morality of Truth Commissions, 2000.

Historiker nicht vernachlässigen dürfen. Die „Wahrheit", die aus einer derartigen Schuldzuschreibung resultiert, ist nur eine begrenzte.

Wir können berechtigterweise behaupten, dass die Form von Schuldzuschreibung, die die Völkermord-Verfahren vor dem Ruanda Tribunal erzeugt hat – also die enge Form – sich als unzureichend erwiesen hat. Die seichte Halbwahrheit, die aus diesen Verfahren herrührt, löst neben anderen Dingen bei den Hutu das Gefühl aus, ungerecht behandelt worden zu sein. Die in nationalen und internationalen Verfahren ausgesprochenen Urteile scheinen Ruandas wirkliche und reichhaltige Geschichte auszublenden. Sie übersehen die wichtige Tatsache, dass die Hutus, vor dem durch ihr Militär und seine Henker an den Tutsi begangenen Massenmord, unter der Privilegierung der Tutsi gelitten haben. Darüber hinaus wurden die nationalen Strafverfahren gegen die Täter des Massakers aus dem Jahre 1994 zum Teil erfunden, um die Aufmerksamkeit der Welt von der Tatsache abzulenken, dass einige Hutu zuvor von der „Rwanda Patriotic Front" (RPF)[24], der von den Tutsi geführten Armee, verroht wurden[25]. Der Konflikt zwischen Tutsi und Hutu ist nur ein tragisches Beispiel. Die internationalen Verfahren, die geschaffen wurden, um für Gerechtigkeit auf dem Balkan zu sorgen, werfen ähnliche Bedenken auf. Dies gilt besonders unter den Serben[26], die glauben, dass sie nun Opfer korrupter Gerichtshöfe seien[27]. Einige Sozialwissenschaftler schlagen vor, das Ziel der Verfahren und Wahrheitskommissionen mit anderen Mitteln zu verwirklichen, um eine tiefere Wahrheit zu erreichen. Vor allem weil das Konzept von Schuld einer solchen Wahrheit widerspricht, glaube ich nicht an die Durchführbarkeit einer solchen Ergänzung. In Wirklichkeit würde die Schuldzuweisung ihren

---

24 Viele Beobachter betrachten die Invasion Ruandas durch die RPF als die einer Besatzungsarmee, vgl. *Mahmood Mamdani*, When Victims Become Killers, in: Colonialism, Nativism and the Genocide in Rwanda, 2001.

25 Vgl. z.B. *Alison Des Forges* and *Timothy Longman*, Legal Responses to Genocide in Rwanda, in: Eric Stover & Harvey M. Weinstein (Hrsg.), My Neighbor, My Enemy: Justice and Community in the Aftermath of Mass Atrocity, 2004, S. 49; Für einen interessanten Ansatz dazu, wie die Tutsi es versäumten, über die von ihnen gegen die Hutu begangenen Gewalttaten zu berichten, vgl. *Timothy Longman* and *Théonèste Rutagengwa*, Memory, Identity, and Community in Rwanda, in: Eric Stover & Harvey M. Weinstein (Hrsg.), My Neighbor, My Enemy: Justice and Community in the Aftermath of Mass Atrocity, 2004, S. 162.

26 Für einen interessanten Einblick in die Entwicklung der Privilegierung der Tutsi durch die belgische Kolonialmacht, vgl. *Mamdani*, wie Fn. 24.

27 Vgl. Laurel E. Fletcher und Harvey M. Weinstein, A World Unto Itself? The Application of International Justice in the Former Yugoslavia, in: Eric Stover & Harvey M. Weinstein (Hrsg.), My Neighbor, My Enemy: Justice and Community in the Aftermath of Mass Atrocity, 2004, S. 29–48; vgl. auch *Elizabeth Neuffer*, The Key to My Neighbor's House, in: Seeking Justice in Bosnia and Rwanda, 2002.

Zweck verlieren, wenn die Suche nach einer breiteren Wahrheit erfolgreich wäre. Institutionalisierte Schuldzuschreibung ist weder dafür geeignet noch dafür bestimmt, einen umfassenden Zugang zur Vergangenheit zu ermöglichen. Wie ich wiederholt herausgestellt habe, ist die Schuldzuschreibung dafür ausgelegt, unseren Blick auf vergangene Geschehnisse zu vereinfachen. Sie ist darauf zugeschnitten, sich auf die Gruppe oder Generation zu beschränken, die wir nun von den Folgen der Brutalität und Ungerechtigkeit befreien wollen, die gegen sie begangen wurden. Wahrheitskommissionen und Strafverfahren zielen darauf, eine stark vereinfachte Vorstellung der Vergangenheit zu liefern – eine Vorstellung, die auf die konkreten Taten von Individuen und Gruppen sowie auf eine Anzahl autoritärer Regeln begrenzt ist. Diese Regeln gelten ausdrücklich im Fall von Strafverfahren und werden in den Berichten der Wahrheitskommissionen häufig übernommen. Sie sollen eine möglichst große Glaubwürdigkeit hinsichtlich der Tatsachen und der richtigen Regeln und Prinzipien ermöglichen.

Als gesellschaftlicher Mechanismus soll sich die Schuldzuschreibung auf einen Einzelnen oder eine Gruppe von Übeltätern fokussieren und alle anderen Handelnden, insbesondere das Opfer, exkulpieren. Auf diese Weise entfernt die Schuldzuschreibung alle anderen Faktoren aus dem (begrenzten) Blickfeld, die bei einer weiteren Betrachtung zu dem gegenwärtigen Zustand beigetragen haben. Deshalb suchen Strafverfahren und Wahrheitskommissionen bis zu einem gewissen Grad die Wiedergutmachung für Übeltaten zu fördern. Die Schuldzuschreibung wird zu einem Instrument, durch das wir einen schnellen Konsens über den moralischen Unwert bestimmter Taten erreichen, um die Misere bestimmter Gruppen oder Individuen zu mildern und um sie in ihre eigene Gesellschaft zu reintegrieren. Im Anschluss hält die Schuldzuschreibung jedoch die Opferrolle aufrecht. Sie ist ein relativ schneller und effizienter Weg, festzuhalten, wie den Opfern mitgespielt wurde. Indem man heute einigen Hutu-Tätern Schuld zuschreibt, wird man wahrscheinlich dazu beitragen, dass die Tutsi Würde und Selbstwertgefühl wiedererlangen, weil sie lernen, dass ihr Leiden weder ihrer nationalen Gesellschaft noch der Welt insgesamt gleichgültig ist. Sie hilft Individuen, die Gewalt erfahren haben, in ihre Heimat zurückzukehren und sich in ihre Gesellschaft wieder einzufinden. Die Wahrheit ist auf die Feststellung begrenzt, dass den Individuen Unrecht angetan wurde, so dass ein großes Publikum verstehen kann, dass sie ihr Schicksal nicht verdient haben. Einigkeit über den Wert oder Unwert komplexer historischer Geschehnisse wäre schlicht unerreichbar, wenn wir ein breiteres Realitätsverständnis anstrebten, dass sich nicht nur auf konkrete Geschehnisse, sondern auch auf strukturelle, soziale, kulturelle und politische Belange bezieht, die für Historiker und Anthropologen relevant sind.

Welche gemeinsame Wahrheit können wir den Überlebenden des Massakers von Ruanda aus dem Jahre 1994 und den Verwandten der Verstorbenen anbieten? Eine komplexe und umfassende Wahrheit würde einen vernünftigen Konsens frühestens in drei oder vier Jahrzehnten schaffen. Mit Sicherheit streiten die Argentinier noch immer über die Natur der Ereignisse, die vor über einem Jahrhundert geschehen sind; Argentinier und Chilenen haben sich nie über die grundlegenden historischen Tatsachen Patagonien betreffend geeinigt. Was sollen wir dann bei der komplizierten Geschichte Ruandas erwarten? Wie können wir es von Serben und Moslems erwarten, eine Übereinstimmung über die ethnischen Konflikte in Bosnien im letzten Jahrhundert zu erreichen? Wir können nur versuchen Einigkeit zu erzielen, indem wir uns auf die Taten Einzelner und auch auf eine begrenzte Anzahl autoritärer Regeln beschränken.

Schuldzuschreibung dient dem Zweck der Vereinfachung sozialer Tatsachen, indem sie die moralisch relevante Ursache eines Übels herausgreift. Wir weisen jedoch denen die Schuld zu, die unser Leiden verursacht haben, indem sie unsere moralischen Prinzipien und Werte verletzt haben. Aber dieser deskriptive Ansatz gibt uns keinen Einblick in die soziale Funktion des gegenwärtigen Modells von Schuldzuschreibung an Einzelne, also in die Frage danach, warum und wann wir bestimmte Einzelne für ihre rechtlichen und moralischen Verstöße beschuldigen. Um Letzteres in Betracht zu ziehen, ist es erforderlich, eine manipulative, zukunftsgerichtete Version der Schuldzuschreibung zu forcieren, die zwei Voraussetzungen hat.

Die erste ist emotional: Wir können nicht ernsthaft fordern, ein moralisches Prinzip aufrechtzuerhalten, wenn seine Verletzung keine emotionalen Reaktionen hervorruft – vor allem Unmut und Empörung[28]. Als zweite Voraussetzung setzt die Schuldzuschreibung voraus, dass wir es implizit oder explizit erwarten, Gründe dafür zu liefern, den Übeltäter und andere davon abzuschrecken, erneut ein Übel zu begehen. Verfolgungen und Verfahren sind Mittel um die Schuldzuschreibung öffentlich zu machen und unsere Verurteilungen bestimmter Handlungen einer breiten Zustimmung zuzuführen. Dies beinhaltet die Erwartung, dass andere unsere emotionale Veranlagung und unsere Hintergrundannahmen über Tatsachen und Werte teilen. Wenn eine Unterstützung nicht bis zu einem gewissen Grade zu erreichen ist, verliert die öffentliche Schuldzuschreibung ihre grundsätzliche Bedeutung.

---

28 Vgl. *Bernard Williams*, Morality and the Emotions, in: Problems of the Self, 1973, S. 207 (Dieser setzt voraus, dass eine nicht-empirische Verbindung zwischen moralischen Urteilen und den Gefühlen besteht. Diese Verbindung liegt darin, dass seriöse Urteile über die Verletzung moralischer Regeln und Prinzipien emotionale Reaktionen hervorrufen. Ohne die letzteren wären unsere Urteile nicht wirklich moralisch).

Dies vorausgesetzt, hätten wir in den Vierziger und Fünfziger Jahren nicht erwartet, dass ein ausreichend großer Teil der Gesellschaft den Glauben einzelner teilen würde, dass vielen Industriellen vorzuwerfen ist, dass sie Flüsse und Seen verseuchen. Wenn eine ansteckende Krankheit zurückgedrängt wurde, übertrug die Gesellschaft ihre Schuldzuschreibung auf denjenigen, der das vergiftete Wasser getrunken hat oder darin geschwommen ist, was zu dieser Zeit als unbesonnen angesehen wurde. Das gleiche gilt für die Folgen von staatlichem Terrorismus und den Prozess der Schuldzuschreibung. In den Augen vieler Argentinier waren es auch die Unbesonnenheit und Dummheit des Opfers, die sein Leid, das es in den Händen der Entführer und Folterer erleiden musste, verursacht haben[29]. Ohne die moralischen Untermauerungen traf die Schuldzuschreibung häufig das Opfer, in der Hoffnung, dass dies andere überzeugen würde, sich an die Anforderungen der Tyrannei anzupassen.

Variationen bei der Praxis der Schuldzuschreibung sind politischen Übergangsprozessen eigen[30]. Zum Beispiel blieben die systematischen Ermordungen durch den extrem rechten Flügel der Peronista-Regierung in Argentinien zwischen 1973 und 1975 außerhalb des öffentlichen Fokus'. Der ungeheuerlichste Missbrauch wurde von einer dieser Gruppen im März 1973 begangen, als sie Gegner der Peronista-Fraktion in der Nähe des Flughafens massakrierte, wo Peron bei seiner Rückkehr aus dem langen Exil in Spanien landen sollte[31]. Hunderte Jugendliche wurden bei diesem grausamen Ereignis umgebracht; jedoch ist es wahrscheinlich, dass, wenn die Missbräuche nicht übersehen worden wären, die Verfolgung dieser Gruppen als politisches Mittel angesehen worden wäre, um die parteistrategischen Interessen der regierenden Politiker voranzutreiben. Zur Zeit der nach der Diktatur geführten Menschenrechtsprozesse im Jahr 1985 lag der Schwerpunkt der Verfolgung fast ausschließlich auf Militäroffizieren. Zufällig, unbeabsichtigt und sogar unbewusst unterließen es die Strafverfolger, gegen die ultrarechten peronistischen Henker wegen der systematischen Ermordung der Dissidenten vorzugehen. Auch forderten sie keine Strafe für diejenigen, die mit den Generälen zusammengearbeitet hatten, diese aber nach dem wirtschaftspolitischen Versagen der Militärjunta und dem militärischen Desaster im Falkland-Malvinen Konflikt verlassen hatten[32]. Sehr we-

29 Vgl. *Malamud Goti*, oben Fn. 2.

30 Vgl. *Stephen Holmes*, Passions and Constraint, in: On the Theory of Liberal Democracy, 1995.

31 Vgl. *Martin Edwin Andersen*, Dossier Secreto: Argentina's Desaparecidos and the Myth of the „Dirty War", 1993.

32 Ich schreibe Falkland-Malvinen mit einem Bindestrich, um zwei Vorwürfe zu vermeiden. Erstens denjenigen, illoyal gegenüber der argentinischen Tradition zu sein, nach

nige der Handelnden wurden je verfolgt. Diese Blindheit war durch das Streben nach Konsens für die Erreichung einer Demokratie verursacht worden.

Menschenrechtsverfahren und Wahrheitskommissionen dienen dem Zweck, Individuen und misshandelte Teile der Gesellschaft in diese zu reintegrieren. Die Wiedereingliederung dieser schuld- und schamgebeugten Menschen, die sich kontinuierlich die Frage stellen „Warum ich?“, erfordert schnelle institutionalisierte Abhilfe – ein offizielles Signal, um sie wissen zu lassen, dass sie wichtig sind. Ohne dieses Signal ist es für diese Menschen schwierig, wenn nicht sogar unmöglich, sich selbst als gleichwertige Mitglieder der Gesellschaft in dieselbe wiedereinzufügen. Eine notwendige Bedingung für diesen Effekt ist es, dass diejenigen, die diese Menschen umgeben, glauben, dass es nicht ihre Schuld war, dass sie nur Opfer der Brutalität eines anderen sind. Einige dieser Menschen, die Freunde und Familie als Vergeltung für deren politischen Widerstand verloren haben, brauchen nun jemanden, der verantwortlich gemacht werden kann.

Die Täter-Opfer-Logik dient einem anderen Zweck, als dem von dem britischen Admiral Sir George E. Creasy in seiner deutlichen Kritik an der Verurteilung des deutschen Admirals Karl Dönitz in Nürnberg angegebenen: „Wir sind den Ereignissen des Zweiten Weltkrieges noch immer vergleichsweise nahe und es wird noch einige Jahre dauern, bevor diese Geschehnisse durch das ruhige und leidenschaftslose Auge eines Historikers gesehen werden. Aber wenn dieser Tag kommt, glaube ich persönlich, dass Ihr Ruf als Offizier der Marine und als kämpfender Admiral gesichert und gefestigt wird.“[33] Schuldzuschreibung und Opferrolle sind schnelle Antworten. Antworten, die in dem gerade genannten Fall möglicherweise ausgesprochen wurden, um kampfgestählte Offiziere der Alliierten wieder in ihre Heimatgesellschaften einzugliedern und zwar so weit wie möglich von der Last ihrer eigenen Fehler befreit. Die Abhilfe muss schnell sein, aber für das Verständnis der Geschehnisse durch einen künftigen Historiker offen bleiben. Die Opfereigenschaft der so genannten Subversiven der argentinischen Militärdiktatur war aus den Gründen, die ich schon dargelegt habe, auch die Erklärung ihrer Unschuld.

Die Idee, die eigene Schuld durch Schuldzuschreibungen unter Kontrolle zu halten, ist nicht neu. Gegnerische Interessengruppen streiten oft darüber, wer

der die Inseln Malvinen genannt werden. Zweitens, den Vorwurf des mangelnden Realismus', es zu ignorieren, dass die Inseln nunmehr seit über einem Jahrhundert unter britischer Herrschaft stehen und dies mit ausdrücklicher Zustimmung ihrer Bewohner.

33 Vgl. *H. K. Thompson, Jr.* und *Henry Strutz* (Hrsg.), Doenitz at Nuremberg: A Reappraisal, 1983, S. 115.

Täter und wer Opfer ist. Verfahren, die von den Siegern eines Krieges gegen die Besiegten durchgeführt werden, sind wohl mehr davon geleitet, eine Absolution der Ersteren zu erreichen, als Rache an den Letzteren zu üben. Wenn der Rauch des Krieges sich verzieht, versuchen wir unsere schmutzigen Hände dadurch reinzuwaschen, dass wir die Verlierer beschuldigen. Nichts zeigt dies klarer, als die Sammlung von Briefen alliierter Richter und Offiziere gegen die Verurteilung von Admiral Karl Dönitz, den Befehlshaber der deutschen U-Boot-Flotte im Zweiten Weltkrieg[34].

Der Effekt der Verfahrensentscheidungen, der Berichte von Wahrheitskommissionen und öffentlicher Anerkennung der Schuld, beruht auf der Autorität der Quelle, aus der sie stammen. Urteile und Erklärungen beeinflussen das Leben der Mitglieder einer Gesellschaft bis zu dem Grad, zu dem diejenigen, die in ihrem Namen sprechen, Autorität haben – Richter, Funktionäre und Generäle. Der Glaube an die wahre Gerechtigkeit einer Erklärung ist der Glaube an die Kompetenz und das gute Urteilsvermögen der Person oder der Institution, von der sie stammt. Wie ich schon andernorts dargelegt habe[35], ist die Autorität der Gerichte und Wahrheitskommissionen insbesondere von der Intensität des Konflikts abhängig, auf den sich das Urteil bezieht. Es ist schwierig, sich die Verurteilung eines serbischen Offiziers durch ein Gericht vorzustellen, die zu einer genügenden Glaubwürdigkeit auch bei den Serben selbst führt. Deshalb können die Gerichte sich nicht von den ethnischen und politischen Hintergründen des Konflikts lösen und nur Einzelne verfolgen.

Ein gutes Beispiel für das Autoritätsproblem bei Fällen, die große Konflikte betreffen, ist die relativ junge Erklärung serbischer Intellektueller. Trotz ihrer standhaften Opposition gegen die Politik der ethnischen Reinigungen auf dem Balkan glaubten sie, dass das internationale Tribunal „ausschließlich ein Instrument für die Verfolgung der Serben war."[36]

Urteile, Berichte von Wahrheitskommissionen und die öffentliche Anerkennung können nur einen begrenzten Konsens erreichen, weil die personelle und institutionelle Autorität derjenigen, die sie ausgesprochen haben, begrenzt ist, so wie es die Glaubwürdigkeit der Regularien ist. Das Problem der begrenzten Wahrheit vor dem Internationalen Strafgerichtshof für das ehemalige Jugoslawien ist, dass alle Täter von der Schuldzuschreibung befreit zu werden scheinen, die außerhalb der Gruppe derjenigen stehen, die angeklagt wurden. Dies

34 Der beste Beweis findet sich in den gesammelten Zeugnissen in: ebd., Doenitz at Nuremberg: A Reappraisal.

35 Vgl. *Goti*, The Moral Dilemmas about Trying Pinochet in Spain, wie Fußnote 19.

36 Vgl. *Neuffer*, oben Fn. 27, S. 310.

unterstützt auch die Annahme, dass diejenigen, die nicht verurteilt wurden, unschuldig sind. Die Konsequenz ist die Gewissheit, dass es überflüssig geworden ist, die eigene Verantwortlichkeit zu untersuchen. Unabhängig von der Intensität ihrer eigenen Unterstützung der Generäle und ihrer Methoden haben viele Argentinier lange und enthusiastisch diese Perspektive geteilt.

V. Schlussfolgerung

Meine Überlegungen haben mich mit den Vor- und Nachteilen neuer Prozesse gegen die argentinischen Militärs nun wieder an den Anfang dieses Aufsatzes gebracht. Dieser zweite Versuch, Offiziere in Argentinien noch einmal zu verfolgen, würde eine Heerschar von gewalttätig Handelnden und ihrer Verbündeten in den Augen der Menge freisprechen. Eine generelle Amnesie hat Argentinien und viele andere Orte, wo zuvor Brutalität herrschte, erfasst. Es gibt Zeiten, zu denen öffentliche Schuldzuweisung – absichtlich oder versehentlich – diesem Zweck gedient hat. Einige Autoren drücken es im Zusammenhang mit den Verfahren in Ruanda folgendermaßen aus:

> „Verfahren gegen des Völkermords Verdächtige – und eine beachtliche Vermeidung von Verfahren gegen RPA-Soldaten [die Tutsi-kontrollierte Armee] oder andere, die an den Missbräuchen teilgenommen haben – haben die öffentliche Wahrnehmung zu formen versucht, um die moralischen Verfehlungen vieler Hutu-Führer zu erkennen, während die Moral der gegenwärtigen [Tutsi-]Führung gesteigert wird"[37].

Das Bedürfnis nach einer vielschichtigen historischen Wahrheit fehlt noch immer in den meisten Orten mit traumatischer Vergangenheit. Die Einigung über diese Wahrheit – bis zu welchem Grade sie auch möglich ist – wird nicht von der Schuldzuschreibung in Strafgerichten und Wahrheitskommissionen abhängen, sondern in größerem Maße von dem offenen Diskurs unter aufrichtigen und informierten Akteuren.

37 Des Forges & Longman, oben Fn. 25, S. 61.

SCHLUSSBERICHTE

Alfonso Galán Muñoz

Der Fall Spanien

In den Sitzungen dieses Humboldt-Kollegs haben wir die Gelegenheit gehabt, verschiedenen Vorträgen beizuwohnen, die es uns erlaubt haben, von vielen wesentlichen Aspekten, die den Transformationsprozess in Spanien nach dem Ende des diktatorischen Regimes von General Franco geprägt haben, vertiefte Kenntnis zu erlangen.

Es wurden viele Themen angesprochen und es gab ebenso viele historische und juristische Marksteine, mit denen sich die einzelnen Sprecher befasst haben. Trotzdem kann man nach meinem bescheidenen Verständnis sie alle in Gruppen einteilen, indem man eine zeitliche Dreiteilung des langen Transformationsprozesses, den unser Land durchlebt hat, vornimmt.

Konkret denke ich, dass man den Transformationsprozess unterteilen kann in eine erste Periode, die mit dem spanischen Bürgerkrieg begann, durch den das diktatorische Franco-Regime eingeführt wurde und die mit dem Tod des Diktators vierzig Jahre später endete; in eine weitere, zweite Phase, die eben mit dem Tod Francos begann und mit der Implementierung des demokratischen Systems, das in unserer aktuellen Verfassung festgehalten ist, endete (die Periode ist allgemein als Transition bekannt); und schließlich in eine dritte Periode, die die gesamte demokratische Periode umfasst, die Spanien seit der Annahme unserer Verfassung bis zum heutigen Tag erlebt.

Beginnend mit der zuerst genannten Periode, muss angemerkt werden, dass es noch bis in unsere Tage hinein schwierig ist, das Drama, das die Konfrontation unter Brüdern im spanischen Bürgerkrieg hervorbrachte, zu vergessen. Diese Konfrontation hatte hunderttausende Tote und ins Exil Geflohene zur Folge, ließ ein wirtschaftlich zusammengebrochenes Land zurück und, was uns an dieser Stelle besonders interessiert, führte dahin, dass Spanien sich ein diktatorisches Regime faschistischen Zuschnitts implantierte, das von General Franco geleitet wurde, der das Schicksal der Spanier fast vierzig Jahre lang steuerte.

Viele Gewalttätigkeiten und Menschenrechtsverletzungen wurden durch das Franco-Regime vor allem in seinen ersten Jahren begangen. Von diesen Gewalttätigkeiten hat uns Arroyo Zapatero berichtet, der mit Hilfe von zahlreichen Details und Zahlen herausarbeitete, wie Morde oder Hinrichtungen im Schnellverfahren ohne prozessuale Garantien, Folterungen oder gewaltsames

Verschwindenlassen von Personen, die keine Anhänger des Regimes waren, im Spanien jener Tage nicht nur häufig vorkamen, sondern geradezu an der Tagesordnung waren.

In dieser Epoche gab es auch noch weitere Übergriffe, die vielleicht weniger bekannt sind, aber deswegen noch lange nicht weniger schwerwiegend waren, wie etwa die Durchführung vollkommen gesetzeswidriger Adoptionen von Kindern politischer Dissidenten, die hingerichtet wurden oder verschwunden waren, die Einführung von regelrechten Sklavenarbeits-Systemen für die Dissidenten oder deren Auslieferung an andere totalitäre europäische Regime, wie das der Nazis, die viele geflohene spanische Republikaner in ihren Konzentrationslagern internierten und ermordeten, während sich die spanische Führung, die ihnen den Statuts als Spanier verwehrte und als Staatenlose ansah, gänzlich passiv verhielt.

Nach dieser anfänglichen, wenn auch lang andauernden Phase brutaler Unterdrückung, versuchte das diktatorische Franco-Regime, wie Berdugo Gómez de la Torre gezeigt hat, sich mit der Einführung einer Politik zu festigen und aufrechtzuerhalten, welche von zwei grundlegenden Prinzipien bestimmt wurde, die es unveränderlich während der gesamten Zeit seines Bestehens bewahrte.

Zum einen wurde ein absoluter Führerkult um General Franco eingeführt, indem man das „Herrschaftsprinzip" aufrecht erhielt; ein Prinzip, das klare Parallelen zu Prinzipien von anderen diktatorischen Regimes jener Epoche aufweist, etwa zum „Führerprinzip" der Nationalsozialisten.

Zum anderen versuchte das Franco-Regime aber auch, eine einzigartige Kultur einzuführen, die auf dem sogenannten „Nationalkatholizismus" basierte; eine Kultur, die neben der weitreichenden Machtvergabe bei Erziehungs- und Staatsfragen an die Kirche einen absoluten staatlichen Zentralismus als weiteren Grundpfeiler aufwies.

Diese beiden Aspekte des „Nationalkatholizismus" sind wesentlich beim Verständnis vieler Probleme, mit denen sich der juristische Transformationsprozess, der nach dem Tod Francos einsetzte, auseinandersetzen musste. So führte etwa die Einführung eines einzigen und monolithischen Systems dazu, dass die spanischen Universitäten eine der dunkelsten Zeiten in ihrer Geschichte durchlebten, in der viele ihrer Professoren ins Exil flüchten mussten – unter ihnen viele hervorragende Strafrechtler – um weiterhin ihre geistige Tätigkeit frei ausüben zu können; der Zentralismus, der ebenfalls wesentlicher Teil der genannten Politik war, führte dazu, dass jegliche Bestrebung nach Dezentralisierung oder regionalem Nationalismus unterdrückt wurde, was zum Auftauchen der Terrorgruppe ETA in den letzten Jahren des Franco-Regimes führte.

Dies war die Situation in Spanien, als Mitte der siebziger Jahre Franco starb und sich die große Fragen stellte: Würde sich das diktatorische Regime weiter aufrecht erhalten, nun da Franco tot ist? Wäre ein Franquismus ohne Franco wirklich möglich?

Die Realität gab rasch eine Antwort auf diese Frage. Francos Tod eröffnete unverzüglich einen Reformprozess, der das juristische Franco-System komplett in das demokratische System der Gegenwart umwandelte.

Dieser Prozess des Systemwandels weist die Besonderheit auf, dass er von den Institutionen des diktatorischen Systems selbst vollzogen wurde – und dies erst vierzig Jahre nachdem jenes Regime eingeführt worden war. Dies hatte zur Folge, dass in dem Moment, in dem sich der genannte Prozess auf dem Höhepunkt befand, die Mehrzahl der Hauptverantwortlichen für die schweren Verbrechen, die von dem Regime begangen worden waren – einschließlich des größten Verantwortlichen, General Franco selbst – bereits tot waren oder sicherlich ein bereits fortgeschrittenes Alter besaßen; beide Umstände erklären viele der bedeutendsten Charakteristika und Besonderheiten der Transformation.

So waren es diese beiden Faktoren, die dazu führten, dass der Wechsel bzw. die Transformation des Systems nicht mittels eines plötzlichen Bruchs mit dem vorherigen diktatorischen System daherkam, sondern aus einem allmählichen Modifikations- und Reformprozess des Systems hervorging – einem Prozess, bei dem man drei grundlegende Momente hervorheben kann.

Der erste war der fortschreitende Prozess der Zulassung der politischen Parteien, ein Prozess, der seinen kritischsten Moment an dem Tage hatte, an dem die kommunistische Partei Spaniens zugelassen wurde.

Der zweite war der Abschluss des sogenannten „Moncloa-Paktes" (der Palacio de la Moncloa ist der Sitz des spanischen Ministerpräsidenten in Madrid, *Anm. d. Übers.*), an dem alle politischen Parteien Spaniens beteiligt waren und der dazu diente, zu garantieren, dass die spanische Transition auf friedliche Weise durchgeführt wurde.

Der dritte schließlich war, dass im Jahre 1978 in einem Referendum die heute immer noch gültige spanische Verfassung angenommen wurde.

Für manche war dieser letzte Markstein, die Annahme der Verfassung, derjenige, der den juristischen Transformationsprozess der Franco-Diktatur zum aktuellen demokratischen System komplettierte bzw. abschloss, schon weil sie annehmen, dass mit dieser Annahme der Transitionsprozess durch einen Kompromiss seinen Höhepunkt fand, der die Seiten, die sich im blutigen spanischen Bürgerkrieg gegenüberstanden, schließlich und vollständig versöhnte.

Wie Cancio Meliá gezeigt hat, hatte allerdings der Umstand, dass der Transformationsprozess von denselben Personen durchgeführt wurde, die die Geschicke jenes Systems geleitet hatten, das reformiert werden sollte, einen enormen Einfluss auf einige Aspekte unserer Verfassung, die als sehr fragwürdig betrachtet werden, wie etwa die Einführung von Art. 55.2 in unsere Magna Carta, eine Vorschrift, die seiner Meinung nach dahin führen kann, hinsichtlich terroristischer Aktivitäten einen „permanenten Ausnahmezustand" anzunehmen und soweit geführt hat, dass das demokratische Strafrecht mit Bezug auf jene verbrecherischen Aktivitäten – mit Ausnahme der Möglichkeit der Verhängung der Todesstrafe – sogar noch strenger und repressiver daherkommt als das franquistische, und dass das genannte Recht nicht wenige Gemeinsamkeiten mit dem von Jakobs verfochtenen „Feindstrafrecht" aufweist.

Aber der genannte Transitionsprozess, und damit beziehe ich mich auf das zentrale Thema dieses Kongresses, zeigt daneben viele andere dunkle Punkte.

So war es kein Prozess, der denen, die durch das Regime unterdrückt worden waren, Gerechtigkeit gebracht hätte. Die Verbrechen, die während der Diktatur begangen wurden, wurden nicht alle aufgeklärt. Wahrheit wurde weder gefunden noch gesucht, und es wurden noch nicht einmal alle Opfer der betreffenden Handlungen entschädigt. War es dann möglich, überhaupt von einer tatsächlichen Versöhnung und von dem Ende der Transition zu sprechen? Sind Versöhnung und wahrhaftige Transition ohne Gerechtigkeit, Wahrheit und Entschädigung möglich?

Dreißig Jahre lang hat die spanische Rechtsordnung sich geändert, um sich den Forderungen des demokratischen Systems, die in der Verfassung aufgestellt sind, anzupassen. Daneben fristeten die ober genannten Fragen dreißig Jahre lang ein Schattendasein – ein Schattendasein, das dank der Annahme des – nach dem Urteil einiger zu Unrecht so genannten – „Gesetzes zur geschichtlichen Erinnerung" keine weiteren 30 Jahre mehr währen sollte. Tatsächlich hat die Annahme dieses Gesetzes die politische und juristische Debatte um unsere Transition neu eröffnet. In derselben wird eine ganze Reihe von Maßnahmen vorgesehen, mit deren Analyse sich Terradillos Basoco ausführlich beschäftigt hat, die in gewisser Weise versuchen, das Fehlen von Gerechtigkeit und Wahrheit in unserem Transitionsprozess zu mildern.

Das Gesetz sieht viele Maßnahmen vor, allerdings müssen nach unserem Urteil jene hervorgehoben werden, die auf der einen Seite versuchen, die Opfer unseres Bürgerkrieges zu entschädigen – Opfer, die in vielen Fällen nach dem Ende des Franco-Regimes weder irgendeine wirtschaftliche noch moralische Entschädigung erhalten haben –, und jene anderen, die beabsichtigen, aus unseren

Straßen all jene Symbole zu entfernen, die noch heute das verherrlichen und preisen, was nichts anderes ein Bruderkrieg war, in dem eine Vielzahl verdammenswerter Verbrechen begangen wurden.

Trotzdem hat es dieses Gesetz kaum geschafft, überhaupt irgendjemanden zufrieden zu stellen, und es hat zahlreiche Kritiken hervorgerufen.

Vor allem hat es Kritik von jenen geerntet, die der Meinung sind, es reiße alte Wunden auf, und die ihm vorwerfen, es sei insbesondere darauf gerichtet, nur einen Teil der Opfer der kriegerischen Auseinandersetzung zu entschädigen und vergesse die übrigen.

Wie Terradillos Basoco zutreffend gezeigt hat, kann und muss auf beide Kritikpunkte angemessen geantwortet werden, schon weil die Wunden, die das Gesetz angeblich wieder öffnet, in Wahrheit nie richtig verheilt waren, und weil auf der anderen Seite die Situationen und Entschädigungsmöglichkeiten, welche beide Konfliktsparteien genossen haben, nicht vergleichbar erscheinen – schon deshalb nicht, weil, während die einen über vierzig Jahre lang die Fürsorge, die Ehrung und den Schutz des totalitären Staates genossen, die anderen sich in dieser Phase dem Exil, dem Vergessen und sogar der sozialen Ächtung zugeführt sahen.

Wie dem auch sei, jedenfalls sieht man, dass, obwohl mittlerweile mehr als siebzig Jahre seit dem spanischen Bürgerkrieg vergangen sind, das Thema mit Blick auf die juristische Aufarbeitung unserer Vergangenheit weiterhin Gegenstand einer enormen sozialen, politischen und juristischen Kontroverse ist, weshalb wir denken, dass Muñoz Conde recht hat, wenn er in seinem Abschlussbeitrag dieser Tagung und im Hinblick auf die Länder, deren Transformation dabei analysiert wurden, feststellte, dass „wir alle eine Leiche im Keller haben".

In der Tat haben wir das alle, und Spanien ist keine Ausnahme. Aber genau deswegen denke ich, dass es an der Zeit ist, dass wir unsere Leichen aus dem Keller (oder aus den Massengräbern) holen, in denen sie sich noch befinden, und zwar mit Hilfe von akademischen Veranstaltungen wie der hier in Sevilla dank der Zusammenarbeit mit der Humboldt-Stiftung organisierten und durch die Ergreifung all jener juristischen Maßnahmen, die notwendig erscheinen, um dies zu erreichen, schon deshalb, weil wir nur dann, wenn wir den Geistern unserer Vergangenheit die Stirn bieten, anfangen können, mit gereinigtem Blick in die Zukunft zu schauen.

Emanuela Fronza

Der Fall Italien

Ich beschränke mich auf einige kurze Bemerkungen zu den Beiträgen mit dem Ziel, einige Besonderheiten beim Übergang vom nazi-faschistischen Regime zur Demokratie (Massimo Donini) und beim Kampf gegen den Terrorismus (Luigi Foffani) im Fall Italien darzulegen.

Für den Übergang vom nazi-faschistischen Regime zur Demokratie stellen die italienischen Erfahrungen ein sehr interessantes Paradigma da, wenn wir sie im Lichte der neuen Rechtskategorie „Transitional Justice" betrachten. Zunächst muss darauf hingewiesen werden, dass die Situation in Italien durch die *Physiognomie* der Art des damaligen Konflikts belastet war. Insofern müssen besonders die – politischen und juristischen – Konsequenzen, die vor allem nach der Unterzeichnung des Waffenstillstandsabkommens vom 8. September 1943 (dem sogenannten *armisticio di Badoglio*) auftraten, unterstrichen werden. Dieses Datum stellt aus historischer und auch juristischer Sicht eine echte Zäsur dar. Mit diesem Waffenstillstand wird sowohl der Umbruch deutlich, der sich in dem von den Deutschen besetzten Land vollzog, als auch der Wechsel der Beziehungen zwischen Italien und Deutschland, dem Land, das nun nicht mehr als Verbündeter, sondern als *Besatzungsmacht* angesehen wurde, was wiederum wichtige Folgen auf dem Gebiet des Rechts hatte. In politischer Hinsicht versuchten einige Mitglieder des faschistischen Regimes – die nicht bereit waren, den Gedanken an eine militärische Niederlage zu akzeptieren –, die vorherige Lage zu retten, indem sie eine – illegitime – Republik gründeten, die *Repubblica sociale italiana* (Republik von Salò). Damit wurde klar, dass sich in Italien nun auf der einen Seite Deutsche und Italiener, die sich an die Republik von Salò klammerten, und auf der anderen Seite Partisanen und angloamerikanische Alliierte gegenüberstanden.

Diese Physiognomie der an dem Konflikt Beteiligten muss berücksichtigt werden, weil sie sich nicht nur bei der Frage des anwendbaren Rechts, bei der Zuständigkeit der Rechtsprechung und bei der Einordnung der Taten (für die der strafrechtliche Makrotatbestand der „Kollaboration" mit dem Feind geschaffen wurde) widerspiegelte, sondern auch bei den Verfolgungsmechanismen der Verbrechen, die in jener Periode begangen worden waren.

In groben Zügen kann man in Italien zwischen drei großen Etappen unterscheiden, in denen die jeweiligen Anforderungen an einen Kompromiss mit politischen Erfordernissen bei der Strafverfolgung der nazi-faschistischen Kriminalität zum Ausdruck kommen.

Die erste Etappe beginnt mit dem „Armisticio di Badoglio" und kann mit der Amnestie von 1946 als beendet betrachtet werden. Sie ist auf der einen Seite durch die *Forderung der Gerechtigkeit* und auf der anderen Seite durch eine differenzierte bzw. besondere Verfolgungspolitik, abhängig von der Nationalität der Täter, d.h. deutsch oder italienisch, gekennzeichnet. Deutsche Staatsangehörige, die insoweit Angehörige einer Besatzungsmacht waren, wurden wegen Kriegsverbrechen vor Militärgerichten angeklagt, die das Kriegs-Militärstrafgesetzbuch von 1941 anwandten; italienische Staatsangehörige wurden dagegen zuerst vor Sondergerichten, später vor ordentlichen Gerichten angeklagt[1]. Dieser Zeitabschnitt zeigt einige grundlegende Charakteristika der Verfolgung nazi-faschistischer Verbrechen in Italien: ein durch die Eigenschaft des Täters des Verbrechens vorgegebener „Doppelweg", die *besondere* Natur des zuständigen Spruchkörpers (es wurden besondere Spruchkörper für die Aburteilung der Italiener eingerichtet), die Existenz einer Militärgesetzgebung und -rechtsprechung in Italien, die Koexistenz unterschiedlicher Normen (Militärstrafgesetzbücher) und Koordinationsschwierigkeiten mit neuen Normen, die eingeführt wurden, um sich dem Übergang zur Demokratie zu stellen.

Im Gegensatz zur ersten Etappe ist die zweite durch die Entscheidung zur *Nicht-Strafverfolgung* der während der nazi-faschistischen Zeit begangenen Verbrechen gekennzeichnet und beginnt hinsichtlich der Italiener mit dem Amnestiedekret vom 22. Juni 1946, das als „Togliatti-Amnestie"[2] bekannt ist. Auch dieses Dekret behandelt Nazi- und faschistische Kriminalität unterschiedlich. Im Übrigen handelt es sich dabei um eine bedingte Amnestie, d.h.

---

1 Der Text des einschlägigen Dekrets findet sich im Supplementband der *Gazzetta Ufficiale* (dem amtlichen Gesetzblatt), Sonderausgabe vom 29. Juli 1944 (Nr. 41). Diese Vorschrift führt den Tatbestand „Kollaboration" ein, wonach gemäß den Vorschriften des Kriegs-Militärstrafgesetzbuches bestraft wird, wer nach dem 8. September 1943 ein Verbrechen gegen die Staatstreue und die militärische Verteidigung des Staates (man bezieht sich offensichtlich auf den – legitimen – südlichen Staat und nicht auf die Republik von Salò) in jeglicher erdenklichen Form oder durch Kollaboration mit dem deutschen Invasor begangen hat. Zu den anwendbaren Normen des Kriegs-Militärstrafgesetzbuchs s. *Giuliano Vassalli*, La collaborazione col tedesco invasore nella giurisprudenza di Cassazione, in: Vassalli Giuliano / Sabatini, Gabriele, Il collaborazionismo e l'amnistia politica nella giurisprudenza della Corte di Cassazione. Rom (La giustizia penale) 1947, S. 75–98.

2 Palmiro Togliatti war Sekretär (= Vorsitzender) der Kommunistischen Partei und zu jener Zeit Justizminister in der Regierung Parri.

sie wurde nur wirksam, wenn gewisse besondere Anforderungen erfüllt waren, vor allem die Anforderung, dass der Täter keine „besonderen Grausamkeiten" begangen hatte. Dieses Amnestiedekret und deren Auslegung durch das komplett faschistisch besetzte Kassationsgericht (eine Auslegung, die bei der Bewertung der Taten die Bedingungen, die der Anwendung der Amnestie entgegenstanden, praktisch völlig eliminierte) führten zu einem fast vollständigen Stillstand der Prozesse gegen italienische Staatsbürger wegen Kollaborationsdelikten[3]. Das Kassationsgericht schränkte zum Beispiel böswillig den Begriff der „sevizie efferate" (schwerwiegende Grausamkeiten) ein, so dass das Ausreißen der Fingernägel eines Häftlings nicht als schwerwiegende Grausamkeit gewertet wurde: die Richter gelangten zu dieser Auslegung, die in Wahrheit die auszulegende Vorschrift abänderte, um unzulässigerweise die Reichweite der Norm einzuschränken. Es handelte sich damit nicht mehr um eine restriktive Auslegung, sondern eine freie Reform der Norm unter dem Deckmantel der Auslegung. Im Übrigen hatte sich die Haltung des Kassationsgerichts gegen eine Verfolgung italienischer „Kollaborateure" bereits vor dem Amnestiedekret in der Einstellung vieler Prozesse, die wegen Kollaboration eröffnet worden waren, gezeigt. Auf Grund der Amnestie konnten dementsprechend nur einige wenige Prozesse wegen Kollaboration, die nicht die in dem Dekret vorgesehenen „Bedingungen" erfüllten, betrieben werden.

Was Prozesse gegen deutsche Staatsangehörige auf Grundlage des Kriegs-Militärstrafgesetzbuches betrifft, kann man festhalten, dass sich diese Etappe durch eine *de facto Nicht-Strafverfolgung* auszeichnete. Im Jahre 1960 verfügte der Militärstaatsanwalt die einstweilige Einstellung dieser Prozesse mit Hilfe einer Verschleierungshandlung und der Schaffung eines juristischen *ad hoc*-Instituts, das im Prozessrecht nicht vorgesehen war, mit dem Ziel, Strafanklagen zu vereiteln. Diesbezüglich möchte ich nur zwei Worte aus einer Be-

---

3 Der Begriff „Staatsräson" wird zusammen mit anderen Elementen wie den neuen Wirtschaftsbeziehungen zwischen Italien und Deutschland nach dem Ende des Krieges, der Verbindung der die vorläufige Einstellung akzeptierenden Richter mit dem faschistischen Vorgängerregime sowie dem Kalten Krieg im Minderheitsbericht (*Relazione di minoranza*, Vorsitzender war Carlo Carli) des parlamentarischen Untersuchungsausschussess zu den Gründen der Verheimlichung von Akten über nazifaschistische Verbrechen, eingesetzt durch Gesetz vom 15. Mai 2003, Nr. 107 *(Commissione parlamentare di inchiesta sulle cause dell'occultamento di fascicoli relativi a crimini nazifascisti (istituita con legge 15 maggio 2003 n°107*) ausdrücklich als ein Grund angeführt, der zur Verhinderung von Gerichtsverfahren wegen Völkerrechtsverbrechen deutscher Soldaten in Italien geführt hat. Dies kann man insbesondere in den Schlussfolgerungen auf S. 422 ff. nachlesen. Der Text findet sich unter: http://legxiv.camera.it/_bicamerali/nochiosco.asp?pagina=/_bicamerali/leg14/crimini/home.htm.

trachtung von Giuliano Vassali aufgreifen, um zu zeigen, dass dieses Institut aus zwei Gründen illegal erscheint: zum einen, weil es formal gar nicht existierte – auch wenn es als vorläufige Unterbrechung der Untersuchungshandlung interpretiert werden könnte –, zum anderen, weil die Berechtigung zu dieser Entscheidung jedenfalls nicht bei dem Militärgeneralstaatsanwalt, sondern bei den verschiedenen einzelnen Militärstaatsanwaltschaften lag[4].

Von da an blieb auch die Verfolgung der von Deutschen begangenen Verbrechen unvollständig.

Diese Situation hielt bis 1994 an, als auf Grund der im Verfahren gegen *Priebke* durchgeführten Untersuchungen Staatsanwalt Intelsiano hunderte anhängiger Verfahren entdeckte, die vorläufig in einem Schrank im Palazzo Cesi, dem Sitz der Militärstaatsanwaltschaft Roms, „archiviert“ worden waren.

Die Entdeckung des „Schranks der Schande“[5] hatte die Wiedereröffnung verschiedener Verfahren wegen von Deutschen während der Besatzungszeit begangener Kriegsverbrechen zur Folge[6]. Damit beginnt die Dritte Etappe, in der der *tatsächliche Beginn der effektiven Strafverfolgung* der deutschen Verbrechen stattfand, die zuvor der Inhaber der Strafgewalt selbst zunichte gemacht hatte. Und hier stellt sich das auf diesem Kongress mehrfach erwähnte Problem des Zeitpunkts des Eingreifens der Strafjustiz.

Ein Element scheint jedenfalls in allen Phasen, die wir bei den Vorgängen in Italien ausgemacht haben, gleich zu bleiben: die Politik des Schweigens. Nach dem Ende des Krieges wurde in Italien kein dem Nürnberger Prozess entsprechendes Verfahren durchgeführt, und es wurde auch vielfach nicht die Auslieferung von Personen, die Verbrechen im Ausland begangen hatten, akzeptiert; zudem war nicht nur die Aburteilung der Verbrecher, sondern auch die Reinigung der öffentlichen Einrichtungen von Faschisten schwierig. Und das Schweigen hält bis heute an: Über die Arbeit der parlamentarischen Kommission, die nach der Entdeckung des „Schranks der Schande“ eingesetzt wurde, wird fast gar nicht geredet, so wie man auch nicht über die Verfahren spricht,

---

4 So *Giuliano Vassalli* in: „Audizione dinanzi alla Commissione parlamentare di inchiesta sulle cause dell'occultamento di fascicoli relativi a crimini nazifascisti – Resoconto di martedì 6 dicembre 2005” (Anhörung vor dem Untersuchungsausschuss – Bericht von Dienstag, dem 6. Dezember 2005), S. 6.

5 Dieser Ausdruck wurde von Journalisten geprägt und lieferte auch den Titel zu einem Buch von *Franco Giustolisi*, L'armadio della vergogna. Rom (Nutrimenti) 2004.

6 Dazu und zur Arbeit der „gemischten Kommission” (7. November 1994 bis 26. Mai 1995), die eingesetzt wurde um eine Analyse des gefunden Materials durchzuführen und die zu ergreifenden Maßnahmen festzulegen, vgl. *Relazione di Minoranza*, a.a.O., S. 343–362.

die sechzig Jahre nach ihrer Einleitung von den Militärtribunalen wieder bearbeitet wurden.

Was den Terrorismus betrifft, so findet man, wie Luigi Foffani dargelegt hat, in Italiens Geschichte Vorkommnisse linken sowie rechten Terrors. Um dieser Attentate Herr zu werden, hat der italienische Staat einige spezielle gesetzliche Maßnahmen ergriffen und hat vor allem seit Anfang der achtziger Jahre eine Notgesetzgebung eingeführt, die, obwohl sie für den Terrorismus geschaffen worden war, später zum Kampf gegen andere Phänomene wie Mafia, Korruption etc. genutzt wurde. Es handelt sich also um eine Sondergesetzgebung, die ein System einführt, das dann für andere Sektoren, wie Mafia-Kriminalität oder Korruption, aufgegriffen wird. Parallel dazu wurde eine Prämiengesetzgebung entwickelt (Foffani spricht diesbezüglich von einer Politik von „Zuckerbrot und Peitsche").

Ein weiterer sehr interessanter Aspekt jenseits der bisher erwähnten (der rote und schwarze Terrorismus, der Unterschied bei der Reaktion auf beide Phänomene, die „Notgesetzgebung", die Politik von „Zuckerbrot und Peitsche", Repression und Belohnung) ist, dass sich nach dem 11. September 2001 die italienische Gesetzgebung als äußerst unangemessen herausstellte und sich auch viele der existierenden Kategorien als untauglich beim Kampf gegen die neuen terroristischen Phänomene darstellten. Aus diesem Grund wurden neue Straftatbestände eingeführt, die die internationale Dimension des Phänomens Terrorismus aufgriffen und internationale Vorgaben (aus Rahmenbeschlüssen, UN-Konventionen) berücksichtigten. Zusammenfassend muss unterstrichen werden, dass man trotz der Tragödie der bleiernen Jahre in Italien ein substantielles Durchhaltevermögen des demokratischen Systems erkennen kann. Und dies trotz einiger Entscheidungen wie zum Beispiel die Vorverlegung des Strafrechtsschutzes und die Vereinigungs-Tatbestände.

Abschließend möchte ich, nicht nur im Wissen um die neue Sichtweise, die uns die „Transitional Justice" erlaubt, und um ihre neuen Erkenntnisse, auf die Bedeutung des Instruments Strafrecht und gleichzeitig auf seine Grenzen hinweisen. Strafrecht und Strafprozess können, wenn sie sich nicht mit Formen abweichenden Verhaltens individueller oder kleinerer Gruppen, sondern mit weitreichenden und organisierten Kräften und mit massiver und systematischer Gewalt konfrontiert sehen, in Antinomie mit ihrer Identität treten. Es ist dennoch notwendig, dass das Strafrecht ein Instrument zum Rechtsgüterschutz bleibt und in dieser Form jenes Minimum an Garantien beibehält, ohne die die demokratische Bedeutung von Strafrecht und Strafprozessrecht geschmälert würde. Dieser Gedanke erscheint noch wichtiger in einem historischen Moment, in dem kein „Schmerz der Erinnerung" *(malaise de la mémoire)*, sondern ein Rückgriff auf das Strafrecht und den Strafprozess als Instrument und Raum der Erinnerung zu registrieren ist[7].

7 Man denke nur an die Debatte um den Straftatbestand des Auschwitz-Leugnens, an das Gesetz zur geschichtlichen Erinnerung in Spanien oder an die *Lois memorielles* in Frankreich.

Moritz Vormbaum

Der Fall Deutschland

Deutschland hat seit dem Ende des Zweiten Weltkriegs zwei große Transitionsprozesse durchlebt: den Wechsel vom nationalsozialistischen Regime zur Bundesrepublik nach dem Zweiten Weltkrieg und sodann nach einer mehr als vierzig Jahre dauernden Trennung West- und Ostdeutschlands die Wiedervereinigung nach dem Mauerfall. Die erste Transition war zweifellos diejenige, welche die größeren Herausforderungen an die Protagonisten stellte. Nicht nur war die Dimension des unter Hitler begangenen Unrechts kaum fassbar, sondern die Situation wurde auch dadurch verkompliziert, dass die Verbrechen nicht allein durch eine abgrenzbare Gruppe von Tätern begangen worden waren, sondern weite Teile der Bevölkerung der ideologischen Instrumentalisierung der Nationalsozialisten erlegen waren und das Regime gestützt hatten.

Beginnen wir also mit der ersten Transition. Juristische Probleme stellten sich dort vor allem in zwei Bereichen. Der nationalsozialistische Rechtsapparat musste zu einer demokratischen Anforderungen genügenden Rechtsordnung umgebildet werden, und das unter Hitler begangene Unrecht musste aufgearbeitet werden.

Die Umgestaltung der Rechtsordnung wurde durch den Alliierten Kontrollrat und die Besatzungsmächte in ihren einzelnen Zonen geleitet. Dabei wurde eine generelle Aufhebung aller Normen, die unter der NS-Führung erlassen worden waren, abgelehnt und einer Teilaufhebung der Vorzug gegeben. Das bedeutete, dass nur die Vorschriften, die von den Alliierten als typischer Ausdruck des nationalsozialistischen Rechtsdenkens angesehen wurden, aufgehoben wurden. Für den Bereich des Strafrechts bedeutete dieses Vorgehen die Außerkraftsetzung einer Reihe von StGB-Normen, Einzelgesetzen und rechtlichen Prinzipien, die als „nationalsozialistisches Recht“ und somit als unvereinbar mit dem Rechtsstaat angesehen wurden. Funktionierte dieses Vorgehen in einigen klaren Fällen, etwa bei den „Blutschutzgesetzen“ oder der Vorschrift über die Auslegung nach dem „gesunden Volksempfinden“, war es bei weniger klaren Fällen oft nur schwer praktizierbar und hatte zur Folge, dass eine Reihe von zweifelhaften Vorschriften, wie etwa die über den „Gefährlichen Gewohnheitsverbrecher“, zunächst in Kraft blieben.

Noch viel schwieriger als der Umgang mit dem NS-Recht gestaltete sich die juristische Aufarbeitung der NS-Verbrechen. Dabei ging es erster Linie um die Deportation, Internierung und Ermordung von Juden, Kommunisten und sonstigen im NS-Jargon als „Gemeinschaftsfremde" Bezeichneten. Diese Aufarbeitung geschah in erster Linie auf der Grundlage des Strafrechts. Der Gesetzgeber hielt sich weitgehend zurück. Eine andere Form der Aufarbeitung – etwa die Einsetzung von Wahrheitskommissionen oder sonstige Instrumente, die uns Gerhard Werle in seinem Vortrag vorgestellt hat – erschien schon wegen der qualitativen und quantitativen Dimension der NS-Verbrechen von Anfang an ausgeschlossen.

Trotz dieser eindeutigen Entscheidung zugunsten der Aufarbeitung mit Hilfe des Strafrechts kam die Verfolgung der NS-Täter nach dem Abschluss der von den Alliierten geführten Prozesse gegen die Hauptkriegsverbrecher in Nürnberg und der anschließenden Prozessen in der amerikanischen Besatzungszone („Nürnberger Nachfolgeprozesse") schnell zum Erliegen. Nach einigen Verfahren, die in der jungen Bundesrepublik betrieben worden waren, änderte sich die öffentliche Meinung schnell dahin, dass mit der Vergangenheit abgeschlossen werden solle. Dies führte dazu, dass sich in den 50er Jahren ein „Gnadenfieber" ausbreitete. Viele verurteilte NS-Verbrecher kamen in den Genuss von Amnestien, und schon bald befand sich keiner der zu langen Haftstrafen Verurteilten mehr im Gefängnis. Die Westalliierten hatten nach Ausbruch des „Kalten Kriegs" ohnehin einen anderen Feind im Blick und wirkten dieser Entwicklung in Deutschland nicht entgegen.

Erst gegen Ende der 50er und im Verlauf der 60er Jahre – nicht zuletzt deswegen, weil mit einer neuen Generation, die Aufklärung von ihren Eltern und Großeltern über deren Rolle in der Zeit zwischen 1933 und 1945 forderte, einer neuer Zeitgeist herrschte – begann sich die Justiz erneut mit den im NS-Regime begangenen Verbrechen zu beschäftigen. Aufsehen erregende Prozesse gegen Mitglieder von Einsatzgruppen („Ulmer Einsatzgruppen-Prozess") und gegen Wärter von Konzentrationslagern („Auschwitz-Prozesse") wurden geführt. Parallel dazu erfolgte die Errichtung einer Zentralstelle zur Verfolgung von NS-Verbrechen in Ludwigsburg, die die Beweisführung erleichterte.

Anders als die Alliierten Ankläger bei den Nürnberger Prozessen, die als Grundlage der Bestimmung der Schuld der Täter das Völker(straf-)recht heranzogen, beschränkte sich die bundesdeutsche Justiz auf das innerstaatliche Recht – eine Entscheidung, die eine strafrechtliche Bewertung des Unrechts fraglos erschwerte. Das Hauptproblem, das aus strafrechtlicher und verfassungsrechtlicher Sicht zu bewältigen war, drehte sich um die Frage, ob das Rückwirkungsverbot einer Verurteilung der NS-Täter entgegenstand. Gelangte ein Gericht zu einem Schuldspruch, folgte seine Argumentationslinie oftmals der Radbruchschen Formel. Danach war eine Ausnahme von der Geltung des gesetzlichen Rechts für den Fall zu machen, dass das materielle Unrecht des Gesetzes ein unerträgliches Ausmaß erlangt hatte – der Angeklagte konnte sich danach nicht auf Rechtfertigungs- und Entschuldigungsgründe aus dem NS-Recht berufen. Daneben stellten sich weitere rechtliche Einzelprobleme wie die Frage nach der Schuld von „Schreibtischtätern", der Unterscheidung von Tätern und Teilnehmern oder der Strafbarkeit von Richtern für Urteile gegen politische Gegner und „Gemeinschaftsfremde". Nicht selten waren die Antworten, die von den Gerichten auf diese Fragen gegeben wurden, unbefriedigend.

Die strafrechtliche Verfolgung von NS-Tätern ist bis heute nicht abgeschlossen. Freilich sind mittlerweile fast alle nationalsozialistischen Verbrecher tot. Die Verfolgung muss sich notgedrungen auf die wenigen Kollaborateure konzentrieren, die noch leben und auch noch verhandlungsfähig sind. Aktuelles und möglicherweise letztes Beispiel ist der Fall des mutmaßlichen Wärters aus dem Vernichtungslager Sobibor, Ivan Demjanjuk. Ob der Schritt, einen mittlerweile Neunzigjährigen, der höchstens ein Nebendarsteller im NS-System war, für Taten, die vor über sechzig Jahren begangen wurden, noch vor Gericht zu stellen, richtig ist, wird in der öffentlichen Rezeption heftig diskutiert. Wird nach der Untätigkeit der Justiz in den Nachkriegsjahren endlich angemessen gegen NS-Verbrecher vorgegangen oder muss mit Demjanjuk ein kleines Rad im Getriebe der NS-Maschinerie, das nach den Verfolgungsstandards der Nachkriegszeit niemals als Täter belangt worden wäre (Täter waren nach der damaligen richterlichen Überzeugung ohnehin nur Mitglieder der NS-Führungsriege – die Übrigen waren allenfalls Gehilfen), nun als Greis für die früheren Verfehlungen der bundesdeutschen Justiz büßen?

Zwar ist die Aufarbeitung von NS-Unrecht in Deutschland in einigen Aspekten – zu denken ist etwa an den Aufbau einer Erinnerungskultur und das Eingestehen der Schuld weiter Teile der damaligen Bevölkerung – durchaus positiv zu bewerten. Dies gilt aber gewiss nicht für die Aufarbeitung mit Hilfe des Strafrechts, vor allem für die, die in den 50er Jahren durchgeführt, besser gesagt, die in den 50er Jahren *nicht* durchgeführt wurde.

Zur zweiten Transition: Obwohl die politische Situation nach 1989 eine gänzlich unterschiedliche war, lassen sich doch einige Parallelen zwischen der Aufarbeitung von NS-Unrecht nach dem Zusammenbruch des Hitler-Regimes und dem von DDR-Unrecht nach der Wiedervereinigung ausmachen.

Erneut hielt sich der Gesetzgeber in Fragen der Verantwortlichkeit der Täter weitgehend zurück und überließ das Feld der Justiz. Diese berief sich wie die Justiz nach 1945 auf die Radbruchsche Formel um das Problem des Rückwirkungsverbots zu umschiffen. Dies galt vor allem für die „Mauerschützenprozesse“, also die Verfahren gegen Grenzsoldaten, die Flüchtlinge bei deren Versuch, die innerdeutsche Grenze zu überqueren, erschossen hatten. Diesmal stützte man sich aber noch auf einen zweiten Ansatz, der das DDR-Recht selbst, allerdings in einer völkerrechtsfreundlichen (Kritiker würden sagen: realitätsfremden) Auslegung, als rechtliche Basis für die Verurteilung hinzuzog.

In der Folgezeit tauchten ähnliche Kritiken auf wie sie auch schon im Verlauf der ersten Transition formuliert worden waren. Von der einen Seite – der Täterseite – vernahm man den schon in Bezug auf die Nürnberger Prozesse bekannten Vorwurf der „Siegerjustiz“, der sich diesmal allerdings auf das Vorgehen der neu eingesetzten Justiz gegen staatstreue DDR-Bürger bezog. Von der anderen Seite – der Opferseite – wurde das zu zaghafte und selektive Vorgehen gegen die Täter in den Reihen des SED-Regimes beklagt.

Den zweiten Kritikpunkt aufgreifend, ist in der Tat auffällig, dass selbst Grenzsoldaten, die wegen eines vorsätzlicher Tötungsdelikte schuldig gesprochen wurden, höchstens Freiheitsstrafen im unteren Bereich zu verbüßen hatten. In einem „normalen“ innerstaatlichen Verfahren wäre dies sicherlich unmöglich gewesen. Allerdings muss man dieses Vorgehen in das Gesamtkonzept der Justiz bei der Konfrontation mit dem DDR-Unrecht einordnen. Verurteilungen zu Freiheitsstrafen sprachen die Gerichte in der Regel nur im Falle von schweren Menschenrechtsverletzungen aus. Auf diese Weise wurde die Gesetzeslage in der DDR zur Zeit der Tat zu Gunsten des Täters berücksichtigt. Gleichzeitig wird dem ersten Kritikpunkt („Siegerjustiz“) durch dieses Vorgehen entgegengetreten. Die härtesten Strafen wurden im Übrigen gegen die Führungsriege – Krenz, Strelitz, Kessler – erlassen und später durch den Europäischen Gerichtshof für Menschenrechte bestätigt. Deshalb geht auch ein weiterer Kritikpunkt, der oft in Transitionsprozessen auftaucht –„die Kleinen hängt man, die Großen lässt man laufen“ –, im Falle der Transition nach 1989 fehl.

Alternativen, die die „Transitional Justice“ für die Aufarbeitung bereithält, wurden wie schon nach 1945 weitgehend ignoriert. Eine Wahrheitskommission wurde nicht eingesetzt. Das Interesse an einem „Runden Tisch“, der kurz nach der Wiedervereinigung auf Initiative von Mitgliedern der Bürgerrechtsbewegung noch regelmäßig in Leipzig zusammenkam, um Täter und Opfer zusammenzubringen, verflog schnell. Amnestiegesuche von Seiten der SED-

Nachfolgerin PDS wurden abgelehnt. Hinzuweisen ist aber auf Maßnahmen und gesetzliche Regelungen in anderen Rechtsgebieten, die die Strafverfolgung flankierten. Zu denken ist etwa an die Entschädigung von SED-Opfern, an die Reinigung des Beamtenapparates, an die Wiedereinräumung von Besitz und vor allem an die Einrichtung einer Bundesbehörde für den Umgang mit den ungeheuren Aktenbergen, die sich in den Archiven des Ministeriums für Staatssicherheit fanden. Viele dieser Regelungen wurden als nicht weit genug gehend kritisiert. Zumindest das Problem des Umgangs mit den Stasi-Akten, das eine besonders schwierige und heikle Herausforderung darstellte, wurde indes bravourös gelöst. Die Arbeit der Stasi-Unterlagen-Behörde gilt mittlerweile weltweit als Vorbild, wenn sich im Rahmen von Transitionsprozessen die Frage nach dem Umgang mit den Geheimdienstakten des Vorgängerregimes stellt.

Trotz der genannten Parallelen zwischen den beiden dargestellten Transitionen ist ein Vergleich in der Bewertung letztlich wenig ergiebig, fanden sie doch in vollkommen unterschiedlichen politischen und historischen Situationen statt. Die Transition nach 1945 nahm ihren Ausgang in einem zerstörten, demoralisierten und ökonomisch am Boden liegenden Deutschland. Dagegen begann die Transition nach 1989 mit einer friedlichen Revolution, die euphorisierte und Aufbruchstimmung verbreitete. Auch wenn das in der DDR begangene Unrecht zweifellos groß war, erreichte es doch nie das Ausmaß der unter Hitler begangenen Verbrechen. Beides trug dazu bei, dass die strafrechtliche Verfolgung des DDR-Unrechts nach gut zehn Jahren als abgeschlossen gelten konnte und – bei aller Kritik, die bis heute immer wieder an der Wiedervereinigungspolitik der damaligen und heutigen Bundesregierung geübt wird – in der Öffentlichkeit als gelungen angesehen wird. Allerdings muss man dabei auch beachten, dass mit der strafrechtlichen Aufarbeitung nach 1945 die Messlatte nicht besonders hoch lag.

Juana del Carpio Delgado

Der Fall Lateinamerika

Bei einem Gespräch mit meinem Vater, den ich auf einer Veranstaltung traf, bei der die juristische Transformation von Diktaturen in Demokratien analysiert wurde, fragte er mich: „Auf welche Sorte von Diktatur beziehst du dich eigentlich, liebe Tochter: auf die, die von Tyrannen oder auf die, die von Diktatoren ausgeübt wird?" Überrascht fragte ich zurück: „Was ist denn der Unterschied?" „Schau, liebe Tochter", antwortete er, „von den 83 Jahren, die ich jetzt alt bin, habe ich mehr als die Hälfte in einer Diktatur verlebt, sei es, dass diese von Soldaten ausgeübt wurde, die nach einem Militärputsch an die Macht gelangten, oder von Politikern, die durch allgemeines Wahlrecht gewählt wurden". Und er fügte hinzu: „Das gleiche kann jeder andere Lateinamerikaner aus meiner Generation und sogar aus deiner von sich behaupten".

Und er hatte recht. Die Geschichte Lateinamerikas, des Amerikas, das durch die Spanier und Portugiesen erobert wurde, ist verseucht von blutigen Perioden von Tyrannei und Diktatur. Es ist eine unbestreitbare Tatsache, dass die USA diese Diktaturen vorantrieben und unterstützten, überzeugt davon, dass es die beste Art und Weise sei, jene zu bekämpfen, die von ihnen als Kommunisten angesehen wurden, aber ich denke, dass im Gegensatz zu anderen Diktaturen diejenigen in den lateinamerikanischen Ländern keinen eigentlichen ideologischen Hintergrund besitzen. Es gab und gibt solche jeglichen Typs: Diktaturen, die von der Rechten unterstützt wurden und auch solche, die man als links einordnen würde.

Allerdings trifft man mittlerweile Diktaturen, die durch das Militär, durch die „Stiefelträger", ausgeübt werden, nicht mehr an, weil ihre Hintermänner gemerkt haben, dass sie – die Militärdiktaturen – nicht mehr besonders angesehen sind. Und auch wenn das Heer oftmals dazu benutzt wurde, an die Macht zu kommen, wurde nach Erreichung dieses Ziels der normative Rahmen modifiziert, um der neuen Situation einen rechtlichen Mantel umzuhängen und den „Schein der Demokratie" zu erwecken. Von Diktatoren vom Typ Ríos Mont in Guatemala, Rojas Pinilla in Kolumbien, Maximiliano Hernández in El Salvador, Velasco Alvarado in Peru oder Pinochet in Chile sind wir zu einer anderen Art von Diktatoren vom Prototyp Rafael Trujillo gelangt, der die Dominikanische Republik dreißig Jahre lang regierte und formell die konstitutionellen Strukturen der Demokratie beibehielt.

Bei dieser Veranstaltung wurde uns von zwei lateinamerikanischen Diktaturen und den entsprechenden Transitionsprozessen berichtet: von Argentinien und von Chile. Aber es dürfte klar sein, dass es sich bei ihnen weder um die einzigen noch um die grausamsten handelt. Es sind nur, auch dank der medialen Auswirkungen und jener Art von Ereignissen, bei denen ihnen ein ganz besonderes Interesse gewidmet wird, die bekanntesten Beispiele. Wie dem auch sei, die argentinischen und chilenischen Sprecher waren sich jedenfalls darin einig, dass die Macht, welche die Diktatoren während der Transition weiterhin behalten, die Möglichkeiten der demokratischen Regierungen bestimmen, wenn es darum geht, sich der Vergangenheit zu stellen. Couso hat hervorgehoben, dass die Transition in Chile mit den Diktatoren, die die Kontrolle über bestimmte Machtbereiche behielten und außerdem durch eine Gesetzgebung, die eine Selbstamnestie vorsah, Straffreiheit zugesichert bekamen, vereinbart und von diesen überwacht wurde. Zusätzlich war eine der Bedingungen, die gestellt wurden, dass weder Pinochet noch seine Mitstreiter angegriffen würden und ihm selbst das Kommando über die Streitkräfte sowie sein späterer Freibrief als Senator auf Lebenszeit zugesichert würde.

Zum selben Schluss kann man im Fall Argentiniens gelangen. Ich will dies erklären. Obwohl, wie Bergalli dargelegt hat, im Unterschied zu den Geschehnissen in Chile Alfonsín auch wegen des Versprechens, die verfassungsmäßige Ordnung anzuwenden, um die für Menschenrechtsverbrechen Verantwortlichen gerichtlich zu verurteilen, und wegen der entsprechenden Prozesse gegen die Mitglieder der drei Militärjuntas an die Macht gelangte, wurden am Ende doch die beiden Gesetze verabschiedet, die unter den Namen *ley de punto final* (Schlusspunktgesetz) und *ley de obediencia debida* (Befehlsnotstandsgesetz) bekannt geworden sind; und bereits unter Menem wurden Begnadigungen erlassen, welche die verurteilten Kommandanten begünstigten. Eine erste Etappe mit zwei verschiedenen Anfängen und demselben Ende: Straflosigkeit der Diktatoren.

Eine zweite Etappe: In Chile bedeutete die Nichtanwendung der Selbstamnestie-Gesetze eine Wiederaufnahme der Verfahren wegen fundamentaler Menschenrechtsverletzungen, aber es existierte weiterhin ein Hindernis für den gesellschaftlichen Frieden: die Verfolgung Pinochets. In Argentinien war die Situation anders. Die zuvor genannten Gesetze wurden außer Kraft gesetzt, was die Wiederaufnahme der Strafsachen erlaubte, die auf Grund der Gesetze eingestellt worden waren. Dennoch kam es nur zu wenigen Verurteilungen, was nach der Meinung der Sprecher an der Judikative lag, sei es wegen ihrer Haltung zu Gunsten der Straflosigkeit im Fall Chiles, sei es wegen ihrer Passivität im Fall Argentiniens.

Wie Werle dargelegt hat, besteht eine der Formen, in denen Gesellschaften, in denen es zu einem Wechsel von der Diktatur zur Demokratie kam, vorgehen können, darin, die begangenen Verbrechen durch eine Wahrheits- und Versöhnungskommission aufzuklären. Dies war das Mittel, das unter anderem in Argentinien, Chile, Guatemala und Peru gewählt wurde. Vor kurzem hat auch Ecuador eine Kommission zur Untersuchung der Verbrechen und des gewaltsamen Verschwindenlassens unter der Regierung des Sozialchristen León Febres-Cordero gebildet.

Sowohl in Argentinien als auch in Chile wurden Wahrheitskommissionen eingesetzt. Wahrheit für Gerechtigkeit, wurde gesagt. Und augenblicklich tauchte in den Köpfen eines jeden von uns die Frage auf: welche Wahrheit und wofür?

Von welcher Wahrheit reden wir, wenn im Fall Chiles durch gesetzliches Gebot bestimmte Themen für fünfzig Jahre geheim gehalten wurden? Wofür Wahrheit, wenn die entsprechenden Kommissionen das Leid, das die Opfer erlitten haben, und das Recht auf die Entschädigung, die ihnen zusteht, anerkannt haben, es ihnen in der Praxis aber verwehrt bleibt?

Hormazabal ist der Ansicht, dass es keinen Grund gibt, eine Entkoppelung von Wahrheit und Gerechtigkeit vorzunehmen, im Gegenteil, es müsse Wahrheit und Gerechtigkeit sein; also eine gerichtliche Wahrheit, in der die individuelle Verantwortlichkeit festgelegt werde, da die Strafe auf Grund ihres symbolischen Charakters und weil sie eine erneute Bekräftigung der Demokratie darstelle, nach seiner Ansicht absolut notwendig ist. Diesbezüglich bestätigt Malamud, dass Menschenrechtsverfahren und Wahrheitskommissionen dem Zweck dienen, die gedemütigten und niedergeschlagenen Individuen und Gruppierungen wieder in die eigene Gesellschaft einzugliedern. Die Opfer bräuchten eine rasche institutionelle Linderung, das Zeichen oder den Fingerzeig durch eine offizielle Autorität, die sie wissen lasse, dass sie wichtig seien. Diese Bestätigung geht einher mit seiner bereits in vorangegangenen Untersuchungen dargelegten Theorie, nach der die Strafe dazu dient, beim Opfer die Selbstachtung wieder herzustellen.

Aber erlauben Sie mir, meine eigene Meinung darzulegen. Ich weiß nicht, ob die Auferlegung einer Strafe für den des Verbrechens Schuldigen dabei helfen kann, den Schaden zu verringern, den dieser dem Opfer zugefügt hat. Ich habe meine Zweifel, ob die Verhängung einer Strafe überhaupt etwas für das Opfer tun kann. Meine Erwartung an das Strafrecht und konkret an die Strafe ist eingeschränkter. Auch wenn ich einräume, dass das Strafrecht notwendig ist und dass die Strafe ein notwendiges Instrument ist, um das Zusammenleben möglich zu machen, bin ich auch der Überzeugung, dass das Strafrecht weder dazu fähig ist, all die Probleme zu lösen, die es zu lösen bestrebt ist, noch dazu, viel für die Opfer zu tun.

Auch auf die Anerkennung des Rechts der Opfer der Diktaturen auf Entschädigung und Wiedergutmachung hat man Wert gelegt. Und wie in anderen Fällen wiederholt sich die Geschichte auch hier. Couso hat uns gezeigt, wie sich die von der demokratischen Regierung ernannte Kommission systematisch der Anerkennung des Rechts auf Entschädigung widersetzt hat, indem sie neben anderen Gründen die Verjährung der Taten anführte. Ich habe gesagt, dass die Geschichte sich wiederholt, weil das gleiche in der Bundesrepublik Deutschland geschah, als es darum ging, die NS-Opfer zu entschädigen. Nur wenige Opfer konnten diese Rechte durchsetzen, und eines der Motive, das diese Situation erklärt, steht im Zusammenhang mit dem Entnazifizierungsprozess, der nach dem Krieg einsetzte.

Viele, vielleicht zu viele Beamte blieben auf ihren Posten und wurden schließlich in den Ausschüssen und Gerichten eingesetzt, die mit der Bescheidung der Wiedergutmachungs- und Entschädigungsanträge beauftragt waren. Und ohne dass es einer Hochrechnung bedarf, ist es sicher, dass es in unseren Ländern chamäleonartige Persönlichkeiten zu Hauf gibt. Die, die an der Macht sind und die, die die Macht stützen sind immer dieselben, egal ob es sich um ein diktatorisches oder um ein demokratisches Regime handelt.

Ich komme zum Schluss. Im Verlauf der Vorträge wurde Bezug genommen auf das Urteil des Interamerikanischen Gerichtshofs für Menschenrechte im bekannten „Barrios Altos“-Fall, in dem erklärt wird, dass die Amnestiegesetze, die während der Herrschaft der Regierung Fujimoris erlassen worden sind, mit der Amerikanischen Menschenrechtskonvention unvereinbar seien. Nur zur Illustration: In der Nacht des 3. November 1991 hatte in dem Viertel Barrios Altos in Lima eine Gruppe von Nachbarn Aktivitäten geplant, um Geld für die Sanierung ihres Hauses zu sammeln. Fünfzehn von ihnen wurden ermordet, vier weitere wurden verletzt in Folge einer bewaffneten Attacke von Personen, die später als Mitglieder der Colina-Gruppe, eines paramilitärischen Kommandos aus Mitgliedern der Streitkräfte Perus, identifiziert wurden. Im Juni 1995 nahm die „demokratische“ Gründungsversammlung, die in den Generalwahlen von 1992 gewählt worden war, das „Amnestiegesetz“ an, durch das eine Generalamnestie für alle Mitglieder der Korps und staatlichen und zivilen Sicherheitskräfte erlassen wurde, die wegen oder als Folge des Kampfs gegen den Terrorismus seit Mai 1980 angezeigt, verfolgt, angeklagt oder verurteilt worden waren. Dieses Gesetz galt auch für alle für Verbrechen Verantwortlichen, auch wenn sie noch nicht identifiziert, angezeigt, angeklagt oder verfolgt worden waren. Und um die Straflosigkeit sicher zu stellen, wurde später noch ein weiteres, sogenanntes „interpretatives" Gesetz erlassen, dass die Rechtsprechung dazu verpflichtete, die Amnestie anzuwenden.

Auf diese Art von Diktaturen bezog sich mein Vater. Auf die, die verschleiern, die Alibis mit Blick auf die internationale Gemeinschaft haben, die durch die sogenannten „Väter der Heimat" gelenkt werden, denen man den Mund mit Worten wie Legalität, Freiheit, Demokratie, Recht, Ordnung usw. füllt. Und leider ist Fujimori nur das letzte Beispiel eines lateinamerikanischen Tyrannen oder Diktators, und wir wenden den Blick bereits zu anderen Ländern Lateinamerikas.

Juristische Zeitgeschichte

Herausgeber: Prof. Dr. Dr. Thomas Vormbaum, FernUniversität in Hagen

Abteilung 1: Allgemeine Reihe

1 *Thomas Vormbaum (Hrsg.):* Die Sozialdemokratie und die Entstehung des Bürgerlichen Gesetzbuchs. Quellen aus der sozialdemokratischen Partei und Presse (1997)
2 *Heiko Ahlbrecht:* Geschichte der völkerrechtlichen Strafgerichtsbarkeit im 20. Jahrhundert (1999)
3 *Dominik Westerkamp:* Pressefreiheit und Zensur im Sachsen des Vormärz (1999)
4 *Wolfgang Naucke:* Über die Zerbrechlichkeit des rechtsstaatlichen Strafrechts. Gesammelte Aufsätze zur Strafrechtsgeschichte (2000)
5 *Jörg Ernst August Waldow:* Der strafrechtliche Ehrenschutz in der NS-Zeit (2000)
6 *Bernhard Diestelkamp:* Rechtsgeschichte als Zeitgeschichte. Beiträge zur Rechtsgeschichte des 20. Jahrhunderts (2001)
7 *Michael Damnitz:* Bürgerliches Recht zwischen Staat und Kirche. Mitwirkung der Zentrumspartei am Bürgerlichen Gesetzbuch (2001)
8 *Massimo Nobili:* Die freie richterliche Überzeugungsbildung. Reformdiskussion und Gesetzgebung in Italien, Frankreich und Deutschland seit dem Ausgang des 18. Jahrhunderts (2001)
9 *Diemut Majer:* Nationalsozialismus im Lichte der Juristischen Zeitgeschichte (2002)
10 *Bianca Vieregge:* Die Gerichtsbarkeit einer „Elite". Nationalsozialistische Rechtsprechung am Beispiel der SS- und Polizeigerichtsbarkeit (2002)
11 *Norbert Berthold Wagner:* Die deutschen Schutzgebiete (2002)
12 *Miloš Vec:* Die Spur des Täters. Methoden der Identifikation in der Kriminalistik (1879–1933), (2002)
13 *Christian Amann:* Ordentliche Jugendgerichtsbarkeit und Justizalltag im OLG-Bezirk Hamm von 1939 bis 1945 (2003)
14 *Günter Gribbohm:* Das Reichskriegsgericht (2004)
15 *Martin M. Arnold:* Pressefreiheit und Zensur im Baden des Vormärz. Im Spannungsfeld zwischen Bundestreue und Liberalismus (2003)
16 *Ettore Dezza:* Beiträge zur Geschichte des modernen italienischen Strafrechts (2004)
17 *Thomas Vormbaum (Hrsg.):* „Euthanasie" vor Gericht. Die Anklageschrift des Generalstaatsanwalts beim OLG Frankfurt/M. gegen Werner Heyde u. a. vom 22. Mai 1962 (2005)
18 *Kai Cornelius:* Vom spurlosen Verschwindenlassen zur Benachrichtigungspflicht bei Festnahmen (2006)
19 *Kristina Brümmer-Pauly:* Desertion im Recht des Nationalsozialismus (2006)
20 *Hanns-Jürgen Wiegand:* Direktdemokratische Elemente in der deutschen Verfassungsgeschichte (2006)
21 *Hans-Peter Marutschke (Hrsg.):* Beiträge zur modernen japanischen Rechtsgeschichte (2006)

Abteilung 2: Forum Juristische Zeitgeschichte

1 *Franz-Josef Düwell / Thomas Vormbaum (Hrsg.):* Themen juristischer Zeitgeschichte (1) – Schwerpunktthema: Recht und Nationalsozialismus (1998)
2 *Karl-Heinz Keldungs:* Das Sondergericht Duisburg 1943–1945 (1998)
3 *Franz-Josef Düwell / Thomas Vormbaum (Hrsg.):* Themen juristischer Zeitgeschichte (2) – Schwerpunktthema: Recht und Juristen in der Revolution von 1848/49 (1998)
4 *Thomas Vormbaum:* Beiträge zur juristischen Zeitgeschichte (1999)
5 *Franz-Josef Düwell / Thomas Vormbaum:* Themen juristischer Zeitgeschichte (3), (1999)
6 *Thomas Vormbaum (Hrsg.):* Themen juristischer Zeitgeschichte (4), (2000)
7 *Frank Roeser:* Das Sondergericht Essen 1942–1945 (2000)
8 *Heinz Müller-Dietz:* Recht und Nationalsozialismus – Gesammelte Beiträge (2000)
9 *Franz-Josef Düwell (Hrsg.):* Licht und Schatten. Der 9. November in der deutschen Geschichte und Rechtsgeschichte – Symposium der Arnold-Freymuth-Gesellschaft, Hamm (2000)
10 *Bernd-Rüdiger Kern / Klaus-Peter Schroeder (Hrsg.):* Eduard von Simson (1810–1899). „Chorführer der Deutschen" und erster Präsident des Reichsgerichts (2001)
11 *Norbert Haase / Bert Pampel (Hrsg.):* Die Waldheimer „Prozesse" – fünfzig Jahre danach. Dokumentation der Tagung der Stiftung Sächsische Gedenkstätten am 28. und 29. September in Waldheim (2001)
12 *Wolfgang Form (Hrsg.):* Literatur- und Urteilsverzeichnis zum politischen NS-Strafrecht (2001)
13 *Sabine Hain:* Die Individualverfassungsbeschwerde nach Bundesrecht (2002)
14 *Gerhard Pauli / Thomas Vormbaum (Hrsg.):* Justiz und Nationalsozialismus – Kontinuität und Diskontinuität. Fachtagung in der Justizakademie des Landes NRW, Recklinghausen, am 19. und 20. November 2001 (2003)
15 *Mario Da Passano (Hrsg.):* Europäische Strafkolonien im 19. Jahrhundert. Internationaler Kongreß des Dipartimento di Storia der Universität Sassari und des Parco nazionale di Asinara, Porto Torres, 25. Mai 2001 (2006)
16 *Sylvia Kesper-Biermann / Petra Overath (Hrsg.):* Die Internationalisierung von Strafrechtswissenschaft und Kriminalpolitik (1870–1930). Deutschland im Vergleich (2007)
17 *Hermann Weber (Hrsg.):* Literatur, Recht und Musik. Tagung im Nordkolleg Rendsburg vom 16. bis 18. September 2005 (2007)
18 *Hermann Weber (Hrsg.):* Literatur, Recht und (bildende) Kunst. Tagung im Nordkolleg Rendsburg vom 21. bis 23. September 2007 (2008)

Abteilung 3: Beiträge zur modernen deutschen Strafgesetzgebung Materialien zu einem historischen Kommentar

1 *Thomas Vormbaum / Jürgen Welp (Hrsg.):* Das Strafgesetzbuch seit 1870. Sammlung der Änderungen und Neubekanntmachungen; Vier Textbände (1999–2002) und drei Supplementbände (2005, 2006)
2 *Christian Müller:* Das Gewohnheitsverbrechergesetz vom 24. November 1933. Kriminalpolitik als Rassenpolitik (1998)

3 *Maria Meyer-Höger:* Der Jugendarrest. Entstehung und Weiterentwicklung einer Sanktion (1998)
4 *Kirsten Gieseler:* Unterlassene Hilfeleistung – § 323c StGB. Reformdiskussion und Gesetzgebung seit 1870. (1999)
5 *Robert Weber:* Die Entwicklung des Nebenstrafrechts 1871–1914 (1999)
6 *Frank Nobis:* Die Strafprozeßgesetzgebung der späten Weimarer Republik (2000)
7 *Karsten Felske:* Kriminelle und terroristische Vereinigungen – §§ 129, 129a StGB (2002)
8 *Ralf Baumgarten:* Zweikampf – §§ 201–210 a.F. StGB (2003)
9 *Felix Prinz:* Diebstahl – §§ 242 ff. StGB (2003)
10 *Werner Schubert / Thomas Vormbaum (Hrsg.):* Entstehung des Strafgesetzbuchs. Kommissionsprotokolle und Entwürfe. Band 1: 1869 (2002); Band 2: 1870 (2004)
11 *Lars Bernhard:* Falsche Verdächtigung (§§ 164, 165 StGB) und Vortäuschen einer Straftat (§ 145d StGB), (2003)
12 *Frank Korn:* Körperverletzungsdelikte – §§ 223 ff., 340 StGB. Reformdiskussion und Gesetzgebung von 1870 bis 1933 (2003)
13 *Christian Gröning:* Körperverletzungsdelikte – §§ 223 ff., 340 StGB. Reformdiskussion und Gesetzgebung seit 1933 (2004)
14 *Sabine Putzke:* Die Strafbarkeit der Abtreibung in der Kaiserzeit und in der Weimarer Zeit. Eine Analyse der Reformdiskussion und der Straftatbestände in den Reformentwürfen (1908–1931), (2003)
15 *Eckard Voßiek:* Strafbare Veröffentlichung amtlicher Schriftstücke (§ 353d Nr. 3 StGB). Gesetzgebung und Rechtsanwendung seit 1851 (2004)
16 *Stefan Lindenberg:* Brandstiftungsdelikte – §§ 306 ff. StGB. Reformdiskussion und Gesetzgebung seit 1870 (2004)
17 *Ninette Barreneche†:* Materialien zu einer Strafrechtsgeschichte der Münchener Räterepublik 1918/1919 (2004)
18 *Carsten Thiel:* Rechtsbeugung – § 339 StGB. Reformdiskussion und Gesetzgebung seit 1870 (2005)
19 *Vera Große-Vehne:* Tötung auf Verlangen (§ 216 StGB), „Euthanasie" und Sterbehilfe. Reformdiskussion und Gesetzgebung seit 1870 (2005)
20 *Thomas Vormbaum / Kathrin Rentrop (Hrsg.):* Reform des Strafgesetzbuchs. Sammlung der Reformentwürfe. Band 1: 1909 bis 1919. Band 2: 1922 bis 1939. Band 3: 1959 bis 1996 (2008)
21 *Dietmar Prechtel:* Urkundendelikte (§§ 267 ff. StGB). Reformdiskussion und Gesetzgebung seit 1870 (2005)
22 *Ilya Hartmann:* Prostitution, Kuppelei, Zuhälterei. Reformdiskussion und Gesetzgebung seit 1870 (2006)
23 *Ralf Seemann:* Strafbare Vereitelung von Gläubigerrechten (§§ 283 ff., 288 StGB). Reformdiskussion und Gesetzgebung seit 1870 (2006)
24 *Andrea Hartmann:* Majestätsbeleidigung (§§ 94 ff. StGB a.F.) und Verunglimpfung des Staatsoberhauptes (§ 90 StGB). Reformdiskussion und Gesetzgebung seit dem 19. Jahrhundert (2006)
25 *Christina Rampf:* Hausfriedensbruch (§ 123 StGB). Reformdiskussion und Gesetzgebung seit 1870 (2006)
26 *Christian Schäfer:* „Widernatürliche Unzucht" (§§ 175, 175a, 175b, 182, a.F. StGB). Reformdiskussion und Gesetzgebung seit 1945 (2006)

27 *Kathrin Rentrop:* Untreue und Unterschlagung (§§ 266 und 246 StGB). Reformdiskussion und Gesetzgebung seit dem 19. Jahrhundert (2007)
28 *Martin Asholt:* Straßenverkehrsstrafrecht. Reformdiskussion und Gesetzgebung seit dem Ausgang des 19. Jahrhunderts (2007)
29 *Katharina Linka:* Mord und Totschlag (§§ 211–213 StGB). Reformdiskussion und Gesetzgebung seit 1870 (2008)
30 *Juliane Sophia Dettmar:* Legalität und Opportunität im Strafprozess. Reformdiskussion und Gesetzgebung von 1877 bis 1933 (2008)
31 *Jürgen Durynek:* Korruptionsdelikte (§§ 331 ff. StGB). Reformdiskussion und Gesetzgebung seit dem 19. Jahrhundert (2008)
32 *Judith Weber*: Das sächsische Strafrecht im 19. Jahrhundert bis zum Reichsstrafgesetzbuch (2009)
33 *Denis Matthies*: Exemplifikationen und Regelbeispiele. Eine Untersuchung zum 100-jährigen Beitrag von Adolf Wach zur „Legislativen Technik" (2009)
34 *Benedikt Rohrßen*: Von der „Anreizung zum Klassenkampf" zur „Volksverhetzung" (§ 130 StGB). Reformdiskussion und Gesetzgebung seit dem 19. Jahrhundert (2009)
35 *Friederike Goltsche:* Der Entwurf eines Allgemeinen Deutschen Strafgesetzbuches von 1922 (Entwurf Radbruch) (2010)
36 *Tarig Elobied:* Die Entwicklung des Strafbefehlsverfahrens von 1846 bis in die Gegenwart (2010)
37 *Christina Müting:* Sexuelle Nötigung; Vergewaltigung (§ 177 StGB) (2010)
38 *Nadeschda Wilkitzki:* Entstehung des Gesetzes über Internationale Rechtshilfe in Strafsachen (IRG) (2010)
39 *André Brambring:* Kindestötung (§ 217 a.F. StGB). Reformdiskussion und Gesetzgebung seit 1870 (2010)

Abteilung 4: Leben und Werk. Biographien und Werkanalysen

1 *Mario A. Cattaneo:* Karl Grolmans strafrechtlicher Humanismus (1998)
2 *Gerit Thulfaut:* Kriminalpolitik und Strafrechtstheorie bei Edmund Mezger (2000)
3 *Adolf Laufs:* Persönlichkeit und Recht. Gesammelte Aufsätze (2001)
4 *Hanno Durth:* Der Kampf gegen das Unrecht. Gustav Radbruchs Theorie eines Kulturverfassungsrechts (2001)
5 *Volker Tausch:* Max Güde (1902–1984). Generalbundesanwalt und Rechtspolitiker (2002)
6 *Bernd Schmalhausen:* Josef Neuberger (1902–1977). Ein Leben für eine menschliche Justiz (2002)
7 *Wolf Christian von Arnswald:* Savigny als Strafrechtspraktiker. Ministerium für die Gesetzesrevision (1842–1848), (2003)
8 *Thilo Ramm:* Ferdinand Lassalle. Der Revolutionär und das Recht (2004)
9 *Martin D. Klein:* Demokratisches Denken bei Gustav Radbruch (2007)
10 *Francisco Muñoz Conde:* Edmund Mezger – Beiträge zu einem Juristenleben (2007)
11 *Whitney R. Harris:* Tyrannen vor Gericht. Das Verfahren gegen die deutschen Hauptkriegsverbrecher nach dem Zweiten Weltkrieg in Nürnberg 1945–1946 (2008)

12 *Eric Hilgendorf (Hrsg.):* Die deutschsprachige Strafrechtswissenschaft in Selbstdarstellungen (2010)
13 *Tamara Cipolla:* Friedrich Karl von Strombeck. Leben und Werk – Unter besonderer Berücksichtigung des Entwurfes eines Strafgesetzbuches für ein Norddeutsches Staatsgebiet (2010)
14 *Karoline Peters:* J. D. H. Temme und das preußische Strafverfahren in der Mitte des 19. Jahrhunderts (2010)

Abteilung 5: Juristisches Zeitgeschehen Rechtspolitik und Justiz aus zeitgenössischer Perspektive

Mitherausgegeben von Gisela Friedrichsen („Der Spiegel") und RA Prof. Dr. Franz Salditt

1 *Diether Posser:* Anwalt im Kalten Krieg. Ein Stück deutscher Geschichte in politischen Prozessen 1951–1968. 3. Auflage (1999)
2 *Jörg Arnold (Hrsg.):* Strafrechtliche Auseinandersetzung mit Systemvergangenheit am Beispiel der DDR (2000)
3 *Thomas Vormbaum (Hrsg.):* Vichy vor Gericht: Der Papon-Prozeß (2000)
4 *Heiko Ahlbrecht / Kai Ambos (Hrsg.):* Der Fall Pinochet(s). Auslieferung wegen staatsverstärkter Kriminalität? (1999)
5 *Oliver Franz:* Ausgehverbot für Jugendliche („Juvenile Curfew") in den USA. Reformdiskussion und Gesetzgebung seit dem 19. Jahrhundert (2000)
6 *Gabriele Zwiehoff (Hrsg.):* „Großer Lauschangriff". Die Entstehung des Gesetzes zur Änderung des Grundgesetzes vom 26. März 1998 und des Gesetzes zur Änderung der Strafprozeßordnung vom 4. Mai 1998 in der Presseberichterstattung 1997/98 (2000)
7 *Mario A. Cattaneo:* Strafrechtstotalitarismus. Terrorismus und Willkür (2001)
8 *Gisela Friedrichsen / Gerhard Mauz:* Er oder sie? Der Strafprozeß Böttcher/Weimar. Prozeßberichte 1987 bis 1999 (2001)
9 *Heribert Prantl / Thomas Vormbaum (Hrsg.):* Juristisches Zeitgeschehen 2000 in der Süddeutschen Zeitung (2001)
10 *Helmut Kreicker:* Art. 7 EMRK und die Gewalttaten an der deutsch-deutschen Grenze (2002)
11 *Heribert Prantl / Thomas Vormbaum (Hrsg.):* Juristisches Zeitgeschehen 2001 in der Süddeutschen Zeitung (2002)
12 *Henning Floto:* Der Rechtsstatus des Johanniterordens. Eine rechtsgeschichtliche und rechtsdogmatische Untersuchung zum Rechtsstatus der Balley Brandenburg des ritterlichen Ordens St. Johannis vom Spital zu Jerusalem (2003)
13 *Heribert Prantl / Thomas Vormbaum (Hrsg.):* Juristisches Zeitgeschehen 2002 in der Süddeutschen Zeitung (2003)
14 *Kai Ambos / Jörg Arnold (Hrsg.):* Der Irak-Krieg und das Völkerrecht (2004)
15 *Heribert Prantl / Thomas Vormbaum (Hrsg.):* Juristisches Zeitgeschehen 2003 in der Süddeutschen Zeitung (2004)
16 *Sascha Rolf Lüder:* Völkerrechtliche Verantwortlichkeit bei Teilnahme an „Peace-keeping"-Missionen der Vereinten Nationen (2004)
17 *Heribert Prantl / Thomas Vormbaum (Hrsg.):* Juristisches Zeitgeschehen 2004 in der Süddeutschen Zeitung (2005)

18 *Christian Haumann:* Die „gewichtende Arbeitsweise" der Finanzverwaltung. Eine Untersuchung über die Aufgabenerfüllung der Finanzverwaltung bei der Festsetzung der Veranlagungssteuern (2008)

Abteilung 6: Recht in der Kunst

Mitherausgegeben von Prof. Dr. Gunter Reiß

1 *Heinz Müller-Dietz:* Recht und Kriminalität im literarischen Widerschein. Gesammelte Aufsätze (1999)
2 *Klaus Lüderssen (Hrsg.):* »Die wahre Liberalität ist Anerkennung«. Goethe und die Juris prudenz (1999)
3 *Bertolt Brecht:* Die Dreigroschenoper (1928) / Dreigroschenroman (1934). Mit Kommentaren von Iring Fetscher und Bodo Plachta (2001)
4 *Annette von Droste-Hülshoff:* Die Judenbuche (1842) / Die Vergeltung (1841). Mit Kommentaren von Heinz Holzhauer und Winfried Woesler (2000)
5 *Theodor Fontane:* Unterm Birnbaum (1885). Mit Kommentaren von Hugo Aust und Klaus Lüderssen (2001)
6 *Heinrich von Kleist:* Michael Kohlhaas (1810). Mit Kommentaren von Wolfgang Naucke und Joachim Linder (2000)
7 *Anja Sya:* Literatur und juristisches Erkenntnisinteresse. Joachim Maass' Roman „Der Fall Gouffé" und sein Verhältnis zu der historischen Vorlage (2001)
8 *Heiner Mückenberger:* Theodor Storm – Dichter und Richter. Eine rechtsgeschichtliche Lebensbeschreibung (2001)
9 *Hermann Weber (Hrsg.):* Annäherung an das Thema „Recht und Literatur". Recht, Literatur und Kunst in der NJW (1), (2002)
10 *Hermann Weber (Hrsg.):* Juristen als Dichter. Recht, Literatur und Kunst in der NJW (2), (2002)
11 *Hermann Weber (Hrsg.):* Prozesse und Rechtsstreitigkeiten um Recht, Literatur und Kunst. Recht, Literatur und Kunst in der NJW (3), (2002)
12 *Klaus Lüderssen:* Produktive Spiegelungen. 2., erweiterte Auflage (2002)
13 *Lion Feuchtwanger:* Erfolg. Drei Jahre Geschichte einer Provinz. Roman (1929). Mit Kommentaren von Theo Rasehorn und Ernst Ribbat (2002)
14 *Jakob Wassermann:* Der Fall Maurizius. Roman (1928). Mit Kommentaren von Thomas Vormbaum und Regina Schäfer (2003)
15 *Hermann Weber (Hrsg.):* Recht, Staat und Politik im Bild der Dichtung. Recht, Literatur und Kunst in der Neuen Juristischen Wochenschrift (4), (2003)
16 *Hermann Weber (Hrsg.)*: Reale und fiktive Kriminalfälle als Gegenstand der Literatur. Recht, Literatur und Kunst in der Neuen Juristischen Wochenschrift (5), (2003)
17 *Karl Kraus:* Sittlichkeit und Kriminalität. (1908). Mit Kommentaren von Helmut Arntzen und Heinz Müller-Dietz (2004)
18 *Hermann Weber (Hrsg.)*: Dichter als Juristen. Recht, Literatur und Kunst in der Neuen Juristischen Wochenschrift (6), (2004)
19 *Hermann Weber (Hrsg.):* Recht und Juristen im Bild der Literatur. Recht, Literatur und Kunst in der Neuen Juristischen Wochenschrift (7), (2005)
20 *Heinrich von Kleist:* Der zerbrochne Krug. Ein Lustspiel (1811). Mit Kommentaren von Michael Walter und Regina Schäfer (2005)

21 *Francisco Muñoz Conde / Marta Muñoz Aunión:* „Das Urteil von Nürnberg“. Juristischer und filmwissenschaftlicher Kommentar zum Film von Stanley Kramer (1961), (2006)
22 *Fjodor Dostojewski:* Aufzeichnungen aus einem Totenhaus (1860). Mit Kommentaren von Heinz Müller-Dietz und Dunja Brötz (2005)
23 *Thomas Vormbaum (Hrsg.):* Anton Matthias Sprickmann. Dichter und Jurist. Mit Kommentaren von Walter Gödden, Jörg Löffler und Thomas Vormbaum (2006)
24 *Friedrich Schiller:* Verbrecher aus Infamie (1786). Mit Kommentaren von Heinz Müller-Dietz und Martin Huber (2006)
25 *Franz Kafka:* Der Proceß. Roman (1925). Mit Kommentaren von Detlef Kremer und Jörg Tenckhoff (2006)
26 *Heinrich Heine:* Deutschland. Ein Wintermährchen. Geschrieben im Januar 1844. Mit Kommentaren von Winfried Woesler und Thomas Vormbaum (2006)
27 *Thomas Vormbaum (Hrsg.):* Recht, Rechtswissenschaft und Juristen im Werk Heinrich Heines (2006)
28 *Heinz Müller-Dietz:* Recht und Kriminalität in literarischen Spiegelungen (2007)
29 *Alexander Puschkin:* Pique Dame (1834). Mit Kommentaren von Barbara Aufschnaiter/Dunja Brötz und Friedrich-Christian Schroeder (2007)
30 *Georg Büchner:* Danton's Tod. Dramatische Bilder aus Frankreichs Schreckensherrschaft. Mit Kommentaren von Sven Kramer und Bodo Pieroth (2007)
31 *Daniel Halft:* Die Szene wird zum Tribunal! Eine Studie zu den Beziehungen von Recht und Literatur am Beispiel des Schauspiels „Cyankali“ von Friedrich Wolf (2007)
32 *Erich Wulffen:* Kriminalpsychologie und Psychopathologie in Schillers Räubern (1907). Herausgegeben von Jürgen Seul (2007)
33 *Klaus Lüderssen:* Produktive Spiegelungen: Recht in Literatur, Theater und Film. Band II (2007)
34 *Albert Camus:* Der Fall. Roman (1956). Mit Kommentaren von Brigitte Sändig und Sven Grotendiek (2008)
35 *Thomas Vormbaum (Hrsg.):* Pest, Folter und Schandsäule. Der Mailänder Prozess wegen „Pestschmierereien“ in Rechtskritik und Literatur. Mit Kommentaren von Ezequiel Malarino und Helmut C. Jacobs (2008)
36 *E. T. A. Hoffmann:* Das Fräulein von Scuderi – Erzählung aus dem Zeitalter Ludwigs des Vierzehnten (1819). Mit Kommentaren von Heinz Müller-Dietz und Marion Bönnighausen (2010)
37 *Leonardo Sciascia:* Der Tag der Eule. Mit Kommentaren von Gisela Schlüter und Daniele Negri (2010)

Abteilung 7: Beiträge zur Anwaltsgeschichte

Mitherausgegeben von Gerhard Jungfer, Dr. Tilmann Krach und Prof. Dr. Hinrich Rüping

1 *Babette Tondorf:* Strafverteidigung in der Frühphase des reformierten Strafprozesses. Das Hochverratsverfahren gegen die badischen Aufständischen Gustav Struve und Karl Blind (1848/49), (2006)
2 *Hinrich Rüping:* Rechtsanwälte im Bezirk Celle während des Nationalsozialismus (2007)

Abteilung 8: Judaica

1 *Hannes Ludyga:* Philipp Auerbach (1906–1952). „Staatskommissar für rassisch, religiös und politisch Verfolgte“ (2005)
2 *Thomas Vormbaum:* Der Judeneid im 19. Jahrhundert, vornehmlich in Preußen. Ein Beitrag zur juristischen Zeitgeschichte (2006)
3 *Hannes Ludyga:* Die Rechtsstellung der Juden in Bayern von 1819 bis 1918. Studie im Spiegel der Verhandlungen der Kammer der Abgeordneten des bayerischen Landtags (2007)

Kolibri 360 GmbH
Ferdinand-Jühlke-Straße 7
99095 Erfurt, Deutschland
produktsicherheit@kolibri360.de